신제도경제학원론

(Principles of New Institutional Economics)

강두석 저

다산출판사

머리말

대학원 석사과정 첫 학기에서 처음 North의 신제도경제학을 공부했을 때 너무 어려워 난감했던 기억이 생생하다. 신제도경제학이 어떤 경제학인지 모르고 한 학기를 마쳤다. 개인적으로 매우 아쉬웠다. 험난한 학문의 세계를 체험하는 것 같기도 하였다. 한편, 신제도경제학이 뭔지를 알고 싶은 호기심도 강하게 작용하였다. 왜 많은 경제학자 및 사회과학자들이 North의 신제도경제학 책을 읽어보려고 하는지 궁금하기도 하였다. 때마침 불의의 사고로 첫 학기 마치고 휴학을 하면서 신제도경제학과 구제도경제학 외에 인접분야인 진화경제학, 인지경제학 등을 공부할 수 있는 시간을 가질 수 있었다. 지금 돌이켜보면 변독위약(變毒爲藥)이었다. 휴학하지 않았다면 바쁜 대학원과정에서 따로 제도경제학을 공부할 기회가 없었을 것이다.

우선 국내 문헌을 두루 읽어나갔다. 조금씩 감이 오기 시작하였다. 이후 외국서적과 논문을 읽어 보면서 이해가 되기 시작했을 때 그 희열은 대단하였다. North의 신제도경제학은 정치경제학, 인간경제학을 지향하며 신고전학파 주류경제학에서 아쉬웠던 상당한 부분을 해결하고 있다는 것을 알았다. 경제학과 대학원 입학하기 전에 법학, 행정학 등을 공부한 경험도 살릴 수 있었기에 1전공 분야로 공부하기로 결심하였다. 이후 박사논문을 준비하고 강의를 시작하면서 학부생에게도 신제도경제학을 전해 주고 싶어 학부에서 신제도경제학을 강의하였다. 학부강의를 하면서 학부용 교재의 필요성을 절감하여 학부용 신제도경제학 교재를 만들어 보려고 강의 자료를 정리하였고, 박사학위 논문을 같이 합본하여 드디어 본서를 출간하게 되었다. 신제도경제학의 다양한 분야를 모두 소개하기는 어렵다. 주로 핵심개념인 거래비용, 제도, 재산권 등의 개념 및 기본이론을 소개하고 경제성장 및 경제발전에 대한 사례와 강의 자료를 정리한 기타주제들로 구성하였다.

제 2장, 7장, 8장은 박사학위 논문이고 5장은 최근에 작성한 논문이다. 2장, 5장은 기본이론 편에 소개하고 7장, 8장은 사례 편에 용어설명을 보충하고 좀 더 상세한 설명을 추가하여 소개하였다. 2장은 거래비용과 경제적 성과를 주제로 하는 논문이지만 거래비용의 경제적 성과를 다루기 전에 거래비용에 관한 전 연구를 체계화시키고 개념을 정리한 논문이므로 기본이론 편에 소개하였다. 5장은 인간본성, 거래비용과 제도를 통합적으로 이해를 할 수 있는 논문이고 신제도경제학을 전체적으로 쉽게 이해하기 좋은 논문으로 생각되어 기본이론 편에 소개한 것이다. 신제도경제학을 처음 접하는 분들은 5장부터 먼저 읽어보는 것도 책 전체를 이해하기에 좋은 학습방법이 될 수 있을 것이다. Ⅲ편의 내용은 신제도경제학의 인접분야로 구제도경제학을 9장에 소개하였고, 신제도경제학자들에게 영향을 크게 주었던 아담 스미스와 하이에크를 제도론의 관점에서 10, 11장에 각각 소개하였다. 12장은 제도이론 정립에 인지심리학의 영향을 고려하여 사고습관과 경제발전의 관련성에 대한 강의 자료를 논문형식으로 정리한 것이다. 신제도경제학의 초급 및 중급 수준이 되도록 심사숙고하였다. 거래비용, 재산권에 대한 개념만 잘 파악해도 전 사회과학을 분석할 수 있다는 North의 주장을 입증할 수 있을 것이다.

경제학을 배울 때 초급이론으로 경제학원론, 중급 미·거시경제학, 고급 미·거시경제학을 단계적으로 배워야 하는 것처럼 신제도경제학도 단계적으로 배워야 했음에도 초급, 중급의 기초단계도 없이 유명학자들의 저서 및 논문을 공부하면 어려운 것은 당연한 것이다. 따라서 초급, 중급 수준의 신제도경제학이 반드시 필요하다. 또한 전 세계 경제학계 동향을 볼 때 신제도경제학은 이미 경제학의 한 분야로서 입지를 굳혔지만 상대적으로 한국에서는 신제도경제학을 연구하는 학자가 부족한 편이고, 대부분의 대학 학부에서 신제도경제학이 미개설되어 학부학생들이 공부할 수 있는 기회가 적은 것은 매우 안타까운 현실이다. 학부학생 및 비전공자를 위한 신제도경제학 입문서가 꼭 필요할 것이다. 본서가 그러한 역할을 하기를 기대한다.

국내 선행 연구자들 및 선배 교수님들께 감사를 표한다. 이 분들이 없었더라면 본서는 출간되기 어려웠을 것이고 저자가 제도경제학을 공부하기도 불가능했을 것이다. 선행 연구자들의 정보 및 지식을 많이 활용하였다. 대표적인 몇 분을 소개한다면 부경대 유동운 교수님, 방통대 김무홍 교수님, 서울대 박세일 교수님, 충남대 송현호 교수님, 성균관대 김일중 교수님 등을 들 수 있다. 특히 유동운 교수님은 방대한 문헌을 정리한 책을 만들어 후학들에게 도움을 주셨는데 저자도 유교수님의 책으로 인해 정보수집에 상당한 시간을 절약할 수 있었고, North의 책 내용은 유교수님의 번역에 주로 의존하였고, 제도경제학의 불모지인 부산지역 교수님들을 설득해서 학위 받는 데도 결정적으로 도움을 주셨다. 김무홍 교수님은 어려운 책(Eggertsson 저) 번역으로 후학들에게 도움을 주셨는데, 본서에서 Eggertsson의 책 내용은 전적으로 김 교수님의 번역을 그대로 활용하였고, 수업자료도 일부 활용하였다. 이 분들은 이 땅에 신제도경제학을 전파하려고 하셨던 선구자들로서 존경을 표한다.

제도경제학이 어렵다는 소문에도 불구하고 제도경제학을 수강해 준 부산대학교의 용감하고 호기심 많은 학부생들에게도 저자는 감사해야 한다. 학생들에게 쉽게 가르치려고 고민하다가 제도경제학에 대한 이해가 깊어지고 참신한 아이디어가 생기기도 하였다. 본서가 학부생들에게 적합하다는 확신을 갖게 해 주었다. 출판을 맡아주신 다산출판사 강희일 사장님과 꼼꼼하게 오류를 교정하면서 편집의 수고를 해 주신 편집부원들에게도 감사드리고, 자식을 위해 기꺼이 희생하겠다며 공부하는 데 최대한 배려해 준 부모님께 감사드린다. 마지막으로 본서로 인해 제도의 중요성에 대한 인식의 공감대가 확산되어 제도 및 법 개혁으로 사회, 경제 발전의 밀알이 되기를 바란다.

구덕산 기슭에서

강 두 석

차례

제 I 편 기본이론

제 I 편

기본이론

신고전학파 경제학의 인간의 합리성 가정은 사회과학자들에게 당면한 대부분의 주요 문제들을 망쳐놓고 있으며 미래 발전경로에서 중요한 장애물이 되고 있다. 또한 합리성의 세계에서는 제도들이 불필요하며, 제도이론의 첫 번째 단계는 합리성 가정의 수정이다.

– Douglass Cecil North

제1장

신제도경제학

1. 서 론
2. 신제도경제학의 정의
3. 신제도경제학의 문제의식
4. 신제도경제학의 개척자들
5. 구제도경제학과 진화경제학

1. 서 론

산업혁명 이후 인류의 경제는 눈부신 발전을 거듭하고 있다. 농업사회를 청산하고, 공업 위주의 산업사회를 거쳐 현재는 지식사회로 진입하고 있다. 그러나 선·후진국 간의 소득격차는 확대되고 있다. 따라서 근대 이후 유례없는 경제성장의 원인은 무엇이며, 국가 간 소득격차는 무엇에 기인하는가에 대해 많은 논의가 있었다. 18세기 이후 경제성장의 원인은 인구, 자원, 지리, 기후, 자본, 지식, 기술 등의 요인으로 설명하려는 경향이었고, 오늘날 국가 간 경제력 격차는 기술, 지식, 인적 자본 등으로 설명하려는 경향이 주류적 흐름이다. 제도의 중요성에 대한 논의도 있었지만 상대적으로 경제발전의 요인으로나 국가 간 소득격차 요인으로서 제도, 규칙 등의 중요성에 대한 인식은 미흡한 편이다.

경제에서 제도의 중요성에 대해서는 아담 스미스(Adam Smith), 마르크스(Karl Marx), 하이에크(Fridrich August von Hayek) 등에 의해 주장되었지만 신고전학파는 이를 외면하였다. 주류경제학은 한계혁명의 시점을 전후하여 **순수경제학**(pure economics)으로 진화하면서 정치, 사회, 제도 등과 경제의 상호작용에 대해서는 무관심하였다.

순수경제학

경제현상은 정치, 법, 사회, 심리적인 인간생활의 복합적 요인에 의해 성립되고 있다. 순수경제학이란 이런 요인들은 일정한 것으로 가정하고, 순수한 경제변수만을 추출하여 경제현상을 설명하는 것을 경제이론의 목적으로 하며, 또한 이로써 경제학이 다른 사회과학에서 독립한 하나의 과학이 될 수 있다는 입장을 취하는 경제학이다. 우리는 이미 미·거시경제학에서 생산함수를 구성하는 생산요소를 기술, 노동, 자본으로 단순화, 즉 경제변수만을 반영한 이론체계에 대해 익숙하다.

신고전학파 경제학은 시장경제의 전제로서 재산권 및 법질서는 완벽하게 규정되고 집행되고 있으며, 경제주체는 지식 · 정보 문제를 초월한 인간, 즉 인간의 합리성을 가정하여 비교정태분석으로 이론을 전개한다. 즉 단순화된 가정과 모형을 이용하여 경제학을 발전시켜 오고 있다. 그러나 그 자체가 원초적인 결함을 안고 있다. 경제이론은 경제현실과 잘 부합되어야 이론으로서 가치가 있지만, 이론전개를 위한 가정이 경제현실과 부합되지 않는다면, 한계 및 문제점을 노출하지 않을 수 없다. 신제도경제학(New Institutional Economics)은 이러한 문제의식에서 출발하였다.

현실 사회에서 인간은 지식 및 이성의 한계로, 정확하며 합리적인 선택 및 판단은 어렵고, 재산권 및 법질서는 선진국에서도 완벽할 수 없고, 후진국에서는 사회 · 경제의 중요한 문제로 부각되고 있다. 신제도경제학은 이러한 점들을 반영하여 신고전학파 경제학을 재구성하면서, 재산권과 거래비용이라는 분석도구를 이용하여 국가이론 · 기업이론 등의 전 사회과학 분야로 연구의 영역을 넓히고, 경제학의 새로운 멋을 느끼게 하며 많은 학자들의 관심을 끌고 있다. 경제학의 한 분야로서 그 입지를 구축하는 데 성공하면서 신제도경제학 발전에 크게 기여한 선구자들은 노벨 경제학상을 수상하였다. 1991년 코즈(Ronald Harry Coase), 1993년 노스(Douglas Cecil North), 2009년에는 윌리엄슨(Oliver Eaton Williamson)이 수상하였다. 향후 더 많은 학자들이 신제도경제학에 공감하고 동참할 것으로 기대된다.

신제도경제학의 연구분야가 다양하지만 본서는 경제성장 및 경제발전을 위한 법과 제도의 중요성을 전달하는 데 중점을 두고 있다. 본서의 구성은 다음과 같다. 제 I 편은 기본이론으로 6개의 장으로 구성되어 있다. 제1장에서 신제도경제학의 정의, 문제의식, 개척자들에 대한 소개를 하고 인접분야인 구제도경제학과 진화경제학에 대해서도 간단히 설명한다. 제2, 3, 4, 5, 6장은 신제도경제학의 기본이론 및 핵심개념을 서술하였다. 거래비용, 제도, 재산권, 이 세 가지 핵심용어만 잘 이해해도 전 사회과학을 분석할 수 있을 것이다. 제2장에서 거래비용 개념의 발전, 정의, 활용분야, 경제학적인 함의, 경제적 성과에서 거래비용의 의의 등을 설명하고, 제3장에서 제도의 정의, 중요성, 제도의 생성, 제도변동 등을 소개한다. 제4장에서는 재산권의 정의, 기능 및 중요성, 재산권 규제에 대한 논의 등을 소개한다. 제5장에서는 인간본성에 대한 아담 스미스와 하이에크의 견해를 살펴보고, 아담 스미스와 하이에크의 인간관으로부터 거래비용의 발생원인을 밝히고, 거래비용과 제도는 인간본성의 한계로 인해 생성되는 개념임을 설명하고, 인간본성 · 거래비용 · 제도는 통합적으로 이해해야 된다는 점을 기술하였다. 제6장에서는 국가이론을 소개하였다.

제 II 편 사례에서는 경제발전을 위한 법과 제도의 중요성을 사례를 통해 이해하는 부분으로 제7장은 경제사에서의 몇 가지 사례를 소개하고, 제8장은 한국경제 사례로 한국경제의 문제점을 법과 제도의 관점에서 살펴보고 그 대응책을 제시해 보았다. 끝으로 제 III 편에서는 기타 주제로, 신제도경제학의 인접분야와 아담 스미스 · 하이에크, 인지심리학의 연구를 신제도경제학과 관련시켜 소개하였다. 제9장에서는 신제도경제학의 인접분야인 구제도경제학과 진화경제학에 대해 소개한다. 제10장과 제11장에서는 주류경제학의 자유주의와 신자유주의 사상을 전파하는 데 크게 기여한 아담 스미스와 하이에크가 제도를 중시하였다는 점을 각각 소개한다. 마지막으로 제12장에서는 신제도경제학이 제도 생성이나 변동을 설명하기 위해 인지심리학을 수용하는 흐름을 고려하여 동서양 사고습관의 차이와 경제발전에 대한 시사점을 설명한다.

2. 신제도경제학의 정의

신제도경제학을 간단히 소개하면, 재산권과 거래비용을 주요 분석도구로 활용하며 신고전학파 경제학을 수정 · 보완하는 경제학이다. 그러나 연구분야가 다양해지고 신제도경제학 내부에서도 견해차이가 있고 접근방법에서도 다양성을 보이고 있다.

초기의 신제도경제학은 신고전학파의 가격이론 모형을 사용하면서 **방법론적 개체주의**를 유지하는 연구동향(Eggertsson, 1990)을 보였지만 이후의 발전과정에서 진화론을 수용하면서 전체주의 접근방법을 혼용하는 경향도 뚜렷하다.

현실의 인간행위는 자기 목적적인 선택의 결과로 제도 및 조직을 생성하기도 하지만 제도 및 조직 외에 기타 환경의 영향을 받기도 한다. 이러한 인간행동의 이중적

방법론적 개체주의와 전체주의

방법론적 개체주의(methodological individualism)란 사회현상을 설명하는 데 있어 인간의 속성 · 성향으로 설명하려는 접근법으로, 주류경제학같이 개체를, 인간의 선택행위를 분석의 기초단위로 삼는 방법론을 말한다. 즉 경제현상을 포함한 사회현상을 사회를 구성하는 개인들의 자기 목적적인 선택의 결과로 설명하려는 전개방법을 의미한다. 규칙, 제도, 조직, 국가 등도 개인의 필요에 따른 선택의 결과로 생성된다는 견해로 연결된다. 우리는 이미 미시경제학에서 이러한 분석방법에 익숙할 것이다.

이에 반해 전체주의(holism)는 전체는 개체의 단순한 합이 아닌 전체로서의 특성을 지닌다는 관점에서 전체를 분석의 대상으로 삼는 방법론으로, 정치 · 경제 · 사회 · 문화적 환경 및 제도 등의 요인이 인간의 행동을 결정한다는 것이다. 사회적 환경 및 제도의 진화는 규칙성이 없기 때문에 인간행동의 규칙성을 인정하지 않는 관점이다. 진화경제학의 접근방법이기도 하다.

측면을 설명하기 위해서는 방법론적 개체주의와 전체주의(전일주의)의 양 측면 모두 필요하다고 사료된다. 이는 노스(Douglass Cecil North)의 접근방법이기도 하다. 노스는 신고전학파의 핵심개념인 희소성, 가격, 경쟁 등의 개념을 이용하면서 진화론적 접근도 수용한다. 따라서 방법론적 개체주의는 신제도경제학을 구분하는 중요한 기준이라 보기 이렵다.

신고전학파의 합리성 가정 수용여부도 논란이 되고 있다. 즉, 합리성 가정을 적극

제한된 합리성

제한된 합리성이란 용어는 행정학이나 경영학에서 유명한 사이먼(H. A. Simon)에 의해 사용되었다. 사이먼은 신고전학파에서처럼 소비자의 효용극대화, 기업의 이윤극대화 같은 극대화 가설은 인간의 정보능력의 한계 때문에 불가능하다고 주장하며, 인간은 자신이 설정한 목표수준에 만족하려고 하는 의사결정을 하게 된다는 만족화 가설을 제시하였다. 즉, 목표를 설정하고 시행착오를 거치면서 목표를 수정해서 어느 정도의 만족을 한다는 행태적 접근법(behavioral approach)을 주장하였다.

수용하는 관점과 부정하는 관점으로 양분된다. 합리성 가정을 적극 수용하는 부류는 에거트슨(Eggertsson, 1990)과 일부 재산권과 법경제학 연구자들이다. 이들은 미시경제학의 가격이론 모형을 적극 활용한다.

부정하는 관점에서는 제한된 합리성(bounded rationality)을 수용한다. 그러나 제한된 합리성을 수용하는 입장 내부에서도 제한된 합리성 개념의 범위에 대해 견해차이가 있다. 윌리엄슨(Oliver Eaton Williamson)은 제한된 합리성의 개념을 좁게 해석하는 입장이고 노스, 진화경제학, 행동경제학 등에서는 넓게 해석한다. 본서에서는 노스, 진화경제학, 행동경제학의 관점에 동조한다. 그 이유는 제2장 3절, 거래비용의 정의 부분에서 자세히 설명한다. 따라서 신제도경제학은 정확한 정의를 내리기가 쉽지 않다.

> 에거트슨(Eggertsson, 1990)은 합리성 가정을 수용하는 신제도경제학을 'Neoinstitutional Economics'라고 칭하고, 합리성 가정을 부정하는 신제도경제학을 'New Institutional Economics'로 칭하며 구분한다. … 합리성 가정을 수용하면서 재산권과 거래비용이라는 제약조건을 추가하게 되면 합리성 가정을 부정하는 것보다 더욱 풍성하고 검정가능한 함의를 이끌어 낼 수 있다고 주장한다. 합리성 가정을 부정하며 제한된 합리성을 수용하면 현실적인 공리들을 제공할지는 몰라도 그것이 제공하는 함의들은 별로 많지 않고 내용도 구체적이지 않다. … 어느 정도 시간이 지나봐야 어떤 접근이 더 큰 수확을 낼 것인지 알 수 있을 것이다. 어쩌면 두 접근방법이 각각 다른 흐름을 탐색하는 것이 생산적일지도 모른다고 하면서, 두 흐름을 소개하고 있다.

사회과학의 다양성

신제도경제학 외에도 자유주의 경제학자들 사이에서도 다양한 관점 및 견해가 존재하며 진보적인 경제학자들 사이에서도 역시 마찬가지이고 경제학 이외에 다른 사회과학에서도 역시 마찬가지이다. 사회과학에서는 자연과학같이 관찰이나 실험을 통해 명확한 결론을 내리기 어렵기 때문이다. 사회과학에서의 이러한 다양성은 신제도경제학의 용어로 표현하면 인간의 제한된 합리성에 기인한다. 어떤 이론이 타당한가에 대해 인간이성의 한계로 명확히 검정하기 어렵기 때문에 다양한 이론 및 주장이 공생하는 것이다. 제한된 합리성에 대한 이해는 신제도경제학 및 사회과학을 이해하기 위한 핵심요인이다. 인간의 제한된 합리성과 제도에 대한 자세한 내용은 제2, 5장에서 소개한다.

그림 1-1 생산곡선의 상방이동

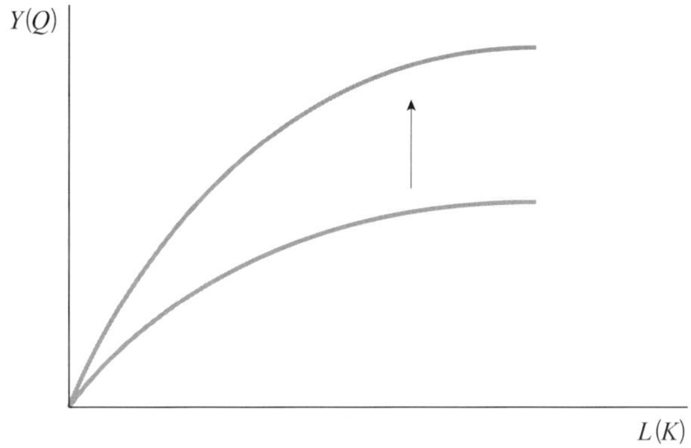

유동운(2011)은 신제도경제학의 범위를 광의로 다음과 같이 설정한다. 코즈(Coase, 1937, 1960)와 노스(North, 1990a) 및 윌리엄슨(Williamson, 1985)의 거래비용의 경제학에서부터 재산권이론(Grossman & Hart, 1986), 불완전한 계약이론(Tirole, 1999) 그리고 조직이론(Holmstron & Milgrom, 1991; Aghion & Tirole, 1997)까지 망라한다는 것이다. 신제도주의 경제학의 연구주체는 하나의 공통된 성격을 가지는데, 즉 비록 시각은 다르지만, 정보의 문제가 경제적 성과에 어떻게 영향을 미치는가를 설명·예측하고자 한다. 이것이 신제도주의 경제학과 신고전학파 경제학을 구분하는 기준이 된다고 하였다.

신제도경제학의 목표에는 여러 가지가 있으나 본서에서는 조직, 규칙, 제도, 사회적 자본 등의 요인이 경제성장, 경제발전, 경제적 성과의 개선에 중요하다는 점을 제시한다.

경제성장을 예로 들어 설명한다면, 신고전학파 경제성장론에서는 동일한 투입물에서 생산이 증가하는 것을 기술진보로 설명한다. 그러나 단순한 모형으로서 다른 요인은 불변이라는 가정(ceteris pabirus)하에 그렇다는 것이다. 다른 요인으로는 조직, 규칙, 제도, 사회적 자본, 기업문화, 경영자 성향 등 생산함수를 상방이동시키는 요인에는 기타 여러 가지가 있다. 본서에서는 조직, 규칙, 제도, 사회적 자본을 중시한다.

3. 신제도경제학의 문제의식

아담 스미스(Adam Smith, 1723~1790) 이후 주류경제학은 우여곡절을 겪으면서 진화해 오고 있다. 한계혁명 전후 순수경제학으로 발전하면서 정교한 수리모형을 주로 활용한다. 또한 사회과학의 여왕, 노벨상을 수여하는 유일한 사회과학 등으로 칭송받으며 여타 사회과학자들의 부러움을 받고 있다. 그러나 대공황을 전후로 여러 비주류경제학이 등장하며 여러 학파로부터 다양한 비판 또한 받아오고 있다. 그중 신제도경제학자들에 의해 일반적으로 지적되고 있는 신고전학파 경제학의 문제점을 크게 세 가지만 제시하면 다음과 같다.

1) 기업이론의 부재

경제성장 및 경제적 성과에서 기업의 역할은 중요하다. 경제성장의 역사는 기업성장의 역사이기도 하다. 그러나 이러한 기업에 대한 연구가 미흡하다. 기업조직에 대한 이론은 블랙박스(black box)로 남겨둔다. 신고전학파 경제학은 기업을 가격변수에 반응하여 기계적인 준칙에 따라 이윤극대화를 추구하는 단일한 경제주체로 간주하면서 기업조직에 대한 이론은 제시하지 않고 있는 것이다. 오늘날 많은 기업은 완전경쟁의 가정하에서 수동적으로 가격에만 반응하는 것과는 달리 다양한 전략으로 생존한다. 규모도 거대한 대기업부터 1인 기업에 이르기까지 다양하며 기업규모가 클수록 내부조직도 복잡하여 기업의 의사결정은 다양한 요인에 의해 결정된다.

2) 합리성 가정

신고전학파 경제학에서는 경제주체는 지식 · 정보 문제를 초월한 인간, 즉 인간의 합리성을 가정하여 비교정태분석으로 이론을 전개한다. 비현실적인, 단순화된 가정과 모형을 이용하여 경제학을 발전시켜 오고 있다. 현실사회에서 인간은 지식 및 이성의 한계로 정확한, 합리적인 선택 및 판단이 어렵다. 경제이론은 경제현실과 잘 부합되어야 이론으로서 가치가 있지만, 이론전개를 위한 가정이 경제현실과 부합하지 않는다면, 한계 및 문제점을 노출하지 않을 수 없다. 따라서 합리성 가정은 신제도경제학 외에도 비주류경제학, 특히 진화경제학 · 행동경제학 등에서 신고전학파 경제학을 비판하는 출발점이 되고 있는 것이다. 노스(North, 2005)는 합리성 가정은 사회과학자들에게 당면한 대부분의 주요 문제들을 망쳐놓고 있으며 미래 발전경로에서 중요한 장애물이 되고 있다고 하였다. 또한 합리성의 세계에서는 제도들이 불필요하며, 제도이론의 첫 번째 단계는 합리성 가정의 수정이다(North, 1992)라고 지적하였다.

> 경제학자들 중에 경제학이 현실성을 상실한 채 추상적인 이론으로 전락해 가고 있다는 자성의 소리가 심심치 않게 흘러나오고 있다. … 주류경제학이 현실경제와 관련해 '자폐적 무능력(autistic impotence)'의 상태에 빠져 있다는 비판은 좀처럼 사그라지지 않고 있다. 이를 단적으로 보여주는 상징적 사건은 탈자폐경제학(post-autistic economics) 운동의 탄생이다(http://www.paecon.net). 이 운동의 발단은 2000년 6월 일단의 프랑스 경제학과 학생들이 웹에 경제학 교육에 대해 항의하는 공개서한을 띄움으로써 시작되었다. 이 항의는 곧 전 세계적인 호응을 얻어 하나의 운동으로 발전했다(김무홍, 2006).

3) 재산권 및 법치의 완벽가정

신고전학파 경제학은 시장경제의 전제로서 재산권 및 법질서가 완벽하게 규정되고, 집행되고 있다는 전제하에 이론을 전개한다. 시장거래의 대상인 상품, 서비스, 자산 등이 완벽하다는 가정하에 수요자와 공급자의 가격만 일치하면 거래는 완벽한 것처럼 이론을 전개한다. 그러나 재산권 및 법질서는 선진국에서도 완벽할 수 없고, 후진국에서는 사회 및 경제의 중요한 문제로 부각되고 있다. 재산권 및 법질서의 정도는 생산 및 교환에 결정적인 요인이 된다. 신고전학파 경제학은 경제적 효율 및 경제적 성과에서 재산권 및 법질서의 중요성을 고려하지 않는다.

4. 신제도경제학의 개척자들

1) 코즈(Ronald Coase)

출처 : http://en.wikipedia.org/wiki/Ronald_Coase

코즈(Ronald Harry Coase, 1910~2013)는 영국의 미들섹스(Middlesex)에서 출생하여 런던경제대학(London School of Economics)을 졸업하였다. 그 후 던디경제대학(Dundee School of Economics), 런던경제대학 등에서 경제학을 강의하였으며, 1951년에는 미국으로 이주하여 버팔로대학(The University of Buffalo), 버지니아대학(The University of Virginia), 그리고 시카고대학(The University of Chicago) 등의 교수를 역임하였다. 시카고대학 동료교수 중 프리드만(Milton Friedman), 스티글러(George Stigler) 등과 학문적 교류를 하였다.

코즈는 1937년 "기업의 본질(The Nature of the Firm)"을 발표하였고, 1960년 발표한 "사회적 비용의 문제(The Problem of Social Cost)" 등으로 1991년에 노벨 경제학상을 수상했다.

"기업의 본질" 논문에서 기업의 본질과 한계를 설명하기 위해 거래비용을 소개하였지만, 당시에는 크게 주목을 받지는 못했다. "사회적 비용의 문제", 이 논문에서 그는 잘 정의된 재산권은 외부성의 문제를 해결할 수 있다는 시사점을 준 코즈정리(Coase Theorem)를 소개하였다. 이 논문에서 재산권 설정과 거래비용의 중요성이 부각되면서, 오늘날 신제도경제학 및 법경제학의 실질적인 출발의 계기가 되었고, 기업에 대한 거래비용적 접근은 현대 조직경제학에 크게 영향을 주었다.

2) 윌리엄슨(Oliver E. Williamson)

출처 : http://en.wikipedia.org/wiki/Oliver_E._Williamson

윌리엄슨(Oliver E. Williamson, 1932~)은 1932년 미국 위스콘신(Wisconsin)주의 슈페리어(Superior)에서 태어나 1955년 매사추세츠 공과대학(MIT) 슬론 경영스쿨(Sloan School of Management)에서 학사학위를 취득하였고, 1960년 스탠퍼드대학교(Stanford University)에서 경영학 석사(MBA), 1963년 카네기멜론대학교(Carnegie Mellon University)에서 박사학위를 받았다. 코즈(Ronald Coase), 사이먼(Herbert A. Simon), 사이어트(Richard Cyert)의 제자이기도 했다. 이후 1965~83년 펜실베이니아대학교(the University of Pennsylvania) 교수를 지냈고, 1988년 캘리포니아대학교 버클리캠퍼스(the University of California, Berkeley) 교수가 되었고, 현재 하스 비즈니스 스쿨(Haas School of Business) 명예교수로 재직하고 있다.

그는 1975년에 발간한 저서 「시장과 위계(*Markets and Hierarchies-analysis and Antitrust Implications*)」를 통하여 기업조직이론 및 거래비용이론의 발전에 기여한 것으로 평가받는다.

이와 같은 기업조직이론에 대한 연구의 공로로 2009년 엘리너 오스트롬(Elinor Ostrom)과 함께 노벨 경제학상을 공동 수상하였다.

3) 노스(Douglass Cecil North)

출처 : http://www.s3f.es/es/user/douglas-c-north

노스(Douglass Cecil North, 1920∼)는 매사추세츠(Massachusetts)주 케임브리지(Cambridge)에서 출생하였다. 캘리포니아대학교 버클리캠퍼스(University of California, Berkeley)에서 경제학을 전공하고 박사학위를 받았다. 한때 워싱턴대학교 시애틀캠퍼스(University of Washington in Seattle)의 교수로 있었고, 1983년부터 워싱턴대학교 세인트루이스캠퍼스(University of Washington in Saint Louis) 교수로 있다가 1993년도 노벨 경제학상을 시카고대학의 포겔(Robert William Fogel) 교수와 함께 공동 수상하였다.

노스는 유럽과 미국의 역사에서 경제발전을 분석하면서 인구나 기술의 변화 못지않게 제도변화의 중요성을 강조하였다. 또한 경제사 연구에 신제도경제학의 거래비용 개념을 도입하여 경제사를 새롭게 해석하였다. 그에 의하면 경제발전은 경제제도의 진화로 이룩되는데, 경제제도의 진화는 거래주체들의 거래비용을 감소하려는 노력의 결과이다. 경제성장에 기여하는 경제제도의 발전을 이해하려면 경제요인 이외에 인간의 심리적인 측면, 즉 인간의 이데올로기의 역할 외에 정치 · 사회적 요인도 중요하다고 주장하였다. 또한 그는 경제사학에서도 다른 경제학 분야와 같이 계량적 방법론의 도입에 공헌하였다고 평가된다.

그의 대표적 저서인 「제도, 제도변화와 경제적 성과(*Institutions, Institutional Change and Economic Performance*, 1990)」에서 경제성장의 원인으로 제도의 중요성을 주장하여 전 사회과학에 영향을 미쳤으며, 그 밖의 저서로 「서구사회의 성장(*The Rise of the Western World*, 1973)」, 「경제사에서의 구조와 변동(*Structure and Change in Economic History*, 1981)」, 「경제변동 과정의 이해(*Understanding the Process of Economic Change*, 2005)」 등이 있다.

4) 오스트롬(Elinor Ostrom)

출처 : pnas.org/content/103/51/19221/F1.expansion.html

오스트롬(Elinor Ostrom, 1933~2012)은 미국의 여성 정치학자, 경제학자이다. 미국 캘리포니아(California)주 로스앤젤레스(Los Angeles)에서 출생했다. 1951년 베벌리힐스 고등학교(Beverly Hills High School)를 거쳐, UCLA 정치학과에서 정치학 학사, 석사, 박사 학위를 취득했다. 1963년에 정치학자 빈센트 오스트롬(Vincent Ostrom)과 결혼하였고, 1965년부터 인디애나대학교(Indiana University)와 아리조나 주립대학(Arizona State University)에서 재직하였다. 인디애나대학교에서 남편 빈센트 오스트롬과 함께 많은 연구업적을 남겼고, 2009년 여성으로서는 최초로 노벨 경제학상을 수상했다. 스웨덴 왕립과학원은 오스트롬을 수상자로 선정하며 "경제 거버넌스 분석을 통해 공공의 자산이 다수의 경제주체들에 의해 어떻게 성공적으로 활용될 수 있는지를 보여주었다"고 평가했다.

오스트롬의 초기 연구는 공공재와 공공서비스 생산에 영향을 미치는 결정들에서 공공선택의 역할들에 강조를 두었다. 제도와 관련된 연구로는, 인간이 지속가능한 공적 자원 생산을 위해 생태계와 어떻게 상호작용해야 하는가에 관한 것이다. 공적 자원은 삼림, 수산, 원유, 목축지 그리고 관개 시스템 등을 포함한다. 그녀는 아프리카 주민들에 의한 목축지 관리와 네팔의 서부 마을(Dang마을)에서 관개 시스템 관리에 대한 연구를 수행했다. 그녀는 천연자원을 관리하고 생태계 붕괴를 막기 위한 다양한 제도적 시도들을 사회가 어떻게 개발할 수 있는지에 대한 연구를 계속하여 인간-생태계 상호작용의 다면적인 성질을 강조했다.

대표적인 저서로는 「공유의 비극을 넘어(*Governing the Commons*, 1990)」, 「규칙, 게임과 공유자원(*Rules, Games, and Common-Pool Resources*, 1994), 공저: (Roy

Gardner, Jimmy Walker)」, 「제도의 다양성 이해(*Understanding Institutional Diversity*, 2005)」 등이 있다.

5) 알치안(Armen Alchian)

출처 : http://blog.independent.org/2013/02/19/armen-alchian-april-12-1914-february-19-2013/

알치안(Armen Alchian, 1914~2013)은 미국 캘리포니아(California)주 프레즈노(Fresno)의 아르매니아계 후손(Armenian family)으로 태어났다. 캘리포니아 주립대학(California State University)에 입학 후 스탠포드대학(Stanford University)으로 전학하여 1936년에 학부를 마치고 1944년 박사학위를 받았다. 1942부터 46년까지 미공군에서 통계관으로 근무하다가 1946년 UCLA 경제학과에 온 이후 연구활동을 하였다. 꽤 오랜기간 미국 랜드연구소(Rand Corporation)에서 활약하였으며, 1996년 미경제학회 우수 연구자(Distinguished Fellow)로 선정되었고, 2010년에는 과테말라 프란시스코마로킨 대학(Universidad Francisco Marroquíu)에서 명예박사학위를 받았다.

시카고학파로서 20세기 후반기 가격이론의 대가 중 한 명이었고 정보, 불확실성, 기업이론, 재산권, 거래비용 외에 거시분야에도 크게 기여하였다.

알치안은 후술하는 뎀세츠(Harold Demsetz)와 함께 신제도경제학이 본격적으로 발전하기 시작한 1970년대보다 훨씬 전인 1950~60년대부터 단독 또는 공동 연구를 통해 신제도경제학의 발전에 선구적 영향을 끼쳤다.

6) 뎀세츠(Harold Demsetz)

출처 : http://en.wikipedia.org/wiki/Harold_Demsetz

뎀세츠(Harold Demsetz, 1930~)는 중동부유럽 이민자의 손자로 일리노이(Illinois)주 시카고(Chicago)에서 태어나서 시카고에서 자랐다. 일리노이대학(the University of Illinois) 학부 때 공학 · 산림학 · 철학을 공부했고, 1953년 동 대학 경제학과를 졸업한 뒤 노스웨스턴 대학(Northwestern University)에서 1954년 MBA 과정을 마치고 1959년 박사학위를 받았다. 이미 학부 시절 *Econometrica*와 *The Journal of Political Economy*에 논문을 발표하기도 했다. 1958년에서 60년까지 미시간대학(the University of Michigan)에서, 60녀에서 63년까지 UCLA에서, 63년부터 71년까지 시카고대학 경영대학(the Graduate School of Business at the University of Chicago)에서 강의를 하였다. 71년부터 현재까지 UCLA 경제학과에 재직 중이다. 미국 해군분석센터(Naval Analyses)와 후버위원회(the Hoover Institution)에서 활동하기도 했다. 미국예술과학 아카데미(American Academy of Arts and Sciences) 회원이고 서구경제학회(the Western Economics Association) 회장을 역임하기도 했다.

그는 시카고학파로서 신제도경제학의 개척자 중 한 명이었고 경영경제학 분야(the field of managerial economics)의 개척자이기도 하였다. 법경제학에서 재산권이론을, 산업조직론에서도 기업이론, 반경쟁정책, 기업규제이론을 발전시켰다. 그에게 영향을 준 인물로는 나이트(Frank Knight), 알치안(Armen Alchian), 코즈(Ronald Coase), 스티글러(George Stigler) 등을 들 수 있다. 열반의 오류(nirvana fallacy, 1962)를 최초로 제시한 인물로도 유명하다. 1972년 알지안과 함께 발표한 논문, "생산, 정보비용과 경제조직(Production, Information Costs and Economic Organization)"은 *American Economic Review* 100년 동안에 가장 중요한 논문 20편 중의 한 편으로 선정되기도 하였다.

알치안과 뎀세츠는 신제도경제학이 본격적으로 발전하기 시작한 1970년대보다 훨씬 전인 1950~60년대부터 단독 또는 공동 연구를 통해 신제도경제학의 발전에 선구적 영향을 끼쳤다. 이들은 코즈의 뒤를 이어 신제도경제학을 발전시킨 중심적 인물이다. 그들의 업적은 특히 다음의 세 영역에서 탁월하였다. 경쟁적 선택이론(theory of competitive sellection), 재산권이론, 기업이론으로 팀생산이론이 그것이다. 재산권이론과 기업이론은 본문의 해당 부분에서 소개하므로 여기서는 알치안의 경쟁적 선택이론에 대해서만 소개한다.

경쟁적 선택이론

알치안은 "불확실성, 진화와 경제이론(Uncertainty, Evolution and Economic Theory, 1950)"이라는 논문에서 비현실성 때문에 많은 비판을 받은 바 있는 이윤극대화 가정에 의지하지 않고서도 경쟁적 환경의 선택 메커니즘을 통해 마치 경제주체들이 이윤 극대화 원리에 따라서 행동할 때 나타날 결과가 출현할 수 있다고 주장하였다. 알치안은 불확실한 세계에서 정보능력이 유한한 경제주체가 이윤극대화 의사결정을 할 수 있다는 것은 확실히 비현실적이라는 인식에서 출발한다. 기업이 제아무리 이윤 극대화를 꾀하려고 할지라도, 실제로 기업이 이용하는 행위양식(mode of behavior)은 우연의 일치가 아니고서는 이윤극대화를 위한 행위에 미치지 못할 것이다. 오히려 그것은 기업이 당시에 이용할 수 있는 것들 중에서 최선이라고 지각한 행위패턴이다. 물론 정보비용이 낮을 때에는 사람들은 한계비용과 한계편익을 잘 반영하는 비용과 편익을 계산하여 환경변화에 적응한다.

그렇다면 실제로 시장에서 시험을 받는 기업행동은 제각기 고안한 상이한 의사결정들에서 나온 것이다. 그러나 기업들이 활동하는 환경이 충분히 경쟁적이어서 사후적으로 양의 이윤 실현이 생존을 위해 절대적으로 필요한 조건이라면 우연히 이윤극대화나 그에 가까운 의사결정 준칙을 채택한 기업들은 번영할 것이고 그렇지 못한 기업은 쇠퇴하거나 성공한 기업의 행위양식을 모방함으로써 번영을 꾀할 것이다. 이렇게 이윤의 규준이 되는 적자생존과 성공적인 행동양식의 모방확산을 통해 장기균형에서는 완벽한 극대화 행동은 아닐지라도 성공적인 행위양식이 채택된다는 것이다. 즉, 자원배분이 무원칙적이고 무작위일 가능성은 거의 없다는 것이다.

요컨대 경제시스템의 효율성은 신고전학파에서와 같이 개별수준에서 행동주체들이 의식적으로 극대화 행동을 추구하기 때문이 아니라 오히려 궁극적으로 경쟁적 압력을 통한 선택 메커니즘이 작용함으로써 나타나게 된다는 것이 알치안의 근본통찰이다. 이 아이디어는 후에 경제인의 불완전한 합리성에도 불구하고 재산권을 비롯한 경제제도는 효율성을 증진시키는 방향으로 진화한다는 기본신조를 낳는 결정적인 계기를 제공하였다.

자료 : Eggertsson(1990), 송현호(1998)

5. 구제도경제학과 진화경제학

1) 구제도경제학

구제도경제학은 1870년대 이후 미국 자본주의가 독점단계로 이행하는 사회적 배경하에서 성립하였다. 그 당시 미국경제에는 자본의 집중이 진행되고 격렬한 노동쟁의가 발생하였으며, 또한 농촌에서는 대지주나 대자본에 의한 토지 투기나 매점에 대해 농민의 저항이 증대하고 있었다. 이 같은 미국경제의 모순이 비현실적인 주류경제학을 대체하기 위한 새로운 경제학을 낳는 토양이 되었다.

이에 더하여 사상적으로는 1880년대로부터 1890년대에 걸쳐서 활발해진 다윈의 진화론적 역사인식의 영향하에서 퍼스(C. Peirce), 제임스(W. James), 듀이(J. Dewey), 에어스(C. Ayres) 등에 의한 미국 고유의 철학, 실용주의(pragmatism) 등이 구제도주의 경제학 성립의 중요한 배경이 되었다. 실용주의란 당시 유행하였던 유럽의 관념론의 철학과 대비된다. 실용주의는 현실문제의 탐구원리를 지향하는 철학으로, 진리는 인간이성에 의한 사유나 논리로 도달가능하다는 관념론과는 달리 실험과 경험에 의한 시행착오를 통해 진리에 도달가능하다는 철학을 의미한다. 이때 실험과 경험 및 인간의 사고는 진리에 도달하기 위한 도구가 된다. 따라서 실용주의는 도구주의라고도 한다. 주류경제학은 현실 경제문제 해결에 무용하다는 비판에 직면하면서 현실문제 해결의 도구가 되지 못한다는 의미가 된다. 따라서 현실적인 경제학을 추구하는 과정에서 구제도경제학이 태동하였다.

이러한 배경하에 태동한 구제도경제학의 대표적인 두 학자, 베블렌(Thorstein Veblen, 1857~1927)과 커먼즈(John R. Commons, 1862~1945)의 이론에 대해서만 소개하기로 하고 자세한 내용은 Ⅲ편에서 소개하기로 한다.

(1) 베블렌(Thorstein Veblen)[01]

출처 : http://en.wikipedia.org/wiki/Thorstein_Veblen

베블렌이 1898년에 "경제학은 왜 진화과학이 아닌가(Why is economics not an evolutionary science?)"란 논문을 통해 경제학을 진화론으로 볼 것을 제안하고는 "경제이론을 경제제도가 누적된 일련의 과정으로 이해할 필요가 있다(Veblen, 1919, *The place of Science in Morden Civilization and Other Essays*)"고 주장하였다. 그는 다양성, 유전, 선택 등에 관한 다윈의 아이디어를 경제진화에 적용한 최초의 경제진화론자이다.

그는 인간이 접근할 수 있는 자연의 물리적 성질은 일정한데 인간이 그러한 일정한 물질들을 이용하는 능력에 주목하였다. 그리하여 경제학이 필요로 하는 것은 인간성의 발전에 관한 이론을 찾는 일이라고 확신하고, 다윈의 사상으로 인간성을 규명하고자 노력하였다. 그가 다윈의 진화론을 채택한 두 가지 중요한 이유는, 첫째 경제변수가 균형에 도달하지 않고 경제과정에 누적적인 인과관계가 존재하고 있다는 사실을 인식하였기 때문이고, 둘째 인간

01 유동운(2000)을 요약하였다.

사회에서 자연선택이 일어나는 과정을 생물세계에서 유전이 일어나는 것과 유사하게 다루고자 하였기 때문이다. 특히 자본주의 사회에서 기술발전의 과정을 이해하려면 진화론적 의미로 해석할 필요가 있는 것으로 이해하였다.

베블렌은 사고하는 습관이 인간행동을 지배하는데, 사고하는 습관은 어떻게 생겨나는가를 알고자 하였다. 그는 사고하는 습관이 부분적으로 본능에 뿌리를 두고 있으며 변하는 환경조건에 적응하여 진화하는 것으로 보았다. 나아가 대다수의 사람들에게 공통으로 자리 잡고 있는 사고하는 습관을 제도라고 정의하였고, 인간세상에서의 문화성장도 따지고 보면 습관화가 누적된 결과라고 보았다. 제도가 본능적인 충동에 의해 형성될 뿐만 아니라 본능을 형성하기까지 한다고 주장하였다. 그는 사고하는 습관이 문화 · 관습 · 기술로 구체적으로 자리 잡게 된다고 주장하면서 역으로, 행동하는 습관은 사고하는 습관을 만들어 내고 사실과 사건을 이해시키도록 하여 일단의 지식으로까지 압축된다(Veblen, 1934, *Essays On Our Changing Order*)고 말하였다. 그러므로 사고하는 습관은 단지 생물학적 본능에 의해 만들어지는 것이 아니고, 인간문화와 습관화된 행동에 의해 만들어지기도 한다.

「유한계급론(*The Theory of Leisure Class*, 1899)」

자본주의 사회에서 유한계급의 성격을 신랄하게 비평한 사회경제학 비평서로서, 특히 책의 내용 가운데 부유층의 소비행태, 즉 '현시적(과시적) 소비'에 관한 지적은 오늘날까지 설득력을 잃지 않고 많이 인용되고 있다. 책의 주제는 미국의 자본주의가 절정을 이루던 19세기 말의 유한계급 사이에 만연한 속물주의와 세속적 겉치레에 대한 비평이다.

사회학자이자 경제학자인 베블렌은 이 책을 통해서 개인을 중시한 나머지 사회라는 실체를 경시한 신고전파 경제학을 비판하고, 경제현상을 폭넓게 이해하기 위해서는 개인의 경제활동뿐 아니라 그 배경이 되는 사회와 경제제도에도 관심을 가져야 한다고 주장했다. 그는 경제행위의 역사적 과정을 뒤르켐(Emile Durkheim)이나 스펜서(Herbert Spencer)처럼 진화론적으로 파악하고, 사회의 진화를 이전에 형성된 개인의 습관을 환경에 순응해 가는 과정으로 이해했다. 따라서 자본주의 계급사회에서는 경제적 약탈능력이 뛰어날수록 사회적 위치가 높으며, 이러한 약탈적 본능이 지배하는 사회는 약탈적인 유한계급의 관례가 주도한다. 그리고 야만사회에서는 약탈능력이 뚜렷하게 드러나 대중에게 손쉽게 우월감을 나타낼 수 있는 반면, 그렇지 못한 자본주의

사회에서는 유한계급이 과시적 소비와 과시적 여가를 통해 자신들의 약탈능력을 드러내는 것이다. 이러한 시각은 사회경제적 유한계급, 즉 기득권자에 대한 비판과 기술자에 대한 찬양으로 이어져, 저자는 과시적 소비란 유한계급이 자신들의 사회적 지위를 상징화함으로써 다수의 대중을 능가하려는 수단에 불과하다고 주장하였다. 특히 봉건사회의 경우 이러한 경쟁적 소비양식이 사회적 피라미드의 맨 위인 유한계급에만 국한되어 있었으나 최근에는 이러한 소비양식이 사회구조 전반으로 확산됨에 따라, 각 계급은 자신의 능력이 허락하는 한 자기보다 나은 지배계급의 생활양식을 본받으려는 경향이 있다. 그리고 결과적으로 이 경향은 하위계급으로 하여금 과거보다 생활수준이 나아졌음에도 상대적으로 더욱 상실감을 느끼게 한다. 따라서 현대사회에서 인간을 경제적으로 활동하게 하는 가장 중요한 동인(動因)은 저축이나 거래가 아니라 자신의 이웃을 능가하려는 성향이라는 것이 저자의 결론이다

자료 : 두산백과

그는 본능이란 생물학적으로 유전되는 것만이 아니라 과거의 전통, 즉 과거세대의 경험을 통해 축적된 사고하는 습관을 물려받은 유산으로서, 전통 속에 흘러들어 관습과 명령에 부합하는 제도적인 성격과 힘을 가진다고 주장하였다.

베블렌은 제도가 오랫동안 지속되는 성격을 인정하고 이를 사회경제에 존재하는 유전자와 동일한 것으로 생각하였다. 그가 다원주의를 채택한 또 하나의 이유가 여기에 있다. 그는 사회경제의 진화가 모방대상과 선택단위로서 제도에 작용하면서, 개인과 제도 모두가 자신들의 환경에 동시에 적응하는 과정과 결합하여 선택되는 하나의 과정으로 인식하였다.

(2) 커먼스(John R. Commons)[02]

커먼스는 베블렌과 함께 신고전학파 경제학에 아주 비판적인 미국 제도학파의 창시자로 꼽히지만 다음의 두 가지 이유에서 신제도경제학의 중요한 원천으로 평가되기도 한다. 첫째, 커먼스는 자신의 제도주의 이론이 신고전학파 이론에 상반되기보다는 보완적이라고 보았다. 이 점에서 커먼스는 신고전학파 경제학에 아주 적대적이

02 송현호(1998)를 주로 요약하였다.

었던 베블렌과는 구별되며, 실제로 커먼스는 베블렌의 주장에 상당히 비판적이었다. 둘째, 커먼스의 경제사상은 신제도경제학의 기본성격을 이해하는 데 훌륭한 단서를 제공하며, 거래비용 접근법의 대가인 코즈, 윌리엄슨 등 신제도경제학 진영 일부에 직접적인 영향을 끼쳤다. 특히 커먼스가 경제분석의 기본단위로서 상품 대신에 거래를 설정한 것은 아주 뛰어난 통찰이다.

출처 : http://en.wikipedia.org/wiki/John_R._Commons

커먼스는 인간에 대한 인간의 관계가 상호의존과 갈등의 양면성을 갖고 있다는 인식에서 출발한다. 사람들이 거래라는 형태로 상호작용하는 것은 분명히 그것을 통해서 어떤 이익을 얻기 때문이다. 이 이익은 사람들의 연합을 수반하므로, 사람은 서로에게 의존할 수밖에 없다. 그 반면에 연합이익을 거래에 참여한 사람들이 어떻게 분배해야 하는지의 문제는 갈등관계를 수반한다. 따라서 거래가 성립하기 위해서는 어떤 식으로든지 협력관계를 유지할 수 있는 타결을 끌어내야 한다.

거래를 완결하기 전이나 후에 거래당사자들 간에 분쟁이 일어날 수 있다. 이 분쟁은 희소성 원리의 제약을 받기 때문이다. 각자의 소망과 두려움을 서로 관련지어 무정부 상태를 방지하는 유일한 절차는 각자가 복종하기로 동의하거나 강제로 복종하게 되는 세속적 제삼자에게 호소하는 것이라고 하였다.

이렇게 커먼스에게 사회질서의 문제는 궁극적으로 어떻게 하면 갈등을 극소화하여 잠재적인 거래이익을 극대화하도록 반복적이고, 일반적으로 적용할 수 있는 규칙체계를 형성하는가에 있다. 커먼스가 처음부터 법 · 경제 · 윤리를 서로 연관짓는 궁극적인 활동단위는 그 자체, '갈등', '상호의존성'과 '질서'라는 세 원리를 포함해야 한다. 이 단위가 거래이다. 거래는 그 참가자와 함께 제도경제학의 최소단위라고 말한 것은 위와 같은 문제의식의 표현이다.

커먼스에 따르면 모든 인간행동에는 사회과정을 촉진하는 일정한 규칙화 관행(regularizing convention)이 필요한데, 그는 그것을 운용규칙(working rule)이라고 불렀다. 그러한 규칙은 개인이 해야 하거나 해서는 안 되는 것(강제나 의무), 다른 개인에게서 간섭을 받지 않고 해도 좋은 것(허락이나 자유), 그가 집단적 파워의 도움을 받아 할 수 있는 것(능력이나 권리), 집단력이 자신을 위해 대신해 준다고 기대할 수 없는 것(무능력이나 노출)을 규정한다.

커먼스는 권리는 상호관련적(correlative and reciprocal)이라는 것을 명확히 인식했다. 즉 거래당사자 중 일방에게 권리를 인정하는 것은 다른 쪽에게 의무를 부과하는 것이다. 이렇게 보면 소위 외부효과라는 것은 과수원과 양봉장, 또는 매연을 발생시키는 공장과 세탁소의 관계처럼 특수한 활동영역에만 국한된 것이 아니라 인간들의 상호작용에서 보편적으로 나타나는 현상이다.

코즈는 "사회적 비용의 문제", 이 논문에서 외부효과의 상호성(reciprocal nature of externalities), 권리관계의 상호성(reciprocity)이라는 용어를 사용하여 코즈정리를 설명한다. 이러한 개념은 커먼스에게 영향을 받은 것이다. 권리의 상호관련성, 혹은 상호성이란 법적 판단이 명확하지 않아 다툼이 있는 경우 법관이나 국가가 판단해야 하는 경우로, 일반인들의 사회생활 및 경제생활에서 보편적인 문제일 것이다. 예를 들어 공장의 대기오염, 이웃의 소음, 독서실과 PC방이 한 건물에 있는 경우 같이 각종 영업행위 등에서 누구의 권리를 인정해야 할지 애매한 경우가 많을 것이다.

「집단행위의 경제학(*The Economics of Collective Action*, 1950)」

커먼스의 다양한 현실 경험과 학문적 편력을 통해 얻은, 인간의 경제활동에 대한 이해의 진수가 녹아 있으며, 자본주의 시스템 발전의 동인과 한계에 대한 선견자적 통찰력이 제시되어 있는 책이다. 커먼스는 개인행동 경제시대의 종언을 예견하고, 기업과 노동조합과 정당이 주도하는 집단행동 정치경제학의 시대가 전개되는 것을 바라보면서, 이러한 시대상황에 부합할 새로운 경제학을 통합적 관점에서 재수립하였다.

커먼스는 노동과 자본을 조직화하여 정부의 개입 없이 이들 간의 자발적 집단협상을 고도화해 나가는 것이 경제시스템의 중심이 되어야 한다고 주장한다. 여기서 제도의 유효성은 그 제도의 운용을 최적화할 수 있는 집단지성의 역할에 의해 좌우된다. 그는 합리적인 규제행정을 전제로 새로운 시장경제 시스템을 구축하는 길을 제시하였다. 또한 커먼스는 전통경제학의 관점이 주류이던 당시 시장경제 체제에서는 노동착취, 빈부격차 때문에 개인의 자유가 억압되고 권리가 침해되는 것을 제어할 수 없다고 지적한다. 이 책에서 그는 개인의 자유가 진정으로 신장되고, 공정하고 평등한 기회를 제공할 수 있는 제도적 틀, 즉 정치경제 시스템의 대안을 제시하고자 한다.

자료 : 박상철 역, 「집단행동 경제학(*The Economics of Collective Action*)」, 한국문화사, 한국연구재단, 학술명저번역총서, 2012.

이러한 관점을 커먼스는 거래조직 운용규칙(working rule)의 관점이라고 칭했는데, 중요한 탐구대상은 사회 운용규칙의 한계와 목적이 무엇이며, 특정한 행위규칙이 창출하는 특정한 관계의 경제적 · 사회적 귀결은 무엇인가이다. 커먼스는 실용주의 노선에 따라 이 물음에 대한 우리의 답은 유동적이고 역사적일 수밖에 없는 합당한 가치(reasonable value)의 기준에서 나온다는 점을 역설하였다. 합당한 가치는 합당한 거래, 합당한 관행 그리고 사회적 효용이며, 공공목적과 동등하다라고 하였다.

여기서 합당한 가치가 유동적 · 역사적이라는 것은 사회변화에 따라 합당한 가치의 기준이 다르다는 의미로 진화론적 관점을 보이고 있다. 예를 들어 공장의 매연문제로 주민들에게 피해를 주는 경우, 경제성장을 지상과제로 여기는 사회에서는 주민들의 피해를 대수롭지 않게 볼 수도 있지만 주민환경을 절대시하는 사회에서는 공장의 매연이 근절되는 방향으로 귀결될 것이다.

(3) 평 가

베블렌이나 커먼스의 경제사상의 전통을 이어오고 있는 구제도경제학은 신고전학파의 방법론적 개체주의(methodological individualism)에 대립되는 진화론(evolutionary)적 · 전체론적(holism)인 접근법으로 경제를 분석하는 학파로, 학제 간 연대를 강조한다. 그러나 신고전학파나 신제도학파로부터 많은 비판을 받아오고 있다.[03]

03 주로 베블렌에 대한 비판일 것이다.

코즈(Ronald Coase)가 내리고 있는 미국의 구제도학파들의 업적에 관한 평가는 다음과 같다. "그들은 아무것도 이루지 못했다. 그들이 남겨준 것이라곤 고작 이론을 만들어 보려고 끌어 모은 서술적인 자료들뿐이고, 활용할 만한 이론도 없다(Eggertsson, 1990)."

스티글러(George Stigler)는 구제도경제학이 미국에서 성공하지 못한 까닭은 매우 단순한데 이들이 전통적인 경제학에 무조건 적대감을 가지는 입장을 취했기 때문이라고 지적한다(유동운, 1999).

주로 신고전학파의 전통, 즉 방법론적 개체주의나 합리성 가정을 수용하면서 신제도경제학을 발전시키려는 학자들로부터 비판을 받지만, 진화론을 수용하는 노스(North)의 관점에서는 우호적인 편이다. 또한 구제도학파는 그들 나름대로의 학문적 토대를 만들고 있으며, 그들의 연구는 *Journal of Economic Issues*, *Journal of Evolutionary Economics*, *Evolutionary and Institutional Economics Review*를 통해 정기적으로 발표되고 있다. 전문화의 모순과 학제 간 연대의 학풍이 보편화된다면 앞으로 구제도학파가 주목받을 가능성도 충분히 있다고 사료된다.

이같이 경제학에서의 신·구제도학파 외에도 정치학 · 행정학에서도 최근 제도연구에 관한 연구가 활발하여 제도연구는 사회과학에서 중심적인 위치를 굳히고 있다. 1993년 노벨 경제학 수상자인 노스(Douglas C. North)의 명저 「제도, 제도변동과 경제적 성과(*Institution, Institutional Change and Economic Performance*, 1990)」는 경제학뿐만 아니라 정치학, 행정학 등 전 사회과학에 큰 반향을 일으킨 바 있다. 또한 경제학, 정치학, 행정학, 사회학 등의 사회과학 전반의 제도연구를 집대성하려는 연구도 진행되고 있다.[04]

2) 진화경제학

베블렌(Thorstein Veblen)의 경제사상의 전통을 이어오고 있는 구제도학파는 슘페터(Schumpeter)주의와 함께 오늘날 진화경제학으로 지칭된다. 한성안(2010)은 진화경제학을 다음과 같이 소개한다.

---

04 이와 관련한 참고서적으로는 하연섭(2003)의 「제도분석」 참조.

진화경제학의 기원은 다양하지만 베블렌과 슘페터 계보의 진화경제학이 변화, 다양성, 비결정성의 주제와 가장 부합되는 동시에 영향력이 큰 계보로 고려될 수 있을 것이다. 베블렌계보의 진화경제학은 *Journal of Economic Issues*를 중심으로 논의되는 반면 슘페터계보의 진화경제학은 *Journal of Evolutionary Economics*에서 연구되고 있다. 나아가 어느 정도 신제도주의적 입장을 취하고 있는 *Research Policy*와 *Industrial & Corporate Change*도 이에 가세하고 있다. 베블렌계보의 진화경제학이 생물학, 특히 다윈의 진화생물학을 자연과학적 기반으로 삼고 있는 반면 슘페터계보의 진화경제학은 복잡계과학으로 편향되어 있다. 이러한 차이에도 불구하고 이들은 변화, 다양성, 비결정성을 중심으로 경제를 연구하고 있으며, 제도와 지식의 중요성을 공통적으로 강조하고 있다. 뿐만 아니라 이들은 모두 포스트케인지언 경제학의 전통적 관심사인 제도적 다양성과 경제적 불평등에 관한 주제를 결코 놓지 않는다. 핵심사안에 대한 이러한 공통성 때문에 베블렌적 전통과 슘페터적 전통을 배타적이기보다 상호보완적인 것으로 이해한다.

행동경제학(行動經濟學, behavioral economics)

행동경제학은 합리성을 가정한 경제적 인간(homo economicus)을 전제로 한 경제학이 아닌 제한된 합리성(bounded rationality)의 실제적인 인간의 행동을 연구하여 실험을 통한 증명으로 어떻게 행동하고 어떤 결과가 발생하는지를 규명하기 위한 경제학이다. 주 연구분야는 합리성 가정을 부정하는 사례를 축적하며 목표는 정통경제학의 대안을 제시하는 것이다. 인지경제학(cognitive economics)이라고 명명되기도 하고 넓게는 신경경제학(neuro economics)을 포함한다.

행동경제학의 성립 및 발달에 크게 기여한 주요 인물로는 사이먼(Herbert Simon, 1916~2001), 카너먼(Daniel Kahneman, 1934~)을 들 수 있다.

사이먼은 독일계 미국인으로 합리성이 제한된 상황에서의 의사결정 모델에 관한 이론으로 1978년 노벨 경제학상을 수상한 미국의 심리학자, 경제학자 및 인지과학자다. 그는 인간 인지능력의 한계(제한적 합리성)라는 관점을 가지고 주류 경제학이 가정하는 합리성에 대해 그 체계를 비판한 최초의 사회과학자였다. 그가 처음 합리성에 의문을 제기한 당시에는 그의 논점이 아직 개념적 단계에 머물렀고, 모델화가 어려웠기 때문에 대다수의 경제학자들에게 인정받지 못했다. 사이먼의 주징은 후에 경제힉과 심리학이 결합히는 행동경제학으로 꽃을 피우게 된다.

카너먼은 이스라엘 국적의 심리학자 겸 경제학자로서, 그의 학문적인 업적은 판단과 의사결정 분야의 심리학, 행동경제학과 행복심리학이다. 아모스 트버스키(Amos Tversky, 1937~1996)와 다른 학자들과 함께 편향(bias)을 만드는 공통적 인간 요인에 대한 인지적인 연구의 토대를 세웠으며 전망이론(prospect theory)을 만들었다. 이러한 연구성과로 2002년 노벨 경제학상을 수상하였다.

핵심용어

신제도경제학, 순수경제학, 제한된 합리성, 구제도경제학, 방법론적 개체주의, 전체주의, 진화경제학, 행동경제학

확인문제

1. 신제도경제학의 정의, 다양성에 대해 설명하라.
2. 신제도경제학에서 주류경제학에 대한 문제의식 3가지는?
3. 구제도경제학과 신제도경제학의 차이점은?
4. 진화경제학의 특징은?

제2장

거래비용과 경제적 성과

1. 서 론
2. 거래비용 개념의 발전
3. 거래비용의 정의
4. 응용분야
5. 경제학적 함의
6. 경제적 성과에서의 거래비용
7. 소 결

1. 서 론

거래비용(transaction cost)은 코즈(Coase, 1937)에 의해 기업의 존재이유로서 처음 소개되었지만 크게 주목을 받지는 못했다. 코즈(Coase, 1960)의 코즈정리(Coase theorem)에서 재산권설정과 거래비용의 중요성이 부각되면서, 신제도경제학의 실질적인 출발의 계기가 되었고, 연구가 축적되면서 거래비용경제학이라는 경제학의 새로운 분야로 그 입지를 구축하는 데 성공하였다. 거래비용을 활용한 연구가 진전되면서 거래비용의 개념이 계속 발전하고 정의도 학자에 따라 다양해지고 있다. 기업의 존재이유로서 거래비용은 시장기구를 활용하는 비용으로 정의되지만, 윌리엄슨(Williamson, 1971)의 특수자산이론에서는 특수자산(specific asset)의 계약에서 발생하는 준지대(quasi-rent)의 쟁탈로 인한 불확실성으로 발생하는 비용, 알치안과 뎀세츠(Alchian & Demsetz, 1972)의 팀생산이론에서는 기업내부 성과의 측정문제로 인한 비용으로, 옌센과 맥클링(Jensen & Meckling, 1976)의 주인-대리인이론에서는 대리인비용 등으로 활용되었다. 이렇게 기업내부조직이론이나 계약이론에서 주로 활용된 거래비용은 시장, 법경제학, 경제이론 등의 분야에까지 확대되어 응용되고 있으며 경영학, 정치학, 사회학, 교육학, 행정학 등의 전 사회과학에서 중요한 의미로 활용되고 있다. 주로 미시적 접근으로 가격이론, 의사결정 등에 거래비용을 추가하여 활용하고 있다. 반면 거래비용의 거시경제적 측면에서의 논의는 상대적으로 덜 알려져 있고 이에 대한 중요성의 인식도 부족한 편이다. 제도가 경제발전 및 경제적 성과에서 중요요인이란 것에 대해 공감대가 확산되는 경향을 보이고 있고, 거래비용은 제도의 효율성과 밀접한 관련이 있다. 따라서 거시적 측면에서도 거래비용은 중요한 연구주제일 것이다. 경제성장에서 제도의 중요성 및 제도이론의 발전에 크게 기여한 노스(North, 1991)도 거래의 속성에 따라 부극대화 행위자와 정보의 비대칭성의 맥락(context)에서 거래에는 상당한 자원이 소모되기 때문에 거래비용은 경제적 성과에 중요한 결정요인이라고 지적한 바 있다.

이 장에서는 신제도경제학의 주요 분석도구인 거래비용의 중요성을 경제적 성과의 측면에서 확인해 보고자 한다. 이를 위해 거래비용의 개념정리 및 연구분야를 개관한 후 거시적 측면에서 거래비용의 경제적 성과와의 관계를 논증하고 시사점을 찾고자 한다.

이러한 연구의 필요성은 방대하고 산만하게 보이는 거래비용 연구를 체계화시키면서 거래비용에 대한 이해를 좀 더 명확히 할 수 있으며, 현재까지 많이 논의되어 온 기업과 시장의 성과요인으로서 거래비용이 중요하다면 다양한 기업의 성장과 시장 활성화의 결과로 나타날 수 있는 거시경제적 함의 또한 중요하게 다룸으로써 경제적 성과에서 중요한 요인으로서의 거래비용에 대한 인식을 명확히 할 수 있을 것이다.

논의 전개는 2절에서 거래비용 개념의 발전, 3절에서 거래비용의 정의, 4절에서 거래비용의 응용분야, 5절에서 경제학적 함의를 소개한 후, 6절에서는 경제적 성과의 측면에서 거래비용을 살펴본다. 7절에서는 소결로 요약과 함의를 소개한다.

2. 거래비용 개념의 발전

앞서 말했듯이 거래비용은 코즈(Coase, 1937)에 의해 기업의 존재이유로서 처음 소개된 이후 코즈(Coase, 1960)의 코즈정리(Coase theorem)에서 재산권 설정과 거래비용의 중요성이 부각되었고, 윌리엄슨(Williamson, 1971)의 특수자산이론, 알치안과 뎀세츠(Alchian & Demsetz, 1972)의 팀생산이론, 옌센과 맥클링(Jensen & Meckling, 1976)의 주인-대리인이론 등, 거래비용을 활용한 연구가 진전되면서 거래비용의 개념이 계속 발전하고 정의도 학자에 따라 다양해지고 있다. 그러나 위에서 소개한 논문들은 거래비용 개념의 발전 외에 신제도경제학의 발전에도 크게 기여한 중요한 연구이므로 이들을 차례로 살펴보면서 거래비용 개념의 발전을 확인해 보자.

1) 기업의 본질

코즈는 "기업의 본질(The Nature of The Firm, 1937)", 이 논문에서 가격기구에 의해 거래가 조정되는데 '시장경제에서 기업은 왜 존재하는가' 란 문제를 제기한다. 시장과 기업은 작동원리가 상이하다. 시장은 자율적 · 분권적 의사결정으로 거래당사자 간 수평적 관계, 이기적, 등가교환의 원리로 작동된다. 반면, 기업은 명령 · 지시 · 위계에 의한 수직적 관계를 특징으로, 자원의 일방적인 이전으로 배분된다. 따라서 소규모 계획경제와 같은 속성을 갖고 있다. 코즈는 시장에 있는 기업을 마치 바다(시장경제)에 있는 섬(계획경제)으로 비유하였다. 시장경제 속에 왜 이러한 기업이 존재하는가라는 의문에 대해 가격기구를 활용하는 데 비용이 들기 때문으로 보았다. 생산에 관련된 요소의 가격이 얼마인지 발견하는 비용, 시장에서 각 교환마다 계약을 협의하고 종결시키는 비용 등이 발생한다는 것이다. 이 비용은 줄어들 수는 있으나 이러한 정보를 파는 전문가가 등장해도 없어지지는 않는다고 주장한다. 시장을 통해서 생산요소를 조달하는 대신 기업의 존재로 이러한 비용을 현저히 줄일 수 있다. 이러한 거래비용 때문에 기업이 존재한다고 한다.

기업의 존재이유를 컴퓨터로 예를 들어 확인해 보자. 컴퓨터는 조립품이다. 컴퓨터에 대한 모든 것을 알고 있는 사람이라면 기업의 완성품을 구매하지 않을 것이다. 각 부품의 성능, 기능, 가격 등을 알고 조립순서 및 기타 사항을 다 알고 있다면 굳이 기업의 완성품을 구매하지 않을 것이다. 만약에 모든 사람이 컴퓨터에 대해 그 모든 것을 안다면 컴퓨터 제조기업은 존재이유가 없을 것이다. 컴퓨터 부품시장, 생산요소시장만 존재할 것이다. 그러나 대부분의 사람은 컴퓨터 전문가가 아니기 때문에 컴퓨터를 조립해서 만들기에는 엄청난 명시적 비용, 암묵적인 기회비용이 필요하다. 부품가격의 비용 외에 각 부품에 대한 성능이나 기능에 대한 탐색 및 학습 비용 등이 필요할 것이다. 시간손실 비용 외에도 정규적으로 하고 있었던 공·사적인 업무를 못하는 기회비용 등도 발생할 것이다. 부품시장을 이용해 컴퓨터를 직접 조립하기 위해서는 이러한 비용들이 필요하다. 이러한 비용 외에도 각 부품을 구매하는 과정에서 계약비용이 필요하며, 사용 중에 각 부품의 하자가 발생할 경우 역시 사후적으로 유·무형의 비용이 필요하다. 여기서 계약 전의 정보비용, 계약비용, 사후적 비용은 부품시장을 이용하기 위한 거래비용인 것이다.

만약 모든 사람들이 모든 상품 및 그 생산요소에 대한 지식과 정보가 완벽하다면 굳이 기업이 존재할 필요가 없을 것이다. 현실의 인간은 제한된 합리성으로 인해 지식 및 정보의 제약하에 살아간다. 지식과 정보 습득 비용은 인간의 제한된 합리성으로 인한 거래비용이 되는 것이다.

또한 기업의 본질은 투입물 소유자들의 장기계약에 있다고 하였다. 계약이란 재산권의 이전을 의미한다. 즉, 시장경제에서 기업의 핵심적인 기능은 장기계약을 통해 다양한 생산자원, 노동이나 자본을 기업이라는 조직 내에 결집시켜 공유한 다음, 조직에 의한 자원배분을 통해 투입물을 산출물로 변화시키는 데 있다. 생산요소 소유자는 보상을 받고 일정한도 내에서 기업가의 지시에 복종하기로 합의하게 된다. 이런 의미에서 기업은 시장거래를 위계적 관계에 의한 거래로 대체한다.

2) 사회적 비용의 문제

코즈는 "사회적 비용의 문제(The Problem of Social Costs, 1960)", 이 논문에서 거래비용과 재산권의 중요성을 입증하였는데, 이를 오늘날 코즈정리(Coase theorem)라 한다. 코즈정리에 대해 자세히 알아보자. 코즈정리란 거래비용이 0인 경우, 재산권이 누구에 분배되는지에 상관없이 자발적 교환으로 자원배분의 효율이 달성된다. 그러나 현실세계에서는 거래비용이 존재하기 때문에 재산권 분배는 자원배분의 효율성에 중요하다는 함의를 가진다.

예를 들어 설명하면, 공장이 인근 주민(50명)에게 대기오염으로 피해를 입히는데 그 피해액이 100만원이고 공장이 공해방지시설을 설치하는 비용이 70만원이라고 가정한다. 이런 경우 사회적 최적은 공해방지시설의 설치(70만원)로 공해의 피해(100만원)를 없애는 것이다.

거래비용이 0인 경우 대기에 대한 권리를 공장에 부여하든 주민에 부여하든 공장과 주민은 자발적 협상으로 사회적 최적을 달성한다. 즉, 공해방지시설의 설치(70만원)로 공해의 피해(100만원)를 없애는 것이 가능해진다. 대기에 대한 권리를 주민에 부여한 경우, 공장은 피해액 100만원을 배상해야 하므로 70만원의 비용으로 공해방지시설을 설치하는 것이 효율적이다. 반면 대기에 대한 권리를 공장에 부여한 경우 주민이 공해방지시설을 설치하는 것이 효율적이다.

그러나 거래비용이 0이 아닌 경우, 주민들 간의 집단적 의사결정과 주민과 공장 간의 협상비용이 50만원인 경우, 재산권이 누구에 분배되는지에 따라 자원배분의 효율성은 달라진다. 대기에 대한 권리를 주민에 부여한 경우, 공장은 피해액 100만원을 배상해야 하므로 70만원의 비용으로 공해방지시설을 설치하는 것이 효율적이다. 거래비용이 0인 경우와 유사하다. 반면 대기에 대한 권리를 공장에 부여한 경우 거래비용이 50만원이라면 주민들이 공해방지시설을 설치하려면 120만원의 비용이 필요하다. 사회적 최적인 공해방지시설의 설치로 공해의 피해(100만원)를 없애는 것이 불가능해진다. 따라서 재산권 설정에 대한 중요한 지침을 얻을 수 있다. 자세한 내용은 재산권에서 소개한다.

이 논문에서 거래비용은 주민들 간의 집단적 의사결정과 주민과 공장 간의 협상비용을 의미한다. 완전정보, 전지전능한 합리성의 사람이라면 자기의사와 타인의 의사를 다 알기 때문에 집단적 의사결정과 협상에는 비용이 필요 없을 것이다. 문제해결을 위한 협상 자체가 필요 없을 것이다. 문제 자체를 만들지도 않을 것이다. 합리성이 제한된 인간이기에 집단적 의사결정과 협상에 유·무형의 비용이 필요하며, 이러한 비용은 거래비용인 것이다. 자세한 내용은 후술한다.

3) 자산특수성이론

윌리엄슨은 거래비용의 발생원인을 인간의 제한된 합리성(bounded rationality), 자산특수성(asset specificity) 및 기회주의적인 성향으로 보았다. 이 중 윌리엄슨의 독창성은 자산특수성이론이라 할 수 있다. 기업특수자산(specific asset)이론을 살펴보자.

기업자산들 중에는 특정한 생산 또는 특정한 거래를 수행하는 경우에만 유용성을 갖는 자산이 존재하는데, 이를 특수자산이라고 한다. 즉, 매몰비용(sunk costs)이 0이 되는 경향이 있는 자산이다. 이와 대조적인 개념은 컴퓨터, 자동차 등의 범용자산이다. 특수자산의 예를 들면, 보잉사의 하청업자가 특정한 모형의 보잉항공기에 달 날개의 납품계약을 따내어 그것을 생산할 설비투자를 단행했다고 하자. 이 생산시설은 다른 용도로 전용하기가 어렵다. 만약 보잉사와 맺은 계약이 파기된다면 이 생산설비는 다른 용도로 사용할 수 없으므로 이러한 자산의 가치는 급격히 감소해 버린다. 따라서 이 생산설비는 하청계약이라는 특수한 관계에 얽매여 있는 자산이라고 할 수 있다. 이와 같은 자산이 바로 특수자산이다. 자산특수성을 야기하는 요인은 다양하다. 앞에서와 같이 하청업자의 생산설비는 물적 자산특수성을 가지며, 지리적 조건에 기인한 예를 들면 무연탄의 수송을 위해 탄광지역에 철로를 까는 경우, 철로의 경제적 가치는 탄광이 폐광되면 유용성이 없어지므로 이 경우의 철로는 자산특수성을 갖는다. 이를 입지특수성이라 한다. 인적 자산의 경우에도 특수성이 발생한다. 숙련된 항공관제사의 경우 항공관제업무에 관한 인적 자본을 축적하였지만, 이를 다른 업무에는 활용할 수 없다. 이러한 인적 자산 특수성은 여러 분야의 직업에서 확인가능할 것이다. 이러한 특수자산으로 기업의 본질을 설명하는 핵심논지는 다음과 같다.

특수자산의 경우 일반적으로 준지대(quasi-rent)가 발생한다. 준지대란 그 자원의 현재의 용도에서 얻는 보수에서 최상의 대체적 용도에서 얻을 수 있는 보수의 차이를 말한다. 준지대는 그것을 직접 발생시키는 생산요소의 소유자에게 주지 않아도 그 생산요소 공급에는 아무런 지장이 없는 요소소득이다. 특수자산에 대한 투자가 필요한 거래는 투자자와 이를 필요로 하는 당사자 간에 쌍방독점의 상황을 만들어 내므로 쌍방이 준지대의 획득을 위해 기회주의적으로 행동할 가능성이 있다.

예를 들면, 한 공과대학 대학생이 우연히 특정기업에만 필요로 하는 신기술을 개발했다고 가정하자. 이러한 사실을 파악한 그 특정기업은 이 공대학생을 필요로 할 것이다. 따라서 이 공대생을 월 1,000만원을 조건으로 고용한다고 가정하자. 당시 대졸 평균임금은 200만원이라고 하자. 이 공대생은 어디에서 일해도 월급을 200만원 이상 받기 어렵다면 200만원이 최상의 대체적 용도에서 얻을 수 있는 보수가 된다. 이런 경우 현재의 이 특정기업에서 얻는 보수 1,000만원과 200만원의 차이가 준지대가 된다. 이때 이 공대학생과 기업은 쌍방독점의 상황이 된다. 쌍방이 준지대의 획득을 위해 기회주의적으로 행동할 가능성이 있다.

이런 문제를 해결하기 위한 방법으로 장기계약을 통해 특수자산의 거래를 장기간 보장하는 것이다. 또는 기업이 특수자산의 소유자를 합병하는 수직결합도 가능하다. 이런 경우 기업규모 확대의 중요한 요인이 된다. 이렇게 하여 만들어지는 것이 기업이라는 것이다.

여기서 거래비용은 특수자산(specific asset)의 계약에서 발생하는 준지대의 쟁탈로 인한 불확실성으로 발생하는 비용을 의미한다.

4) 팀생산이론

기업조직에 관한 코즈의 이론은 1937년에 발표되었으나 크게 주목을 받지는 못했다. 코즈의 기업이론을 부활시킨 결정적 계기를 제공한 사람이 알치안과 뎀세츠(Alchian & Demsetz, 1972)이다. 그들은 생산활동이 고전적인 자본가적 기업의 형태를 취하게 되는 이유가 무엇인가라고 질문한다. 고전적인 자본가적 기업이란 기업에 대한 소유권이 존재하며 그 소유주는 수입으로부터 비용을 뺀 잔여액(residual)인 이윤을 수취하는 권리를 가지며, 기업의 소유주가 기업조직의 구성원들의 자격을 종료시키거나 수정할 수 있는 권리를 갖고 있어 감독권을 갖는 조직을 의미한다.

생산활동이 고전적인 자본가적 기업의 형태를 취하게 되는 이유를 생산에 참여하는 개인들이 효율성을 추구하기 위해 내리게 되는 합리적 선택의 결과로써 설명한다. 다수가 팀을 이루어 생산활동을 하는 경우 게으름을 피우면서 자신의 책무를 소홀히 하려는 유인이 존재한다. 이러한 기회주의적인 행위를 막기 위해서는 팀구성원들 각자의 기여도를 측정하여 그에 따라 보수를 지급할 필요가 있는데 기여도의 정확한 측정이 어렵다. 따라서 그 대안으로 감독의 필요성이 제기되는데, 이 경우 감독자는 누가 감독하는가의 문제가 제기된다. 이를 해결하기 위해 감독자가 이윤수취권을 갖도록 하면서 고전적인 자본가적 기업이 탄생하였다고 한다.

알치안과 뎀세츠의 이론은 기회주의적 행동에 기인하는 비효율성은 일종의 거래비용으로 간주할 수 있으므로 거래비용적 접근이라고 볼 수 있다. 뿐만 아니라 고전적 기업의 조직형태를 팀구성원들의 합리적 선택의 결과로 설명한다는 점에서 방법론적 개인주의의 접근방법을 사용하고 있다고 할 수 있다.

그들의 이론은 신제도경제학의 발전에 다음과 같은 새로운 기여를 하였다. 첫째, 코즈의 패러다임을 이용하여 기업의 제도적 측면인 소유관계에 관한 분석을 시도함으로써 조직의 문제와 제도의 문제가 모두 거래비용의 접근방법에 의해 분석될 수 있다는 사실을 확인시켜 주었다. 둘째, 정보의 불완전성에 기인한 기회주의적 행위의 가능성에서 거래비용의 구체적인 원인을 찾고자 시도함으로써 제도와 조직의 이론에 정보이론을 활용할 수 있음을 보여주었다.

여기서 거래비용은 기업구성원들의 기회주의로 인한 비용, 구성원들의 성과측정문제로 인한 비용으로 이용되고 있다.

5) 주인-대리인이론

옌센과 맥클링(Jensen & Meckling, 1976)은 기업에 대한 잔여재산청구권을 경영자가 100% 보유하고 있을 때 그가 취하는 행동과 잔여재산청구권을 외부 보통주에게 일부 매각하였을 때 그가 취하는 행동을 서로 비교하여 거래비용이 외부주주에게 미치는 영향을 분석하고자 하였다.

소유주 겸 경영자는 외부주주에게 주식의 매각으로 소유권이 비록 훼손되지만 경영권은 훼손되지 않은 까닭에 예전에 비해 이제는 기업을 경영하면서 비금전적 소득을 끌어올리는 데 관심을 둘 것이다. 가령 자신이 사용하는 차량운영비를 기업으로 하여금 부담시킨다면 그 비용은 자신은 물론 외부주주도 부담한다. 소유주 겸 경영자는 자신의 지분이 전체 지분에서 차지하는 비율이 줄어들수록 기업의 성과에 대한 청구권도 비례하여 줄어들므로, 그 결과 부수입의 형태로 더 많은 개인 목적의 자산을 전유하려는 인센티브를 조장하게 된다. 동시에 외부주주들은 경영자의 행위를 감시하는 데에 더 많은 재원을 지출하도록 만든다. 이러한 경우 소유주 겸 경영자와 외부주주 사이에 주인-대리인관계가 형성된다. 이때 경영자의 태만가능성으로 외부주주의 감시비용은 거래비용이 된다.

3. 거래비용의 정의[01]

1) 거래비용에 대한 다양한 정의

거래비용의 중요성에 대해서는 코즈(R. Coase)의 "기업의 본질(The Nature of the Firm, 1937)", "사회적 비용의 문제(The Problem of Social Costs, 1960)" 이후 논의되어 왔고, 거래비용에 대한 정의도 각양각색으로 정의되고 있다. 앞 절에서도 다양한 거래비용을 소개하였다. 코즈(Coase, 1960)는 이를 시장거래를 위해서 거래하고 싶은 사람이 누구인지를 발견하고, 거래하고 싶은 사람에게 거래조건을 알려주고, 교환이 이루어지도록 하기까지 협의하고 계약서를 작성하고, 계약조건이 준수되는가를 확인하기 위해 필요한 검사 등을 수행하는 데 들어가는 비용으로 본다. 달만(Dahlman, 1979)은 거래당사자 모두에게 정보가 결여된 까닭으로 발생하는 자원손실이라고 지적한다. 애로우(Arrow, 1969)는 경제체제(economic system)를 가동하는 비용을 거래비용으로 정의하여 고전학파 경제학자들에게 사로잡혀 있는 생산비용과는 다른 것으로 보았다. 즉, 거래비용을 물리학체계에 존재하는 마찰과 동일한 경제적 용어로 본다. 윌리엄슨(Williamson, 1985)은 거래비용의 발생원인을 인간의 제한된 합리성(bounded rationality), 자산특수성 및 기회주의적인 성향으로 보았다. 재화나 서비스가 이전되는 과정에서 거래가 일어나는데, 기계가 맞물려 돌아가면서 마찰 없이 잘 작동하듯이 마찰 없이 교환이 이루어지도록 하는 것을 거래비용이라고 하였다. 거래비용을 사전적 비용과 사후적 비용으로 구분하여 전자에 속하는 것으로는 계약을 성안하고 협의하고 안전판을 만드는 비용으로, 후자에 속하는 것으로는 계약이행을 감시하는 비용과 담보를 제공하는 비용 및 잔여재산권의 손실을 들기도 한다. 에거트슨(Eggertsson, 1990)은 개인들이 경제적 자산에 대한 소유권을 교환하고 배타적 권리를 실행하는 데 발생하는 비용을 거래비용이라고 설명한다. 노스(North, 1990a)는 총생산비용을 변형비용과 거래비용으로 나누고, 전자는 재화의 물리적 속성(크기, 중량,

01 Furubotn & Richter(2005), 유동운(1999)을 주로 참조하였다.

위치, 화학적 성분 등)을 바꾸는 데 들어가는 생산요소(토지, 노동, 자본 등)를 구성하는 비용으로, 후자는 재화에 대한 재산권(이용권, 용익권, 배타적 지배권, 교환권)을 정의하고 보호하는 데 들어가는 비용으로 구분한다. 푸루보튼과 릭터(Furubotn & Richter, 2005)는 경제체제(economic system)를 운영(running)하는 비용뿐만 아니라 제도나 조직의 생성(establishing) · 유지(maintaining) · 변동(changing)으로 초래되는 비용까지 포함하여 시장거래비용(market transaction costs), 경영거래비용(managerial transaction costs), 정치거래비용(political transaction costs)으로 구분하여 각각 논의한다.

2) 거래비용의 정의와 개념요소

이 항에서 거래비용의 정의에 대한 설명은 신제도경제학의 접근방법과 관련하여 중요한 논점을 설명할 것이다. 신고전학파 경제학을 수정 · 보완하는 신제도경제학이지만 접근방법은 다양한 차이를 보이고 있다. 위의 거래비용의 정의에서 모든 학자들이 신고전학파의 인간의 합리성에 대한 가정을 수용하는가는 명확히 밝히지 않았다. 신제도경제학이 신고전학파 경제학을 수정 · 보완하는 경제학이지만 신고전학파의 인간에 대한 합리성 가정을 수용하는가, 부정하는가에 대해 모든 학자가 동일한 관점은 아니다. 수용여부에 따라 거래비용의 개념범위가 달라진다. 합리성 가정을 수용하는 에거트슨(Eggertsson, 1990)은 거래비용을 좁은 의미로 활용하며 신고전학파의 극대화가설도 적극 수용한다. 반면에 부정하는 관점은 윌리엄슨(Williamson, 1985)과 노스 등인데, 이들은 합리성 가정을 폐기하고 사이먼의 제한된 합리성을 수용한다. 그러나 제한된 합리성도 좁게 보는 관점과 넓게 보는 관점이 각각 존재한다. 윌리엄슨은 좁게 보는 관점이고 노스는 넓게 보는 관점이다. 본서에서는 제한된 합리성을 넓게 보는 노스의 관점에 동의한다. 진화경제학 · 행동경제학 등에서도 노스와 유사하다. 제한된 합리성을 넓게 해석함으로써 거래비용의 의미도 넓게 활용된다. 그래야만 다음 절의 부패, 신뢰, 사회적 자본에서 활용하는 거래비용과 일관성을 갖추게 되고 거래비용을 사용하는 모든 문헌을 논리적으로 묶을 수가 있다. 이러한 전제하에 거래비용은 인간 사회생활에서 보편적인 비용으로 그 중요성도 잘 부각시킬 수 있게 된다. 반면 윌리엄슨은 합리성 가정을 부정하며 제한된 합리성을 수용하면서 제한된 합리성을 좁게 해석하고 있다(후술).

이상의 논의를 바탕으로 본서에서 거래비용을 정의한다면, 거래비용은 생산비용 이외의 비용으로 인간의 제한된 합리성으로 인한 정보 · 지식의 문제 등으로[02] 경제활동을 위해 상품 또는 권리의 당사자가 지불해야 하는 비용을 의미한다.

거래비용의 발생원인에 대해서 윌리엄슨(Williamson, 1985)은 인간의 제한된 합리성, 기회주의적인 성향, 자산 특수성으로 세 가지 원인을 제시하였고, 달만(Dahlman, 1979)은 거래당사자 모두에게 정보가 결여된 까닭으로 발생한다고 하였다. 본서에서는 제한된 합리성을 넓게 보는 관점에서 인간의 제한된 합리성으로 인한 정보 · 지식의 문제로 발생하는 비용으로 정의한다. 제한된 합리성을 넓게 본다면 윌리엄슨이 제시한 인간의 기회주의적인 성향과 자산특수성의 문제는 인간의 제한된 합리성으로 인한 정보 · 지식의 문제로 귀결시킬 수 있다. 즉, 특수자산에 대한 정보 · 지식의 문제, 거래상대방이 기회주의적인지의 여부에 대한 정보부재 문제로 인해 비용이 발생한다면, 인간의 제한된 합리성으로 인한 정보 · 지식의 문제로 발생하는 비용으로 귀결될 수 있을 것이다. 이렇게 파악하는 또 다른 이유는 후술하는 신뢰, 사회적 자본, 부패, 윤리[03] 등을 거래비용과 관련시키는 연구경향이 뚜렷해지고 있는데(후술) 이런 문헌을 논리적으로 묶을 수가 있다.

윌리엄슨은 제한된 합리성을 좁은 의미로 활용하는데, 인지능력의 한계로 인한 정보비용 정도로 활용한다. 즉, 인간행동의 불확실성을 기회주의에 기인하는 것으로 본다. 기회주의란 용어는 기업조직이나 계약이론에서 적합하다. 기회주의란 용어로는 인간의 신뢰, 윤리 등에 대한 문제를 거래비용과 관련시키기가 어렵다. 본서에서는 이러한 점들을 감안하여 거래비용을 신뢰, 사회적 자본, 부패, 윤리성 등의 개념

---

02 거래비용의 다양한 정의들에서 불확실성이란 용어를 사용한 정의는 없는 것으로 조사되었다. 인간의 제한된 합리성으로 인한 정보 · 지식의 문제가 발생하는 것은 인간의 제한된 합리성으로 인한 불확실성 때문에 의사결정을 위한 정보 · 지식의 문제가 발생하는 것이다. 현실사회에서 불확실성을 유발하는 근본원인은 인간의 제한된 합리성 때문이다. 자세한 논의는 제5장에서 소개한다.

03 사회적 자본이란 협력적 행위를 촉진시켜 사회적 효율성을 향상시킬 수 있는 사회조직(신뢰, 규범, 네트워크 등)의 속성을 지칭한다(Putnam, 1993). 부패란 정직성이나 도덕적 미덕의 악화, 사악성, 퇴폐성, 불법이나 편법의 수단으로 잘못 인도되는 것, 순수함이나 올바름으로부터의 이탈 등을 의미한다(Merriam Webster Dictionary).

과 관련시켜 거시적인 측면에서 중요성을 고려하기 위해 제한된 합리성을 넓게 활용한다.[04]

경제활동을 위한 비용이라는 것은 거래비용의 용어가 암시하는 것처럼 거래에서만 발생하는 비용이 아니고 거래 외에도 자산이나 권리의 향유 및 수요자나 공급자의 경제행위에서 권리의무의 실현과 정보문제 등으로 인해 보편적으로 발생하는 비용이기 때문이다.

최근에는 거래비용을 경제행위 외에서도 발생하는 비용으로 확대해서 활용하기도 한다. 푸루보튼과 릭터(Furubotn & Richter, 2005) 정의의 경우, 행정조직과 사법조직의 생성 · 유지 · 변동 비용과 사회적 관계의 형성비용까지 포함함으로써 매우 확대하여 정의하기도 한다.

푸루보튼과 릭터(Furubotn & Richter, 2005)는 사회적 관계 형성비용을 다음과 같이 시장거래비용으로 소개한다. 행위자는 모든 종류의 사회적 연대를 포함하는 복잡한 네트워크에 얽매여 있다. 이러한 사회구조는 개인적 불확실성, 정보의 복잡성, 제한된 합리성을 완화시킨다. 사회적 연대의 정도와 행위자의 사회적 위치는 중요하다. 새로운 행위자가 기존의 시장에 진입하는 것은 기존의 행위자들 속에 자신의 위치를 구축하는 도전에 직면하는 것이다. 기존의 행위자들과의 관계 구축을 위해서는 투자가 요구된다. 사회적 자본의 형성을 위한 투자이기도 하다. 이러한 투자를 시장거래비용으로 소개하고 있다.

그러나 인간관계 및 사회적 관계 형성을 위한 투자는 시장 외에도 인간의 정치 · 경제 · 사회적 상호작용을 위해서도 필요한 비용이므로 후술하는 광의의 거래비용으로 보는 것이 타당할 것이다.

에거트슨(Eggertsson, 1990)은 정치과정에서 협상비용을 거래비용으로 표현하기도 한다. 이와 같은 경향을 반영하여 경제 외에 정치 · 사회활동 등에까지 거래비용의 범위를 넓힌다면 광의의 정의로서, 인간의 제한된 합리성으로 인한 정보 · 지식의 문제로 정치 · 경제 · 사회활동을 위해 발생하는 비용으로 정의할 수 있을 것이다.

에거트슨(Eggertsson, 1990)과 노스(North, 1990a)는 거래대상을 소유권 · 재산권으로 보고 있는데, 상품 또는 권리를 거래대상으로 봐야 한다. 소유권이 불분명한 물건

---

04 거래비용을 신뢰, 사회적 자본, 부패와 관련시킨 연구는 Rao(2003) 참조. 제한된 합리성을 넓게 보는 관점은 푸루보튼과 릭터(Furubotn & Richter, 2005), 노스(North, 1990a, 2005), 진화경제학, 행동경제학 등이다.

(유실물, 무주물, 매장물 등)도 거래되는 것을 고려하여야 한다. 또한 신제도경제학은 비내구재보다는 **내구재**(durable goods), 즉, 일정기간 동안 지속되는 서비스와 자산의 거래를 중시한다. 따라서 서비스권리, 기타 여러 가지 청구권 등도 거래대상으로 보아야 한다.

내구재

신제도경제학과 신고전학파 경제이론의 중요한 차이점 중 하나는 거래대상의 차이라고 할 수 있다. 신고전파 경제학은 주로 거래대상을 빵이나 사과 등의 비내구재(undurable goods)를 전제로 하여 교환되자마자 바로 소비되어 구매자에게 효용을 주는 재화를 대상으로 한다. 반면 신제도경제학은 내구재도 적극 고려하여 이론전개를 한다. 내구재의 수요와 공급에 대해서는 Parks(1974) 참조.

3) 거래비용의 분류

푸루보튼과 릭터(Furubotn & Richter, 2005)의 정의에서 거래비용을 시장거래비용, 경영거래비용, 정치적 거래비용으로 구분해서 정의하는 경우, 거래비용 개념을 체계적으로 정리할 수 있고, 후술하는 경제적 성과에서 거래비용의 긍정적인 측면을 이해하기에 좋은 장점이 있다. 다음의 [그림 2-1]을 이용하여 설명한다.

시장거래비용을 수요자로서 상품 소비자를 예를 들어 설명하면, 상품을 구매하기 전에 상품에 대한 탐색비용으로 정보비용이 필요하며 계약체결비용과 사후관리비용 등이 필요하다. 이런 비용은 명시적 비용과 기회비용을 포함하는 시장기구를 이용하기 위한 시장거래비용이 된다. 부동산 매매의 경우 부동산 중개인이 없다면 부동산 수요자는 공급자를 찾는 데 막대한 기회비용으로 거래비용이 필요하다. 이러한 거래비용을 줄이기 위한 관행으로 부동산 중개인이란 직업이 생기는 것이다. 중개인을 통한 거래를 하면서 중개인에게 지급하는 중개수수료는 시장거래비용의 좋은 예가

그림 2-1 거래비용의 유형

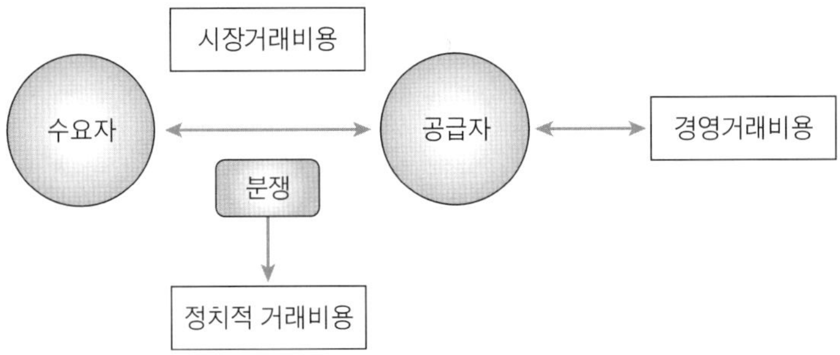

된다. 최근에는 인터넷의 발달로 인터넷 구매가 증가하고 있다. 인터넷 거래에서 중개를 전문으로 하는 기업의 경우 시장거래비용이 기업의 주요 매출액이 될 것이다.

공급자로서 기업을 예를 들어 설명하면, 기업은 생산요소 구입비용 외에 생산요소를 구입하는 과정에서 요소시장을 이용하기 위한 거래비용이 필요하다. 이것은 기업이 부담하는 시장거래비용이다. 기업은 공급자로 공급과정에서 유통 및 판매를 위해서도 시장거래비용이 필요할 것이다. 이러한 시장거래비용은 시장가격에 반영될 것이다.

> 자이페르드(Seyffert, 1966)는 그러한 거래비용의 비율이 최종소비자가 지불하는 시장가격의 38.3%라고 소개하고 있다. 공급자가 공급과정에서 지불하는 시장거래비용 외에 기업 내부조직의 거래비용까지 최종소비자 가격에 반영된다면 최종소비자 가격에서 거래비용비율은 50~60%로 추정한다(Furubotn & Richter, 2005).

경영거래비용을 어떤 기업의 예를 들어 설명하면, 생산요소의 성과 측정비용으로, 노동성과 측정비용과 생산공정과정에서 공정단계별로 측정비용이 필요하다. 예를 들어 노동자의 태만을 감시하기 위해 감시카메라를 설치하거나, 감독관을 고용하거나, 품질검사를 위해 기계를 도입하거나, 전문감정인을 고용한다면 이러한 비용은 기업내부 성과측정문제로 야기되는 경영거래비용인 것이다. 기업규모가 커지면서 혼잡이 발생하여 혼잡을 줄이기 위한 조정을 위해 자원이 필요하다면 이런 자원은 경영거래비용이다. 기업자산 보호를 위해서도 자원이 필요할 것이다. 예를 들어 기업자산 보호를 위해 야간경비를 강화하는 첨단장비를 설치하거나 전문경비업체에 야간경비업무를 의뢰하는 경우에 필요한 비용은 경영거래비용이 될 것이다. 경영거래비용은 소비자의 가격에 반영될 것이다.

정치적 거래비용은 공식적 · 비공식적 정치조직의 생성, 유지, 변동으로 인한 비용이다. 정치조직으로는 입법부, 사법부, 행정부, 군대, 교육시스템을 의미한다. 예를 들면, 거래 쌍방 간에 문제가 발생하는 경우, 거래자 간에 자체적 해결이 어려워 법원의 판단이 필요한 경우도 있다. 법적 분쟁 해결의 필요성으로 법을 생성, 유지, 집행하기 위한 인적 · 물적 자원이 필요할 것이다. 법의 판단은 사법부, 법의 집행은 행정부, 법의 생성은 입법부의 권한이다. 이러한 인적 자원을 양성하기 위해서는 교육시스템이 필요하다. 또한 경제의 안정은 국가와 사회의 평화를 전제로 가능하다. 이를 위해서 국방 · 치안도 필요하다. 이런 조직과 인력을 위해 지출되는 비용은 정치적 거래비용의 예가 되는 것이다.

4) 거래비용의 보편성

이상으로 거래비용이 다양하게 정의되는 것을 살펴보았으나 거래비용이란 용어가 사용되기 훨씬 이전에 암묵적으로 대부분의 경제주체가 알고 있었던 개념이다. 이에 대한 논거는 다음과 같이 제시할 수 있다.

고대 이후 화폐의 사용, 은행 같은 금융서비스산업의 발달, 기회주의적 행위를 방지하기 위한 회계제도의 발달 등은 거래비용을 감소시키기 위해 고안된 것이다. 또한 거래비용으로 창출되는 직업은 중개업, 법률서비스업, 신용평가업, 광고업, 정보제공업 등 공식적인, 합법적인 직업 외에도 비공식적인, 불법적인 직업도 무수히 많은 예를 들 수 있다. 교육업의 경우, 거래비용 축소가 교육업의 본래 목적은 아니지만 교육업은 거래비용의 축소에 크게 기여하는 직업이라 할 수 있다. 정보지식의 함양을 통해 인간의 정보부재를 보완시킬 수 있고 인성교육이나 사회규범에 대한 교육은 인간행동의 불확실성을 감소시키는 역할을 한다는 점을 고려한다면 교육수준이 높아질수록 거래비용을 감소시켜 경제발전에도 유리하다는 교육의 새로운 의의도 발견할 수 있다.

국가의 존재도 거래비용으로 설명가능하다. 사회계약설(제6장 국가이론에서 후술)의 요점은, 각 개인은 자신의 생명과 재산을 지키기 위해 국가에 권력을 위탁하면서 국가가 존재했다고 한다. 경제학적인 관점에서는 재산을 지키기 위해, 재산권 거래를 원활히 하기 위해 국가가 존재하여 불확실성을 감소시킨다고 할 수 있다. 유사한 견해로, 보그트(Bogt, 2003)는 최고통치자 외에 국가공무원도 거래비용을 감소시키기 위해 존재한다고 주장하였다. 이렇게 본다면 거래비용과 관련된 직업은 헤아릴 수 없을 정도로 많을 것이고, 거래비용이란 용어의 사용은 신제도경제학에서 주로 사용하지만 사회생활을 하는 모든 개인은 거래비용이란 용어를 사용하지 않을 뿐이지 암묵적으로 거래비용의 존재를 알고 있다고 할 수 있다.

4. 응용분야

거래비용의 활용분야는 너무 방대하여 모두 소개하기란 어렵다. 이 중 경제학에 활용되는 분야를 크게 몇 가지 범주로 구분하여 요약 및 체계화시키면 다음과 같이 정리할 수 있다.

1) 기업규모, 기업효율의 결정요인

기업이 필요한 인적 · 물적 자원을 시장을 통해서 구매하는 것보다 기업내부에서 직접 조달하는 것이 효율적이기 때문에 기업이 존재하며, 필요자원을 시장에서 직접 구입하는 데 드는 거래비용이 높은 산업일수록 기업내부에서 직접 조달하게 된다. 이러한 경우 기업은 규모가 커지는 경향이 있다. 그러나 규모가 커지면 노동자들의 도덕적 해이 현상으로 노동계약의 이행여부를 감시하기 위한 거래비용이 증가한다. 주식회사의 경우 경영자와 주주 간에 정보 비대칭성으로 거래비용이 증가하게 된다.[05] 이러한 요인은 기업규모를 제약하는 경향이 있다. 최근에는 IT산업의 발달에 의해 시장의 공간성과 시간 제약이 완화되고 시장정보의 제약이 약화됨에 따라 거래비용이 획기적으로 줄게 되어 기업규모의 축소로 효율을 높이려는 경향이 있다.[06] 최근 기업관련 연구 동향은 기업의 투자, 입지, 거래 · 유통 경로, 기업 간 제휴, 비정규직 고용 등의 결정요인으로 거래비용을 중시하고 있다.

2) 시장발달 요인

교환이 발달하기 위해서는 제품의 탐색, 교환당사자 신뢰성, 계약내용의 확인비용, 계약의 집행, 감시비용 등 다양한 거래비용이 필요하다. 정보기술이나 측정기술, 경영기법이나 은행제도 같은 서비스 부문이 발달하기 전에는 교환에 필요한 거래비용이 막대하여 교환의 발달, 시장의 발달에 있어 중요한 장애요인이 거래비용이었다. 최근 인터넷 및 IT산업의 발달로 구매자와 판매자, 제조사 간의 거래효율을 높이는 EC(전자상거래)가 활성화되는 것도 역시 거래비용의 절감이 핵심요인으로 지적되고 있다.[07]

3) 법규 근거요인

법은 정의를 지향하고 경제학은 효율성을 지향한다. 희소성의 세계에서 희소한 자원을 효율적으로 배분하는 것은 법적인 측면에서는 정의이며 자원의 낭비를 줄이는 것도 정의라 할 수 있다. 개인 간 이해관계의 다툼에서 당사자 간에 자발적인 협상으

05 이 분야의 고전적 논문으로는 Jensen & Meckling(1976), Fama & Jensen(1985) 참조.
06 IT산업의 발달에 따른 시장의 변화 및 기타 경제환경의 변화에 대해서는 김기홍(2006) 참조.
07 Garicano & Kaplan(2001), 김기홍(2006) 등을 참조.

로 타협이 이루어질 사항을 법으로 규정함으로써 불필요한 다툼이나 협상비용을 줄이게 되고 범죄나 불법행위를 법에 규정하여 부당한 인간의 행위를 예방하는 기능을 하게 되어 법은 경제적 효율성 달성에 기여하게 된다.[08] 사회의 발전은 제도와 법의 경제적 효율 증진기능이 강화되는 과정이라고도 할 수 있을 것이다.

4) 경제이론 수정요인

거래비용의 발생원인이 인간의 제한된 합리성(bounded rationality)이라고 소개하였다. 이러한 인간의 특성으로 인해 발생하는 거래비용은 경제활동 과정에서 필연적인 비용이다. 이렇게 항상 발생하는 거래비용을 신고전학파는 대체로 고려하지 않고 이론전개를 한다.[09]

합리성의 가정에 의해 소비자이론, 생산자이론, 시장이론 등의 경제이론을 정교하게 발전시켜 오고 있다. 거래비용이란 개념은 이러한 주류경제학 경제이론의 수정・보완을 요구하는 함의를 가진다고 할 수 있다. 다양한 연구동향으로는, 거래비용을 고려했을 때 일반균형, 자산가격, 포트폴리오(portfolio) 결정, 총생산과 고용, 최적과세 등의 변화에 관한 연구가 진행되고 있다. 대체로 미시적 접근, 미시경제학 이론들의 수정・보완이 대부분이다.

5) 경제적 성과의 요인

거래비용을 줄이기 위한 기술의 발전, 새로운 고용의 창출 등의 경제적 성과에서 긍정적인 측면과 인간행동의 불확실성에 의해 초래되는 거래비용으로 투자의 약화, 자본축적의 장애, 사회적 자본의 약화, 인적 자본의 축적과 기술혁신의 어려움 등의

08 박세일(2000) 참조.

09 友野典男(2007 : 31)은 인간의 합리성에 대한 가정은 일상경험에서, 수많은 실증연구에서 거의 현실성이 없는 것으로 간주되었다고 한다.

부정적인 측면도 중요하다. 경제적 성과의 측면에서 거래비용의 중요성에 대한 자세한 내용은 후술한다. 이상의 논의를 그림으로 정리하면 다음과 같다.

그림 2-2 거래비용의 응용분야

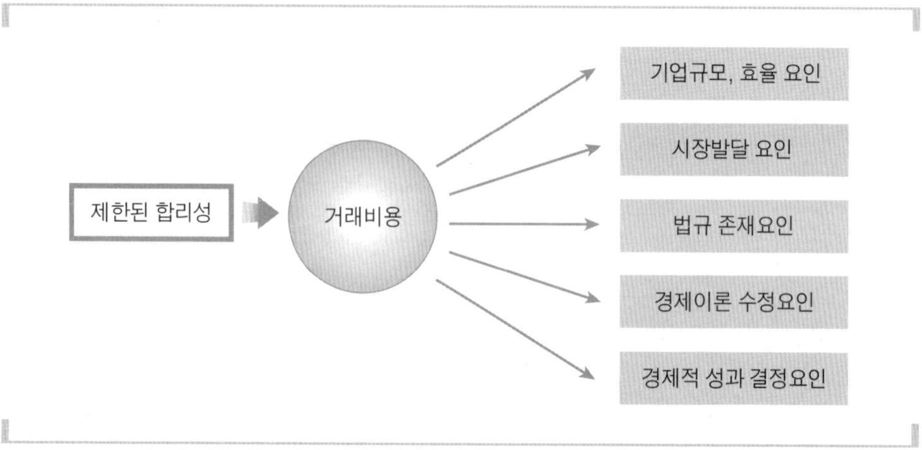

5. 경제학적 함의

1) 비결정론적 경제학

앞에서 거래비용이 인간의 제한된 합리성(bounded rationality)[10]으로 인한 정보 · 지식의 문제로 인해 발생함을 소개하였다. 제한된 합리성은 주류경제학이론의 **중핵(hard core)**인 합리성 가정을 부정하는 것으로 인간의 심리적인 측면,[11] 인간행동의

10 아담 스미스는 각자 개인적인 이기심의 동기로 인한 경제활동이 곧 국가 전체의 경제발전에 유익하다는 의미에서 이기심을 경제발전의 원동력이라고 보았다. 이러한 인간의 이기심은 동감능력을 전제로 한다(제5, 10장 참조). 그러나 최근 정보경제학, 게임이론에서는 개인에게 이익이 되는 선택행위를 합리성 있는 행위로 간주하여 도덕적인 정당성을 고려하지 않는다. 이러한 합리성의 개념을 확대해서 사용함에 따라 경제학을 처음 접하는 사람들에게 혼란을 초래할 수도 있을 것이다. 경제학에서 합리성(rationality)과 일상생활에서의 합리성(reasonability)은 의미가 다르다.

중핵과 보호대

라카토스(Imre Lacatos, 1922~74)의 과학적 연구프로그램의 방법론에서 연구프로그램을 구성하는 가설을 중핵(hard core)과 보호대(protective belt)로 구분한다. 중핵은 연구프로그램의 핵심가설이고 보호대는 중핵을 감싸고 있는 보조가설이라고 정의하고 있다. 이러한 기준에 의하면, 합리성 가정은 신고전학파 연구프로그램의 핵심가설이 되는 것이다. 물리학의 뉴턴역학에서는 중력의 법칙이 핵심가설이 된다. 신고전학파 연구프로그램에서 기타 모든 것이 일정(other things are equal, ceteris paribus)하다는 가정은 보조가설이 되고 뉴턴역학에서는 마찰력이 없다는 가정은 보조가설이 된다. 이론이 발전한다는 것은 핵심가설을 유지하면서 보조가설이 수정된다는 의미이다. 핵심가설을 폐기하는 것은 새로운 연구프로그램으로 간주한다.

불확실성 등을 고려하는 중요한 의미를 내포한다.

이렇게 거래비용은 인간의 심리적 · 윤리적인 측면 등을 고려하는 의미를 내포하므로, 순수경제학으로서 합리성의 가정하에 경제적인 요인만을 고려하여 수식을 통해 이론을 전개하는, 결정론(determinism)적인 신고전학파 경제학의 한계를 보완하는 중요한 의미를 가진다고 할 수 있다. 즉, 현실은 복잡계(complex systems)로서 비결정론(indeterminism)적이고 불확실성(uncertainty)이 지배적인데, 거래비용은 비결정론적인 개념인 인간의 심리적 · 윤리적인 측면을 고려하므로 복잡계로서의 현실의 경제현상을 설명하기에는 더욱 유익한 개념 및 수단이 될 것이다.

2) 신고전학파의 구체적 문제점

합리성 가정을 기반으로 하는 신고전학파 경제학의 문제점을 좀 더 구체적으로 살펴본다. 인간의 이성적 논리력, 판단력, 인식능력에 한계가 있는 것은 당연하며 동서고금을 통해 범죄, 배신행위 등과 같이 불확실성을 높이는 인간의 행위는 비일비재

11 합리성 가정은 경제학과 심리학의 결합을 추구하는 행동경제학에서 신고전학파 경제이론을 비판하는 출발점이 되고 있다.

하였다. 이렇게 항상 발생하는 거래비용을 신고전학파는 제대로 고려하지 않고 이론을 전개한다.[12] 주로 완전정보의 세계를 가정하고 경제학을 과학화하기 위해 합리적 행동가설(rational behavior hypothesis)[13]을 설정해서 주요 이론을 전개한다. 이러한 가정과 한계 원리를 이용해 소비자이론, 생산자이론, 시장이론 등의 미시경제이론과 거시경제이론을 정교하게 발전시켜 오고 있다. 거래비용이란 개념은 주류경제학의 경제이론의 중핵이라고 할 수 있는 합리성 가정을 부정하는 대단한 함의를 가진다. 아마 경제학의 또 다른 혁명을 예고한다고도 할 수 있다.

송현호(1998)는 신제도이론에 대해서, "20세기 후반에 사회과학의 연구프로그램에 혁신을 일으킨 괄목할 만한 지적 현상이며 그 충격의 깊이와 폭은 아마도 거시경제학에서 1930년대에 일어난 케인즈혁명을 훨씬 능가하고 사회과학적 사고에 큰 영향력을 행사할 것으로 보인다."라는 전망을 하고 있다.

소비자이론에서 소비자는 효용을 극대화하기 위해, 주어진 제약하에서 한계편익과 한계비용이 일치하는 선택을 하며, 생산자이론에서 생산자는 이윤극대화를 위해 한계수입과 한계비용이 일치하는 생산을 한다고 이론을 전개한다. 그러나 현실의 소비자나 생산자 중에서 한계편익과 한계비용, 한계수입과 한계비용을 일치하게 하면서 소비나 생산을 결정하는 소비자나 생산자는 단 한 명도 존재하지 않는다. 극대화 가설은 현실경제를 만족스럽게 설명하기 어렵다고 할 수 있다. 즉, 극대화하고자 하는 인간의 심리만을 반영한다고 할 수 있다. 또한 완전정보를 가정하여 전개하는 완전경쟁시장이론과 완전경쟁을 전제로 한 일반균형이론은 모두 복잡계의 현실경제를 설명하기에는 여러 가지 한계를 가지는 경제이론이라 할 수 있다.[14] 합리성과 극대화 가설은 경제이론의 발전에 많이 기여한 것은 사실이지만, 이 가설은 경제학을 더 이상 발전하기 어렵게 만든다는 점도 또한 사실일 것이다.

---

12 최근에 정보경제학에서 정보 비대칭하에서 기회주의적인 측면을 고려하여 이론을 전개하지만 주류 미시·거시경제학은 아직 현실의 불확실성을 고려하는 이론의 발전이 미비하다고 할 수 있을 것이다.

13 인간은 자신의 개인적인 이득을 가능한 최대로 추구하기 위하여 선택한다는 것이며, 선택행위의 목적과 그것을 달성하기 위한 수단을 명확히 인식할 수 있는 능력을 갖고 있으며, 선택의 목적을 가장 효과적으로 달성할 수 있는 최선의 방법을 알아낼 수 있는 계산능력을 갖고 있다는 것이다.

14 따라서 Williamson(1985), North(1990a) 등은 Simon(1957)의 만족화 가설을 지지하는 것이다.

노스(North, 2005)는 합리성 가정은 사회과학자들에게 당면한 대부분의 주요 문제들(issues)을 망쳐놓고(devastating) 있으며 미래 발전경로에서 중요한 장애물(major stumbling block)이 되고 있다고 하였다. 또한 노스(North, 1992)는 합리성의 세계에서는 제도들이 불필요하며, 제도이론의 첫 번째 단계는 합리성 가정의 수정이라고 하였다.

이러한 합리성에 기초한 경제이론이 마샬(Alfred Marshall, 1842~1954) 이후 150년 이상 지속된 것은 현실보다는 논리성이 지배하는 학풍과 기득권 합리화 논리 때문으로, 천재의 실수 혹은 카리스마 효과라고 생각된다.

카리스마 효과

흔히 큰 업적을 남기는 대학자의 경우에도 큰 실수를 하지만 이들의 카리스마에 압도되어 이들의 말과 논리는 모두 맞는 것처럼 여기게 되어 그대로 따라가는 현상으로 이해할 수 있을 것이다. 흔히 강의실에서 박식한 교수님들의 카리스마에 압도되어 교수님의 실수를 간파하지 못하는 경우를 한번쯤은 모두 경험했을 것이다. 아담 스미스(Adam Smith, 1723~90)의 노동가치설은 좋은 예가 될 수 있다. 노동가치설은 상품가치의 원천을 인간의 노동에서 찾았다는 측면에서 당시에는 혁신적인 경제관의 전환이었으며, 아담 스미스는 당시 중상주의에서 자유주의 경제사상으로 흐름을 바꾸는 데 가장 크게 공헌한 경제학의 대부라고 할 수 있다. 아담 스미스의 노동가치설은 경제이론이 발달한 현 시점에서는 전적으로 수용하기 어려운 학설이란 것은 쉽게 알 수 있지만, 그 당시에는 상당한 지적 영향력을 발휘하여 리카도(David Ricardo, 1772~1823), 마르크스(Karl Marx, 1818~83)에게까지 커다란 영향을 미치고 공산주의 사상의 근원지가 되기까지 하는, 아이러니한 인류의 역사를 만드는 데 일조하였다. 이러한 노동가치설의 오류처럼 한계이론, 시장이론, 분배이론, 일반균형이론에 이르기까지 그 정교함은 보통사람으로서는 가히 상상하기 어려운 지적 희열을 주며 사람들을 매료시켰다. 그러나 위에서 언급한 대로 신고전학파 이론은 현실세계의 특징을 반영하는 제한적 합리성을 전제로 하여 검정한다면 상당 부분 수용하기 어려운 이론인 것이다.

카리스마 효과는 행동경제학의 좋은 연구자료이기도 하다. 행동경제학의 주요 연구는 합리성 가정에 대한 비판으로 인간의 일상생활에서 합리적인 의사결정 및 판단을 하지 못하는 논거 및 사례를 찾아 축적하고 있다. 카리스마 효과의 사례를 수집 · 정리한다면 행동경제학의 합리성 비판 연구에 기여할 것이다.

이러한 이론전제의 한계 때문에 경제와 밀접하게 관련되는 요인으로서 비결정론적인 개념인 범죄, 윤리, 심리, 문화, 제도 등의 분석에서는 한계를 보였다. 이를 보완하기 위해 비순수경제학으로서 법경제학, 행동경제학, 문화경제학, 제도경제학 등의 새로운 경제학이 대두하는 것이다. 다음은 거래비용의 경제적 성과의 관점에서 중요성을 자세히 살펴본다.

6. 경제적 성과에서의 거래비용

경제적 성과에서 거래비용의 중요성은 크게 두 가지에 초점을 두면서 논의한다. 거래비용을 줄이기 위한 노력으로 기술, 조직, 제도 등이 발전하여 불확실성을 감소시켜 경제의 효율성을 높이는 측면과 불확실성을 높이는 인간행위로 경제의 효율을 저하시키는 측면을 고찰한다. 우선 전자의 측면부터 살펴본다.

1) 거래비용의 긍정적 요인

(1) GDP 증가요인

첫째, 거래비용은 기업규모나 기업효율에 관련되고 시장을 발달시키는 요인임을 앞에서 살펴보았다. 기업과 시장의 진화는 경제적 성과와 밀접하게 관련된다. 이것은 거래비용을 줄이기 위해 정보기술이나 측정기술 및 집행기술 등의 새로운 기술[15]

15 Eggertsson(1990)은 기술의 발전은 복잡성을 증가시켜 기술의 발전이 거래비용을 줄이는 요인이라고 단정하기 어렵다고 한다. 그러나 이러한 견해는 극히 단기적인 관점에서 보는 견해이다. 역사적 · 장기적 관점에서 보면, 기술의 발전이 거래비용을 줄여 교환, 시장이 발달하게 되는 요인임이 분명하다. North(1994b) 역시 근대 이후 과학의 급격한 발달로부터 이익을 실현하면서 거래비용을 줄이는 중요한 동기가 되었다고 주장하였다.

이나 새로운 산업이 발달하여 부가가치 창출의 새로운 원천이 되고, 새로운 시장 및 기업이 창출되고, 기존의 시장과 기업을 변화시키고, 거래비용을 줄이기 위해 회계 기법이나 은행제도[16] 같은 부문이 발달하여 시장과 기업의 경제적 효율성을 높이기 때문일 것이다. 효율성의 제고는 자원의 낭비를 줄이는 것이고 투자를 위한 자원의 증가로 귀결된다면 기업성장에 유리한 환경이 조성되는 것이다.

둘째,[17] 수요와 공급의 원활한 균형을 위해서는 거래분야가 대단히 중요함을 추측할 수 있다. 전통적인 경제학에서 생산자와 소비자는 아무런 비용 없이 거래를 하는 것처럼 이론을 전개하지만, 현실의 경제주체 간의 교환에서는 비용이 상당하다. 기술혁신, 분업과 전문화의 진전으로 다양한 상품 및 권리 공급의 증대에 따라 다양한 시장이 형성되고 다양한 거래대상을 시장에서 청산하기 위해서는 거래분야의 성장, 즉 거래분야에서도 분업과 전문화가 필요할 것이다. 소비자에게 정보전달, 소비기회의 부여, 보증제도 등을 제공하여 수요를 더 확실하게 만드는 측면과 공급자가 효율적인 공급을 할 수 있게 도와주는 사업서비스나 금융서비스, 정보제공 등을 위해 투자되는 자원도 중요하다는 의미이다. 이러한 자원은 거래비용이지만, 비용의 발생으로 수익의 저하를 의미하는 것은 아니다. 거래비용을 줄이는 기술이나 서비스 등의 발달이 미진하여 거래 자체가 어려워지는 경우 거래비용 때문에 시장의 형성이 어려워진다. 그러나 거래비용을 줄이는 기술이나 서비스 등이 발달하고 다양한 형태의 중개인의 등장으로(도매업, 소매업, 금융업, 보험업, 부동산중개업 등) 거래가 성립되고 시장이 형성되면서 거래비용을 지불하더라도 거래를 성립시켜 이익을 실현하는 것이다. 또한 이러한 거래비용은 서비스 창출에 대한 보상 내지 대가로서 그 경제주체에게 소득으로 분배되기 때문에 소득창출의 또 다른 원천이 되고, 국민경제에서 수요의 기반이 될 것이다. 따라서 거래분야 발달이 거시경제적인 측면에서 국민경제의 원활한 흐름을 좌우하는 중요한 요인이 된다는 것이다.

셋째, 국민경제 내에 가계와 기업 등 경제주체들의 원만한 교류를 위해 다양한 규칙, 조직, 제도, 공공재(국방, 치안) 등을 형성하기 위해서 많은 자원이 투입되기도 한

16 경제에서 금융시스템의 역할에 대한 실증 논거를 제시하는 논문으로는 Goldsmith(1969), King & Levine (1993), 은행과 함께 주식시장의 발달이 경제성장, 자본축적, 기술진보를 촉진하는 효과를 입증한 논문으로는 Levine & Zervos(1998)를 참조.

17 둘째, 셋째, 넷째 설명에 대한 논거 및 관련 자료는 Wallis & North(1986), Furubotn & Richter(2005) 참조.

다. 즉, 개인 및 집단 간의 계약과 집행 등을 작은 비용으로 효과적으로 수행하기 위해 공식적 및 비공식적 규칙, 조직, 제도, 공공재의 생성 및 유지를 위해서도 상당한 노동과 자본 및 기타 자원이 투입된다는 것이다. 이러한 거래비용은 정부가 주로 지출하지만 정부지출의 주요한 재원은 세금이므로 세금에도 거래비용이 포함되어 있다고 볼 수 있을 것이다. 개인 · 기업 등의 권리를 최종적으로 국가에 의존한다면, 개인과 기업의 경제활동이 국가에 의해 지탱되는 경제 · 사회질서에 의존한다면, 무정부 상태에 비해 효율적이며, 그 대가로 거래비용이 포함된 세금을 납부한다는 것으로 이해할 수 있을 것이다.[18] 이러한 자원이 개별 경제주체(주로 공무원, 관료)에게 분배될 때 새로운 소득창출의 원천이 되며 이것 역시 수요창출의 근원이 될 것이다.

월리스와 노스(Wallis & North, 1986)와 푸루보튼과 릭터(Furubotn & Richter, 2005)는 거래분야에 투입된 자원을 거래비용으로 보면서 자세한 설명은 생략하고 있다. 노스(North, 1992)는 합리성의 세계에는 제도가 불필요하다고 한다. 조직도 역시 마찬가지일 것이다. 제도와 조직이 생성되는 것은 인간의 제한된 합리성에 기인한다. 따라서 제도와 조직의 비용은 거래비용이 되는 것이다. 여러 가지 시장관행이 발달하는 것도 인간의 제한된 합리성을 보완하기 위함이다. 시장에서 중개인을 통한 거래로 시장효율이 높아진다면 중개인을 계속 유지시키기 위한 비용도 거래비용이 되는 것이다.

넷째, 앞의 세 가지 긍정적인 효과가 각 개별 경제주체에게는 고용 및 직업 창출의 혜택을 부여하게 되어 소득, 소비, 여가 등의 효용을 제공하여 장기적이고 안정된 수요의 기반이 되고 공급을 강화 및 보조하는 기반을 제공할 것이다. 다양한 직업으로는 개별기업의 노동자 및 관리자, 중개업, 법률서비스업, 사업서비스업, 신용평가업, 광고업, 정보제공업, 교육업, 공무원, 회계업, 금융업 등 수많은 예를 들 수 있을 것이다.

지금까지 설명한 거래비용의 긍정적 측면을 예를 들어 확인해 보자. 우선 시장거래비용을 예를 들어 설명하면, 부동산 중개인을 통해 부동산 거래가 이루어진다면 거래당사자는 중개수수료인

---

18 이와 같이 협의의 거래비용으로 정부비용을 설명할 수 있지만, 정부비용이 경제적 목적으로만 지불되는 것이 아니기 때문에 앞의 거래비용 정의에서 Furubotn & Richter(2005)와 Eggertsson(1990)의 정치적 거래비용을 소개하고 광의의 거래비용을 정의한 것이다.

거래비용을 지불하지만 국민경제 전체적인 관점에서 자원을 최상의 용도에 사용할 수 있게 되어 자원배분의 효율이 증대하고, GDP에서 중개수수료의 비율도 높아진다는 것이다. 최근 인터넷 중개기업의 등장으로 인터넷 거래가 늘어나고 있다. 인터넷 중개기업의 소득은 거래비용이며 인터넷 중개기업의 소득증가는 GDP에서 차지하는 거래비용의 비율도 높아지게 된다.

경영거래비용의 경우를 예로 들면, 기업자원관리를 위해 새로운 전산프로그램을 구입해서 효율적인 자원관리로 자원관리비용을 줄여 생산을 증가시킨다면 기업자원관리 전산프로그램 구입비용인 거래비용으로 생산이 증가한다. 추가적인 예로, 야간경비업체의 출현으로 기업자원 손실을 줄여 생산에 더 많이 투입할 수 있게 된다면 야간경비업체에 지불하는 거래비용으로 기업의 생산이 증가하게 되는 것이다.

정치적 거래비용의 경우 국가성립 이전과 이후를 예로 든다면 어떤 사회 전체의 GDP가 국가성립 이전에 100이었지만 국가성립 이후 300으로 증가하고 국가기구, 입법부, 사법부, 행정부를 생성 · 유지하는 데 100의 비용이 필요하다면 정치적 거래비용을 지불한 후 거래가 원활해져 거래비용은 국가경제의 생산을 증가시켰다고 볼 수 있다는 의미이다. 좀 더 구체적인 예를 들면, 우범지역에 감시카메라를 설치해서 범죄빈도를 낮추어 주민생활이 안정되어 생업에 집중할 수 있게 된다면 거래비용(감시카메라 설치비용)으로 경제적 성과가 개선된 것이다.

(2) 국민경제에서 거래비용의 규모

국민경제에서 거래비용의 긍정적인 요인을 고려하면 거래분야에 투입되는 자원은 상당하다. 따라서 다양한 거래부문이 국민경제에서 차지하는 비중은 막대하다. 이를 확인하기 위해 GDP에서 거래부문의 비율을 측정하는 연구가 많이 진행되었다. 대표적인 것으로 월리스와 노스(Wallis & North, 1986)는 장기계약의 묶음(complex)의 조정(coordinate)과 감시(monitor)를 위해 고용된 인력의 수를 조사한 결과 1900년에 총고용의 15% 정도였다. 이후 꾸준히 증가하여 1970년에는 총고용의 38%를 보였다고 한다. 또한 GNP에서 거래분야(정부비용 포함)가 차지하는 비중이 1900년에 32.14~34.10(%) 정도였으나 1970년에는 46.66~54.71(%)를 보였다고 한다. 푸루보튼과 릭터(Furubotn & Richter, 2005)는 현대 시장경제에서는 정부비용을 제외하더라도 순국민생산(net national product)의 50~60%가 거래비용이라고 하며 국민경제에서 거래비용의 측정에 대한 다양한 연구결과를 소개하고 있다.[19] 이러한 거래분야 발달의 핵

19 그러나 아직 거래비용에 대한 통계적 기준이 없기 때문에 연구자의 주관에 따라 통계는 다소 차이가 있는 것으로 보인다. 그렇지만 거래비용이 상당한 규모라는 사실은 분명함을 보여준다.

심요인은 기술의 발전이다. 특히 최근의 IT기술의 발전은 인간의 제한된 합리성을 완화시키면서 많은 것을 바꾸어 가고 있다. 경제학에서는 디지털경제, 신경제란 신조어가 등장하며 경제성장의 패러다임을 변화시키고 있다. 사회 각 분야가 디지털화, 네트워크화되면서 수요와 공급에서 수확체증적인 현상을 경험하게 되고 지식과 정보 같은 인간 두뇌활동의 창작물들이 고부가가치화되면서 잠재성장력이 무한대인 경제체제로 가고 있다.[20] 또한 최근 서비스산업과 금융의 중요성은 거래분야의 중요성을 잘 대변해 주고 있다. 법률서비스, 사업서비스, 정보서비스, 금융서비스 등의 서비스산업은 제조업을 보조하며, 거래나 계약을 활성화시키며, 미래의 불확실성을 감소시켜 거래비용을 줄이는 데 중요한 역할을 함으로써 경제발전에서의 그 중요성은 자명하다. 이러한 분야의 소득은 거래분야 소득의 핵심적인 요인이며, 이 분야의 경쟁력은 국가경쟁력의 근간이 되고 있다.

2) 거래비용의 부정적 요인

다음으로 거래비용의 거시경제에서의 역기능을 살펴본다. 거래비용을 줄이기 위한 기술, 조직, 제도, 규칙 등이 생성되어 불확실성을 감소시키고 있지만 현실세계에서 불확실성은 완전히 제거되기는 어려울 것이다. 불확실성은 다양한 요인이 있지만, 여기서는 인간의 행위로 인한 불확실성에 국한해서 논의하기로 한다.

기업조직에서 노동자와 관리자의 정보비대칭성, 경영자와 주주 간의 정보비대칭성 등으로 나타나는 기회주의적 행위의 정도는 기업효율 및 기업의 성과를 가늠하는 중요한 요인이다. 시장에서 판매자와 구매자 간의 정보비대칭성으로 야기되는 기회주의적 행위 및 인간의 비윤리적 행위는 시장효율 및 시장성과를 약화시킨다. 또한 인간의 기회주의, 비윤리적인 행위는 개인적 · 사회적 신뢰를 손상시키고 부패분위기를 조성한다.

20 주류경제학의 생산물 공급은 한계생산물 체감의 법칙과 유한한 노동이나 물적 자본을 전제로 하고 있다. 정보 및 지식의 경우 수확체증적인 현상이 작용하고 무한투입이 가능하기 때문에 생산물 공급은 무한증대도 가능하다.

이러한 사회풍토는 개인 간의 효율적인 계약이나 집행을 어렵게 하고, 거래나 협력적 상호작용을 어렵게 하는 중요한 요인이 되어 사회적 자본축적[21]에, 어려움을 초래한다. 부패분위기의 사회, 신뢰가 부족한 사회, 사회적 자본의 축적이 어려운 사회는 위계(deceptive scheme)나 지대추구(rent seeking) 같은 행위가 성행하여 학습유인을 약화시키며, 인지비용을 증대시켜 지식의 전문화를 방해[22]하고, 암묵적인 기술·지식 등을 공유하기가 어려워 인적 자본의 축적[23] 및 기술혁신에 매우 불리하다. 또한 사회통합을 약화시켜 개인 및 집단의 효율적인 의사결정이나 집행을 어렵게 하며, 생산적인 부문의 투자[24] 및 인적·물적 자원배분이 줄고 자본축적[25] 등을 어렵게 하여 GDP 산출능력을 상쇄시키게 됨은 쉽게 추측할 수 있다. 기타 많은 예를 들 수 있을 것이다. 이러한 해악들은 혁신적인 국가시스템을 만드는 것을 방해한다. 이러한 상황은 기술기반의 경제시스템을 만들기 어려운 중요한 요인일 것이며, 따라서 인간의 기회주의적 행위 및 신뢰문제 등으로 초래되는 거래비용은 경제의 비효율을 유발시켜 경제적 성과를 저하시키는 중요한 결정요인일 것이다. 이상의 논의를 그림으로 요약하면 [그림 2-3]과 같다.

신고전학파 거시경제이론에서는 거래비용의 부정적인 측면을 대체로 고려하지 않는다. 현실경제는 항상 인간행위의 불확실성에 의해 초래되는 거래비용을 통해 비생산적으로 자원이 배분되거나 교환을 어렵게 하는 등 국민경제의 선순환작용을 약화

---

21 본서에서는 사회적 자본의 두 가지 측면, 즉 긍정적 측면과 부정적 측면 중 긍정적 측면을 전제로 논의하였다.

22 인지비용의 감소로 인한 지식의 전문화 및 지식경제에서 제도의 중요성에 대한 관련 문헌에 대해서는 유동운(2010a, 2010b) 참조.

23 Qizilbash(2001), Akcay(2006)는 부패는 인간개발에도 부정적인 영향을 미친다고 주장한다.

24 Seligson(2002)은 부패를 연구한 대부분의 경제학자들은 부패가 투자를 약화시킨다는 주장들을 하였다고 소개하였다.

25 최근의 경제성장론은 자본의 국가 간의 차이로 국가 간의 성장격차를 설명하기 어려워 기술, 지식, 인적 자본 등으로 국가 간의 성장격차를 많이 논의하면서 자본의 중요성에 대한 인식이 약화되고 있다. 그러나 경제성장의 인적 요인인 노동은 자본이 체화된 노동이 중요하다. 자본이 체화되거나 자본이 투입되어야 높은 노동생산성이 가능하기 때문이다. 최근 인적 자본의 개념이 강조되고 있는데 고성능 인적 자본이 되기 위해서는 그 만큼 많은 교육 및 자본이 필요할 것이다. 또한 기술진보에 의한 생산성 향상은 잘 알려진 바다. 기술진보도 기본적으로 자본의 투입이 없으면 불가능한 것이다. 기술진보로 인한 노동소득 증가도 결국 자본의 기여가 크게 작용한다는 의미이다. 정보·지식사회가 도래하여 정보·지식의 중요성이 부각되고 있지만 자본의 축적정도에 따라 정보·지식의 격차가 존재한다는 점을 고려하면 정보·지식사회가 도래하여도 역시 자본이 중요하다는 함의는 변하지 않을 것이다. 결국 자본이 크게 좌우한다는 의미이다. 자본주의 경제하에서 자원의 희소성 문제가 해결되지 않는 한 자본의 중요성은 변치 않을 것이다.

그림 2-3 인간행위 불확실성의 부정적 효과

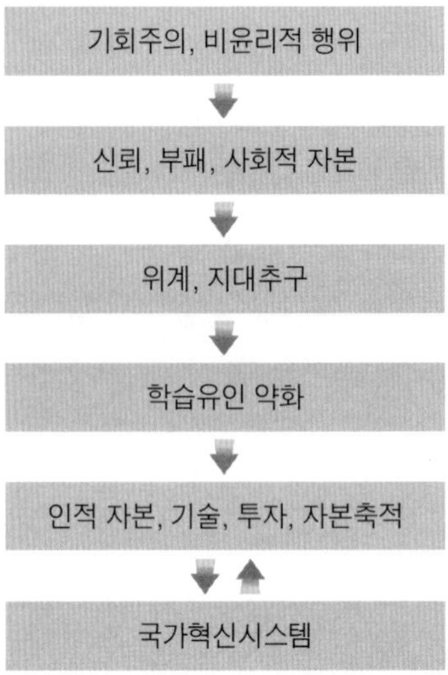

시켜 GDP 산출능력을 반감시키는 측면을 내포하고 있다고 할 수 있다. 대부분의 거래비용 측정연구에서 다양한 기업과 직업이 창출되어 거시경제에 기여하는 측면, GDP 창출에 기여하는 거래비용만 측정하여 거래분야의 중요성을 강조하고 있지만 인간의 기회주의 및 범법행위 등에 의해 GDP 창출에 장애가 되는 경제영역 역시 상당할 것이다. 이 점은 한 국가의 경제적 성과는 거래비용과 밀접한 관련이 있음을 의미한다.

카토쿠라(Kadokura, 2007)는 지하경제 규모가 1990~93년 기준으로 OECD 국가 GDP의 평균 13.5%, 1996~97년 기준으로 16% 정도 된다고 한다. 지하경제 규모 외에 유사한 예는 많이 있을 것이다. 지하경제는 탈세나 반사회적인 행위를 목적으로 형성되는 것이기 때문에 본서에서 주장하는 인간행동의 불확실성 등으로 초래되는 거래비용의 크기를 간접적으로 반영한다고 할 수 있을 것이다.

인간행위의 불확실성에 의한 거래비용으로 야기되는 영향은 신고전학파 경제학의 한계로서 신뢰, 사회적 자본, 부패 등의 주제로 최근에 많이 논의되고 있지만, 경제학의 출발인 아담 스미스의 경제학은 인간의 윤리성과 도덕성 및 법치의 전제하에서 사회질서 유지를 위한 수단으로서 국부의 증진이 필요하다는 것이다. 증가된 국부가 개인에게 적절히 분배될 때 개인의 정직성을 높여 사회질서가 유지된다는 것이다. 국부가 증진되기 위해서는 인간의 이기심이 정당하게 발휘될 때 보이지 않는 손의 작용에 의해 국가경제가 성장한다는 주장이다.[26] 즉, 아담 스미스의 경제학은 비경제적인 요인으로 윤리 및 법을 강조하는 비순수경제학인 것이다. 이러한 중요한 요인을 고려하지 않고 순수경제학으로 경제이론을 발달시킨 신고전학파가 아담 스미스의 경제사상을 계승 발달시켰다는 주장은 부분적으로만 타당하다. 따라서 최근에 윤리, 신뢰, 부패, 사회적 자본 등과 경제의 관련성에 대한 연구가 활발하게 국내외적으로 진행되고 있는 것은 신고전학파 경제학을 수정 · 보완하는 것으로도 볼 수 있을 것이다.

이상과 같은 윤리성, 신뢰, 사회적 자본, 부패에 대한 연구는 거래비용이란 용어와 관련시켜 설명한 경우도 있고 그렇지 않은 경우도 있지만 이러한 요인들이 거시적인 경제적 성과에 중요하게 작용하는 요인이라는 것은 분명하다. 거래비용이란 용어를 사용하지 않았던 연구일지라도 이들 연구는 인간행위의 불확실성으로 초래되는 거래비용을 암묵적으로 인정하고 있다고 간주할 수 있을 것이다.

3) 거래비용과 제도

지금까지 살펴본 거래비용과 관련된 영향은 직접적으로 제도의 효율성과 밀접한 관련이 있다.[27] 제도의 중요한 기능으로는 불확실성의 감소와 유인의 제공을 제시할 수 있다.[28] 국가의 제도가 불확실성을 감소시켜 경제주체들의 예측가능성을 얼마나 높일 수 있는가, 정당한 행위에 대한 유인을 제도가 제공하는가, 기회주의적인 행위 및 범죄행위에 대해 제도가 불이익을 행위에 비례하여 가하고 있는가 등의 문제가 중요하다는 것이다. 효율적인 제도로 인해 불확실성을 감소시켜 예측가능성이 높아

26 본서 제10장, 박세일(1989), Smith(1759, 1776), Zak(2008) 참조.

27 Ruttan(1988)은 거래비용을 문화적인 요인으로 설명한다. 문화적 요인을 비공식적인 제도로 본다면 문화적 요인도 광의로는 제도적 요인이라고 할 수 있다.

28 North(1990a).

지고 규범을 무시하는 자의적인 행위에 대한 처벌 및 정당한 행위에 대한 보상이 확실해질 때 개인 간 및 집단 간의 계약 · 거래 · 집행 등의 효율성이 높아지고, 시장효율 및 기업효율이 높아지고, 건전한 신념체계(belief system), 의식구조(mental construction)[29] 및 가치관(values)[30]을 형성하게 되고, 상호신뢰 및 협력 분위기를 조성하여 국가혁신시스템을 구축하기 쉬워질 것이다.

외환위기 전후 한국경제의 경우, 비효율적인 정치, 정경유착과 다방면에 정부규제의 관행은 불확실성의 증가 및 기업윤리 및 공직윤리의 상실로 사회 내에 불건전한 신념체계, 의식구조, 가치관 등을 형성하여 왔다. 이러한 요인은 경제위기를 초래하는 중요한 요인으로 지적되기도 하였다.[31] 제도적인 관점에서는 정부구조, 금융구조 등의 공식적 제도와 기술수준, 지식과 정보화 수준 등과 관련이 있는 기업, 교육, 대학 제도 외에, 우리 사회를 지배하고 있는 비생산적인 관행 등의 비공식적 제도 등을 함께 신중하게 검토해 봐야 할 것이다.

7. 소 결

이 장에서는 거래비용의 정의를 도출하여 그 광범위한 활용을 살펴보고, 거래비용의 경제적 성과 측면에서의 의의를 찾아보았다. 기술진보로 새로운 산업이 발달하고, 새로운 고용이 창출되고, 거시경제에서 거래분야의 비중이 증대되고 있다. 반면 인간행위의 불확실성에 의해 초래되는 거래비용은 경제적 성과를 개선시키는 데 걸림돌이 될 수 있음을 논의하였다. 효율적인 제도 구축으로 거래의 효율을 높여 경제적 성과에 기여하는 측면을 최대화시키고 장애가 되는 측면을 최소화시켜야 할 것이다.

---

29 제도와 신념체계 및 의식구조(mental construction)에 대한 자세한 논의는 North(2005) 참조.

30 제도와 가치관에 대해서는 Gibson & Koontz(1998), Marmor *et al*.(2002) 등을 참조.

31 한국 경제위기의 원인에 대해서는 최정달(2000), Lee & Oh(2007) 등을 참조.

이러한 제도를 만들고 유지하는 것은 국가와 사회 내의 인간이다. 거래비용 발생요인의 근본적인 요인이 인간의 문제라는 것은 앞에서 소개하였다. 결국 인간의 특성이나 차이가 경제적 성과를 결정하는 중요한 요인이라는 함의를 도출할 수 있다. 지혜롭고 현명하고 정직한 인간을 얼마나 많이 다양한 분야에서 양성할 수 있느냐가 절대적으로 중요한 국가경쟁력을 좌우하는 요인이 될 것이다.

현재 한국사회 최대의 사회적 악은 부정부패일 것이다. 사회적 악에 대해 정부 및 지도층이 관대하거나 애매한 태도를 견지한다면 일반 국민은 건전한 신념체계나 가치관을 형성하기 어려울 것이다.[32] 현재 한국사회에 만연하는 불신풍조는 선진국이 되기 위한 최대의 장애요인일 것이다. 정부는 부정부패와는 철저히 단절하는 모습을 보이고 사회의 지도층은 투철한 책임의식을 가지고 각자 직무에 충실한 모습을 보여야 한다. 이렇게 될 때 지혜롭고 현명하고 정직한 인간을 양성하기 쉬워질 것이다. 국민들의 준법정신 및 윤리의식은 국력에 비례함을 우리 모두 자각해야 한다.

이 장은 방대한 거래비용의 연구를 체계화시킬 수 있는 가능성을 제시하고, 거래비용의 거시적 측면에서 그 의의를 주장하는 내용으로 거래비용 연구 및 거래비용의 중요성에 대한 인식의 확산에 기여할 수 있을 것이다.

---

32 이 주장의 논거는 윤리성의 외부성이다. 윤리와 외부성에 대해서는 김적교(1999), Buchanan(1995) 참소.

핵심용어

거래비용, 제한된 합리성, 기업의 본질, 코즈정리, 특수자산, 팀생산이론, 주인-대리인, 경제적 성과, 신뢰, 윤리, 사회적 자본, 부패, 제도

확인문제

1. 기업의 존재이유를 Coase(1937), Williamson(1971), Alchian & Demsetz(1972) 관점에서 각각 설명하라.
2. 거래비용은 암묵적으로 대부분의 경제주체가 다 알고 있는 개념이라는 주장에 대한 논거를 설명하라.
3. 경제학에서 거래비용의 활용분야는?
4. 거래비용의 경제학적 의의는?
5. 거래비용의 국민경제적 의의를 설명하라.

제3장

제 도

1. 제도의 정의
2. 제도의 기능 및 중요성
3. 제도의 생성
4. 제도변동

1. 제도의 정의

푸루보튼과 릭터(Furubotn & Richter, 2005)는 제도(institutions)는 공식적 · 비공식적 규칙들의 집합으로 정의하며, 제도의 목적은 인간행동을 바람직한 방향으로 조정하는 것이라고 하였다. 오스트롬(Ostrom, 1990)은 제도는 운용규칙들(working rules)의 집합으로 어떤 경쟁영역(some arena)에서 누가 의사결정자인가, 어떤 행동이 허용되고 제약을 받는가, 어떤 집합적 규칙들이 사용되는가, 어떤 과정이 뒤따르는가, 어떤 정보가 제공되고, 제공되지 않는가, 어떤 행동에 어떤 이득이 주어지는지 등을 결정하고, 모든 규칙은 금지 · 허용 혹은 어떤 행동이나 결과를 규정하는 것을 포함하는 것이라고 한다(Furubotn & Richter, 2005). 슈몰러(Schmoller, 1900)는 제도를 특수한 목적을 제공하는 공동체 생활을 위한 질서로 이해하고 그 개별적 질서는 발전을 가능하게 하고, 장기간에 걸쳐 사회적 행동을 형성하기 위한 견고한 기반을 제공한다고 한다. 그 예로서 재산권, 노예제, 결혼, 보호임무(guardianship), 시장제도, 화폐제도, 무역자유를 들고 있다(Furubotn & Richter, 2005). 노스(North, 1990a, 1991)는 제도란 사회에서 게임의 규칙들(the rules of the game)로서 인간들의 정치, 경제, 사회적 상호작용을 위해 고안된 제약들(constrains)이라고 하였다. 제약이란 우리가 지켜야 될 명시적 · 암묵적 규칙, 혹은 법을 의미한다.

이상의 정의를 참고하여 본서에서는 제도를 인간들의 정치 · 경제 · 사회적 상호작용을 위해 고안된 법과 규칙들의 집합으로 정의한다. 따라서 법이나 규칙은 제도의 구성요소이기도 하다. 법과 규칙은 엄격하게 구분할 수 있으나 경제학에서는 규칙이란 용어를 주로 사용하며 법을 포함하는 의미로 활용된다.

이러한 규칙을 크게 두 가지로 나누면 공식적 규칙(formal rule)과 비공식적 규칙(informal rule)으로 구분된다.[01] 공식적 규칙은 헌법(constitutions)과 이에 근거한 각종 법률(statute law), 규칙(regulations)과 기타 정치 · 경제 · 사회적 상호작용을 위한 명

01 노스(North)나 하이에크(Hayek)의 제도분류에 따른 것이다.

시적 규칙을 의미한다.

> 일반적으로 법의 분류는 성문법(명시적 규칙)과 불문법(암묵적 규칙)으로 구분한다. 노스(North, 1990a)에 의하면 'informal rule'은 불문법(암묵적 규칙)을 의미하는 것이 분명하나 'formal rule'이 성문법(명시적 규칙)을 의미하는 것인지 명확하게 밝히지는 않지만 성문법(명시적 규칙)으로 보는 것이 타당하다. 따라서 'formal rule'을 명시적 규칙으로, 'informal rule'을 묵시적 규칙으로 번역하는 것이 더 명확하다. 그러나 국내 대부분의 책에서 'formal rule'을 공식적 규칙으로 'informal rule'을 비공식적 규칙으로 번역하므로 본서에서도 그렇게 하였다.

비공식적 규칙은 사람의 보편적 법감정으로, 인간생활에서의 묵시적 합의로서 법규화가 어려운 규범으로, 전통(tradition), 관습(convention), 문화적 규범(cultural norms), 행동양식(codes of conduct), 행위규범(norms of behavior), 각종 에티켓(etiquette), 정의감, 윤리 등을 들 수 있다. 공식적 규칙과 비공식적 규칙은 상호 보완 및 갈등하면서, 상호 영향을 미치면서 제도를 발전 · 변화시킨다. 일반적으로 비공식적 규칙이 공식적 규칙으로 격상되어 효력이 강화되는 것이 보편적이지만, 때로는 공식적 규칙이 새로 제정되어 비공식적 규칙을 제거하기도 하고, 공식적 규칙이 존재해도 이에 반발하여 비공식적 규칙이 작동하기도 하고, 공식적 규칙과 비공식적 규칙이 공존하기도 한다.

제도를 예를 들어 설명하면, 정치제도란 국회법, 정당법, 선거법, 국회규칙, 정부내부규칙, 국회내부규칙, 정당내부규칙 등의 공식적(명시적) 규칙과 선거구민과 의원들 간의 관계, 국회나 정당내부 구성원들 간의 관계 등의 비공식적(암묵적) 규칙 등이 함께 어우러져 정치제도를 생성한다. 대학제도란 대학설립에 관한 법률, 국립 및 공립학교법, 사립학교법, 대학의 내규 등의 공시적(명시적) 규칙과 대학내부 구성원 간의 관계를 위한 비공식적(암묵적) 규칙 등이 모여 대학제도가 되는 것이다. 사회 내·외부 환경이나 조건이 바뀌면 규칙들 간에 갈등, 경쟁으로 상호 영향을 미치면서 제도를 발전 · 변화시키는 것이다.

2. 제도의 기능 및 중요성

사회 · 경제의 발전은 항상 제도변화를 수반하며, 제도변화는 경제변화 · 사회변화를 유인하고 촉진하기도 하지만 경제쇠퇴의 원인이 되기도 한다. 경제학에서 제도의 기능은 크게 두 가지로 볼 수 있다. 즉, 불확실성의 감소와 유인의 제공이다.[02]

제도의 불확실성 감소 기능

제도의 불확실성 감소 기능은 하이에크(Friedrich August von Hayek)가 잘 설명한다. 하이에크는 인간의 본성이 구조적 무지, 치료할 수 없는 지식결핍을 가지고 있다는 엄연한 사실은 매우 광범위한 사회철학적 의미를 가지고 있다고 주장한다. … 모든 인간들이 가지고 있는 지식이 제한적이고, 그들은 구조적으로 무지하다고 한다면, 그들은 사실상 무지의 늪 속에서 살고 있다고 말할 수 있다. 이렇게 무지의 늪 속에서도 어떻게 인간들의 삶이 가능한가? 캄캄한 어둠 속에서는 누구도 자신의 삶을 개척해 나갈 수 없을 것이다. 이를 위해서는 어떤 안내판이 필요할 것이다. 이 안내판 역할을 하는 것이 바로 행동규칙이다. 행동규칙은 어떤 행동을 취해야 할 것인가, 어떤 행동을 취해서는 안 되는가를 말해 준다. 이 행동규칙은 수많은 차량이 끊임없이 운행되고 있는 복잡하고 번잡한 교차로의 신호등과 비유될 수 있다. 신호등이 없는 교차로에서 자동차 운전자가 교차로를 무사히 통과하기 위해서는 좌우의 복잡한 교통사정을 정확하게 알고 있어야 한다(예컨대 차량의 수효, 차량속도, 심지어 좌우의 차 운전자들이 어떤 기분으로 운전하고 있는가 등). 복잡한 교차로를 무사히 통과하기 위해 필요한 지식을 습득한다는 것은 불가능하다. 그리고 운전자들은 어떻게 운전하여 무사히 교차로를 통과해야 할지를 모른다. 그들은 캄캄한 어둠 속에 놓여 공포의 분위기 속에 빠져 있을 것이다. 그런데 이 어둠을 걷어 주고 무사히 교차로를 통과할 수 있게 해주는 것이 신호등이다. 파란불이 켜져 있을 경우에는 운전자는 좌우의 복잡한 교통사정을 고려할 필요가 없이 마음 놓고 무사히 교차로를 통과할 수 있다. 교통신호와 같이 행동규칙들은 인간의 구조적인 무지를 경감시켜 주는 역할을 행사한다. … 행동규칙은 특정의 행동가능성을 배제시키기 때문에 개인들이 처한 환경의 복잡성이 축소된다. 그것은 불확실성을 흡수하고 정보를 산출한다.

자료 : 민경국(1996, 1997)

02 이 두 기능은 모든 제도의 경제적 효과를 분석하는 데 유용한 수단이 될 수 있을 것이다. 헌법, 민법, 형법 등의 경제적 분석에도 유용하게 활용될 수 있을 것으로 기대된다. 향후 과제로 두기로 한다.

이 두 기능이 어떠한 메커니즘을 통해 경제발전에 중요한 역할을 하는가는 다음과 같이 설명할 수 있다.

1) 불확실성 감소

우선 제도가 불확실성을 감소시키는 기능을 할 경우 그 결과 및 효과는 다양하게 설명할 수 있으나 크게 세 가지로 설명하기로 한다.

(1) 지식전문화

인지비용의 감소로 지식전문화가 용이해진다. 불확실성이 증가하는 경우 의사결정에 필요한 정보량이 많아지지만, 그 반대의 경우에는 필요 정보량이 감소한다. 인간의 제한된 합리성의 특성상, 인지능력은 제한적인데 의사결정에 필요한 정보량이 감소한다는 것은 신속한 의사결정이 가능해지는 것은 물론이고 다른 지식을 학습 및 측정하는 데 사용가능한 인지능력의 할당을 높여준다. 이럴 경우 전문분야에 인지능력을 집중시킬 가능성을 높여줄 것이므로 지식전문화가 용이해진다.[03]

(2) 투자의 요인

제도의 불확실성 감소 기능은 투자에 중요요인이다. 투자의 결정요인 중에서 미래 예상수익은 투자의 의사결정에서 가장 중요한 편익이며, 현재 및 미래의 상황에 의존하는 변수이다. 현재 및 미래의 상황이 불확실성이 높은 경우 미래 예상수익의 불확실성이 높아진다는 의미이다. 이런 경우 투자하기가 어려워진다. 그 반대의 경우 미래 예상수익의 예측이 쉬워진다면 투자가 용이해질 것이다. 투자가 용이해지면 자

03 인지비용의 감소로 인한 지식의 전문화 및 지식경제에서 제도의 중요성에 대한 관련 문헌에 대해서는 유동운(2010a, 2010b) 참조.

본축적의 가능성이 높아지며 그럴 경우 고용수준도 높아지므로 제도의 불확실성 감소기능은 개별기업의 투자 및 거시경제의 안정에도 중요할 것이다.[04]

(3) 거래비용수준 결정

제도의 불확실성 감소 기능은 거래비용수준을 결정한다. 거래비용 감소의 경제적 효과는 너무 방대해서 일일이 다 소개하기 어렵다. 두 가지 효과만 제시한다면, 자원의 절약과 교환의 발달을 들 수 있다. 자원의 절약은 자원배분의 효율을 개선하여 경제의 효율성을 높인다는 의미이다. 교환의 발달은 시장의 성장을 견인한다. 시장성장은 여러 가지 중요한 효과를 유발할 것이다. 시장성장 그 자체는 경제적 성과의 개선을 의미한다. 미시적인 관점에서는, 시장에서 가격은 생산 및 소비를 유인하는 정보의 역할을 하며 교환을 촉진시켜 교환당사자 상호 간의 효용수준을 높여줄 것이다.

추가적으로 교환의 발달은 폐쇄사회를 열린사회로 만드는 데 중요한 요인이다. 가족과 친족 위주의 좁은 네트워크에서 무명의 타인과의 넓은 네트워크를 형성가능하게 하여 개인의 활동영역을 넓혀준다. 이러한 네트워크가 개인 간의 결속과 신뢰수준을 제고하고 사회관행으로 발전하여 비공식제도가 되어 경제발전에 긍정적인 역

하이에크의 시장관

하이에크(Friedrich August von Hayek)는 대표적 시장질서 옹호자이지만 신고전학파와는 다른 독특한 논거를 제시한다. 신고전학파는 시장을 통한 경쟁은 자원배분의 효율성을 높이고 파레토 최적을 달성하는 것으로 시장을 중시하지만, 하이에크는 시장에서의 경쟁은 시장적합적인 개인을 발견하는 절차이고 가격은 정보이며 사람들이 무엇을 해야 할지를 가르쳐주는 신호이며 유인이라는 견해를 그의 대부분 저서에서 언급한다. 방대한 하이에크 저서를 가장 잘 요약한 문헌으로는 민경국(1997) 참조.

---

04 제도와 투자의 관련성에 대해서는 North & Weingast(1989), Dawson(1998), Stasavage(2002), Gwartney *et al.*(2006) 등을 참조.

할을 한다면 긍정적 사회적 자본이 형성되지만 부정적인 역할을 한다면 부정적 사회적 자본을 형성하는 사회가 될 것이다.

사회적 자본이란 협력적 행위를 촉진시켜 사회적 효율성을 향상시킬 수 있는 사회조직(신뢰, 규범, 네트워크 등)의 속성을 지칭한다(Putnam, 1993). 이러한 정의에 의하면 사회적 자본의 축적은 본문의 경우 외에도 다양한 경로를 통해서 가능할 것이다. 사회적 자본이란 용어의 유래와 다양한 정의에 대해서는 김상준(2004), 제도와 사회적 자본의 관계에 대해서는 푸트남(Putnam, 1993) 참조.

한성안(2005)은 사회적 자본에 관한 주요 저술들을 검토한 후, 사회적 자본이 경제성장과 혁신에 긍정적 측면과 더불어 부정적 측면을 동시에 유발하는 '양날의 칼'이 될 수 있다는 사실을 부각시켰다. 사회적 자본을 사회적 관계, 네트워크, 신뢰 등을 핵심요소로 보고 이러한 요인들이 혁신과 경제성장에 긍정적인 역할을 한다면 긍정적 사회적 자본이지만, 그 반대의 작용을 한다면 부정적 사회적 자본이 될 수 있다고 한다. 사회적 자본을 두 가지 측면에서 본다면 앞에서 소개한 푸트남(Putnam, 1993)의 정의는 긍정적 사회적 자본에 대한 푸트남 개인의 정의가 된다.

사회적 자본에 대한 두 가지 관점

사회적 자본은 네트워크, 신뢰, 사회적 규범, 참여로 축약된다. 네트워크, 신뢰, 사회규범, 참여가 경제성장에 미치는 영향은 다양한데, 이 중 네트워크와 신뢰를 중심으로 긍정적 효과와 부정적 효과를 고찰해 보면 다음과 같다.

1. 사회적 자본의 긍정적 효과

1) 네트워크 효과

(1) 신뢰의 유지 : 강한 유대관계는 규범준수 및 신뢰를 보장시켜 주고(예: 혈연공동체로 이루어진 유대인들의 다이아몬드 거래), 효율적이지만 위험한 프로젝트를 기꺼이 개인이 떠맡을 수 있다.

(2) 기업활동의 활성화 : 비공식적 금융제도(계모임)가 중요한 자원조달 원천으로 작용하여 기업가정신이 촉진된다(예: 뉴욕의 차이나타운, 마이애미의 리틀 하바나, 로스앤젤레스의 코리아타운).

(3) 탐색비용의 절감 : 개인 간의 네트워크를 통한 정보의 이동으로 탐색비용이 줄어든다(예: 노동시장에서 개인추천과 구전에 따른 일자리 배분).

(4) 기술혁신에 기여 : 한 기업의 지식흡수 능력과 내부 R&D 성과는 네트워크에 관계하는

능력에 좌우된다.

(5) 경제환경 변화에 대한 적응역량의 향상 : 지역산업체제에서의 학습이 더 유연하고 동태적으로 이루어지며, 적응력과 창조성을 조장한다(예: 실리콘 밸리).

2) 신뢰 효과

(1) 거래비용 절감 : 신뢰가 거래비용을 줄여주기 때문에 고신뢰 사회는 저신뢰 사회보다 더 많은 산출량을 생산할 수 있다.

(2) 상호작용 문제의 해결 : 개인, 단체, 공동체의 집단행위과정에서 발생하는 상호조정의 문제를 더 쉽게 풀 수 있도록 해준다. 신뢰가 높을수록 협력의 가능성이 커진다.

(3) 자발적 사교성과 시민적 참여 촉진 : 사교성과 다양한 결사체에 대한 참여를 촉진하고 인적 네트워크를 풍부하게 해준다. 또한 상호작용의 영역을 확대시켜 주고, 개인 간 친밀한 접촉을 확대시켜 준다.

(4) 헌신 창조 : 공동체에 대한 개인의 결합을 강화하며, 일체감을 높이고 강력한 집단적 연대를 유발한다. 이는 협력, 상부상조, 타인을 위한 희생의 각오로 발전한다.

(5) 혁신 : 혁신은 불확실성에 직면하여, 신뢰가 높을수록 위험에 대한 수용도는 높아진다.

2. 경제성장에 대한 부정적 효과

(1) 외부자의 배제 : 강력한 유대관계와 신뢰는 한 집단구성원들에게 편익을 가져다주지만, 외부구성원은 이를 이용할 수 없게 한다. 배타적 결속행위는 사회적 통합과 개인 발전에 장벽이 될 수 있다.

(2) 집단구성원에 대한 과잉요구 : 성공한 구성원에 대한 과잉요구는 구성원의 성공을 차단해 버린다. 나태한 구성원들의 무임승차 가능성이 존재하고, 성공한 구성원의 저축과 투자를 억제한다.

(3) 개인적 자유의 제한 : 공동체나 집단에 대한 참여는 순응에 대한 요구를 필연적으로 수반하는데, 사회적 통제가 매우 강하므로 개인적 자유와 프라이버시가 크게 제한된다.

(4) 전체사회의 파괴 : 공동체나 네트워크가 편협하거나 사회 전체 이익에 반하는 목적에 따라 작동한다면, 생산적 사회적 자본은 사악한 사회적 자본으로 대체된다.

자료 : 한성안(2005)

이러한 네트워크가 개인 간의 결속과 신뢰수준을 제고하여 사회 및 집단 내 거래비용을 감소시켜 사회 및 집단 내 의사소통 및 집단행위의 효율을 좌우하게 될 것이다. 이상의 논의를 그림으로 요약하면 다음과 같다.[05]

그림 3-1 불확실성 감소 메커니즘

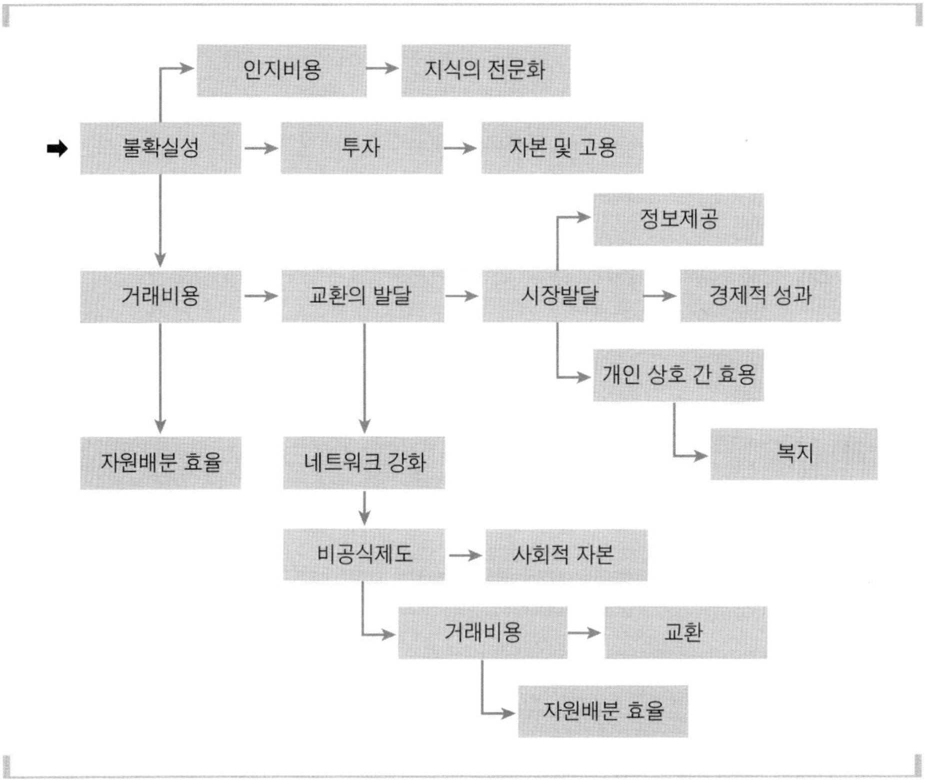

2) 유인의 제공

제도의 유인제공 기능은 불확실성의 감소 기능과 관련성[06]을 가지지만 그 자체로서도 중요한 기능이다. 인간행위는 유인에 반응하기 때문에 각종 제도가 어떤 유인

---

05 복잡하고 다양한 현실사회에서 제도 메커니즘이 작동하는 경로는 각 사회의 특수성에 따라 다양하게 표현될 수 있을 것이고, 제도의 특성에 따라 메커니즘도 다양할 수 있다. 본서에서 제시하는 메커니즘은 어느 정도 보편성을 가진다고 볼 수 있을 것이다.

06 제도의 유인제공과 불확실성의 감소 기능은 서로 중복되는 측면도 있지만 규칙의 성격과 사회특수성에 따라 어느 기능이 우선적인가를 결정할 것이다. 전 사회과학 관점에서, 제도의 본질적 기능은 질서유지로 인한 불확실성의 감소라고 할 수 있다. 경제학에서는 유인의 제공 기능을 중시한다. 그러나 질서유지로 인해 불확실성이 감소하는 사회는 개인행동의 자유가 보장되고 예측가능성이 높아져서 개인행동 동기를 제공하므로, 불확실성의 감소와 유인의 제공, 이 두 기능은 상호 밀접한 관련성을 가진다.

을 제공하는가는 인간행동에 직접 영향을 미치는 것이다.

경제사 연구에서 신제도경제학을 발전시키는 데 크게 기여한 노스는 그의 대부분 저서(2005, 1994b, 1990a, 1981)에서 경제성장의 근본요인은 효율적 조직과 제도이고, 효율적 제도의 핵심은 사유재산권 보호라고 하며 사유재산권 보호의 제도가 발달한 국가가 경제성장에서 유리하다는 일관된 주장을 하였다.

이에 대한 논의도 매우 포괄적으로 진행될 수 있지만 제도와 경제발전에서 핵심적인 기술과의 관련성만으로 한정해서 설명하기로 한다. 이러한 관점에서 두 가지 측면으로 논한다면, 첫째 어떤 사회나 조직의 규칙이나 제도가 학습의 동기부여를 잘 제공하는가, 둘째 공식적 · 비공식적 제도가 긍정적 · 사회적 자본을 잘 형성하여 암묵적 지식의 전달 및 학습효율을 높이는가 등이 중요하다는 의미가 될 것이다. 차례로 상술하면 다음과 같다.

(1) 인간 행동동기 제공

제도는 게임의 규칙들의 집합으로 인간들의 상호작용을 위한 제약이므로 인간의 행동방향을 결정한다. 따라서 제도 및 규칙은 인간행동의 동기를 부여한다. 규칙이나 제도가 학습 및 연구개발의 동기부여를 위한 기능을 잘 제공하느냐에 따라 조직 및 사회의 정보와 지식의 수준이 결정된다. 어떤 사회의 정보와 지식의 수준은 기업 및 조직의 경영혁신, 인적 자본,[07] 노동생산성, 기술혁신의 중요요인이다.

기술혁신의 원천으로서의 학습은 구제도학파나 진화론자들이 주로 강조하는 것이다. 이에 대한 자세한 내용은 고든과 아담스(Gordon & Adams, 1989), 룬드발(Lundvall, 1992, 1985), 존슨(Johnson, 1992) 등을 참조바람.

존슨(Johnson, 1992)은 학습의 상호작용을 강조하며 학습은 기업 내 조직, 기업 간 연계관계, 교육제도, 교통과 통신, 학습유인체계, 사회적 규범체계 등 제도적 요인에 의해서 구현된다고 하

---

07 Kuznets(1973)는 선진기술이 경제성장의 주요 요인이지만 잠재적이고 필요조건일 뿐이며 그자체가 충분조건은 아니라고 하였다. 기술이 효율적으로 작용하기 위해서는 인간지식축적에 의한 혁신을 유용하게 하는 제도나 이데올로기적인 조정이 반드시 요구된다는 주장을 하였다.

였다.

본서에서 유인의 제공 → 동기부여 → 학습욕구 → 정보와 지식의 축적 → 기술혁신의 메커니즘은 학습에 대한 동기나 유인을 제도가 제공한다는 것이다.

(2) 신뢰수준 결정

건전한 비공식적 제도가 잘 형성되는가, 공식적 제도가 공정하게 설정 및 집행되는가의 여부는 개인 및 사회적 신뢰수준을 결정한다. 신뢰문제는 사회적 자본의 수준에도 영향을 주게 된다.[08] 이러한 사회적 자본은 암묵적 지식의 습득 및 전달에 결정적인 요인으로서 학습의 유인 및 학습의 효율에도 영향을 주므로 기술혁신의 선행변수로서는 중요한 요인이다.[09]

제도와 자유

자유는 규칙이 없는, 어떠한 행동제한도 없는 상태를 의미하는 것이 아니라, 자유는 규칙과 결부되어 있다. 행동을 제한하는 법규칙이 없으면 자유가 유지될 수 없다. 자유와 법은 불가분의 관계에 있다. 법이 없는 곳에는 자유도 없다. 그렇다면 자유를 보장하는 법규칙은 어떠한 성격을 가질 것인가?

하이에크가 법치국가의 법 또는 법의 지배원칙이라고 말할 때, 법은 어떤 형태이든 모든 법을 의미하는 것이 아니다. 그에게 있어서 법은 열린 자생적 질서의 기초를 형성하는 정의로운 행동규칙의 성격을 가진 법만을 의미한다. 이것이 바로 자유를 보장하는 법이다. 법의 지배원칙은 법치국가적 법의 구성요건이다. 정의로운 행동규칙의 성격을 갖도록 하는 원칙이 법의 지배 원칙이다. 그 성격은 일반성, 추상성(금지적 성격) 및 확실성이다.

첫째로 행동규칙은 그 적용에 있어서 일반적이어야 한다. 즉, 그것은 특정의 알려진 사례나 특정의 알려진 인간에게만 적용되어서는 안 되고, 오히려 그것은 알려져 있지 않은 무수히 많은 사례들과 인간들에게 적용될 수 있어야 한다.

둘째로 행동규칙은 금지되어진 행동만을 기술해야 한다. 이로써 개개인들은 새로운 행동방식을 자유로이 발견할 수 있다. 이러한 의미에서 행동규칙은 새로운 행동방식을 발견하도록 열어

---

08 정부 및 제도와 사회적 자본에 대해서는 Knack & Keefer(1997), Rothstein(2003) 등을 참조.

09 사회적 자본과 기술에 대한 관련성은 제8장, 제9장의 보론, 한성안(2000, 2005) 참조.

놓아야 한다.

셋째로 행동규칙은 확실해야 한다. 즉, 그것은 인간들이 행동할 때 금지되어 있는 행동들이 무엇인가를, 행동규칙을 보고 알 수 있도록 규정되어 있어야 한다.

이러한 요건을 갖춘 행동규칙들은 다음과 같은 기능을 행사한다. 즉, 그들은 행동주체들의 기대를 안정시킨다. 다시 말하면 일반성과 확실성을 갖춘 행동규칙들은 모두 개개인들이 타인들의 행동에 대한 기대를 형성할 수 있게 하고 또한 이 기대를 안정시킨다. 개개인들은 따라서 마음 놓고 자신의 계획을 세우고 이에 따라 행동할 수 있다. 또한 행동규칙들은 시스템을 열어 놓고 있다. 즉, 그들은 수행할 특정의 행동을 지정하는 것이 아니라, 수행해서는 안 될 행동만을 금지하고 있기 때문에 경제주체들이 예상할 필요가 없는 타인들의 행동이 무엇인가를 알려준다. 그리고 금지적 성격을 가진 행동규칙들은 지금까지 어느 누구도 생각하지 못했던 새로운 행동방식들을, 이들이 금지되어 있지 않는 한 허용한다. 따라서 행동규칙들은 경제주체들의 행동의 유연성을 보장해 주고 있다.

자료 : 민경국(1997).

3) 제도의 양면성

경제가 발전하는 사회는 지속적 순기능이 가능하며 경제가 쇠퇴하는 경우에는 지속적 역기능도 가능하다. 제도가 순기능 작용을 할 때는 사회의 경제주체들에게 건전한 신념체계(belief system)가 형성되어 순기능적 작용을 더욱 강화시킬 것이며, 역기능적 작용을 한다면 그 반대가 될 것이다.[10] 후진국의 경우, 국가가 무능하거나 부패하여 효율적인 제도 생성이나 유지가 어렵고 불신풍조가 강해 건전한 신념체계를 형성시키기 어려운 사회제도시스템이 되는 경향이 있다. 제도의 순기능 대신 역기능 메커니즘이 될 가능성이 높은 것이다. 이상의 논의를 그림으로 표현하면 다음과 같다.

10 신념체계(brief system)에 대한 자세한 논의는 제3장 4절, North(2005) 참조.

그림 3-2 유인의 제공 메커니즘

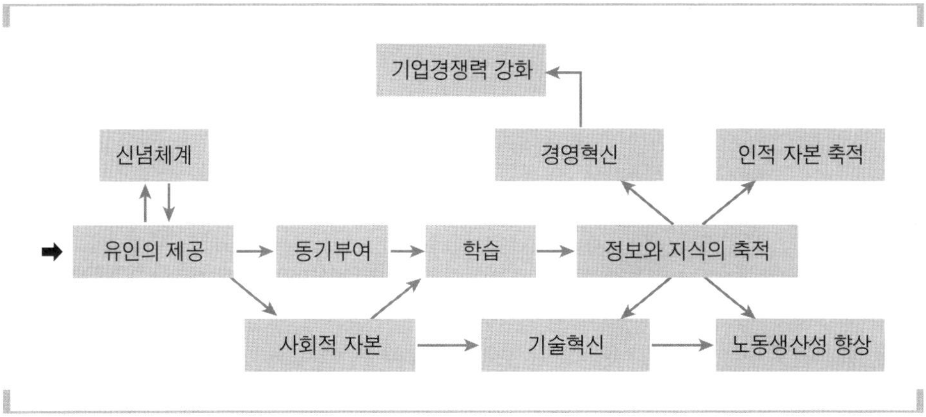

사회적 선호(Social Preferences)

신고전학파의 합리성 가정이란 인간에 대한 완전정보의 가정과 인간이 이기적인 선택을 한다는 것을 의미한다. 완전정보에 대한 비현실성은 제한된 합리성으로 대체하여 현실적인 인간행위를 설명하기가 쉬워진다는 것은 이미 충분히 논의하였다. 그런데 인간이 항상 이기적인 선택을 하는 것은 아니라는 비판도 거센 편이다. 현실생활에서 인간이 항상 이기적인 선택만을 할 수 없는 것은 분명하다. 만일 항상 이기적인 선택을 하는 인간이라면 누구도 친구로 두기 싫을 것이다. 인간은 누구나 교육과 경험을 통해 타인에 대한 배려와 사회적 관념에 순응하는 윤리나 에티켓을 가지고 있다고 봐야 할 것이다. 이런 측면에서도 합리성 가정은 현실설명력을 반감시키고 있는 것이다. 또한 경제학의 인간에 대한 이기성의 가정은 은연중 타인에 대한 신뢰분위기를 낮추어 버릴 수도 있을 것이다. 또는 경제학적인 인간을 너무 염두에 둔다면 자신도 모르게 경제학적인 인간이 되기 쉽다고 볼 수 있지 않을까? 이와 관련된 실험으로 마웰과 에임스(Marwell & Ames, 1981), 프랭크 등(Frank *et al.*, 1993)은 경제학을 배우면 이기적이 된다는 쇼킹한 연구를 발표하기도 하였다.

신제도경제학에서는 이념, 신념체계 등의 개념으로 인간의 비이기성을 설명한다. 행동경제학에서는 수많은 행동실험에서 인간의 행동에는 이기적 동기로 환원될 수 없는 행동동기가 존재한다는 것을 입증하였는데, 이를 사회적 선호라고 한다. 제도이론에서 이 점을 고려해야 할 것이다.

4) 제도와 거래비용

이렇게 중요한 제도는 거래비용과 상호작용을 하게 된다. 경제가 발전하는 사회나 국가의 경우, 제도가 발전하면서 거래비용이 감소하고 거래비용을 줄이기 위해 조직이나 제도가 발전하게 된다. 반면 경제가 쇠퇴하는 사회나 국가의 경우, 제도문제로 인해 경제발전의 유인을 제공하지 못하거나 거래의 불확실성을 줄이지 못해 거래비용이 증가하고, 교환 및 생산 활동이 위축되고, 조직 및 시장이 발달하지 못해 경제가 정체하거나 쇠퇴하게 된다.

제도와 국가혁신시스템

최근의 슘페터주의자(Schumpeterian)는 국가 간 기술능력의 차이를 국가혁신시스템의 차이로 설명한다. 국가혁신시스템에서 국내의 공식 · 비공식제도는 핵심요인이다. 국가혁신시스템(National Innovation System)이란 기업 · 대학 · 연구소 등 혁신주체들의 새로운 지식 창출, 확산(학습), 활용을 극대화하여 국가경쟁력을 제고하기 위한 민간 및 공공 조직과 제도들의 네트워크를 의미한다. 노동 · 자본 등 요소투입 증가를 통한 경제성장이 한계에 이름에 따라 미국 · 영국 등은 지식경제에 기반을 둔 새로운 경제 · 사회 발전전략을 모색하는 과정에서 국가혁신체계라는 개념을 마련하였다. 한편, 지역혁신체계(Regional Innovation System)가 지역의 혁신을 강조한다면, 국가혁신체계는 국가적 차원의 혁신을 강조한다는 점에서 차이가 있다. 우리나라도 국가혁신체계 구축을 위한 각종 정책들을 종합적 · 체계적으로 조정하기 위해 국가과학기술위원회의 기획 · 관리 · 조정 기능을 강화하였다. 국가과학기술위원회는 미래산업, 기술예측, R&D 정책분석, R&D 부처 간 사업조정 및 예산배분 · 성과평가 등을 체계적으로 추진하고 있다.

3. 제도의 생성

1) 원시사회에서 규칙의 생성과정

제도란 규칙들의 집합이므로 제도의 탄생은 규칙의 탄생에서 시작된다고 할 수 있다. 규칙의 탄생은 다양한 관점, 법학적 · 사회학적 관점 등에서도 논의될 수 있으나 여기서는 에거트슨(Eggertsson, 1990)이 소개하는 경제학적 관점에서 규칙의 탄생을 설명한다.

개인의 권리와 재산을 보호하는 규칙이나 제도가 결여되어 있는 사회는 살아남을 수 없다. 왜냐하면 그러한 사회는 공동체의 부를 감소시킴으로써 희소성의 세계에서 공동체가 생존하는 데 걸림돌이 되기 때문이다. 개인의 권리와 재산을 보호하는 제도적 메커니즘은 다음의 네 가지 범주로 나눌 수 있다.

첫째, 폭력이나 폭력의 위협을 통한 배제.

둘째, 개인의 자발적 행위에 영향을 미치는 가치관이나 이데올로기.

셋째, 국가 이전 사회에서의 규칙들과 같은 관습, 예컨대 씨족들 간의 분쟁에서 보복의 절차와 의무, 족외혼 등.

넷째, 헌법, 법, 보통법처럼 국가에 의해 부과되는 규칙.

현대국가에서는 이외에도 개인의 권리와 재산에 대한 다양한 보호책이 제시되고 있지만 국가성립 이전의 사회에서는 주로 첫째, 둘째, 셋째의 방법이 이용되었음을 추측할 수 있다. 여기서는 20세기 전반에 다수의 인류학자들이 축적해 놓은 아프리카 원시사회에 관한 실증적 연구결과를 게임이론과 거래비용이론에 입각해 재해석함으로써 국가의 개입 없이 자생적으로 규칙이 생성된 계기와 규칙의 사회적 기능을 고찰해 보고자 한다.

원시사회를 연구하는 인류학자들이 직면하는 문제의 하나는 원시사회에서 사회적 질서의 원천은 과연 무엇인가라는 것이다. 원시사회는 사회의 규칙을 만들고 강제하는 국가가 없었으므로 관습과 같은 비공식적 규칙에 의해 사회적 질서를 유지했을 것이다. 그렇다고 해도 비공식적 규칙이 어떻게 자생적으로 생성될 수 있었는가는 여전히 의문으로 남는다.

신제도경제학자들은 게임이론에 거래비용이론을 가미함으로써 이 의문에 대한 해답을 제시하였다. 죄수의 딜레마 게임 같은 비협력게임에서, 비협력이라는 말은 경기자들이 서로 협력하기를 거부한다는 것을 뜻하지는 않는다. 비협력적인 경기자들이 자리만을 좇더라도 어떤 경우에는 협력적 행동을 보일 수도 있다. 비협력게임이론의 두드러진 업적의 하나는, 비협력의 틀 안에서 자생적인 협력에 이를 수 있음을 증명한 것이다. 바로 여기에 비협력게임이론을 이용해 규칙의 자생적 생성과정을 설명할 수 있는 가능성이 존재하는 것이다.

에반스프리차드(Edward Evans-Prichard)는 나일강 상류 지역에서 목축을 했던 아프리카 뉴어(Nuer)족이 어떤 방법으로 사회질서를 세우고 유지했는가를 연구했는데, 베이츠(Robert H. Bates)는 그의 설명을 게임이론모형으로 정식화하려고 시도했다.

뉴어족의 경제기반은 목축인데, 가축들은 부부와 아이들로 구성된 가족에 의해 배타적으로 소유되고 있었다. 뉴어족은 재산권을 보호할 권한을 갖는 공식적 제도를 갖고 있지 않았고, 가족 스스로가 자신의 재산권을 보호해야 했다. 이런 상황을 묘사하는 게임모형을 구성하기 위해 다음과 같이 가정해 보자. 부족은 두 개의 가족 X와 Y로 구성되어 있다. 폭력에 대한 능력이나 성향은 두 가족이 동일하다. 소유하고 있는 가축의 수도 10마리로 동일하다. 재산권에 대해 두 가족이 택할 수 있는 전략은 재산권을 존중하는 전략(N, nonattack)과 다른 가족의 재산을 약탈하는 전략(A, attack)이 있다. 어떤 가족이 한 가지 전략을 사용함으로써 얻는 결과는 상대방 가족이 어떤 전략을 선택하는지에 따라 달라진다.

〈표 3-1〉 보수행렬 1

구 분		가족 Y	
		A	N
가족 X	A	(4, 4)	(18, 2)
	N	(2, 18)	(10, 10)

위 〈표 3-1〉에 의하면 보수행렬의 구조는 죄수의 딜레마 게임의 그것과 동일하다. 이 게임이 비협력적으로 진행된다면 두 가족 모두 약탈(A) 전략을 선택하는 것이 내쉬균형(Nash Equilibrium)이다. 그러나 이 경우의 내쉬균형은 사회적 최적이 아니다.

뉴어족 게임은 게임이 한 번으로 끝나는 것이 아니라 장기간에 걸쳐 반복된다. 게임이 무한히 반복된다면 경기자들이 개인적 합리성에 따라 전략을 추구하는 결과로서 협력이 나타날 수 있다. 경기자들은 자신을 속이려 드는 자에 대해 유효하고 적절한 보복을 하는 전략을 구사하고 미래의 이득도 중요하게 생각할 수 있다. 따라서 두 가족 모두 협력하는 전략으로 균형을 이룰 수 있다. 이것은 원시사회에서 사회규칙의 자생적 생성과정에 대한 중요한 시사점을 주는 것이다.

에반스프리차드의 연구에 따르면 관습과 개인들에게 내면화된 이데올로기적 신념이 원시사회의 질서를 세우는 데 중요한 역할을 하고 있다. 그리고 원시사회에서 보편적으로 발견되며 가장 중요한 관습의 하나는 보복이다. 원시사회에서 씨족구성원들은 서로 돕고 보호할 의무가 있었으며, 특히 족외자의 침입에 대한 복수에 협력할 의무가 있었다. 뉴어족의 경우에도 보복의 관습이 존재했다. 보복관습이 약탈과 같은 폭력적 행동의 이득을 감소시킴으로써 부족 내의 평화와 질서를 유지하는 데 중요한 기여를 했던 것은 사실이다.

족외혼과 같은 관습 또한 중요한 사회적 기능을 수행했다. 족외혼은 협력행위에 대한 신뢰를 강화했으며 중재를 통한 분쟁해결의 유인을 만들어 낸다. 이와 같은 관습들이 뉴어족 게임에서 죄수의 딜레마를 해결하여 게임의 보수구조를 바꾸게 된다.

〈표 3-2〉 **보수행렬 2**

구 분		가족 Y	
		A	N
가족 X	A	(−5, −5)	(9, 2)
	N	(2, 9)	(10, 10)

그렇다면 위 〈표 3-2〉에서 이제는 (A, A)가 내쉬균형이 아니라 (N, N)이 내쉬균형이다. 즉, 두 가족이 서로 상대방의 재산권을 존중하는 것이 내쉬균형이다. 이 균

형은 사회적으로도 최적이다.

원시사회는 대체로 자급자족경제였다. 분업이 발달되어 있지도 않았고 잉여생산물도 거의 존재하지 않았으며, 그것을 저장할 방법도 없었다. 따라서 재산권의 자발적 교환의 성격을 띤 복잡한 거래의 가능성도 존재하지 않았다. 기껏해야 친족집단의 형성을 위한 신부의 교환, 친족집단 내에서 생산물을 분배하기 위한 교환, 선물의 교환 등이 존재했다. 원시사회에서 존재했던 생산물의 교환은 주로 친족집단이 자원과 생산물을 균등하게 공유할 목적으로 이루어졌다. 이런 공동체 소유양식은 자연조건의 변화에 따른 식량생산의 변동에 공동으로 대응하는 일종의 보험기능을 수행했다. 그러나 이런 사회형태는 생산기술이 발전해서 우회생산과 분업이 발전하고 부족들 간의 교역이 증대함에 따라 점점 복잡해져 가는 경제활동을 지탱하기 어려워졌다. 이런 변화에 적절히 대응하기 위해서는 보다 복잡한 재산권구조와 계약형태를 발전시킬 필요가 있었다. 그러기 위해서는 공식적인 규칙이 필요했고 폭력에 기초해 그것을 강제하는 사회적 기구가 필요했다. 즉, 국가의 등장이 요청되고 있었다.

2) 차별 없는 교환을 위한 제도의 생성[11]

인간들 사이에 상호의존관계가 늘어나자 환경이 점점 복잡해지면서 교역에서 오는 이득을 포착하기 위해서는 보다 복잡한 제도적 구조를 필요로 하게 되었다. 즉, 차별 없는 교환(impersonal trade)이 이루어지는 제도를 필요로 하게 되었다. 각 사회가 문화적으로나 지역적으로 겪는 경험이 달라 교역에서 오는 이득과 관련하여 다양한 제도와 신념체계를 만들어 내었는데, 보다 복잡한 계약을 바탕으로 하는 교역에서 오는 이득을 포착할 수 있는 제도를 만들 가능성은 각 사회마다 달랐다. 대부분의 나라들이 국가의 부를 쌓을 수 있는 분업과 전문화에서 오는 생산성 면의 이득을 포착하는 데 필요로 하는 차별 없는 교환을 발전시키는 제도를 만들어 내지 못하였다.

경제가 보다 생산적으로 되려면 차별 없는 시장에서 거래비용이 저렴하도록 거래

11 유동운(1999), North(1991, 1990a), North & Thomas(1973) 참조.

를 이끌 수 있는 조건을 마련해 주어야 하는데, 게임이론이 그러한 조건을 잘 제시하고 있다. 개인들은 다른 사람과 거래함에 있어 게임이 반복될수록, 상대자의 과거행적에 대한 정보가 완전할수록, 그리고 거래상대자의 수가 작을수록 상대자와 협력할 가치가 있다고 여긴다. 이러한 조건이 성립되는 거래란 한마디로 말해, 소규모의 당사자들이 개인적으로 차별적인(personal) 거래를 하는 경우를 말한다. 이에 비해 게임이 반복되지 않거나, 상대방에 대한 정보가 결여되어 있거나, 많은 거래자들이 참여하는 경우에는 거래 당사자들 사이에 협력이 지속되기 어렵다. 이러한 복잡하고 불확실성이 높은 상황에서의 거래를 차별 없는(impersonal) 거래라고 한다. 차별 없는 거래가 이루어지기 위해서는 복잡성과 불확실성을 낮추는 제도나 조직이 필요하다. 그래서 협력적인 행위를 가능하게 하는 제도를 탄생시키는 일이야말로 경제성과를 이루는 데 중요한 역할을 떠맡게 된다. 차별 없는 거래가 협력적인 테두리 내에서 유지됨으로써 비로소 효과적이고 생산적인 경제 및 정치 제도가 만들어졌다고 이야기할 수 있다.

그런데 불행하게도 차별 없는 교환에서 협력을 선호하도록 하는 제도를 만드는 일은 복잡한 과정을 거쳐야만 한다. 왜냐하면 경제적 제도를 만들어야 할 뿐만 아니라 적절한 정치적 제도의 뒷받침도 이루어져야 하기 때문이다. 유럽에서는 차별 없는 교환을 진화시켜 근대 이후 성장의 기반을 마련하였는데, 그 중요한 몇 가지를 소개하기로 하자.

(1) 서구적 교환형태의 진화

많은 원시적인 형태의 교환체계 대신에 11~16세기에 이루어진 초기 유럽의 장거리 무역은 점점 보다 복잡한 조직을 만들어 가면서 궁극적으로 서구사회를 탄생시켰다고(North, 1991) 한다.

장거리 교역에 종사하는 데 들어가는 비용을 줄인 조직상의 변화, 기구, 구체적인 기술과 집행적 성격이 한데 어우러져 거래비용을 낮추는 혁신이 이루어졌다. 이러한 혁신은 두 가지 비용 면에서 나타났는데, 자본의 가동성을 높이고, 위험을 분산시키는 제도에 의해 이루어졌다. 이들 비용이 서로 중복되지만 거래하는 데 들어가는 비용의 특성을 잘 나타내는 것들이다. 이러한 혁신은 이미 오래전부터 그 기원이 있었는데 그 대부분이 중세 이탈리아 도시국가나 이슬람 및 비잔티움에서 나와 발전된 것들이라고(North, 1991) 한다.

① 자본의 가동성

중세 유럽에서는 기독교의 권위가 높았고 기독교적인 신념체계가 강하게 작용하였다. 이로 인해 돈을 빌려주면서 이자를 받는 것은 부도덕한 것으로 인식되곤 했다. 이를 반영하는 것으로, 1312년 교황 크레멘토(Clement) 5세가 이자부 대출을 금지하였다. 그러나 이러한 금지령에도 불구하고 그 수요가 여전히 존재하여 이자부 대출은 근절되지 않았다. 그래도 교황의 권위를 완전히 무시할 수는 없었기에 여러 가지 편법으로 이자부 대출이 성행하였다.

즉, 대부자금의 대가가 교묘한 방법으로 대부계약서상에 숨은 채로, 예를 들어 지연지불에 대한 지체보상금의 형태에서부터 초기형태의 저당에 이르기까지, 여러 명목으로 나타나기에 이르렀다. 고리대금지법(usury law)을 피하려고 이자를 지급하지 않는 것처럼 위장하기 위해 계약서를 복잡하게 만들거나 성가시도록 작성할 수밖에 없었을 뿐만 아니라 그러한 계약을 이행시키는 데에도 문제가 뒤따랐다. 자본에 대한 수요가 늘고 법을 회피하는 관행이 일반화되자 마침내 1543년 교황 샤를(Charles) 5세가 이자부 대출을 허용하였다. 그 결과 계약서를 작성하는 비용과 이를 이행시키는 비용이 크게 줄어들게 되었다.

자본의 가동성을 높인 두 번째 혁신으로 가장 주목받는 것으로는 어음제도의 출현과 이를 통용시키고 또한 할인할 수 있는 기술과 기구의 발전을 들 수 있다. 통용과 할인의 필요성으로 이러한 일을 담당하는 기구가 발전하게 되었는데 처음에는 12~13세기의 축제시장에서 경제적 교환을 수행하면서 그러한 역할이 병행되어 수행되었으나, 그 이후 은행을 거쳐 할인업무만을 전담하는 금융거래소와 같은 구체적인 장소가 나타났다. 이러한 발전도 구체적인 제도뿐만 아니라 경제활동의 규모에 의해 결정될 수밖에 없었는데 거래규모가 늘어나자 그러한 제도의 발전을 가능하게 만들었다.

어음제도가 발전하기 위해서는 경제규모의 성장과 더불어 계약을 이행시키는 방법을 향상시키는 일도 긴요하였지만, 부채를 수집하거나 계약을 이행시키는 데 증거로 사용할 수 있는 회계와 감사 방법의 발전도 중요한 역할을 수행하였다고(Watts & Zimmerman, 1983) 지적한다.

자본의 가동성에 영향을 미치는 세 번째의 혁신으로 장거리무역에서 대리자를 감독하는 일을 용이하게 하는 제도가 탄생하였다. 중세 및 초기 근대사회에서 대리인 문제를 해결하는 전통적인 방법은 주인에게 얽매일 수밖에 없는 친척을 사용하는 방법이었다. 그러나 상인이 교역하는 범위가 지리적으로 늘어나자 친척 아닌 사람들을 고용하게 되어 이들의 행동을 감시할 수 있는 정교한 회계절차가 발전하였다.

② 위험분산

불확실성을 위험으로 바꾸는 혁신을 이루어 내었다. 불확실성이란 어떤 사태가 일어날 확률조차 없는 경우로서 그러한 사태에 대해 보호받을 수 있는 여지가 없다. 그러나 위험이란 어떤 사태가 발생할 확률을 부여할 수 있어서 그러한 결과에 대해 보호받을 수 있는 것을 의미한다. 현대사회의 보험제도와 재산의 다양한 관리란 불확실성을 위험으로 변경시키는 방법이다. 그런데 중세 당시와 초기 근대사회에서도 똑같이 불확실성을 위험으로 변경시킬 수 있는 방법이 마련되었다.

즉, 15세기쯤에는 해상보험제도가 확립되었는데 16세기에 들어와서는 이미 일부 항목, 예컨대 선박이름, 선장이름, 부보가액, 보험료 등 몇 가지 항목만을 빈칸으로 둔 보험약관이 현재 사용되는 것과 똑같이 이용되었다고(De Roover, 1945) 한다.

위험을 해결하는 또 다른 제도로서 재산을 다양화시켜 위험을 분산시키거나 많은 투자자가 위험성 있는 영업에 투자할 수 있도록 하는 기업조직이 생겨났다. 코멘다(commenda) 계약을 예로 들 수 있다. 코멘다 계약은 자본가가 자본이 부족한 여행상인의 성격을 띤 기업가에게 자본(상품, 선박, 화폐)을 위탁하는 형식으로, 동업관계로 계약하는 것이다. 즉, 장거리 무역에서 육상에 머물고 있는 주인(자본가)과 화물을 가지고 떠나는 대리인(여행상인)과의 사이에 채택된 계약형태였다. 이 제도는 유태상인, 비잔티움 및 무슬림 상인들로부터 생겨나 이탈리아 상인들에 의해 이용된 것인데 이후 합자회사로까지 이어져 위험을 제도화시킨 산물이다.

(2) 진화의 배경

상기와 같은 혁신과 제도적 기구가 생겨나게 된 배경에는 두 가지 경제적 힘이 상호작용한 것으로, 하나는 교역량이 늘어나는 것과 더불어 규모의 경제가 일어났고 또 하나는 보다 적은 비용으로 계약을 이행시킬 수 있는 보다 향상된 메커니즘이 발전하였다는 데에 있다(North, 1991). 그 인과관계는 서로 영향을 주고받았는데 장거리 무역량이 늘어나자 계약을 이행시키는 보다 효과적인 메커니즘을 고안함으로써 상인들은 많은 이득을 올릴 수 있었고, 반대로 그러한 메커니즘이 발전하자 계약비용을 낮추게 되었고 그에 따라 무역이 보다 수지맞는 사업이 되면서 무역량도 늘어났다.

① 상인법

계약을 효과적으로 이행시키는 메커니즘을 만들어 내기까지에는 오랜 시간이 걸렸다. 비록 여러 가지 종류의 사법기구가 상업상의 분쟁을 조정하였으나 보다 중요한 사실은 상인들 스스로가 계약을 이행시키는 메커니즘을 발전시켰다고 하는 사실이다.

계약의 이행력은 길드(guild) 상인들의 가부장적 질서에서 존재하던 내부적 행동규범이 진화하여 제도화하였다. 즉, 이 규범을 따르지 않으면 추방이란 위험이 도사리고 있었다. 그러나 더 진보하여 상인법(law of merchant)이 태어났다. 상인들이 이 상인법을 장거리 무역을 하는 나라로 가져가는 바람에 여러 나라에 상인법이 파급되는 효과를 낳았다.

보다 세련된 회계방법 및 공증제도는 분쟁이 일어났을 경우에 증거로서 사실을 확인할 수 있는 역할을 수행하였다. 상인들이 자신들의 내부조직에 의해 자발적으로 계약을 이행시키는 방법이 국가의 강제이행과 결합되어 계약을 이행시키는 데에 커다란 역할을 수행하였다.

중세 상인법 성립의 배경

중세 유럽은 법적 제도의 일관성으로 보자면 극히 파편화되고 혼란스러운 사회였다. 유스티니아누스 법전과 같이 잘 만들어진 법체계로 제국 전체를 다스릴 수 있었던 비잔틴 제국과는 달리 교회법, 로마법, 실정법, 관습법 등 서로 다른 여러 개의 법체계들이 혼란스럽게 병존하고 있었기 때문이다. 더욱이 이러한 법체계는 12세기 이후 본격적으로 나타나기 시작한 상업의 발달이라는 새로운 현상을 감당하기에는 턱없이 부족했다. 상업이라는 행위는 아주 정교한 법적인 규범과 약속의 틀 안에서만 번성할 수 있다. 법적 안정성이라는 '인프라'가 없다면 상행위는 언제든지 사기와 주먹다짐이 난무하는 난장판으로 변할 수 있다. 그래서 중세의 상인들은 이러한 법적인 혼란상태 속에서 스스로 자신들의 법, 즉 상인법을 만들게 된다. 큰 장터를 찾아 전 유럽을 헤매고 다녀야 하는 상인들은 언제 어디서 무슨 시비가 붙을지, 어떤 부당한 상황에 부딪힐지 모른다. 그런데 분쟁과 시비를 항상 그 지역의 영주나 교회의 판결에 맡겨야 한다면 어떻게 되겠는가. 우선 기약 없이 발이 묶여 장사를 망칠 것이요, 영주들이 재판비용이랍시고 요구하는 수수료도 장난이 아니다. 게다가 재판소에서 사용하는 법적 논리가 상업의 논리에 그다지 맞는 것도 아니다. 장사를 하다 보면 시비가 붙는 것은 항상 있는 일이고, 그 해결은 그저 당사자들이 서로 만족할 수 있는 타협을 보면 되는 일이다. 그런데 법정에서 '정의'니 '공정가격'이니 하는 복잡한 법체계상의 논쟁에 휘말릴 경우엔 그야말로 짜증이 극점으로 치달을 것이다. 상인들은 유럽의 주요 교역로와 주요 상업중심지 곳곳에 상인법을 시행할 만한 재판소(사실 이것은 재판소라기보다는 중재기관이라고 보는 게 옳을 것이다)를 세우고, 신속하고 값싸고 효율적인 방법으로 자신들의 분쟁을 해결하는 장치를 만든다. 이런 재판소의 판사 자리에는 오랜 장사꾼 경험 속에서 상업의 온갖 관행과 실제 사례에 정통해 있고 상인들 사이에서 신용과 명망을 쌓은 이들이 앉았다. 재판에서는 분쟁이 생긴 양쪽이 각각 자신의 입장을 설명하고, 판사는 정의를 실현하기보다는 양쪽이 조속히 합의에 도달할 수 있도록 '중재'를 했다. 그래서 분쟁의 양쪽 당사자는 재판소에서 후닥닥 문제를 해결한 뒤 각각 가던 길을 간다. 상인법에 의한 재판은 보통의 공공재판과 다른 몇 가지 특징이 있었다. 먼저, 이 재판의 절차는 철저하게 분쟁 당사자들의 뜻대로 이루어진다. 재판소의 선택, 증거의 종류나 제출방식, 사용되는 법적 원천의 종류 등이 모두 양쪽의 합의에 의해 결정됐다. 또 상인법에 의한 판결은 강제력을 통한 집행(enforcement)이 애초부터 불가능하다. 당시 사회적 폭력을 행사할 능력을 보유하고 있었던 영주 등이 상인법의 운영과정에 끼어드는 일이 드물었으므로 그들의 힘을 빌릴 수도 없었다. 결국 유럽을 오가는 상인공동체의 상호 신뢰가 상인법에 의한 판결의 효력을 뒷받침하는 암묵적인 힘이 되었다. 자기가 합의한 절차를 거쳐 내려진 판결에 복종하지 않는 상인이 있다면, 상인공동체에서 그 상인을 '왕따'시키는 것이었다. 이런 특징에서 알 수 있듯이 상인법이라는 것은 결국 자립적인 논리체계와 집행체제를 갖춘 법적 원천이었다고 보기 힘들고, 어떤 이들은 아예 상인법의 존재 자체를 부정하는 경우도 있다. 하지만 상인법으로 일컬어지는 관행은 분명히 존재했고, 그것은 오늘날까지도 공식적인 국제법 체계의 외곽에서 벌어지는 각종 분쟁중재 과정의 규칙과 진행절차에서 중요한 모범이 되고 있다.

자료 : 홍기빈(2006)

② 국가의 역할

노스(North, 1991)는 1600년에서 1850년 사이에 해상운송에서 비약적으로 생산성을 향상시킨 것은 역사학자들이 주장하는 것처럼 새로운 항해기술이 발달했기 때문이 아니고 제도상에 변화가 일어났기 때문이라고 주장한다. 즉, 국가에 의해 해적들이 소탕된 결과 대서양을 횡단하는 선박들이 경무장할 수 있게 되자 그 대신 선박에 화물을 적재할 수 있는 여분의 공간을 확보하게 되어 운송비용을 절약할 수 있었기 때문이라고 주장한다. 이처럼 국가는 경제성과에 있어 커다란 역할을 차지한다.

특히 국가는 경제제도가 진화하는 과정에서 중요한 역할을 맡는데, 그 과정에서 국가의 재정적인 수요와 상인들의 계약이행의 필요성이 결합하여 국가가 시민들의 재산권을 보호하는 제도를 탄생시켰다. 특히 자본시장은 국가정책에 의해 크게 영향을 받으면서 발전하였다. 즉, 국가가 재산을 몰수하지 않고, 또한 국가가 교환과정에서 발생하는 불확실성을 증대시키는 쪽으로 권력을 행사하지 않겠다고 약속하는 정도에 비례하여 재정제도가 진화하고 그 결과 보다 효율적인 자본시장이 발전하였다.

이러한 과정에서 지배자가 자의적으로 권력을 행사하지 못하도록 자신 스스로에게 족쇄를 채우고 국가와 자발적인 상인기구가 따를 수밖에 없는 차별 없는 원칙을 마련한 것이 가장 핵심적인 내용이다. 여기에 정부의 채무인 화폐가 유통되도록 하는 제도가 개발된 것도 자본시장을 발전시키는 데 크게 기여하였고, 조세를 통해 정기적으로 자금을 조달한 것도 주요한 역할을 수행하였다.

4. 제도변동

1) 노스의 제도변동론

노스의 제도변화에 대한 견해는 다음과 같다. 노스와 토마스(North & Thomas, 1973)는 서구사회의 성장은 제도혁신이 핵심이지만 인구변화는 제도변화의 중요한 동인이라는 주장을 하였다. 즉, 인구변화 → 희소성 변화 → 상대가격 변화 → 경제주체들의 계획변화 → 기술변동, 정보비용 변동의 메커니즘으로 설명하였다. 이후의 노스 저서(1995, 1994b, 1993, 1991, 1990a, 1987)에서는 인구의 중요성은 언급하지 않고 상대가격의 변화, 경쟁(1993)을 강조하였다. 1987년 논문에서는 상대가격 변화 → 계약변경 가능성 인식 → 재협상, 재계약을 위한 자원투입 → 기존의 계약(관행이나 규칙) 소멸로 제도변동을 설명하고 군사기술의 역할도 강조하였다. 이후의 저서에서는 제도변화의 요인으로 기술과 지식을 획득하기 위한 투자, 협상력, 학습효과나 경로의존성(path dependency)으로도 설명하였다. 그러나 2005년 저서에서는 경제변동의 요인으로 인구, 지식, 제도를 제시하여 인구의 중요성을 경제변동의 요인으로 다시 격상시키고 있다.

구제도학파의 제도변동론

구제도학파에서, 기술의 축적은 인간의 삶을 상당히 통제하고 인간의 진보와 변화에 영향을 미치는 동태적 과정(dynamic process)으로 본다. 따라서 제도변동의 가장 중요한 동인을 기술진보에서 찾는다. 예를 들면, 금속제련법, 불의 발견, 전기의 발명, 자동차와 컴퓨터의 등장 등은 인간의 일상생활을 획기적으로 변화시켰다고 한다. 기술의 발전은 이기심에 의해서라기보다는 기술축적 과정, 그 자체의 특성으로 발전한다고 한다. Ⅲ편에서 후술한다.

자료 : 고든과 아담스(Gordon & Adams, 1989)

한편, 노스(North, 1981)는 사회적 가치의 수정, 즉 이념(ideology)의 변화가 제도변화를 야기하는 주된 요인이며, 신제도경제학은 이념론 없이는 불완전한 이론이 될 수밖에 없다고 주장하고 있다. 특히 인간의 이기심으로는 설명하기 어려운 사회현상의 변동을 설명하는 데 있어 이념은 중요한 역할을 한다. 또한 노스(North, 2005)는 제도변동의 직접적인 원천(immediate source)은 인간의 의도성(intentionality)이며, 제도를 변동시키려는 인간의 의도성을 이해하는 것이 경제변동의 과정을 이해하는 핵심(key)이라는 견해를 제시하였다.

이념의 중요성 사례

영국은 근대적 자본주의와 의회민주주의를 가장 먼저 발전시키고 실행하여 산업화와 민주화를 일찍 이룩한 세계최강의 선진국이었다. 그러나 1970년대 영국의 경제위기는 노동조합이 정치세력화함으로써 경제가 정체되는 등의 영국병(英國病)과 오일쇼크에서 비롯됐다. 노동당과 보수당의 양당체제로 되어 있는 영국은 제2차 세계대전 직후 유럽의 선진국들에게 번진 사회주의의 물결을 타고 사회복지를 늘리는 법안들이 노동당의 지지를 얻어 무난히 통과되었다. 노동당 정부가 노동조합의 이익을 대변하여 복지정책, 완전고용정책, 노동조합의 과보호정책 등을 추진한 결과 재정적자 확대, 방만한 통화공급, 빈번한 파업, 과도한 임금인상을 초래하여 경제위기를 야기했다. 더욱 심각한 것은 발전정신이 희박해지고 경제적 동기의 유인체계가 붕괴된 것이다. 영국경제의 국제경쟁력이 떨어지자 공장들은 한계기업들부터 차례로 문을 닫게 되었고 실업자들은 증가하였다. 이러한 영국병은 오일쇼크와 맞물려 스태그플레이션을 심화시킴으로써 결국 외환위기를 초래하면서 1976년 12월에는 드디어 IMF의 구제금융까지 받았다. 1979년 취임한 철의 여인, 보수당의 대처(Margaret Thatcher) 수상은 근면(diligence), 자조(self reliance), 의무(duty)를 통치이념으로 내세우고 국민들의 인내와 자제를 요구하는 정치로 불이 꺼져가던 영국의 경제를 되살렸다. 영국병 치유를 위해 대대적인 구조개혁에 착수한 대처 수상은 막강한 권력을 지닌 노조를 영국병의 근원으로 인식하고, 노동시장 개혁을 구조조정의 핵심으로 삼았다. 대처 수상의 통치이념인 근면, 자조, 의무는 원래 영국의 국력이 전 세계로 뻗어 나가도록 영국의 전성시대를 이끈 빅토리아 여왕(1819~1901)의 통치이념을 되살린 것이다

스위스가 일찍이 자본주의 경제를 발전시킬 수 있었던 것은 국민들의 과학기술 지식의 수준뿐만 아니라 캘빈(Jean Calvin, 1509~1564)의 청교도정신이 뿌리를 내렸기 때문이다. 알프스 산기슭에 있는 작은 나라인 스위스의 농민들은 감자, 포도, 축산 등의 영농을 했으며 생활은 가

난하였으나 근면, 성실, 검소함을 생활신조로 삼아 살았다. 이러한 스위스 국민들의 청교도적 생활신조는 지하자원이 없는 알프스의 산속에서도 자본을 축적하고 기술을 개발하여 정밀기계 공업국으로 국제적인 금융산업의 나라로 발전하게 되었다.

근면 · 자조 · 협동의 '새마을정신'은 한국의 산업화를 이룬 한국적 자본주의 정신이라 할 수 있다. 한국이 선진국이 되기 위해서는 한국에 알맞은 자본주의 정신이 필요하고, 새마을정신에서 진화한 한국의 자본주의 정신이 뿌리를 내려 장기간 지속적으로 전개될 수 있도록 해야 한다. 땀 흘려 열심히 일해서 번 돈을 푼푼이 저축하여 축적한 자본으로 부자가 되어야만 부자에 대한 믿음과 존경이 형성되고, 자본주의 사회의 정당성이 생긴다. 부정한 방법의 축재는 부자에 대한 불신을 불러오고, 자본주의 사회의 정당성과 믿음이 구축되지 않아 사회의 안정이 흔들리게 된다.

미국의 월남전 패배 이후 미국 국민들의 자존심은 크게 손상되었다. 미국의 시사주간지인 타임지에서 1981년에 미국의 영광을 되찾기 위해 미국 국민들이 어떻게 해야 할 것인가에 관하여 조사하였는데, 얻은 답은 "월남전에서 잃은 미국의 영광을 되찾기 위해 미국 국민들에게 요구되는 것은 국민들의 기강과 인내"이며, 이것을 위하여 지식인을 비롯한 지도층부터 애국심을 가져야 한다고 주장하였다. 2006년 노벨 경제학상 수상자인 펠프스(Edmond Phelps) 컬럼비아대 교수는 오늘날 미국의 부는 기업가정신, 개방경제, 시장 주도의 혁신과 창의성, 경쟁을 통한 생산성과 효율성 개선에서 나왔고, 특히 인적 자본이 신기술과 경제성장을 주도했다고 분석한다. 미국의 경제성장을 이끈 원동력은 '미국식 자본주의'이며 그중에서도 기업가정신을 고양하는 문화가 국부창출의 원동력이었다고 말한다. 미국식 자본주의 힘으로 미국인들은 열심히 일했고 저축을 통해 돈을 모으고 가족을 부양하며 안락한 삶을 유지해 왔기 때문에 유럽식 자본주의보다 더 큰 경쟁력을 발휘할 수 있었다는 것이다. 미국의 기업가정신의 밑바탕에는 청교도정신이 자리하고 있고 이것이 미국인들의 생활신조로 자리 잡았다.

일본은 근대화되기 이전인 도쿠가와 시대에 농본주의를 통치이념으로 하여 농업이 나라의 기틀이며 정치의 원천임을 학교교육에서 강조하였다. 특히 도쿠가와 시대의 말기에 근면, 저축, 효행을 생활화하여 성공한 농민 니노미야 긴지로(二宮 金次朗, 1787~1856)의 성공사례를 국민정신교육의 표본으로 삼고 있다. 명치(明治)정부는 니노미야의 근면, 저축, 효행에 관한 덕목을 교과서에 실어 초등학교의 생활교본으로 삼게 하였을 뿐만 아니라 그의 주경야독하는 소년시절의 이야기를 동요로 만들어 아침마다 첫 시간에 학생들이 부르게 하였다. 이 생활사례를 일본 국민의 정신교육의 교본으로 삼은 것은 제2차 세계대전이 끝날 때까지 지속되어 무사들의 충성심과 함께 일본이 오늘날 경제대국이 되는 원동력의 기반이 되었다.

일본을 선진국으로 만든 또 다른 조건은 도망칠 곳이 없는 섬나라에서 싸우면 서로가 함께 망하니 사이좋게 살기 위해 와(和)를 중요시하고, 스스로 알아서 상대방을 배려한다는 기쿠바리(氣配) 정신이다. 이는 상대방에 대한 친절로 깍듯한 인사와 상냥하고 부드러운 말씨로 나타난다. 서로가 폐를 끼치지 않는 타인에 대한 배려, 자율적 준법정신, 예절을 아는 국민, 질서를 존중하는 자세가 일본을 범죄율이 가장 낮은 선진국으로 만들었다. 일본사람들이 중요시하는 와(和)는 누구나 틀에서 벗어나면 온갖 따가운 눈총과 비난을 받고 흔히 왕따(이지매)를 당하게 하는 문화를 만들었다. 그래서 일본인들은 자신의 허용된 영역, 와(和)를 깨지 않는 범위, 남에게 폐를 끼치지 않는 범위에서 무한한 다양성을 갖추고 안으로 끝없이 깊이 파들어 가는 오타쿠(마니아보다 한발 더 나아가 미치다시피 하는 것, 오타쿠는 원래 집이란 뜻인데 집안에 틀어박혀 오로지 한 가지 관심사에만 몰두한다고 해 붙은 호칭이다) 문화를 낳아 각 분야에서 초전문가를 탄생시킨다. 그래서 상품에 조그만 오류나 문제가 있으면 어김없이 칼날 같은 오타쿠들의 질책이 쏟아져 완벽한 최고의 상품을 만드는 데 큰 도움이 되기도 하는, 일본적인 폐쇄적이고 전문적인 집단이기도 하다. 이는 일본 상품이 세계최고의 품질을 자랑하게 하고, 일본인들을 근검 · 절약 · 저축하는 국민들이 되게 하였으며, 종신고용제도(회사는 가정)를 낳는 배경이 되었다. 모든 분야에서 자신에게 유익하고 좋고 필요한 것은 무엇이든지 거리낌 없이 배우고 베껴서 자신에게 맞도록 다시 만들어 내는 습합사상(習合思想)이라는 정신도 역시 세계최고의 품질을 자랑하는 물품을 생산하는데 영향을 미쳤다.

중국은 덩샤오핑(鄧小平, 1904~1997)이 등장하여 절대적인 권위와 희생정신으로 개혁 · 개방의 시동을 확실하게 걸어 1978년부터 계획경제를 포기하고 시장경제로 전환하였다. 특히 정치지도자가 범하기 쉬운 자신의 시대에 가시적인 성과를 내려는 조급성을 탈피하여, 중국 개국(1949년) 100주년인 2050년을 개혁 · 개방의 목표연도로 잡고 점진적 개혁을 추진하였다. 아울러 집단농장을 폐지하고 가족농업으로 전환하면서 농심이 되살아났다. 또한 정치와 물가가 안정되고, 수출 주도적 공업화를 성공시키면서 1980~2010년대에 세계에 유례가 없는 고도성장을 기록하고 있다. 이 과정에서 중국 국민 각자는 애국심을 갖고 근면하고 저축하며 인내하는 생활신조를 생활화하였다. 이 시기에 애심양광운동(愛心陽光運動)이라는 국민운동이 일어나고 있었다. 이 운동은 우리나라의 새마을운동과 비슷한 국민의식 개혁운동으로 그 철학이나 전개방법은 1970년대에 펼쳤던 새마을운동을 본받은 것이다. 중국 공산당이 직속으로 주관하고, 이 운동을 이끌어 갈 지도자들을 훈련시키기 위하여 한국의 새마을운동의 성공사례들을 참고하고 있다.

자료 : 강정모 · 함선미(2012)

2) 유동운의 제도변동론

유동운(1999)은 제도변동요인을 경제 내의 내생적 변화와 정치 · 법 · 사회적 요인의 외생적 변화로 구분해서 설명한다.

(1) 내생적 변화

① 토지의 사유화

게임의 법칙과 게임 자체는 상호 영향을 미친다. 게임의 법칙은 한편으로 게임 자체가 구체적으로 어떻게 진전될 것이라고 게임에 참여하는 사람들로 하여금 예측하는 데 도움을 주고, 다른 한편으로 인간의 상호작용을 위해 새로운 기회가 진전됨에 따라 조정되거나 변경되기도 한다. 가령 새로운 시장이 생겨나거나 기술이 진보하거나 또는 상대가격이 변하여 예전에는 사람들에게 이득이 되지 않았으나 지금은 이득이 되는 새로운 기회를 만들어 낼 수 있는 사건이 발생하였다고 하자. 그러면 이 사건으로 인해 여러 사회활동과 관련된 비용과 편익이 변하면서 개인이나 집단들은 새로운 형태로 상호작용하는 방식을 찾아 협의하려는 유인이 생겨난다.

예를 들어 미국의 인디언이 소가죽을 교역하는 활동이 일어나기 이전에 소사냥은 주로 가족구성원들의 식량이나 의복을 구하려는 목적으로 수행되었다. 따라서 사냥은 자유롭게 다른 사냥꾼들에게 거의 영향을 미치지 않으면서 이루어질 수가 있었다. 그런 까닭으로 당시에는 사냥용 토지를 사유재산화하려는 유인이 일어날 까닭이 없었다. 그러다가 가죽에 대한 교역이 시작되자 가죽의 상대적 가치가 상승하였고 그에 따라 사냥활동의 규모가 예전에 비해 급격하게 불어났다. 자유스런 사냥이 커다란 경제적 이득을 가져다주게 되자 자유롭게 사냥하던 토지가 가죽교역이 이루어지는 시장부근을 중심으로 개인사유지로 변하게 되었다고 한다(Demsetz, 1967).

그런데 기존에 존재하고 있는 제도적 구조가 새로 발생한 상황에 적합하도록 짜여져 있지 않으면 사람들 사이의 상호작용하는 행위를 수용하지 못하게 된다. 그 결과 욕망을 추구하려는 개인들은 새로운 경험을 담을 수 있도록 하고자 게임의 룰을 당장 수정시키려는 압력을 분출시킨다. 기존의 제도적 형태에 이처럼 점진적이고도 진화적인 변화가 일어나는 현상은 곧 사회시스템이 개인들의 선택의 변화를 좇아 적응하면서 게임의 룰이 변경되는 것을 뜻한다. 예를 들어 14세기에 유럽에서 인구가 늘어나자 노동력에 비해 토지의 상대적 가치가 올라가게 되었다. 그 결과 토지를 소유함으로써 생기는 이득이 그 비용보다 상대적으로 상승하게 되자 토지에 대한 소유권을 행사하려는 압력이 서서히 분출되면서 봉건주의 체제의 토지소유제도가 사유제도로 바뀌게 되었다.

② 기업제도

또 다른 하나의 예로 현대에 들어와서는 시장이 확대되고 기술이 발달하면서 상품을 대량으로 생산하여 이윤을 챙길 수 있는 기회가 넓어지게 되었다. 그러나 이러한 대량생산이 주는 호기를 차지하기 위해서는 개인들이나 기업들이 다량의 자본을 모아야만 하였는데 그에 따라 부채에 대해 무한정하게 책임지게 하는 기존의 전통적인 개인기업 형태의 생산방식은 장애물이 되었다. 다시 말하면 기존의 무한책임제도는 새로운 기회를 획득하는 데 위협적인 게임의 룰로 남아 있었다. 왜냐하면 자금을 긁어모아 사업을 수행하는 과정에 짊어질지도 모르는 부채에 대해 무한한 책임을 부담하는 것은 개인들이 소유하는 자원을 끌어 모아 상호작용하는 데에 너무나 많은 비용을 먹히게 하였기 때문이다. 그 결과 새로운 개념, 즉 유한책임이라고 하는 개념이 탄생하기 시작하였다. 이 새로운 룰에서는 기업을 소유하는 각자의 책임은 각자가 기업에 투자한 금액의 한도 내로 국한되었다. 이 제도로 인해 투자기회를 판정하고 평가하는 데 나름대로 비교우위를 가진 금융기관이 기업의 지불불능에서 오는 위험을 부담하는 기능을 떠맡게 되었다. 이 같은 게임의 룰의 변경으로 현대의 기업이라고 하는 제도가 들어서도록 촉진하는 계기가 마련되었다.

(2) 외생적 변화

제도는 이데올로기나 각종 압력단체 그리고 공공을 위해 무엇이 가장 좋은 것인가에 대해 판단하는 정치가나 관료들에 의해서 변할 수도 있다. 게임에 참여하는 사람의 새로운 요구에 기존의 게임의 룰을 적용하기보다는 외생적인 변화를 통해 특정 이익단체가 선호하는 게임의 룰을 사회구성원들에게 강제로 적용하게 만든다.

예를 들어 일부 서구유럽의 국가에서는 기업가와 노동자 사이의 이익분배를 상호 합의하여 결정하는 제도를 법으로 채택하였다. 이러한 체계에서 노동자 대표가 기업의 경영에 관한 의사를 결정하는 데 참여하는 것을 공동결정주의(codeterminism)라고 일컫는다.

공동결정법(Mitbestimmungsgesetz, 共同決定法)

1976년 서독에서 법제화되었는데, 내용은 다음과 같다. ① 종업원 2,000명 이상의 기업을 대상으로 한다. ② 감사회(監査會)에 자본가 측과 동수의 근로자 측 대표를 보내어 운영에 참여한다. ③ 근로자 측 감사에는 지도적 종업원(관리직)을 반드시 한 사람 넣는다. ④ 감사회에서 찬부 동수일 때는 의장이 결정권을 가진다. ⑤ 감사의 선임 · 해임은 주주총회에서 하는데, 근로자를 대표하는 감사에 대해서는 근로자의 결정이 주주총회를 구속한다.

서독의 공동결정제도의 역사는 제1차 세계대전 후의 바이마르 헌법(憲法)으로 거슬러 올라간다. 철강 · 석탄업계에서는 이미 1951년부터 실시되었는데, 1976년 입법화됨에 따라 더욱 확대되었다. 근로자의 경영참여 움직임은 1970년대에 들어 유럽 각국에서 활발히 전개되어 오스트리아, 덴마크, 네덜란드 등에서도 실시되고 있다.

자료 : 두산백과

법에 의해 주주들이 공동결정을 수용하도록 하게 한 것은 주주들이 그로 인해 무언가 손해를 본다는 것을 의미한다. 이처럼 새로운 게임의 룰이 사회구성원들의 이득과 전혀 무관하게 외부의 힘에 의해 만들어지는 것을 제도의 외생적인 변화라고 부른다.

3) 김일중의 재산권제도 변동론

대부분의 법과 제도는 특정 재산권에 영향을 미치는데, 그 재산권의 형태를 변화시키고자 하는 의도는 다시 해당 법과 제도를 바꾸려는 움직임으로 정치시장에서 나타난다. 김일중(1995)에 의하면 경제학적인 맥락에서 이러한 움직임을 유발시키는 요인들을 다음의 세 가지로 요약할 수 있다. 첫째는 상대가격의 변화이고, 둘째는 생산과 집행 기술의 변화이며, 셋째는 소비자선호 및 기타 정치적 변수에 있어서의 변화이다.

기존의 법과 제도를 일종의 균형상태로 간주한다면 위 세 가지 변화는 그 균형에 대한 충격이라고 표현할 수 있다. 물론 여기서의 균형이란 정치적으로 영향력 있는 집단들 사이에서 동의가 이루어진 상태를 의미한다. 첫째와 둘째 요인은 경제적 요소로서 새로운 재산권을 정의하면 더욱 큰 수익이 기대되기 때문에 발생하는 것이다. 예컨대 해당 재산권의 상대가격이 상승했다든지, 그 재산권을 사용하여 어떤 재화를 생산하는 데 소요되는 비용을 절감시키는 신기술이 출현했다든지 하면 해당 재산권으로부터 벌어들이는 수익의 흐름이 증가할 것이다. 따라서 그 재산권을 확보하려는 경쟁이 심화되고 급기야 재산권을 재설정하는 정책을 입법화하려는 노력이 정치시장에서 나타난다는 논리이다. 재산권을 지키기 위해 소요되는 비용이 변할 때도 마찬가지이다. 이른바 집행기술의 변화가 생길 때이다. 예를 들어 정부는 업종면허를 통하여 상품의 질을 통제하려는 의도를 가질 수 있다. 그러나 면허수가 늘어나고 면허소지자의 경제행위가 복잡다기화해질수록 면허관리의 비용이 증가하기 때문에 면허제도를 완화시키게 되는 경우가 이에 해당한다.

반면에 개개 이해당사자들이 주장하는 내용의 진위 여부를 판단하는 기술, 불법행위를 적발해 내는 기술 등이 발달하면 재산권을 더욱 세분하여 정의하는 것이 가능하므로 이러한 욕구가 정치시장에서 법과 제도의 변경에 대한 요구로 분출될 것이다. 또한 이상과 같은 여러 가지 요인들 때문에 재산권이 불확실하고 불안정적으로 되면 기존에 혜택을 보고 있던 층에서도 법과 제도의 변화를 요구하는 목소리를 높이게 될 것이다.

재산권이 주로 정치시장에서 결정된다는 사실은 재산권에 관련된 법과 제도가 계약행위라는 형태를 빌려 정치권에서 결정되는 것을 의미한다. 만약 기존의 수혜계층이 더욱 확고한 재산권 행사를 목적으로 정치활동을 통하여 정책변경을 꾀한다면 그에 대립되는 계층들 역시 저지를 위한 정치활동을 속개하는 것이 정치시장의 속성이라 할 수 있다. 펠츠만(Peltzman, 1976)에 의하면 정치인이란 각종 이익집단의 경쟁적인 욕구에 따라 반응하는 중개인으로 표현되고 있다. 중개인으로 기꺼이 활약하려는 이유는 정치인의 최종목표가 표관리를 위시한 기타 정치적 후원을 얻는 데 있기 때문이다. 따라서 정치인이 어떻게 반응하는지에 따라 정책이 형성되는 과정과 또 그 정책에 의한 소득분배의 효과가 결정될 것이라고 펠츠만은 결론짓고 있다.

앞에서는 경제적 변수에 의한 유발요인을 알아보았으나 정치적인 역학에 변화가 발생해도 법과 제도를 바꾸려는 움직임을 촉발시킬 수 있다. 어떤 요인이든 특정 이익집단의 규모, 동질성, 그리고 축적된 부의 수준을 높이게 되면 그 집단의 정치력은 증가하게 된다. 정치력이 커진다는 것은 정책결정에 관여하는 정치인에게 영향력을 행사하기 위한 제반 자원을 더 많이 동원할 수 있고, 정치인에게 더 많은 표를 던질 수 있으며, 로비를 하더라도 대체로 더욱 효과적으로 할 수 있다는 의미이다.

따라서 법과 제도의 변화를 추구하는 상황에서는 대체로 경제적 요인과 정치적 요인이 한데 맞물려 진행되는 것이 일반적이다. 재산권 행사로부터 기대되는 수익률이 증가하면 그 재산권을 좀 더 확실히 하려는 인센티브가 커지고, 이는 정책변경을 위한 노력으로 발전된다. 즉, 서로의 의지를 관철시키려는 정치활동이 경쟁적으로 수행되는데 현재 재산권을 좀 더 많이 확보하고 있는 집단의 정치력이 큰 것이 일반적인 사실이다. 한마디로 그들이 재산권 행사로 인해 그 동안 더욱 많은 부를 축적했을 확률이 높기 때문이다.

기득권층에서 열성적인 정치활동을 하는 또 하나의 이유는 기득권이익(vested interests)이 크기 때문이다. 즉, 아무래도 이미 해당 재산권에 대한 갖가지 투자를 했을 확률이 크고, 그렇다면 그들의 기회비용이 크게 된다. 또한 이들은 정치시스템이 어떻게 운영되고 있는지에 대한 노하우를 많이 보유하고 있다고 보는 것이 보편적이다. 그러나 이 모든 장점에도 불구하고 새로이 등장하는 집단이 기대하는 수익률이 훨씬 높거나 기득권집단이 갖지 못한 기술을 갖는 경우 이제까지의 재산권이 재할당되는 방향으로 정책이 결정될 확률이 커지게 되는 것이다.

새로이 부각되는 이익집단이 갖고 있는 신기술 중에 공익을 위한 논리가 과연 얼마나 큰 비중을 차지하고 있으며 그것이 얼마나 큰 힘을 발휘할 것인지가 우리의 주된 관심사가 되지 않을 수 없다. 정치인이 공익을 위한 논리를 강하게 펼칠수록 정치시장에서 정치력을 확보할 수 있는 확률이 커지도록 만드는 것이 바람직스런 정치시장의 모습이기 때문이다. 즉, 논리정연하고 공익에 부합되는 구호를 정치인이 채택할 확률이 커지도록 만드는 것이 관건이다. 정치인이 일정한 정치적 가격을 지불하더라도 그러한 논리를 샀을 때 자신의 사적 효용을 높일 수 있도록 하는 것이다. 설사 그 사적 효용이 궁극적으로 투표수의 확보에 있다고 하더라도 말이다. 이렇게 공익추구 자체가 사익에 부합되도록 정치시장의 각종 제도들을 재편할 때에야 비로소 정치시장은 경제효율성을 제고시키는 데 기여할 수 있다.

4) 제도변화의 과정

제도변동요인들에 의해 제도가 변동하지만 제도변동과정은 인간의 신념체계와 밀접한 관련이 있다. 이러한 내용들을 유동운(1999)이 잘 소개하고 있다. 차례로 살펴보기로 한다.

(1) 제도와 조직

노스(North, 1990a)는 장기적인 제도변화를 규명하는 정치적 및 경제적 구조를 해명해 보고자 시도한다. 그는 이 책에서 제도적 변화가 어떻게 진화하는가를 이론적으로 밝혔는데 그렇게 하고자 하는 첫 번째 단계로 조직(organization)과 제도(institutions)를 분리시키는 작업을 시도하였다. 제도란 게임의 룰(rules of the game)을 말하고, 조직은 경기참여자(players)를 말한다. 조직은 어떤 목적함수를 가진 개인들로 구성된 집단인데, 예를 들면 기업 · 무역협회 · 협동조합과 같은 경제조직은 물론이고, 정당 · 사법부 · 규제기관과 같은 정치조직, 그리고 교회 · 경기단체 · 클럽과 같은 사회조직 등을 말한다. 이들 조직은 각자 존립목적을 가지는데 가령 기업은 이윤을 극대화시키려는 목적을, 정당은 선거에서 승리하려는 목적을 갖는다. 그런데 흥미로운 사실은 한 나라 경제의 제도와 조직이 상호작용하면서 제도적 진화를 만들어 낸다는 점이다. 제도가 게임의 룰이라고 한다면 조직과 그 담당자들은 경기참여자들이다. 조직은 어떤 목표를 달성하기 위한 공동의 목적으로 개인이 여럿 모인 집단을 말하는데 여기에는 정치적 기구, 경제적 기구 및 사회적 기구가 포함된다.

조직이 존재하는 까닭은 제도가 조직을 탄생시키는 기회를 제공하기 때문이다. 덧붙여 말하면, 게임의 룰이 경기참여자를 탄생시킨다. 가령, 제도적인 구조의 틀이 해적행위를 하는 데 이득이 따르도록 되어 있으면 해적단이 생겨난다. 제도적인 구조의 틀이 사기행각을 벌이는 데 이득이 따르도록 되어 있으면 사기꾼이 생겨난다. 제도상의 시책이 농어민들의 부채경감에 이득이 따르도록 되어 있으면 채무자만 양산된다. 마찬가지로 제도적인 구조의 틀이 생산적인 활동에 보답이 따르도록 되어 있으면 경제조직인 기업이 생산적인 활동을 하고자 태어난다. 가령, 제도적인 틀이 기부행위를 하는 데 보답이 따르도록 되어 있으면 비영리조직인 자선단체가 사회활동을 벌이려고 태어난다.

① 변화의 배경

경제변화란 개인들이나 조직의 기업가가 매일 선택한 결과로 항시 일어나고 계속되는 점진적인 과정이다(North, 1994a). 비록 방대한 의사결정이 일상적으로 일어나지만 그중에는 개인과 조직 사이의 계약을 변경시키는 내용도 있다. 때로는 그와 같은 재계약이 기존의 재산권 구조나 정치적 틀 내에서 이루어지기도 하지만 때로는 새로운 계약이 기존의 룰에 변경을 요구하는 경우도 있다. 마찬가지로 교환을 지도하는 행동규범이 점차적으로 수정되거나 사라지기도 한다. 이러한 경우 제도(게임의 룰)는 변경된다. 룰이나 행동규범에 변경이 일어나는 까닭은 그렇게 함으로써 개인들이 정치적 및 경제적 교환을 더 잘할 수 있다고 인식하기 때문이다.

여기에 시간은 경제변화와 사회변화의 과정에서 인간에게 학습하는 공간을 만들어 주고, 인간의 학습과정은 제도가 진화하는 방향을 그려준다. 즉 개인, 단체 및 사회가 가진 신념은 시간이 지나면서 매번 선택하는 과정에서 배운 산물이다. 그렇다고 한 개인이 한 생애나 사회에서 학습한 것이 아니고 세대에 걸쳐 계승되어 온 사회문화를 통해 축적된 학습이다. 그런 측면에서, 시장도 학습과정을 통해 만들어진 하나의 사회제도임에 틀림없다.

② 학습과정

인간이 인식하는 과정을 알기 위해서는 경제이론이 바탕으로 삼고 있는 합리성의 가정에서 벗어나 보자. 역사적 경험을 통해 보면 이상, 신화, 독선, 편견이 문제가 되었다는 것을 알 수 있다. 사회적 변화를 이해하는 틀을 이해하기 위해서는 이러한 것들이 진화한 방향을 살펴볼 필요가 있다. 합리적인 선택의 틀은 모든 개인들이 자기자신에게 무엇이 이익이 되는지를 알고 또한 이에 좇아 행동한다고 가정한다. 이 가정은 현대경제의 고도로 발달된 시장에서는 맞을지 모르나 불확실성이 존재하는 여건에서 이루어지는 선택에서는 그렇지 못하다. 그런 까닭으로 분석의 틀을 세우려면 인간의 학습이 어떻게 일어나는지를 이해할 필요가 있다.

집단의 학습은 하이에크가 사용한 용어로 사회의 언어, 기술, 제도, 일하는 방식 등에 체화되어 있는 경험으로서 오랜 시간 동안에 걸쳐 서서히 형성된 경험을 말한다. 하이에크는 이를 축적된 지식의 저장고가 시간상으로 전달시키는 전달매체라고(Hayek, 1960) 말하였다. 어느 세대의 현재 학습도 집단적 학습에서 도출되는 인식의 맥락 내에서 이루어진다. 이런 의미에서 학습이란 것도 사회의 문화에 의해 걸러지는 점진적인 과정으로서, 인지되는 이득도 점진적인 과정에 의해 획득된다.

인간은 학습의 과정을 거치면서 인식구조를 만들게 되는데, 이 인식구조를 통해 사람들은 각종 신호를 받아들인다. 최초의 구조는 인간의 유전적인 성질이다. 그러나 그 이후의 구조는 개인적인 경험의 산물이다. 경험에는 두 가지 종류가 있는데 하나는 물리적 환경에서, 그리고 다른 하나는 사회문화적 환경에서 오는 경험이다. 그에 따라 인식구조란 인간이 최초의 유아기에서부터 점차 성장하면서 인식을 조직화하고 분석한 결과와 경험을 축적한 기억을 좇아 체계적으로 분류한 것이다. 이 분류에 입각하여 외부환경을 설명하고 해석하는 신념체계(정신적 모형)를 형성하게 되는데 이때에도 어떤 목표에 타당하도록 형성한다.

> 신념체계라는 용어가 다소 어렵게 느껴질 수 있으나, 쉽게 표현하면 가치관, 색안경(biased viewpoint) 등의 용어로 이해해도 좋을 것이다. 대부분의 인간은 주관적인 가치관(values), 관점(viewpoint,), 편견(bias), 선입견(prejudice,), 고정관념(stereotype) 등을 가지고 있는데, 이것들은 모두 개인의 주관적 경험과 학습과정을 통해 형성되었다. 이런 용어는 노스가 말하는 신념체계와 동의어 내지는 유사어가 될 것이다.

인식구조와 신념체계는 새로운 경험을 반영하면서 모두 진화한다. 새로운 경험으로 당초의 의식구조나 신념체계를 강화시키기도 하고 학습을 통해 변경시키기도 한다. 따라서 신념체계는 다른 사람들의 이상과 접촉하는 것을 포함한 새로운 경험으로 항상 재정의될 수 있다. 이상과 같이 신념체계의 변화가 제도변화로 이어지고 이것이 다시 인센티브를 통해 한 나라의 경제적 성과에 영향을 미치는 과정을 살펴보면 아래 그림과 같다.

그림 3-3 신념체계의 진화와 제도변화

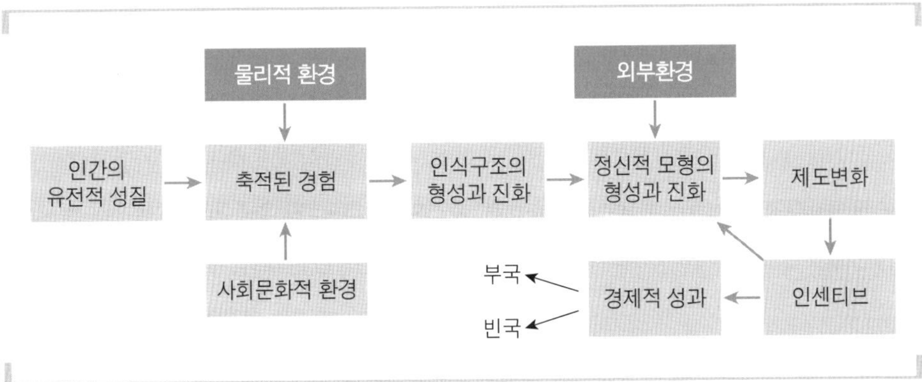

신념체계는 제도를 통해 경제적 및 사회적 구조로 탈바꿈한다. 따라서 신념체계와 제도 사이에는 밀접한 관계가 있다. 신념체계는 개인적인 인지체계가 환경을 해석하도록 만드는 내적 표현인 데 비해 제도란 인간의 마음의 밖에서 존재하는 기구로서 개인이 환경을 해석하는 기구이기도 하다.

경제학자나 경제사학자들은 기술변화가 경제변화를 일으키는 가장 중요한 원천이라고 지적하는데, 노스는 제도변화가 경제변화를 일으키는 근본원인으로 본다. 왜냐하면 기술변화 때문이라고 한다면 기술변화를 결정하는 것은 무엇이며, 어떤 사회는 이미 존재하고 있는 기술을 잘 활용하고 어떤 사회는 그렇지 못한 이유가 어디에 있는가라고 하는 의문이 제기되기 때문이다. 만약 기술이 모든 열쇠를 쥐고 있다면 모든 나라들이 이를 이용할 수 있는 마당에 모두 부유해져야만 하지 않을까? 기존의 기술을 제대로 활용하지 못하는 경제적 제도의 무능력 때문에 각 나라들이 빈곤하다면, 결국 문제가 되는 것은 정치조직과 경제조직에 뿌리내려져 있는 인센티브나 디스인센티브 체계이다. 위 그림에 나타난 바와 같이 인센티브나 디스인센티브 체계가 인간의 신념체계를 만들어 내고, 이 신념은 다시 사람들이 만들어 내는 제도의 모습을 그려준다(North, 1994b). 그런 측면에서 인간의 신념체계, 사회적 제도, 인센티브는 서로 영향을 미치면서 맞물려 돌아가고 있는 셈이다.

(2) 신념체계

그러면 어떠한 신념체계가 구체적으로 각 나라의 경제를 발전시키기도 하고 퇴보시키기도 하였는가를 알아보자.

노스(North, 1994b)는 11～14세기에 유럽에서는 상업혁명으로 괄목할 만한 경제성장을 이루었다고 한다. 그 핵심은 시간과 공간에 걸쳐 차별 없는 교환이 이루어질 수 있게 하는 제도, 예컨대 지방 간 신용시장, 보험시장, 선물계약, 어음제도 등을 발전시켰기 때문이었다. 여기에 특히 상인법(Law of Merchant)이 경제를 성장시키는 뒷받침이 되었다고 지적하였는데, 이 상인법은 유럽 각국에 행위규범(code of conduct)으로 진화되어 상인들 사이의 교환관계를 정의하기에 이르렀다. 국가가 강제력을 동원하여 계약을 이행시키지 못하였던 이 당시에는 명성과 추방이라고 하는 행위규범이 상인들로 하여금 계약을 이행시키도록 하는 주요한 수단으로 등장하였다.

그러나 시장이 성장 · 확대되자 명성체계만으로는 성과를 보장받기에 불충분하였는데 상인계급에서 뽑힌 개인 판사들이 관리하는 법률이 정보를 전파시키고 위반자를 제재하고 개인에게 벌과금을 부과하는 인센티브를 제공하게 되자 명성체계의 효력이 중요한 자리를 차지하게 되었다. 따라서 비공식적인 상인법이 비공식적인 행위규범을 만들어 내고, 이것이 다시 국가에 의한 공식적인 법률로 진화하는 과정을 밟았다. 상업혁명기에 들어와 대부분의 경제사회에서는 차별 없는 교환을 구조화시키는 제도상의 발전을 이루어 내었다. 그러나 많은 혁신이 상인법의 흐름에서 제도적 발전으로 이어지지 않은 사례도 나타났다.

가령, 11~12세기 지중해에서는 제노아(Genoes)인의 개인주의적인 신념체계와 마그리브(Maghribi)인의 집단주의적인 신념체계가 대립하고 있었는데, 후자의 집단주의의 신념체계를 가진 마그리브인들은 역내에만 의존하는 교역망을 발전시켰다. 이러한 신념체계는 비교적 소규모의 동질적인 그룹 간에는 효력을 발휘하였으나 시장이 확대되면서 지역 간의 교역이 늘어나게 되자 다양한 종족 간의 거래에 필요한 차별 없는 교환을 이루어 내는 데에는 적합하지 못했다. 그 반면 제노아의 상인들은 양자 간에 계약이 이행되도록 하는 체계를 개발하여 합의사항을 감시하고 이행시키는 공식적인 법적 · 정치적 조직을 만들었는데 이것이야말로 보다 복잡한 형태의 교역과 거래가 가능해지도록 하는 제도적 발전 및 경제조직의 성과였다. 이러한 이슬람과 라틴 세계의 신념체계의 차이를 그라이프(Grief, 1994)는 일반화시켜 신념체계와 그에 따른 제도적 발전 사이의 관계에서 서구사회가 발전한 배경을 설명하고 있다.

또 하나의 역사적 과정을 통해 어떠한 제도가 경제적 성과를 가져오게 하였는가를 살펴보자. 서구유럽이 10세기부터 시작하여 18세기까지 괄목할 만한 경제적 성과를 이룬 것은 신념체계가 점진적으로 진화하였기 때문이다. 즉, 정치적 · 경제적으로 분권화된 조직 사이에 이루어진 경쟁이 현대의 경제발전을 가져오게 하는 경제적 제도와 정치적 구조를 생성시켰다. 영국과 네덜란드의 성공과 스페인과 포르투갈의 실패는 외부환경을 다르게 경험한 결과에서 비롯되었다고 강조한다(North, 1990a, 1991, 1994a, 1994b). 즉, 16세기 네덜란드와 영국이 재산권을 형성시키는 정치체제를 진화시켜 지금과 같은 경제성장을 이루게 하였다고 설명한다. 이에 비해 스페인은 정치체제가 그렇지 못하였던 까닭으로 경제가 침체하게 되었다고 지적한다.

시간이 흐르면서 진화하는 신념과 제도가 반드시 경제를 성장시킨다는 보장은 없다. 각 종족들이 서로 다른 물리적 환경에서 진화하자 다른 언어를 만들고, 다른 경험을 쌓고, 또한 세상을 설명하는 데 있어서도 다른 신념체계를 내세웠다. 언어와 신념체계가 비공식적인 제약을 설정하게 되었는데, 이 제약이 바로 종족의 제도적 틀을 정의하게 되었고, 세대를 거듭하여 문화적 연속성을 제공하는 관습이나 금기신앙, 그리고 신화로 이어졌다고(Heiner, 1983) 지적한다. 가령 중세 유럽에서는 군사기술이 개인에게 커다란 이득을 줄 것이라 인식되었고, 신대륙 발견 이후에는 해상에서의 위치를 확인할 수 있는 기기가 커다란 이득을 준다고 인식하였다. 정보사회의 시대에는 공간을 단축시키는 기기가 커다란 이득을 줄 것이라고 기대한다.

여기에 분업과 전문화가 진전되면서 종족은 정치조직과 경제조직을 만들어 내게 되었다. 그런데 경험이 다양하고 학습내용이 다양하다 보니 서로 다른 사회와 문명을 만들게 되었는데, 희소성이라고 하는 근본적인 문제를 해결하는 데 있어 어떤 사회는 성공을 거두고 어떤 사회는 성공을 거두지 못하게 되었다. 그 이유는 어디에 있을까?

이미 사이먼(Simon)은 사람들이 세상을 주관적으로 인식하는 차이에 따라 서로 다른 사상이 형성되었다고 설명한다. 즉, 의사결정자가 외부환경을 인식하고 자료를 수집 · 분석하는 능력이 제한된 상황(bounded rationality)에서는 실제의 세상과 참여자들이 인식한 세상은 다를 수밖에 없다고 지적한다.[12] 참여자들이 세상을 이해하는 지적 구조를 학습과정이라고 부르는데, 학습이라는 것도 단지 개인이 일생 동안 살아오면서 축적한 경험을 통해 만들어진 것에 지나지 않는다. 과거에 축적된 경험을 통해 얻은 지식은 학습으로 내장되고, 과거가 현재와 미래에도 영향을 미친다고 하는 의존적인 경로를 결정짓는 원천으로 작용한다.

학습과정은 사회의 문화가 걸러내면서 점진적으로 조금씩 이루어지는 과정인데 결국 사회의 문화는 인간이 세상을 바라보는 데 영향을 미친다. 그러나 사회에 축적된 과거의 경험이 새로 부닥치는 문제를 걸러낼 수 있을는지 보장할 수는 없다. 왜냐하면 학습과정은 경험으로부터 얻어지는 정보를 주어진 신념이 걸러내는 방법에 따

---

12 종교 수행자들이나 수련단체에서는 깨닫게 되면 세상의 존재모습이 '허상의 세계'인 홀로그램(hologram)으로 이루어졌다고 한다. 사이먼은 이러한 사실을 알고 있는 듯하다. 아래의 글은 법상 스님의 「붓다수업」에서 인용한 글이다.

"당신은 실재하는가? 이 세상은 실재하는 것일까? 현대 물리학에서는 나와 이 세상을 진짜로 존재하는 실체적인 존재가 아니라, 홀로그램(hologram)과도 같은 허상의 세계라고 설명하기 시작했다. 홀로그램으로 이루어지는 '소녀시대'의 공연처럼, '나'와 '이 세상' 또한 사실은 생생하게 진짜처럼 보이고 만져지고 소리내고 움직이는 진짜 세계같이 느껴질 뿐, 사실은 진짜가 아닌 홀로그램의 허상일 뿐이라는 것이다. 부처님께서는 이미 2500여 년 전에 '나'와 '세상'은 모두 실체가 아닌 허망한 허상으로 무아(無我)이며, 잠시 만들어진 것일 뿐 사실은 텅 비어 있다고 설하셨다. 그렇다면 내 눈앞에 보이는 이것들은 다 무엇이란 말인가? 그것은 다만 인연 따라 잠시 잠깐 생겨난 인연가합(因緣假合)의 존재일 뿐 실체가 아니라는 것이다."

라 좌우되고 개인과 사회가 서로 다른 시기에 부닥치는 서로 다른 다양한 경험에 의존하기 때문이다.

시간이 흐르면서 개인이 사회에서 획득하는 학습의 종류가 어떠한가에 따라 궁극적으로 경제가 발전하는 사회를 만들기도 하였고 그렇지 못한 사회를 만들기도 하였다. 현재는 물론 과거 세대의 경험과 학습이 문화로 내려오는 것을 통해 시간은 중요한 의미를 갖는다. 신제도주의 경제학에서는 문화, 즉 제도가 각국의 경제발전의 경로로 들어가는 열쇠를 제공한다(North, 1994a)는 점을 강조한다.

국가특수자산(specific asset)으로서의 제도

노스(North, 2005)는 제도변동의 직접적인 원천(immediate source)은 인간의 의도성(intentionality)이라는 견해를 제시하였지만, 제도의 생성 또한 인간의 의도성이나 인간의 니드(need)가 중요할 것이다. 따라서 제도는 인공물이다. 또한 제도는 사회적 관습, 전통 등이 제도로서 구현된다. 각 사회의 전통과 관습은 개인의 신념체계 및 가치관 등의 인간의 관념이 반영된 것이다. 한 사회가 성실한 인간을 얼마나 보유하고 있으며 사회의 주축세력이 성실인들로 구성되어 있는가, 기회주의적인 인간들이 얼마나 다양한 분야에서 제멋대로 행동하는가 등에 따라 다양한 경제시스템이 형성될 것이고, 제도의 효율성을 좌우하고, 제도가 다양하게 진화할 것이다. 이와 더불어 각 개인의 가치관, 각 사회의 사회 문화적 배경이 다르므로, 사회의 관습과 전통 및 제도는 국가마다 상이할 수밖에 없다. 따라서 제도는 국가의 특수자산, 국가 고유자산이다. 제도가 경제발전에서 중요하다면, 국가 간의 경제의 다양성은 국가별 제도의 다양성으로 설명한다면 설득력이 높을 것이다.

5) 경로의존성

(1) 경제학적 의의

효율성가설에 의하면 정치권력, 조직, 법은 경제적 효율성을 높이는 방향으로 진화한다고 한다. 이에 대해서는 학자들 간의 의견일치를 보지 못하고 있다. 효율성가설에 대한 비판도 만만치 않다. 이 논쟁은 경제를 보는 시점의 차이로 불필요한 논쟁일 수도 있다. 장기적인 관점에서 100년 이상의 기간을 보면, 정치권력 · 조직 · 법 등의 진화가 경제적 효율성을 지지하는 사례들을 많이 보여주지만, 단기적으로는 어느 정도의 기간, 대략 수십 년 이하의 기간을 보면, 비효율적인 제도가 계속 존속하는 사례도 많이 존재한다. 경로의존성(path dependence)은 효율성가설을 비판하는 중요한 논거가 될 것이다. 아래 내용은 유동운(1999)의 경로의존성의 개념과 사례를 소개한 내용이다.

(2) 경로의존의 개념

경로의존(path dependency)이란 제도적 진화가 조금씩 일어나는 과정으로서 어제의 제도적 틀(rules of games)이 오늘의 정치적 및 경제적 참여자들(players)에게 나아갈 길을 제공한다는 의미다. 경로의존이란 원래 아서(Arther, 1989)와 데이비드(David, 1985)가 만들어 낸 개념으로 기술변화의 경로를 설명하려고 만든 개념이다. 노스(North, 1991)는 제도적 변화를 설명하는 데 있어서도 경로의존적인 성질이 있다는 점을 강조하였다. 넬슨과 윈터(Nelson & Winter, 1982)는 거래자 상호 간에 각자의 위험을 할당하는 거래풍토에 의해 과거로부터 승계된 어떤 일상적인 체질(routines, 관습화된 생활)을 경로의존으로 설명하기도 한다.

그런데 과거로부터 승계되어 온 인센티브 구조가 반드시 효율적인 경제조직을 형성시킨다는 보장은 없다. 그 대신 그렇게 밟아온 경로가 오히려 기존의 지배구조를 장기간 동안 존속시키도록 하는 데에 기여하기도 한다. 가령, 외부와 단절된 지역의 산업이 비용이 덜 드는 효율적인 공장보다는 비용이 더 드는 과거의 공장을 계속 유지하고 있는 현상은 바로 이러한 경로의존의 현상을 설명한다. 사회의 축적된 과거의 경험이 사회가 새로 부닥치는 문제에 반드시 적합하다고 볼 수는 없다. 가령, 고정관념에 사로잡힌 경로를 밟고 있는 사회는 새로 일어나는 사회의 복잡한 문제를 해결하지 못하는 제도와 신념체계로 인해 경제발전을 이룰 수가 없다.

경로의존성을 통해 경제의 발전과 퇴보를 설명할 수 있다. 일단 성장이나 정체의 경로에 들어선 경제가 왜 그대로 지속되는가? 이 문제에 대해서는 여러 사람이 연구하였다(Arther, 1989; David, 1985). 그러나 아직 알려져 있지 않은 게 많으나 경로의존의 성질 때문으로 본다.

(3) 사 례

① 근대초기 스페인의 쇠퇴

인간의 합리성 가정을 바탕으로 하는 신고전학파의 경제이론은 정체에 빠진 경제를 지휘하는 정치적 기업가가 아주 간단하게 규칙(rules)을 바꾸어 실패한 경제의 방향을 교정하기만 하면 되는 것처럼 가정해 버린다. 경제의 성과가 나쁜 것은 치정자들이 몰라서가 아니다. 오히려 경제의 방향을 돌리기 어려운 까닭은 정치적 시장의 성질 때문인데 비효율적인 정치적 시장이 경기참여자들의 신념체계에 디스인센티브만을 조장시키기 때문이다. 예를 들어, 스페인이 16세기의 합스부르크가의 영광에서부터 오랫동안 쇠퇴의 길을 걷게 된 것은 끊임없는 왕립위원회의 잦은 제도개혁과 같은 비효율적인 정치적 시장의 성질 때문이었다고(North, 1994a) 꼬집는다.

② 북미와 남미

북아메리카의 경우, 영국의회와 국왕 사이의 갈등이 최고조에 이른 때에 영국이 식민지를 미대륙에 건설하였다. 영국과 마찬가지로 미국에서는 정치적 조직이 지방을 중심으로 하고 의회가 성장하는 경로를 밟았다. 독립전쟁이라고 하는 정치적 사건을 제외하면 독립전쟁이 일어나기 이전의 공식 및 비공식적인 제도적 제약이 그대로 독립 이후에도 승계되었다. 즉, 영국의 경로를 미국이 그대로 밟았다.

스페인의 식민지였던 라틴아메리카의 경우, 스페인이 관료적인 행정기구에 의해 지배되는 사회였으므로, 관료적인 지배가 모든 정치 및 경제 활동에 끼어들었다. 그에 따라 대리인문제로 인해 위기가 계속하여 일어났다. 조직이나 정치적 및 경제적 기업가들이 부를 극대화할 수 있는 가장 효과적인 방법은 어떻게 하면 관료기구를 획득하고 이를 통해 영향을 미칠 수 있을 것인가에 지식과 기술을 투자하는 데에만 몰두하였다.

영국과 스페인이 형성한 서로 다른 경로들이, 비록 공통적으로 이상을 향한다고 하는 중재요소가 있었음에도 불구하고, 신세계에서는 수렴되지 않았다. 북미에서는 복잡한, 차별 없는 교환(impersonal trade)에 필요로 하는 제도적 틀이 진화하여 정치적 안정을 누릴 수가 있었고 또한 현대 과학기술을 이용하여 얻어지는 경제적 편익을 거두어들일 수가 있었다. 남미에서는 여전히 개인적 친분관계가 정치 및 경제적 교환관계에서 주요한 역할을 수행하였다. 여기서 진화된 제도적 틀은 경제성장을 불규칙하게 만들고, 정치적 · 경제적 안정을 가져오지 않았고, 현대기술에서 오는 이득을 실현시키지도 못하였다고(North, 1991) 지적한다.

③ 스웨덴의 철도 국유화

또 하나의 사례로 스웨덴이 18세기 중엽부터 사유철도 외에 국유철도를 같이 가지고 있었으나 사유철도가 경제적으로 열악한 환경에 처하게 되자 정부는 1939년에 철도를 국유화하기로 결정하였다. 그에 따라 국유철도회사가 사유철도회사를 점진적으로 인수하게 되었다. 그러나 사유기업들이 서로 간에 인수합병 하는 운동을 긍정적으로 받아들였다면 전혀 다른 경로를 밟았을 것이다. 개인들이 사유기업 간의 합병에 반대하다 보니 결국 남은 것은 국유화라는 나쁜 방향으로 진화하는 길밖에 없는 경로를 선택하였다고(Magnusson & Ottosson, 1996) 지적한다. 결국 사유합병이 공유합병보다 보다 효율적인 방법이었을 터인데 제도적인 요소, 국회와 정부의 역할, 그리고 경로의존의 성질 때문에 보다 효율적인 대안으로 나아가지 못하였다고 지적한다.

서로 다른 지배구조(국유와 사유)로 넘어가는 과정을 설명하는 데 있어 거래비용만으로는 설명되지 않는다. 정치와 국가의 역할이 이러한 변화의 과정에 무언가 영향을 미쳤다. 이러한 문제를 제일 처음 제기한 사람은 노스(North, 1990a)와 더거(Dugger, 1993)인데, 이들은 신제도주의 경제학이 국가의 정책과 운영형태 등을 연구할 필요성이 있다는 점을 지적하였다.

④ 한국의 외환위기

우리나라에서도 조선후기의 양반상놈의 불평등한 인적 차등문화, 상공농사가 아닌 사농공상이라고 하는 차별적인 직업의식, 일본의 식민지배에서 학습한 관료주의 등 경제적 성과를 빈약하게 만드는 경로를 걸어 왔기 때문에 1997년 말에 와서 금융위기를 맞이하게 되었다. 공동체의식에 연연하지 않는 노동시장, 기회주의적인 성향의 금융기관과 기업 그리고 책임을 부담하지 않으려는 수많은 무임승차(free riders)의 양산, 차별적인 거래에만 집착하는 지연 · 혈연 · 학연 및 인연의 문화, 정권이 바뀌기만 하면 몰수당할지도 모르는 불확실한 재산권 등과 같은 비효율적인 제도가 경제위기를 불러왔다.

핵심용어

제도, 규칙, 불확실성 감소, 유인의 제공, 거래비용, 차별 없는 교환, 고리대금지법, 상인법, 코멘다계약, 제도변동, 신념체계, 경로의존성

확인문제

1. 제도의 두 가지 기능과 그 효과에 대해 설명하라.
2. 경제학적 관점에서 규칙의 탄생을 설명하라.
3. 중세 유럽의 성장에서 차별 없는 교환을 실현시킨 규칙과 제도를 설명하라.
4. 제도변동요인에 대해 설명하라.
5. 인간의 신념체계를 결정하는 요인에 대해 설명하라.
6. 제도변화의 과정에서 신념체계와 제도의 상호관련성에 대해 설명하라.
7. 경로의존성의 역사적 사례를 들어보라.

제4장

재산권

1. 정 의
2. 재산권의 소유형태
3. 기 능
4. 재산권의 중요성
5. 재산권 규제에 대한 논의

신제도경제학은 제도와 조직의 분석에 있어서 거래비용과 함께 재산권을 중시한다. 또한 재산권제도는 제도 중에서도 가장 핵심적인 제도이다. 정의, 기능 및 중요성 등을 차례로 살펴보자.

1. 정 의

재산권에 대한 정의는 다양하다. 몇 가지만 소개한다. 푸루보튼과 페조비치(Furuboton & Pejovich, 1972)는 재산권을 희소한 자원을 이용하는 것을 둘러싸고 각 개인의 지위를 정의해 주는 경제적 · 사회적 관계의 집합으로 정의한다. 에거트슨(Eggertsson, 1990)은 재화나 자원을 어떤 방식으로 이용할까를 결정할 수 있는 개인의 권한으로 정의한다. 박세일(2000)은 희소성 있는 경제적 재화를 둘러싼 사람들 사이의 관계에 대한 질서를 의미한다고 정의한다.

이상의 정의를 참고하여 좀 보완하여 정의한다면, 재산권이란 희소한 재화, 자원과 권리의 배타적인 이용을 위한 각 개인 간의 권리 · 의무에 관한 규칙들의 집합이다. 이러한 정의의 개념요소들을 차례로 살펴보자.

첫째, 재산권은 희소한 재화, 자원과 권리를 대상으로 한다. 인구가 매우 작은 원시시대에는 모든 자원이 공유였다. 희소성의 제약이 없었기 때문에 재산권 설정의 필요가 없었다. 인구가 증가하면서 재화나 자원의 희소성 문제가 대두하면서 재산권이 형성된 것이다. 희소한 재화와 자원 외에 권리를 포함시킨 것은 오늘날 재화나 자원 외에 각종 무체재산권, 즉 상표권, 실용신안권, 디자인권, 저작권, 특허권 등의 중요성이 높아지고 있기 때문이다. 또한 내구재의 경우 재화구입 이후 여러 가지 권리, 즉 교환권, 서비스권 등이 재화에 대한 권리로 포함되는 경우를 고려한 것이다. 또한 민법에서 거래의 대상으로 물권, 채권 등의 용어를 사용한다는 점도 고려하였다.

둘째, 배타적인 이용관계를 위한 것이다. 배타적이란 재산권의 소유자는 재산권 행사에서 타인을 배제시킬 수 있어야 한다는 의미이다. 재산권의 배타성은 재산권의 사용 및 수익을 확립하기 위해서 반드시 보장되어야 한다. 이용관계란 재산권의 내용인 사용권, 수익권 및 처분권의 세 가지 권능(권리의 구성요소)을 의미한다. 사용권이란 개인에게 허용되는 재산권의 적법한 용도가 무엇인지에 관한 규정이다. 수익권은 자산으로부터 창출되는 소득을 얻을 수 있는 권리이며, 타인에게 임대하는 권리를 포함한다. 처분권은 타인에게 양도가능하다는 것이다. 처분권은 재산권이 가장 유용한 용도로 이용될 수 있도록 함으로써 자원배분의 효율성을 촉진한다.

셋째, 재산권은 사람과 사람에 대한 관계를 위한 것이지 물(物)과 사람에 대한 관계를 위한 것이 아니라는 의미이다. 무인도에서 혼자 생활하는 경우 재산권 문제가 제기될 수 없다는 것이다. 예를 들어 특정한 토지에 대한 재산권을 생각해 보자. 토지에 대한 재산권은 누구는 토지를 사용할 수 있고 누구는 사용할 수 없는지, 토지를 이용하기 위해서는 소유주의 허락이 필요하며, 비소유주가 토지를 훼손하면 처벌 및 배상의 의무를 져야 하는 것 등을 규정한다.

넷째, 권리 · 의무에 관한 규칙들의 집합이다. 권리자는 무엇을 할 수 있는가에 관한 권리와 권리사용에 대한 비용부담의 의무를 명확히 할 수 있고 권리를 침해하는 자는 어떤 처벌을 받을 수 있는가, 비권리자는 권리자를 존중해야 되는 의무 등에 관한 규칙이다. 이때 규칙은 법률, 전통, 관습의 형식으로 존재한다. 규칙들의 집합이란 재산권도 제도로서 단일 법률이나 규칙으로만 존재하는 것이 아니라 여러 법률이나 규칙들을 포괄하는 다양한 권리의 복합체를 의미한다는 것이다.

2. 재산권의 소유형태

재산권 소유형태는 다양하게 논의되고 있지만 본서에서는 에거트슨(Eggertsson, 1990)의 소유형태에 따르기로 한다. 간단히 분류하면서 경제학의 재산권의 논의에서 미흡함이 없기 때문이다. 에거트슨은 재산권의 소유형태를 크게 네 가지로 분류한다. 사유(private ownership), 국유(state ownership), 공동체소유(혹은 공동소유, 집단소유, communal ownership), 공유(common ownership)로 분류한다.

재산권을 사유화하는 데 편익과 비용이 중요한 역할을 한다. 재산권의 편익이 클수록, 재산권 설정의 비용이 적을수록 재산권이 사유화될 가능성은 높아진다. 재산권을 사유화하는 데 편익이란 재산권의 사용 · 수익으로부터 배타적 이익을 향유하는 것을 주로 의미한다. 그러나 재산권을 사유화하여 그 권리를 행사하는 데 따르는 비용, 타인을 강압적으로 배제시키는 데 드는 비용이 너무 과다하면 사유화가 어렵다.

예를 들어 캐나다에서 비버(바다삵이) 가죽에 대한 가치가 상승하여 상업용 사냥이 늘어나면서 인디언 사회에서 비버에 대한 사유재산권제도가 형성되었다고 한다(Demsetz, 1967). 마찬가지로 철조망이 개발되어 재산권을 배타적으로 집행시키는 비용이 줄어들게 되자 서구의 토지에서 사유재산권제도가 발전하였다고 한다(Anderson & Hill, 1975). 심지어 미국의 경제제도가 각종 재산권을 정의하고 집행하는 비용과 편익을 반영한 산물이라고까지 이야기한다(David & North, 1971).

재산권은 보통 소유주 개인과 국가가 함께 강제하게 되는데 국가가 소유권의 강제에 협조하게 되면 사적으로 소유된 자산의 가치가 높아진다. 그리고 국가가 계약을 강제해야 시장교환이 이루어지는 초석이 마련된다. 재산권을 강제하는 비용은 국가가 옹호하려는 재산권의 기본구조와 사회규범이 일치하고 민간에서 그 규범을 기꺼이 수용할 때 축소한다. 사회규범의 와해는 재산권 보호비용을 크게 높여 경제에 심각한 결과를 초래한다. 국가의 법질서 유지는 경제에 있어 중요한 것이다.

배타적 소유권을 개인이 갖게 되면 재산권 소유형태는 사유, 국가가 갖게 되면 국유, 특정 공동체에서 공동체 외부사람들에게 사용권을 배제하고 공동체 내부 사람들에 대해서는 내부규칙으로 사용을 규제하는 소유양식은 공동체소유이다. 공동체소유는 원시사회에서 자주 발견되는 소유형태이다.

민법에서의 공동소유(共同所有)

집단소유 형태로 민법의 물권법에서 중요하게 다루는 것으로 공동소유의 형태에 대해서도 알아두기로 하자. 민법상의 공동소유는 에거트슨의 재산권 분류에서 공동체소유를 좀 더 세분해서 설명하는 것이다. 민법상의 공동소유는 세 가지로, 공유(共有), 합유(合有), 총유(總有)로 구분하는데 그 다수인의 주체 사이의 인적 관련관계의 정도에 따라 유형화한 것이다.

첫째, 공유는 수인이 동일물건의 소유권을 양적으로 분할하여 소유하는 공동소유의 형태이다. 공유자는 언제든지 목적물을 분할하여 단독소유로 이행할 수 있다. 분할되지 않는 동안에는 공유자는 자기의 지분의 비율로 공유물의 관리비용과 기타 의무를 부담한다. 쉬운 예로는 공동상속재산이 이에 해당한다. 주식회사의 주권도 민법상의 공유와 유사하지만 민법의 특별법으로 상법에서 자세히 규정한다.

둘째, 합유는 수인이 조합체로서 물건을 소유하는 공동소유의 형태이다. 합유자는 전원의 동의 없이는 그 지분을 처분하거나 합유물의 분할을 청구하지 못한다. 합유의 기초인 조합체가 어떤 공동목적하에 성립하는 결합체이고, 먼저 이러한 결합체가 기초가 되어 어떤 물건을 소유하게 될 때에 비로소 합유관계가 생긴다는 점에서 공유와 다르고 총유와 비슷하다. 따라서 합유는 공유와 총유와의 중간적 위치에 있는 공동소유의 형태이다. 쉬운 예로는 주택재개발조합을 들 수 있다.

셋째, 총유는 법인 아닌 사단의 사원이 집합체로서 물건을 소유하는 공동소유의 형태이다. 총유는 그 기초인 법인 아닌 사단에 있어서 구성원의 총합체가 하나의 단일적 활동체로서 단체의 체제를 갖추고 있음에 반하여, 합유자들은 단체로서의 체제를 갖추지 못한다. 따라서 합유는 단체적 단일성을 가지지 아니한 점에서 총유와 구별된다. 또 공유에 있어서는 소유권이 양적으로 수인에게 분속되지만, 총유에 있어서는 목적물의 관리 · 처분 등의 권능은 일체로서 사원의 총합체인 사단 자체에 속하고, 그 사용 · 수익 등의 권능은 각 사원에게 귀속하여 양자가 단체적 통제하에 유기적으로 결합되어 하나의 소유권을 이루고 있다는 점에서 공유와 구별된다. 종중재산이 그 예로서 적합하다.

자료 : 곽윤직(2003)

공유는 어느 개인에게도 배타적 사용권을 허용하지 않는 소유양식이다. 효율적인 관리가 어려워 황폐화되는 경향을 보인다. 하딘(Hardin, 1968)은 이를 '공유지의 비극(The tragedy of commons)' 이라 명명하였다.

공유지의 비극

전통적으로 경제학이론은 거의 시장가격에 대한 이론이었다. 하지만 경제학이 가격이론의 틀을 뛰어넘어 영역을 확장해야 하는 이유는 존재한다. 많은 이유 중의 하나가 적절한 계약과 이에 대한 이행을 담보할 수 없어 시장이 존재하지 않거나 적절하게 기능하지 않기 때문이다. 특히 자원이 공동소유이거나, 공동으로 이용되는 경우 기존의 시장가격이론은 적절한 해법을 제시하기에 한계가 있다. 천연자원의 이용과 관리, 환경 등의 관리가 그 예라 할 수 있다.

오스트롬(Elinor Ostrom, 1933~2013)이 경제학의 '거래비용' 이론으로 유명한 올리버 윌리엄슨(Oliver Williamson)과 노벨 경제학상을 공동수상하면서 첫 여성 노벨 경제학상 수상자가 탄생했다. 특히 오스트롬은 이용자 집단에 의해 지배 · 관리되는 공동자원의 이용에 대한 규칙 및 실행 메커니즘에 대한 경험적 증거를 제시한 것을 중요한 공로로 인정받았다.

어장, 초원, 초목, 호수, 지하수와 같은 많은 천연자원은 공동자원이라 불린다. 다시 말해 많은 사용자들이 이런 공동자원에 접근할 수 있다. 그런데 공동자원에 대한 공동소유는 자원의 과도한 이용을 수반하게 된다. 이는 공동자원의 모든 이용자들이 오로지 자신의 편익과 비용 기준에 의해 행동하고 다른 이용자의 편익과 비용에는 무관심하기 때문이다. 결국 공동자원은 개인의 이기적인 행동의 결과로 황폐하게 된다. 이는 '공유지의 비극(The tragedy of commons)' 이란 경제적 용어로 잘 알려져 있다.

■ 국가와 시장을 통한 이분법적 해법

1968년 생물학자 하딘(Garrett Hardin)이 발표한 동일제목의 논문은 공유의 목초지에 양들을 마음껏 뛰어놀게 한다면 결국 풀이 고갈돼 사용자 모두가 손해를 볼 것이란 비유로 유명하다. 인간과 환경의 상호작용 때 이 공유지의 비극은 언제나 발생할 수 있다.

그렇다면 해결책은 없을까? 하딘은 공동자원의 과도한 이용에 대한 해결책으로 두 가지를 들었다. 세금 · 할당 등의 정부규제나 사유화 혹은 소유권의 확립을 통해 자원의 과대이용을 막을 수 있다는 것이다.

먼저, 공유자원에 대한 정부의 직접적인 관리라는 해법이 있을 수 있다. 그러나 오스트롬은 다수 정부의 실패사례를 들어 직접적인 정부관리의 한계와 그 원인을 제시했다. 오스트롬은 아시아대륙의 내부초원을 논증사례로 들었다. 과학자들은 몽골과 몽골주변의 중국, 러시아 지역의 위성사진을 연구해 왔다. 이들 지역은 수세기 동안 가축들이 대규모로 초원의 풀을 뜯어먹던 곳이다. 또 이들 지역의 유목민들은 계절에 따라 가축들과 함께 이동한다. 몽골에선 이런 역사적인 유목생활이 1990년대 중반까지 그대로 유지돼 왔다. 인근지역인 러시아와 중국에서는 다른 관리체계로 급격하게 변했다. 이들 지역의 중앙정부는 국가소유의 집단농장을 만들어 놓고 유목민들을 영구적으로 정착시켰다. 결과적으로 이들 지역의 토지품질은 급격히 쇠퇴했다.

오스트롬은 말한다. 각지에 흩어져 있는 공유자원은 각각 다른 독특한 특성을 갖는다. 다시 말해 공유자원의 상황적 특성을 잘 파악해야만 관리를 잘할 수 있다는 얘기다. 그러나 이러한 특성에 대한 정보를 모두 정확히 획득한다는 것은 불가능에 가깝다. 이에 따라 정부의 획일적인 정책이나 규제는 상황 특수적 공유자원의 현실과 동떨어질 수밖에 없다. 그래서 정부의 정책과 규제의 획일성은 공유자원의 효율적인 관리를 떨어뜨릴 수밖에 없다고 오스트롬은 주장한다.

또 정부의 인원과 예산 문제도 추가된다. 공유자원의 효율적 관리를 위해선 무임승차 문제 등의 방지를 위한 감시와 처벌이 매우 중요하다. 하지만 이를 위해선 인원과 비용이 필요하며, 이는 예산상의 제약에 구속되기 때문이다. 더 나아가 대대로 공유자원에 대한 지역공동체들이 자치적으로 잘 관리해 오던 공유자원조차도 국유화 이후 감시소홀, 관리자의 부패 등으로 오히려 접근이 자유로운 공유재로 변질됨으로써 더욱 황폐해질 수 있음을 주장했다.

■ 민간차원 관리도 대안 될 수 있어

정부에 의한 해결이 아니면 공유자원에 대한 민간의 관리를 대안으로 생각해 볼 수 있다. 즉, 공유자원에 대한 사적 소유권의 확립으로 해결된다는 논리다. 목초지를 예로 들자면 공유자원인 목초지를 이용자들에게 고르게 나눠준다면, 목초지가 말라붙어 황폐해질 때까지 자신의 소에게 풀을 뜯게 하지 않을 것이니 문제는 해결된다는 것이다.

그러나 이러한 논거는 사유화된 공유재의 관리와 유지에 소요되는 비용을 과소평가한다고 오스트롬은 말한다. 예를 들어 목초지를 개인들에게 분양한다면, 개인들은 다른 사람의 이용을 막기 위해 우선 울타리를 치고, 도둑을 감시하는 비용을 내야 한다.

앞에서 언급한 내부초원의 예에서 1980년대 초기 집단화로 인한 토양쇠퇴를 막고자 중국정부는 집단농장을 해체하고, 내몽골시역의 초원 중 싱딩 부분을 민영화시켰다. 개별기구들은 땅에 대한 소유권을 갖게 됐다. 하지만 결과는 사람들이 유목하는 대신 주어진 토지에 영구적으로 정착함으로써 더 심한 토양쇠퇴를 낳았다.

경우에 따라서는 물이나 해양자원과 같이 정체되지 않는 자원에 대한 소유권의 확립이 무엇을 의미하는지조차 불분명한 경우도 있다. 이럴 경우 공유지의 비극 문제는 피해갈 수 없거나, 더 막대한 비용을 지불해야 할 수도 있다.

오스트롬이 주장하는 바는 요컨대, 공유자원의 관리를 위해 정부냐 시장이냐의 이분법적 논리에서 벗어나야 한다는 것이다. 노벨 경제학상 선정위원회가 오스트롬에게 노벨 경제학상 수상을 결정한 이유는 전통적인 견해, 즉 사유화나 정부의 직접 관리에 대한 주장에 대해 도전하면서, 자율적 지역공동체들에 의해 잘 관리된 성공적인 사례를 발굴 · 제시하고, 이를 이론적으로 분석한 공로를 인정했기 때문이다.

공동자원의 이용자집단에 의한 공동자원 관리가 외부자에 의한 관리보다 성공적인 것 중의 하나로 오스트롬은 네팔의 관개시스템을 예로 든다. 네팔에서는 오랫동안 물을 이용자에게 배분 · 관리하는 성공적인 지역 관개시스템을 보유하고 있었다. 당시 댐들은 매우 초보적인 수준이었으며 규모도 작았다. 그러나 외국자본의 도움을 받은 네팔 중앙정부는 콘크리트와 철근으로 현대식 댐들을 여기저기 건설했다. 기술적인 결함이 없음에도 대다수의 댐건설 프로젝트는 결국 실패로 끝났다. 왜 실패했을까? 그 이유는 견고한 댐건설이 상부 이용자들과 하부 이용자들의 단절을 초래했기 때문이다. 댐이 워낙 견고했기 때문에 이들 이용자는 수자원 유지를 위해 협력할 필요성을 느끼지 못했다. 결과적으로 경작지에서의 산출은 원래 초보적 수준의 댐만 있을 때보다 굳건한 콘크리트 댐으로 변신했을 때가 더 좋지 않게 나왔다.

■ **자율적 관리의 토대가 마련돼야**

우리나라에도 수많은 공동자원이 있다. 삼면이 바다로 둘러싸인 우리나라로선 해양자원은 무시하지 못할 공동자원이다. 오스트롬은 특히 한국발전의 원동력으로 해양자원을 지목하고 어장이나 수자원 관리 등에 주력할 것을 주문한 바도 있다. 2009년 한국을 방문한 적이 있는 오스트롬은 공유자원의 성공적인 관리를 위해선 관리를 위한 규율을 만들고 이에 사람들이 적응하도록 하고, 또 시간이 지나면 바꿀 수 있어야 한다고 주장했다. 또 공유자원을 둘러싼 분쟁을 해결할 능력을 배양해야 한다고 강조하기도 했다.

해양자원 외에 환경이나 하천 등도 우리에겐 매우 중요한 공동자원이다. 환경문제에 대한 그의 견해는 기후변화를 막기 위한 합의를 이끌어 내는 것도 중요하지만, 더 중요한 것은 전 세계인의 지역적 단위에서의 환경보호를 위한 자발적 노력이 가장 빠르고 효율적인 방법임을 강조한다.

하천문제에 있어서 정부에서 추진 중인 '4대강 살리기' 사업 또한 오스트롬류의 입장에서 비판의 목소리가 있는 것도 사실이다. 하천과 같은 공유자원은 인근 지역공동체의 주민들이 자율적으로 관리하게 하는 것이 최선이지만, 정부에 의한 획일적이고 전국적인 사업은 자칫 공동체의 특수성을 무시함으로써 오히려 공유자원을 망치는 결과를 낳지 않을까 하는 우려가 그것이다. 물론 오스트롬은 이용자집단에 의한 관리가 언제나 효율적이라고 주장하진 않는다. 그의 연구가 주는 교훈은 공동자원이 종종 오랜 기간 진화돼 온 규칙과 절차에 기반을 둘 때 잘 관리된다는 사실이다. 규칙과 절차를 점진적으로 개선하는 과정에서 구성원들 사이의 신뢰가 높아지면서 성공적으로 공유자원의 관리를 담보할 수 있는 '사회적 자본'이 조성된다는 점 또한 그의 연구가 주는 교훈이 아닌가 한다.

자료 : 안기정, 서울시정개발연구원 부연구위원, 이코노미조선 2013년 8월호

국유는 경제체제에 따라 상이한 의미를 갖는다. 민주국가에서 국유는 공유의 특징을 갖는다. 국가구성원 개인의 목적과 공유자산의 목적이 일치하지 않는 경향으로 공유자산관리에서도 대리인문제가 발생하는 것이다. 국유자산은 개인이 지분을 규

정하여 마음대로 처분할 권리를 갖지 못한다. 독재국가에서는 국가경제가 거대기업을 닮았기 때문에 국가소유가 사유제도와 유사한 성격을 갖는다. 그러나 심각한 대리인문제를 야기한다는 것은 잘 알려져 있다.

국유의 비효율성은 공산권의 몰락으로 잘 입증되었다. 국유에서는 생산적인 자산의 가치를 평가하는 데 상대적으로 아주 큰 거래비용이 든다. 수백만 가계의 선호에 기초해서 그것을 평가하려고 하는 경우에는 특히 더 그러하다.

사회주의 경제계산 논쟁

사상 최초의 사회주의 국가인 소련이 성립되고 나서 곧바로 1920년대부터 1930년대에 걸쳐 '사회주의 경제계산 논쟁'이 있었다. 이것은 사회주의 체제하의 경제가 과연 경제학적 합리성을 갖는가라는 문제를 둘러싸고 자유주의 입장에 선 그룹과 사회주의 입장에 선 그룹 사이에 오고 갔던 일련의 논쟁이었다.

가장 핵심적 쟁점은 경쟁적 시장가격이 존재하지 않는 상황에서 각종 자원의 합리적인 배분이 가능한가라는 문제였다. 1920년 "사회주의 공동체의 경제계산"이라는 논문을 발표해서 논쟁의 도화선에 불을 댕긴 사람은 오스트리아의 경제학자 폰 미제스(Ludwig von Mises)였다. 그는 생산수단이 공유화되면 생산재를 교환할 시장이 없어지므로 생산재 가격이 수급균형점에서 객관적으로 결정되기 어렵다고 했다. 따라서 자원배분이 자의적으로 될 수밖에 없기에 사회주의 경제란 논리적으로 성립 불가능하다고 주상했다.

그러나 사회주의 입장에 섰던 경제학자들은 중앙계획당국이 시장경제의 일반균형론 체계를 원용해 연립방정식을 풀어감으로써 생산수단을 공유하는 사회주의 경제에서도 다양한 재화와 서비스 가격을 합리적으로 구할 수 있다고 주장했다.

폰 미제스의 제자인 하이에크(Friedrich Hayek)는 1935년에 펴낸 「집산주의 계획경제의 이론」이라는 책에서 그때까지의 논쟁을 정리했다. 그는 두 주장을 비교하면서, 사회주의 경제의 이론적 성립 가능성이라는 논점에 관해서는 사회주의 입장에 선 그룹의 분석이 더 설득력이 있다고 인정했다. 그러나 현실의 사회주의 경제에서는 막대한 양의 통계자료와 연립방정식이 필요하며, 이것을 푸는 것이 실제로는 불가능하기 때문에 사회주의 경제가 실행 불가능하다고 주장했다.

그 후 랑에(Oscar Richard Lange)는 분권적 사회주의 모델을 이용해서 사회주의 경제의 현실적 실행 가능성을 제시했다. 랑에는 중앙계획당국이 모든 가격을 결정하는 대신 시장의 가격형성 메커니즘을 적절히 받아들임으로써 사회주의 경제에서도 시행착오를 통해서 균형가격체계를 달성할 수 있다고 주장했다. 실제로 제2차 세계대전 이후 성립한 동유럽 여러 나라 중에 헝가리는 자영농민을 비롯한 소생산자들이 시장에서 상품을 팔 수 있도록 허용했으며, 소련에서는 1960년대에 시장거래를 본뜬 이윤 개념을 도입했다.

생산적인 자산을 위한 시장이 존재하는 것이야말로 자본주의 경제, 즉 사유재산에 기초한 시장교환의 중요한 특징이다. 생산적 자산의 시장가격은 그 자산을 현재 생산에 사용하거나 잠재적 미래에 사용하는 데 수반하는 기회비용을 나타낸다. 그런 중요한 정보를 시장제도는 다른 제도에서보다 훨씬 싼 비용으로 제공해 준다.

김일중(1995)은 재산권을 특정개인에게 부여하지 않는 것은 정치적 협상에서 비롯된다고 하였다. 재산권의 배정이나 규제는 소득분배에 중요하기 때문에 경제주체들 간의 갈등을 야기할 수 있으므로 집단이나 국가에 귀속시키는 방법을 자주 사용하게 된다고 한다. 그 예로 지역 및 단체 재산권으로 지방지하철, 종중재산, 지역공원, 지역도로 등을, 국가재산권으로 철도, 항만, 공항, 전파 등을 예로 들고 있다.

3. 기 능

1) 불확실성 감소(예측가능성 증대)

모든 규칙에 공통적인 기능이다. 재산권의 권리 · 의무에 대한 규정은 인간의 무절제한 욕망을 단절 내지 절제시킴으로써 인간행동으로 인한 불확실성, 즉 기회주의, 비윤리성, 반규범성 등을 줄여 거래비용을 낮춘다. 또한 재산권은 인간행동의 상호작용을 위한 제약으로서 인간과 사회에 대한 예측가능성을 높여 인간의 구조적 무지(Hayek)나, 제한된 합리성(Simon)으로 인한 인지능력, 인식능력을 보완한다.

2) 유인의 제공

재산권으로 인해 불확실성이 감소하고 예측가능성을 높이는 것 자체가 인간행동의 동기를 제공한다. 무엇을 할 수 있는가와 무엇을 했을 때 그 결과를 명확히 인식할수록 인간행동의 범위는 확대되는 것이다. 즉, 재산권은 인간행동의 동기를 제공한다는 것이다. 재산권의 불확실성 감소와 유인의 제공 기능은 앞서 제3장에서 설명한 제도의 기능과 같이 생각할 수 있을 것이다.

3) 외부효과의 내부화

외부효과(externality)의 내부화는 재산권 기능으로서 불확실성 감소기능을 넓게 본다면 이에 포함되는 것이다. 외부효과가 내부화됨으로써 권리관계가 명확해져 분쟁을 줄여주는 것이므로 불확실성의 감소기능으로 볼 수 있다. 그러나 대부분의 재산권 논의에서 재산권의 기능 내지 중요성으로 설명하고 있으므로 따로 소개하는 것이다.

우선 외부효과의 내부화에 대해 확인하자. 재산권을 행사하면 행사자 외의 어떤 사람에게 이득을 주기도 하고 손해를 끼치기도 하므로 재산권과 외부효과 사이에는 특별한 관계가 생긴다. 여기서 외부효과란 한 사람의 행동으로 다른 사람이 이득을 보거나 손해를 보는 영향이 일어나는 것을 말한다. 그러한 영향을 내부화한다는 것은 재산권이 새로 생성되거나 변하여 모든 관련 있는 자들이 외부효과의 효용·비효용의 대가를 스스로 부담하는 것을 뜻한다. 즉, 외부효과의 내부화는 재산권이 새로 설정되거나 변하여 가능해진다.

외부효과의 내부화의 기능은 코즈의 "사회적 비용의 문제(The Problem of Social Costs, 1960)", 이 논문에서 소개하고 있다. 재산권의 설정으로 외부효과를 내부화하여 외부효과로 인한 비용이나 부작용을 없애는 것은 사회적 효율을 달성하는 것이고 재산권 설정이 미흡하거나 재산권의 설정이 없을 때 사회적 최적을 달성 못하는 것은 사회적 비용을 야기한다고 한다. 이 논문에서 코즈정리(Coase theorem)를 이용하여 거래비용과 재산권의 중요성을 입증하였다.

코즈정리란 거래비용이 0인 경우, 재산권이 누구에 분배되는지에 상관없이 자발적 교환으로 자원배분의 효율은 달성된다. 그러나 현실세계에서 거래비용이 존재하기 때문에 재산권 분배는 자원배분의 효율성에 중요하다는 함의를 가진다. 재산권 분배는 정부나 법원의 역할이므로 정부나 법이 경제적 효율성에 중대한 영향을 미친다는 것이다.

예를 들어(박세일, 2000) 설명하면, 공장이 인근 주민(50명)에게 대기오염으로 피해를 입히는데 그 피해액이 연간 100만원이고 공장에 공해방지시설을 설치하는 비용이 70만원이라고 가정한다. 이런 경우 사회적 최적은 공해방지시설의 설치(70만원)로 공해의 피해(100만원)를 없애는 것이다.

거래비용이 0인 경우 대기에 대한 권리를 공장에 부여하든 주민에 부여하든 공장과 주민은 자발적 협상으로 사회적 최적을 달성한다. 즉, 공해방지시설의 설치(70만원)로 공해의 피해(100만원)를 없애는 것이 가능해진다. 대기에 대한 권리를 주민에 부여한 경우, 공장은 피해액 100만원을 배상해야 하므로 70만원의 비용으로 공해방지시설을 설치하여 연 30만원의 이익을 보는 편을 선택할 것이다. 반면 대기에 대한 권리를 공장에 부여한 경우 주민들은 연 100만원의 피해를 감수하는 것보다 70만원으로 공해방지시설을 설치하여 30만원의 이익을 보는 편이 좋을 것이다. 따라서 누구에게 대기에 대한 권리를 부여해도 공해방지시설이 설치되어 매연으로 인한 주민들의 피해를 없애주어 사회적 효율은 달성된다.

그러나 이상의 내용은 거래비용이 0인 경우를 전제로 논의한 것이다. 주민들 간의 집단적 의사결정과 주민과 공장 간의 협상비용(금전적 · 시간적 비용)이 전혀 없다는 가정하에서 누구에게 재산권을 부여해도 공해방지시설이 설치되어 매연으로 인한 주민들의 피해를 없애주는 사회적 효율이 달성된다는 것이다.

반면 거래비용이 0이 아닌 경우, 주민들 간의 집단적 의사결정과 주민과 공장 간의 협상비용(금전적 · 시간적 비용)이 존재하는 것으로 논의를 하면, 재산권이 누구에 분배되는지에 따라 자원배분의 효율성은 달라진다. 대기에 대한 권리를 주민에 부여한 경우, 공장은 피해액 100만원을 배상해야 하므로 70만원의 비용으로 공해방지시설을 설치하는 것이 효율적이다. 공장이 공해방지시설을 설치하는 경우에는 공장의 단독결정이므로 거래비용이 불필요하여 거래비용이 0인 경우와 유사하다. 반면 대기에 대한 권리를 공장에 부여한 경우, 주민들이 공해방지시설을 설치하려면 설치비용 외에 주민들 간의 집단적 의사결정과 주민과 공장 간의 협상비용이 필요하다. 이러한 거래비용이 40만원이라면, 주민들이 공해방지시설을 설치하는 경우 110만원의 비용이 필요하다. 그러므로 주민들은 매연으로 인한 피해, 100만원을 감수하는 편을 택할 것이다. 사회적 최적인 공해방지시설의 설치로 공해의 피해(100만원)를 없애는 것이 불가능해진다. 따라서 재산권 설정에 대한 중요한 지침을 얻을 수 있다.

코즈정리를 통해 재산권 설정에 대한 원칙은 거래비용의 발생을 줄이는 방향으로, 재산권에 대해 가장 높은 가격을 지불하면서 구입하려는 당사자에게 분배되어야 한다는 함의를 얻을 수 있다. 위 예에서 대기에 대한 재산권을 주민에게 부여한 경우 사회적 최적을 달성하는 과정에서 거래비용이 발생하지 않는다. 또한 대기에 대한 가격을 공장은 최대 70만원으로 구입하려고 하지만 주민들은 110만원으로도 구입하려고 할 것이다. 대기에 대한 권리는 주민들에게 부여해야 사회적으로 효율적이 된다.

따라서 재산권 설정은 외부효과를 내부화하여 경제적 효율성 달성에 대단히 중요하다는 것을 알 수 있다. 재산권 설정은 정부 혹은 법원의 관할이므로 정부 혹은 법이 경제를 조정하는 역할을 하게 된다는 것이다.

4. 재산권의 중요성

1) 사회관계 및 사회질서의 근간

재산권도 제도의 일종이므로 재산권제도로 인해 인간의 상호작용을 원활히 함으로써 인간관계, 사회관계 및 사회질서 형성에 중요할 것이다. 재산권으로 인한 재산권의 소유자와 비소유자 간의 관계는 중요한 사회규범으로 소득분배 및 사회·경제적 구조를 결정하는 데 중요요인이다.

2) 시장경제의 전제

시장경제가 활성화되기 위해서는 재산권의 설정 및 보호가 선행되어야 한다. 재산권은 사람들의 합리적인 기대와 예상을 가능하게 하여 타인과의 경제적 거래를 가능하게 한다. 무질서와 폭력이 지배하는 아프리카, 남미지역과, 법과 제도가 공정히 집행되지 못하는 후진국 등에서 시장경제가 발달하지 못하는 핵심적인 요인이 재산권의 설정 및 보호가 미흡하기 때문일 것이다.

3) 자원배분의 효율

재산권으로 자원배분의 효율이 촉진되는 것은 재산권의 배타적인 이용관계로부터 기인한다. 재산권의 권능 중 사용권과 수익권의 확립을 위해서는 무엇보다도 재산권의 배타성이 보장되어야 한다. 재산권의 설정은 재산권의 소유자가 이득을 취할 수 있고 그로부터 비용을 부담하여야 되는 것을 규정하는 것이다. 즉, 편익의 측면에서는 소유한 자산으로부터 발생하는 편익의 향유에서 타인을 배제하는 것이고, 비용의 측면에서는 비용을 타인에게 부당하게 전가하는 가능성을 배제하는 데 있다. 이런 의미에서 재산권은 외부효과를 내부화시킨다. 외부효과는 자원이 사회적 순편익을 극대화하게끔 배분될 수 없도록 하는 요인이 된다. 긍정적 외부효과의 경우 사적 한계편익이 사회적 한계편익보다 작아 사회적 최적생산에 비해 과소 생산되는 경향이 있고, 부정적 외부효과를 발생시키는 경제활동에는 사적 한계비용이 사회적 한계비용보다 작아 사회적 최적생산에 비해 과잉 생산되는 경향이 있다. 따라서 자원배분의 비효율을 초래한다.

재산권의 배타성은 사적 편익과 사회적 편익을 일치시키거나, 사적 비용과 사회적 비용을 일치시켜 사회적 최적을 실현한다. 재산권의 설정 및 사유화는 외부효과를 제도적으로 차단하여 시장경제의 이점인 자원배분의 효율성을 추구할 수 있게 한다.

재산권의 세 번째 권능인 처분권은 자원이 가장 유용한 용도로 이용될 수 있게 하여 자원배분의 효율을 촉진하다. 역사적으로 유고슬라비아 사회주의 지주관리제도

그림 4-1 긍정적 외부효과와 부정적 외부효과

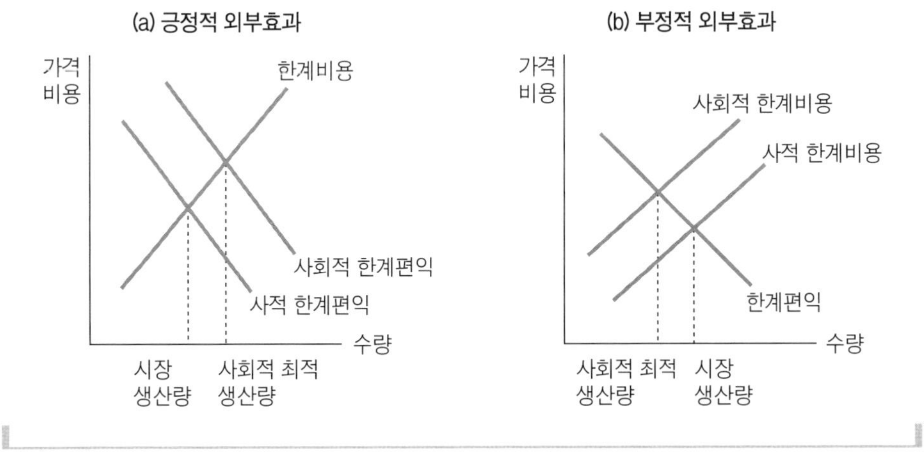

하에서의 근로자들의 재산권이 좋은 예이다. 사회주의 지주관리제도란 노동자들이 소유자이자 주주가 되는 기업을 의미한다. 사용권과 수익권은 있었으나 정부의 규제로 제한을 받았으며 지분에 대한 처분권은 없었다. 따라서 사용과 수익에서 비효율을 초래하였으며, 더 높은 가치를 창출할 수 있는 경제주체에게 이전이 보장되지 못했으므로 이런 기업이 성공할 수 없었던 것이다. 또한 코즈정리에 의하면 분할된 재산권의 경우에도, 구분소유자들에게 처분권이 자유롭다면 가장 높은 가치를 창출하는 소유자에게로 재산권이 이전하여 사회적 부를 높일 것이라는 것을 추측할 수 있다. 예를 들면, 건물의 층마다 소유주가 다른 구분소유의 경우, 어느 층의 소유주가 특별히 높은 부가가치를 창출하고 있다고 가정하자. 이 소유주는 사업확장을 위해 다른 층의 소유주에게 현재가격보다 높은 가격을 제시하며 매각을 의뢰할 것이다. 매각을 의뢰받은 소유주는 합리적이라면 현재가격보다 높은 가격에 매각을 결정할 것이다. 이런 과정이 계속된다면 한 건물은 소유권의 이전현상이 계속되어 단일한 소유주에게 건물의 소유권이 귀속될 가능성이 높아진다. 최종소유권자는 현재가격 이상을 지불하여 매입해도 그 이상의 부가가치를 창출할 수 있으므로 건물의 가치를 가장 높이는 소유자일 것이다.

김일중(2011)은 재산권이 확립되면 경제주체들의 각종 행위들이 효율적인 방향으로 결정된다고 한다. 즉, 경제주체들의 근로하려는 유인, 희소자원을 보수 유지하려는 유인, 상호 유익한 방향으로 교환하려는 유인을 높인다는 차원에서 재산권의 확립은 정당성을 지닌다. 또한 재산권을 확립하면, 불필요한 소유권 다툼이나 무작위한 침범에 대비하는 비효율적인 투자를 피할 수 있으며, 위험회피적인 경제주체들로 하여금 다양한 위험으로부터 스스로를 보호할 수 있는 장치들(예: 보험 및 각종 위험분담계약)을 마련하는 것을 가능하게 한다. 요컨대, 재산권이 확립되면 사회 최적의 경제효율성을 달성할 가능성이 커진다고 한다.

4) 경제성장의 계기

앞에서 제도의 불확실성 감소와 유인의 제공 기능으로 경제성장 및 경제발전을 이룬다는 내용은 이미 논의하였다. 재산권도 불확실성 감소와 유인의 제공 기능을 하므로 경제성장 및 경제발전에서 중요함은 당연할 것이다. 추가적으로 재산권의 배타성과 경제성장에 대한 견해를 소개하기로 하자.

노스와 토마스(North & Thomas, 1977)는 재산권의 배타성이 존재함으로써 재산권의 효율적인 활용을 위한 연구개발로 기술혁신의 결과를 야기하므로 배타적인 재산권의 출현이 경제성장의 시작이었다고 한다. 토지이용의 효율화를 위한 연구개발이 농업혁명의 원천으로 작용하였는데, 이를 1차 경제혁명이라 하였다.

노스와 토마스(North & Thomas, 1977)는 수렵채집사회에서 정착농경사회로의 이행과정에서 배타적 권리로서의 재산권이 등장하는데 그 이행을 야기시킨 요인은 인구증가의 압력이었다고 주장한다. 인구증가에 따라 동식물자원의 상대적 희소성이 커지면서 자연자원에 대한 채집과 사냥의 생산성을 저하시킨 것이다. 그렇게 되자 알맞은 지역에 정착해 농경생활에 들어가는 것이 유리하다는 것을 깨닫게 되었다. 정착농경사회는 여러 무리들이 연합해 하나의 공동체를 구성하고 각각의 무리가 토지를 공동으로 소유하는 배타적 공동체 재산에 기초해 구성된 사회이다. 공유의 시대인 수렵채집사회에 비해 배타적 재산권이 존재하는 경우 보다 우월한 기술과 지식을 찾아내려는 유인이 존재한다. 재산권의 소유주가 그로부터 발생하는 이득을 누리기 때문이다. 이러한 유인의 변화를 가지고 인류가 원시적 수렵채집의 오랜 시기(100만년) 동안에는 아주 느린 속도로 발전했던 것과는 대조적으로, 1만년 전부터 급속히 발전하기 시작했던 이유를 설명할 수 있다(Eggertsson, 1990).

노스(North, 1981) 역시 산업혁명을 가능하게 했던 기술이나 지식을 결정하는 것은 무엇인가라는 질문을 던지면서 신기술개발의 유인을 제공하는 개인 재산권의 발달을 핵심요소로 제시하였고, 근대 이후 기술개발과 사적 수익률을 높이는 재산권이나 법의 발전을 중요시하였다. 19세기 후반의 획기적인(fundamental) 발전을 2차 경제혁명(the second economic revolution)이라 하였다.

5) 국가출현의 계기

국가출현 이전에 재산권의 보호를 각 개인이 자기 자원을 투입해서 하는 경우에 비해 국가가 각 개인의 재산권 설정 및 집행에 조력하여 보다 효율적인 재산권의 설정 및 집행이 가능해진다. 국가의 국방, 치안, 사법 서비스에서 규모의 경제가 작용하는 것이다. 각 개인은 효율적인 생명권 · 재산권 보호를 위해 국가를 필요로 하고, 개인 생명과 재산권 보호의 전문가가 등장하며, 이러한 전문가와 각 개인 간의 계약으로 국가의 기원을 설명하는 이론을 사회계약설이라 한다(제6장에서 후술). 재산권과 국가 및 사회에 대해 에거트슨(Eggertsson, 1990)은 다음과 같이 설명한다.

> 어느 사회이든 개인의 재산권은 태어나면서 저절로 주어지는 권한이 아니라 사회규범이나 예의범절 또는 위반자를 사회로부터 추방시킬 수 있는 힘에 의해 주어지는 권한이며 위반자를 벌하는 국가적 폭력의 뒷받침을 받는 법률로 정식화되어 있기 때문에 주어지는 권한이다. 사유재산권에 대한 여러 제한조치들도 사회적 추방이나 예의범절이라는 강제력을 내포하고 있다. 소음의 정도라든가 우리가 입는 옷의 종류, 이웃에 대한 주거침입은 경찰력의 지원을 받는 법률로만 엄하게 제한하는 것이 아니라 사회적 용인 및 상호주의에 의해 엄하게 제한되고 있으며 위반자들에 대해서는 사회가 자발적으로 추방하기도 한다.

아담 스미스 역시 국가의 출현을 재산권에 대한 침해를 방지하려는 목적으로 파악한다.

> 수년에 걸치거나 또는 수세대에 걸친 노동에 의해 획득된 귀중한 재산의 소유자가 하룻밤이라도 안전하게 잘 수 있는 것은 공권력의 보호 아래에서만 가능하다. … 따라서 귀중하고 방대한 재산

의 축척이 이루어지면 필연적으로 국가통치(civil government)의 수립이 요구된다(Smith, 1776). 또한 사회발전과 더불어 재산권제도도 증가한다. 사회가 발전하고 주민의 생계를 해결할 수 있는 방법이 많아질수록 정의를 유지하고 재산권의 침해를 막는 데 필요한 법과 규정들의 수도 그만큼 늘어날 것이다(Smith, 1978; 김광수, 2003).

6) 자유확보의 수단

가트니(James Gwartney)는 사유재산권이 주어지면 사회는 안정과 조화를 이룩한다. … 사유재산권이야말로 인간의 자유를 구축하는 터전이 되고, 서양문명의 지적 원천이라고 하였다(유동운, 2005). 부캐넌(Buchanan, 1993)은 재산권이 확보되어 있으면 정치적인 권력이나 다수에 의한 집단행동으로부터도 개인의 자유가 침해되는 것을 최소화할 수 있다고 한다(김일중, 1995).

5. 재산권 규제에 대한 논의[01]

코즈정리에 의하면 거래비용이 없는 세계에서는 어떠한 재산권 배분도 재산권 거래를 통해 사회적 효율을 달성한다. 그러나 현실세계에서는 거래비용이 존재하기 때문에 재산권이 어떻게 배분되는가는 중요하다. 정부의 규제는 재산권을 재분배하므로 정부의 시장개입 및 규제는 소득 재분배 및 경제효율성 측면에서 중요한 것이다. 그러나 시장의 효율성에 대한 신뢰가 높다면 정부의 개입 없이도 민간경제주체는 부(wealth) 극대화를 추구하여 개인 재산권의 극대화를 추구하며, 거래비용을 낮추는 계약구조 및 재산권 배분을 발전시키고 효율적인 시장 및 기업관행을 형성하여 국가 전체적으로 바람직한 결과를 야기할 것이다. 신제도경제학의 재산권 규제에 대한 논

01 재산권 규제에 대한 논의는 김일중(1995), Eggertsson(1990)을 참조하여 요약하였다.

의는 대체로 자유주의, 시장에 대한 신뢰를 바탕으로 정부규제는 규제목적을 달성하기도 어렵고 규제로 인해 재산권 활용의 효율성을 낮추며 규제로 인해 거래비용을 증가시켜 규제의 성과를 낮추어 버린다는 논의가 대부분이다. 현재의 재산권 분배상태에서 정부규제로 파레토 개선이 어렵다는 것이다.

이러한 재산권 규제에 대한 논의는 대부분의 경제학원론에서 소개하고 있으므로 경제학원론을 이미 배웠다면 알고 있는 내용일 것이다. 경제학원론에서는 수요와 공급의 균형에서 시장가격과 시장공급량이 결정되면 소비자 잉여(consumer surplus)와 생산자 잉여(producer surplus)를 합한 사회적 잉여(social surplus)가 최대가 된다. 이때 규제는 소비자 잉여와 생산자 잉여의 변화와 사중손실(deadweight loss)을 초래하므로, 결국 규제는 사회적 잉여를 감소시킨다고 설명하고 있다.

이러한 연구의 동향을 잘 대변해 주는 것으로, 청(Cheung, 1974)은 정부규제는 재산권의 재설정을 의미하며, 이는 소득재분배를 초래한다는 점을 고려하여야 한다고 하였다. 정부규제가 성공하려면 두 가지 조건이 필요한데, 첫째 정부규제로 소득손실을 보는 경제주체의 손실이 이득을 보는 경제주체에게 배타적으로 명확히 이전되어야 하며, 둘째 정부규제를 집행하는 비용이 들지 않거나 피규제자 측에서 규제대상 재산에 대한 사용방법을 바꾸는 등 정부규제에 대한 대응전략의 비용이 없어야 한다는 것이다. 이 견해에 의하면 현실에서 정부규제로 재산권이 재분배되면 규제로 획득되는 소득은 규제로 상실되는 소득에 비해 작은 경향이 있으며 정부규제를 집행하는 비용과 정부규제에 대한 경제주체들의 대응전략에 비용을 초래한다는 것이다.

청(Cheung)은 주택임차를 예를 들어 설명한다. 주택월세가 100만원일 때 정부가 60만원으로 규제한다고 하자. 시장가격이 100만원인데 최고가격을 60만원으로 설정하는 것과 유사하다. 주택임대시장은 초과수요에 직면한다. 임대주택공급은 감소하며 수요자들은 경쟁에 돌입한다. 암시장이 발생하여 실제 가격은 규제가격보다 높게 형성될 것이고, 주택공급자는 가격하락으로 임대주택관리를 소홀히 하여 임대주택의 질은 떨어질 것이다. 이러한 상황에서 임대자의 소득 상실분 40만원이 임차인의 소득 40만원 증가로 귀결되지 않는 것은 분명하고, 가격규제에 대응하여 암시장이 발생한다는 것은 새로운 계약관행이 생기는 것이며, 정부가 가격을 규제하기 위해 엄격한 감시가 필요하므로 규제집행비용도 상당할 것이다.

유사한 견해로 바젤(Barzel, 1989)은 재산권의 규제로 재산권이 완벽하게 확립되지 못할 때 예외 없이 발생하는 현상에 대해 한 명제를 제시하고 있다. 즉, 경제재화의 소유권이 공공영역 또는 공역(public domain)에 속할 확률이 높아진다는 것이다(후술). 이는 모든 사람들이 공역의 재산권을 먼저 확보하려고 애쓰는 상황이 전개될 것임을 의미한다. 당연히 새로운 거래비용을 유발할 것이다. 공역으로 들어온 재산권이 어떻게 경쟁자들 간에 포획되며 그 과정에서 규제받는 재산권이 얼마나 안정적으로 존속할 것인가 등에 대한 예측능력이야말로 정부규제정책의 성공 여부를 결정하는 첫째 요소일 것이다. 공역으로 들어온 재화에 대한 재산권을 확립하는 방법 중의 하나로 대기배급(rationing by waiting)을 제시하면서 실제 미국에서 1970년대 초반에 시행되었던 휘발유 가격통제를 예를 들어 설명한다. 유가를 통제했을 때도 역시 휘발유의 질이 저하되고 여러 가지 거래비용을 높이는 시장관행을 만들어 냈다는 것이다.

가격통제가 실패하는 중요한 원인으로, 규제는 경제재화의 소유권이 공짜소득, 즉 공공영역 또는 공역(public domain)에 속할 확률이 높아지며 상품의 다양한 차원의 특성으로 설명한다. 차례로 살펴보자. 공짜소득의 존재는 그림으로 설명한다.

아래 그림에서 시장가격은 P_e, 시장공급량은 Q_e인 상황에서 최고가격제가 실시되면 공급이 Q_s로 줄고 가격은 P_c로 거래되도록 강제하는 것이다. 소비자는 Q_s의 수량

그림 4-2 최고가격제

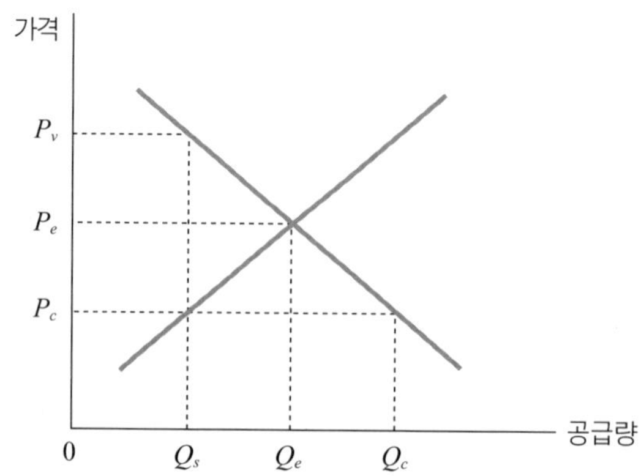

에 대해 P_v 가격을 지불할 의사가 있다. P_v 가격을 지불할 의사가 있는데 P_c 가격으로 구입한다면 소비자는 P_v와 P_c의 차액만큼 공짜소득이 되는 것이다. 이를 규제로 인한 비배타적 수익(non-exclusive income)의 발생 혹은 공역(public domain)의 생성이라 한다. 화폐금액으로는 $0Q_s \times P_vP_c$로, 규제가 엄격히 실현된다면 소비자에게 귀속되어야 한다. 그러나 이러한 소득은 소비자에게 귀속되지 않는 경향이 있다. 비배타적 수익 혹은 공역을 쟁취하려는 경제주체들은 비용을 들여 경쟁을 한다. 암시장이 발생하면 공짜소득을 암시장의 수요자와 공급자가 나눠 갖게 된다. P_c 가격에서는 초과수요 상황이므로 대기배급으로 분배하는 경우 재화를 얻기 위한 대기시간은 재화구입을 위한 기회비용이므로 공짜소득을 얻기 위해 비용을 지불하는 것이다. 비용이 든다는 것은 공짜소득이 작아진다는 것이며 이를 청(Cheung)은 비배타적 소득의 소실(dissipation of non-exclusive income)이라 하였다. 즉, 수요자에게 귀속될 소득이 수요자의 암시장 이용비용, 대기비용 같은 거래비용으로 지출되거나 공급자에게 소득이 이전된다는 의미이다.

정부규제 실패의 또 다른 요인은 상품은 다양한 차원을 가지고 있다는 것이다. 상품은 단일한 상품 그 자체에 대한 권리가 아니라 다양한 권리에 대한 복합체이다. 휘발유를 예로 들면 소비자는 가격만을 고려하여 소비하는 것은 아니라는 점이다. 주유서비스, 주유소 마일리지, 주유소의 위치, 세차서비스, 차별화된 옥탄가 등의 여러 가지를 고려하여 소비한다. 이 모든 것을 정부는 규제하기 어렵다. 가격규제는 다른 요인들을 조정하여 대응한다는 것이다. 가격규제를 받는 주유소는 원래가격에서 세차서비스를 제공하던 것을 중지하거나 옥탄가를 낮춘 휘발유만 판매하거나 등으로 소비자의 효용을 낮추게 된다.

사유재산제도와 재산상속제도

이 두 제도는 자본주의를 구성하는 두 기둥이라고 할 수 있다. 그러나 이 두 가지의 기둥이 자본주의 발전에 항상 긍정적인 기능을 한다고 볼 수는 없다. 사유재산권이 사람을 도덕적으로, 근면하게 만들기도 하지만 그 반대의 사람을 만들기도 한다. 이러한 부정적 작용으로 공산주의를 신봉하게 되어 공산주의가 탄생하였다. 이후 공산주의와 자본주의의 체제경쟁 양상을 보이다가 공산주의 몰락 이후 사유재산제도를 찬양하는 것은 당연시되었다. 본서에서도 재산권의 기능과 중요성을 충분히 설명하였다.

그러나 자본주의의 두 기능 중 재산상속제도에 대해서는 그 타당성에 대한 논쟁이 미약한 편이다. 과연 재산상속제도도 자본주의 발전에 긍정적인 기능을 하는가? 이 문제 역시 모든 사람이 긍정적으로 보지 않는 것은 분명하다. 상속세율을 낮추어야 한다며 재산상속의 타당성을 강화하려는 경향이 있는 반면, 상속세율 인상에 대해 찬성하거나 기부문화운동에 적극적인, 재산상속제도를 부정적으로 보는 경향도 존재한다. 앞으로 충분한 논의가 필요할 것이다.

핵심용어

재산권, 공유지의 비극, 외부효과 내부화, 코즈정리, 재산권 규제, 비배타적 소득의 소실, 상품의 다차원성

확인문제

1. 재산권의 정의와 개념요소에 대해 설명하라.
2. 재산권의 중요성에 대해 설명하라.
3. 코즈정리와 정책적 시사점을 설명하라.
4. 재산권의 설정은 자원배분의 효율을 달성하는 이유를 설명하라.
5. 재산권 규제는 반드시 공역이 발생하는 이유를 설명하라.
6. 재산권 규제가 실패하는 요인에 대해 설명하라.

제5장

인간본성, 거래비용과 제도

1. 서 론
2. 인간본성
3. 인간본성과 거래비용
4. 인간본성과 제도
5. 소 결

1. 서 론

사회질서를 형성하는 것은 인간이고, 사회질서형성의 원리를 탐구하는 것이 사회과학이다. 따라서 사회과학에서는 인간본성에 대한 통찰이 중요하다. 즉, 인간과 사회문제에 대한 총체적 파악의 관점이 필요하다. 근대경제학의 개척자인 아담 스미스(Adam Smith, 1723~1790) 역시 사회현상을 인간성의 원리에 호소해서 설명하려 하였다. 특히 인간본성에서 근대사회질서의 원리를 찾으려고 하였다. 경제학이 사회과학으로서 경제질서 형성원리를 탐구하는 학문이라면 당연히 경제학자는 인간본성에 대한 통찰력이 필요하다. 그럼에도 불구하고 오늘날 주류경제학은 인간에 대한 비현실적인 가정, 합리성의 가정하에 수리 및 계량화로 진화하고 있다.

한편, 합리성가정을 폐기하고 인간에 대한 제한된 합리성을 수용하며 경제학을 새롭게 발전시키고자 하는 경제학도 등장하여 발전하고 있다. 대표적인 예가 신제도경제학이다. 그러나 합리성이 제한된 원인에 대해서는 논의가 없다. 경제학의 영역이 아닌 철학적 영역으로 인식되기 때문일 것이다. 사회과학이 인간본성에 대한 통찰이 필요하다면 사회과학자는 왜 인간의 합리성이 제한되는가, 사람마다 합리성이 제한되는 정도의 차이는 무엇인가에 대한 관심을 가질 필요가 있을 것이다. 이러한 차이가 사회과학에서 어떤 중요한 의미를 지니게 되는가는 사회과학을 이해하는 데 있어 대단히 중요한 요인이다. 사회를 만들고 유지하는 것은 인간이기 때문이다. 주류경제학의 사상적인 측면에서 가장 크게 영향을 미친 두 거장, 아담 스미스와 하이에크(Fridrich Von Hayek, 1899~1992)도 역시 인간과 사회질서를 통합적으로 파악하려고 하였다.

아담 스미스는 근대경제학의 대부로서 시장경제의 효율성을 알려주었고, 자유주의를 합리화하였다. 하이에크는 프리드만(Milton Friedman, 1912~2006)과 함께 케인즈의 정부개입경제의 부당성을 입증하며 신자유주의를 여는 데 크게 공헌한 인물이다. 오늘날 주류경제학자들의 자유주의 사상에 가장 큰 영향을 끼친 인물이지만 주류경제학자와는 달리 인간본성에 대한 통찰을 바탕으로 사회질서원리와 그 중요성을 설명하고자 하였다.

이 장에서는 아담 스미스의 인간성의 원리인 인간의 욕구와 동감능력(ability of sympathy), 하이에크의 인간관인 인간지식 불완전성을 야기하는 인간의 구조적 무지(structured ignorance)에 주목하여 아담 스미스와 하이에크의 인간관으로부터 인간의 합리성이 제한되는 요인을 설명하고, 인간의 문제로부터 제도의 필요성을 설명하여 인간 · 사회 · 제도를 통합적으로 이해해야 된다는 점을 주장하고자 한다. 신제도경제학에서 거래비용이 제한된 합리성 때문에 발생한다고 한다. 그렇다면 제한된 합리성의 원인을 동감능력의 차이, 구조적 무지에서 찾아내고, 오늘날 주류경제학에 가장 큰 영향력을 끼친 두 거장을 거래비용 및 신제도경제학과 연관시켜 주류경제학의 합리성이라는 비현실적인 가정으로 인해 현실설명력에서 많은 한계를 보인다는 것을 논증하면서, 인간본성에 대한 탐구를 외면하며 수리화 · 계량화로 진화하는 주류경제학에 경종을 울리고자 한다. 그리고 인간본성, 거래비용, 규칙 및 제도는 개별적인 이론이 아니라 통합적으로 이해해야 함을 예를 들어 설명하였다.

논의 순서는 우선 2절에서 아담 스미스, 하이에크, 사이먼의 인간관을 소개한다. 3절에서는 사이먼의 제한된 합리성으로 거래비용이 발생하지만 제한된 합리성의 원인을 아담 스미스의 인간관인 욕망, 이기심, 동감능력의 불완전 등에서, 하이에크의 인간관인 제한된 인지, 구조적 무지로부터 귀결됨을 논증하고 아담 스미스와 하이에크의 인간관으로부터 거래비용이 발생함을 입증하여 이들 간의 인과관계를 밝힌다. 4절에서는 신제도경제학에서 거래비용을 줄이기 위해 제도의 중요성이 부각되지만 각종 제도나 관행은 아담 스미스의 인간관과 하이에크의 인간관으로부터 비롯됨을 논의하고 입증한다. 5절에서는 결론으로 요약과 의의를 기술한다.

2. 인간본성

1) 아담 스미스의 인간관

아담 스미스는 국부론에서 인간의 욕망과 이기심이 경제발전의 원천임을 강조하며 근대경제학의 창시자로 알려져 있으나, 실은 그는 결코 인간사회의 경제문제에만 관심을 가지고 있던 협의의 경제학자는 아니었다. 오히려 근대시민사회 형성기에 있어서 근대사회 질서형성의 원리를 탐구하기 위해 노력한 사회철학자였다. 인간의 기본적인 욕망과 이기심은 인간 스스로 자제하는 동감의 원리로 근대사회질서가 유지될 가능성이 있지만 윤리적인 동감의 능력만으로 부족하기 때문에 법이 필요하며, 법으로도 불완전하기 때문에 인간의 자립심을 고양시키기 위해 저가로 대량생산되어 분배가 실현되어야 할 필요성이 있으므로 경제의 효율을 개선하기 위해 국부론을 제시한 것이다. 여기에서는 인간의 욕망과 동감의 능력에 대해서만 간략히 살펴보자.

아담 스미스는 「국부론(*An Inquiry into the Nature and Causes of the Wealth of Nations*)」, 「법학 강의(*Lectures on Jurisprudence*)」, 「도덕감정론(*The Theory of Moral Sentiments*)」에서 다음과 같은 인간의 욕망에 대해 소개한다. 첫째, 생활개선의 욕구(the desire for bettering condition), 이 욕구는 만인의 불변적이고 중단 없는 성향으로, 태어나면서부터 우리에게 주어지고 무덤에 들어가기 전까지 우리를 떠나지 않는다. … 이것은 사회에 부와 번영을 가져다준다.

둘째, 명예욕(the desire for social esteem), 다른 동물과 달리 인간에게는 색깔, 형태, 다양성, 또는 희귀성 및 모방의 이 네 가지 차이도 선호에서 중요한 구분을 만든다. … 생활개선 욕구의 궁극적인 목표는 탐욕과 야망, 부와 권력 및 탁월성의 추구로 자기만족감을 얻어서 타인들의 주목을 받는 것이다. … 위대성을 얻음으로써 영원히 포기되는 그 모든 여가, 편함, 안락을 보상하는 것이 명예욕이라고 하였다.

셋째, 허영심(vanity), 사람들은 스스로 칭찬받을 가치가 없다고 생각하는 것에 대해서 칭찬받기를 원하고, 그 목적을 위해 불필요한 과시나 근거 없이 주제넘은 행동

거지를 보이고, 끊임없이 자신을 내세운다. … 열심히 아첨하는 신하가 충성스럽고 활동적인 신하보다 더 총애를 받고, 아첨이 공적과 봉사보다 더 확실한 승진의 길이 된다. … 인류가 부자와 강자에게 존경심을 갖고 그들을 찬양하는 성향도 허영심에서 비롯된다. 스미스는 이 성향이 신분구분과 사회질서의 토대라고 말한다.

넷째, 탐욕(avarice)은 가난과 부유 간의 차이, 사적 위치와 공적 지위 간의 차이를 과대평가하며, 명예욕과 허영과 마찬가지로 도덕적 불규칙성을 초래한다. 탐욕은 뿌리지 않은 곳에서 거두기를 좋아하게 만든다. 그것은 독점 등의 배타적 특권을 통해서 특별이득을 획득하고자 하는 각종 불공정 경쟁의 씨앗이다.

다섯째, 지배욕(the desire for domineering), 스미스는 노예제, 또는 석탄광부나 염전노동자와 같은 부자유노동의 효율성이 자유인에 의한 경작이나 자유노동자에 의한 생산조직보다 현저하게 열등함에도, 그것이 존속하는 이유를 인간본성 중의 지배욕에서 찾았다. 이것은 인류의 본성으로 여겨지는데 자신보다 낮은 사람들을 거느리고자 하는 일정한 욕망 및 명령에 의해서 일을 시킬 수 있는 얼마의 타인을 갖는 것이 주는 즐거움 때문에 노예제의 폐지는 영원히 일어나지 못할 것이라고 하였다.

매슬로우의 욕구단계론

매슬로우(A. H. Maslow, 1908~1970)는 인간행동의 동기로서 욕구는 그것을 선행하는 기본적인 욕구로부터 위계적으로 발전된다고 보는 욕구단계이론을 제시하였다. 특정한 시점에 나타나는 인간의 행동은 일반적으로 그때의 최강욕구에 따라 결정된다는 것이다. 그 특정욕구의 강도를 설명하는 데 유용하고 흥미 있는 학설이다. 그것은 다섯 가지의 욕구를 계층별로 분류하여 제시하였다는 점에 특징이 있다. 그는 사람의 욕구를 생리적 욕구(Physiological Needs), 안전적 욕구(Safety Needs), 사회적 욕구(Belongingness and Love Needs), 자존(自尊)의 욕구(Esteem Needs), 자아실현 욕구(The Needs for Self-Actualization)의 다섯 가지로 분류한 것인데 그 욕구들의 내용을 다음과 같이 설명하였다.

1) 생리적 욕구

이것은 인간이라고 하는 유기체가 스스로의 생명을 유지하기 위해 지니고 있는 욕구이다. 예를 들면 식물(食物), 배설, 기갈(배고픔과 목마름), 수면, 색정(色情)의 충족 등에 관한 것들이다.

이와 같은 생리적 욕구는 의심할 바 없이 다른 여러 가지 욕구보다 가장 강하게 나타난다. 특히 극단적으로 생활력을 상실한 사람일 경우 생리적 욕구가 다른 어떤 욕구보다도 가장 중요한 동기부여의 요소가 된다. 식물(食物), 안전, 애정, 존경 등을 잃은 사람에게는 이런 것들의 충족이 다른 무엇보다도 강할 것이라고 하였다. 그러나 그와 같은 기초적 욕구가 충족되기 시작하였을 때 그것과 다른 단계의 욕구를 우선적으로 선호하게 되며 그것이 사람의 행동에 동기를 부여하게 된다.

2) 안전적 욕구

생리적 욕구가 어느 정도 충족되면 다음으로 안전과 안정을 필요로 하는 욕구가 형성된다. 이것은 본질적으로 신체상의 위험이나 생리적 욕구 충족을 저해하려는 요소에서 벗어나려는 것이다. 결국 이것은 자아보존의 욕구이다. 모든 사람들은 당면한 현실에 대한 관심이 깊고 장래에 대한 생각과 염려에 빠지게 된다. 예를 들면, 앞으로 계속 먹을 것과 입을 것 등이 안전하게 조달될 것인가 혹은 재산이나 직위가 계속 보존 · 유지될 것인가 등에 대한 깊은 관심이다. 만일 안전과 안정에 위험과 위협이 있을 경우 그것 자체가 가장 중요한 요소일 뿐 다른 요소에는 무관심하게 된다. 따라서 안전적 욕구에는 생활의 안전과 안정, 상호 의존성, 사회로부터의 보호 그리고 공포나 불안, 혼란 등에서 피할 수 있는 것, 그 밖에 사회적 구조, 질서, 법, 제한성에 의한 보호를 받으려는 욕구가 형성된다.

3) 사회적 욕구

가정을 이루고 사랑스러운 아내와 자녀들과 행복한 생활을 하고 싶어하는 것은 사람이 사회생활에서 바라는 가장 소박한 욕구이다. 많은 친구들과 교제하며 많은 사람들과 접촉하고 싶은 마음이 간절하다. 따라서 모든 교제하는 사람이나 접촉하는 사람들과 인정이 흘러 넘치는 관계를 유지하고 싶어한다. 그와 같은 욕구를 사회적 욕구라고 한다. 사람은 사회적 동물이기 때문에 일체감을 느낄 수 있는 상황 속에서 다른 사람들과 교제가 있기를 바란다. 이것은 하나의 보편적 욕구라고 하겠으나 사람에 따라 혹은 장소에 따라 강하게 발동한다. 물론 소속의식과 같은 평범한 사회적 연대관계를 유지하려는 욕구라고 하겠으나 그러한 욕구에 의해 생활의 지혜, 자신의 능력발휘, 이해관계의 형성 등이 가능하기 때문에 자신의 사회적 위상을 높인다는 점에서 필요하다. 사람은 자신이 믿고 있는 것을 보다 확실하게 하기 위해 많은 사람과 접촉하며 교제하려고 한다. 비슷한 신념을 지닌 사람들은 가치관이나 생활신조가 같을 수 있기 때문이다. 그것은 사회적 욕구를 통하여 자신의 생활을 보다 확실하게 형성하려는 바람에서 나타난다. 사실 사람이 고독에 빠져 있을 때에는 사회가 자신을 위협하기 위해 변조되고 있는 것같이 보이는 반면, 많은 사람들과 접촉하며 교제하게 되면 지금까지의 잘못된 판단을 정상화할 수 있고 사회를 관찰하는 시야도 변화하게 된다. 심리적 혼란, 흥분 및 비참에 빠졌던 사람을 많은 사람들과 접촉하도록 함으로써 종전의 심리적 질병에서 해방시키는 것이 중요하다. 그러한 의미에서 모든 사람의 사회적 욕구는 충족되어야 할 것이다.

4) 자존적(自尊的) 욕구

이것은 자신이 다른 사람으로부터 존경을 받을 수 있을 뿐 아니라 자신의 신념, 가치, 주관 등을 다른 사람으로부터 승인받으려는 욕구이다. 사실 모든 사람은 안정된 생활에서 사회적 기반을 형성한 자신에 대하여 높이 평가하고 존경하고 또한 자존심을 인정받기를 바라는 욕구를 지니고 있다. 또한, 모든 사람은 명예, 위신, 명성을 추구하는 심리적 요소가 강하게 작용한다. 특히 중산계급 중심의 사회로 발전함에 따라 인간욕구는 더욱 자존적 욕구에 깊이 빠지고 있다. 다른 사람과의 경쟁에서 뒤떨어지지 않으려는 욕구, 사회활동에서 선두를 유지하려는 욕구 등이 작용한다. 자존적 욕구의 충족현상은 개인이 사회로부터 받을 수 있는 무형적 상징이므로 평생 동안 여러 가지 방법으로 그 욕구를 추구하게 된다. 어떤 방법이나 목표에 의해 자존적 욕구를 달성하려고 할 때 그 달성기준은 자신의 심리적 요소에 따라 평가될 뿐이다. 물론 다른 사람의 존경이나 승인이라는 엄연한 사실에 입각하여 자신이 보다 높게 평가되기를 바란다. 그러나 자존적 욕구는 크든 작든 자아한정성에 기준하여 성취될 뿐이다. 이미 예측하고 기대하였던 바의 욕구를 추구하기 때문이다. 일단 목표하였던 바의 욕구가 충족되면 그 욕구는 점차 약화될 뿐 아니라 지금까지 성취한 자존적 욕구의 현상유지와 그와 같은 문제해결에 골몰하게 된다.

5) 자아실현의 욕구

매슬로우의 욕구단계 중에서 가장 이해하기 어려운 것이 자아실현 욕구의 내용이다. 많은 사람들이 자아실현의 욕구를 여러 가지 방법으로 충족시키려는 경향이 있으나 어떤 방법으로 무엇을 어떻게 추구해야 한다는 일정한 모형을 제시하는 데 어려움이 있기 때문이다. 자아실현의 욕구와 관계가 있는 요소는 인간의 잠재적 기능인 유능성(competence)과 성취(달성)의지이다. 인간행동의 주요 원천 중 하나는 유능성을 추구하는 바람과 기대감이다. 그 유능성은 불확실한 상황에 포함되어 있는 물질적 · 사회적 제 요인의 지배를 의미한다. 유능성이 있는 사람은 어떤 사건이 발생하기를 기다리지 않으며 상황을 조작하여 사건발생의 요인을 사전에 예방한다. 그리고 유능성은 영구불변적인 것은 아니나 때로는 그것이 고정화될 수 있다. 그러므로 자아 성취적 맹신의 성질을 지닐 수 있고 자신의 장래에 대한 성공 여부가 유능성의 정도에 따라 결정될 수도 있다. 다른 한편, 달성의지란 높은 기준에 따라 어떤 행동을 나타내는 것, 혹은 경쟁적 상황에서 성공을 기대하고 승리하려는 욕망이다. 그러므로 성취(달성)욕이 강한 사람은 성공의 보상보다도 자신의 내적 · 개인적 달성현상을 중시한다. 보상으로 얻어진 금전이나 표창장보다도 어려운 문제를 극복하여 해결하였다는 사실에 크게 감동하는 경향이 있다.

매슬로우는 자아실현 욕구란 사람의 자아충족에 대한 원망 즉 자신이 잠재적으로 지니고 있는 것을 최대한 실현하려고 하는 심리적 경향인데, 그러한 경향은 무엇보다 자신에 대한 것으로서 자신이 바라고 추구하는 것이 그대로 성취 · 달성되기를 바라는 원망이라고 하였다. 그러므로 자아실현 욕구는 다른 네 개의 욕구가 충족된 다음에 출현하는 욕구이며, 또한 중단 없이 영원히 죽는 날까지 지속되는 욕구이다. 결국 그 욕구가 충족되면 될수록 더욱 강한 욕구로 지속되기 때문에 만족이 존재하지 않는 현상이 나타난다. 다른 욕구유형은 어느 정도 충족되면 다른 욕구를 일으키게 하는 새로운 동기를 유발하게 되나 자아실현 욕구는 그것들과 다르다.

자료 : 한영춘(1992)

이러한 인간의 욕망에도 불구하고 아담 스미스는 인간본성으로서 동감의 능력을 사회질서 형성의 원리로 중요하게 보았다. 인간이 이기적이라 할지라도 타인의 행·불행에 관심을 가지게 하는 요인이 인간의 본성에 명백히 내재하여 있다는 것이다. 여기서 동감이란 자기를 타인의 입장과 동일한 입장에 놓고, 타인이 느끼는 것과 동일한 것을 느낄 수 있는 능력, 바꿔 말하면 상상상의 지위전달(imaginery change of situation) 능력을 의미한다.

이러한 동감의 원리를 매개로 행위자와 관찰자의 관계는 나아가 한 개인이 자기의 행위를 판단할 때에도 성립될 수 있다. 예컨대 한 개인에 있어서도 강렬한 이기적 충동에 지배되는 행위자로서의 자기와 상상에 의해 관찰자의 입장을 취하며 반성하는 자기로 분열될 수 있고, 그 분열 위에도 동감의 원리는 작용할 수 있는 것이다.

이와 같이 스미스는 동감의 성립을 위한 행위자와 관찰자의 자기반성 상호노력이라는 개별적 경험의 무수한 축적과정 속에서 인간행위의 적정 여부를 판단하는 보편타당한 사회적 가치판단기준이 형성되는 것이라고 주장한다.[01]

불교에서는 인간을 번뇌(煩惱)와 미혹(迷惑)의 존재라고 한다. 중생은 사물을 대할 때에 그것을 욕심내어 소유하려 하고, 본능으로 그 욕망을 충족시키기 위해 마음을 애태우게 되며, 경쟁하고 싸우고 심지어는 살생까지 하게 된다. 이와 같은 복잡한 과정 속에서 마음의 평온을 얻지 못하여 생겨나는 정신적인 모순 모두를 번뇌라고 한다(한국민족문화대백과). 번뇌에 현혹되어 무엇을 어떻게 해야 할지 모르는 상태를 미혹이라고 한다. 아담 스미스와 하이에크의 인간관은 불교의 인간관과 깊은 관련성이 있다.

---

01 Smith(1759, 1776, 1978), 송현호(1993), 박세일(1989) 참조.

2) 하이에크의 인간관

인간의 본성이 이기주의냐, 이타주의냐 하는 문제는 인류가 생겨난 이래 끊임없는 논의의 대상이 되어 왔다. 그러나 하이에크는 인간의 본성을 이기주의 또는 이타주의에서 찾지 않는다. 그에게 있어서 이기주의적 또는 이타주의적 행동 동기는 중요하지 않다. 왜냐하면 인간은 때로는 이기적이기도 하고 때로는 이타적이기 때문이다. 하이에크에게 있어서 중요한 것은 인간은 구조적으로 무지하다는 점이다. 인간이 자신의 삶의 계획을 세우고, 이를 실천하기 위해서는 자신을 둘러싸고 있는 자연적 및 사회적 환경에 관하여 알고 있어야 하는데, 인간이 가지고 있는 지식은 항상 불완전하고 언제나 틀릴 가능성을 내포하고 있다. 그리고 인간이 가지고 있는 지식은 사회에 존재하고 있는 지식 전부와 비교한다면, 지극히 미미할 정도로 작은 파편에 지나지 않는다. 하이에크는 인간지식의 불완전성을 인간인지의 속성으로 설명한다. 현실의 불확실성과 복잡성으로 인해 외부세계를 있는 그대로 인지하지 못하고 인간은 제한된 인지만 하여 외부의 복잡성을 축소시킨다. 또한 인간의 인지도구는 불완전하게 선별적이다. 어떤 외부사건에 대해서는 민감하고 어떤 것에는 둔감하다. 물리적으로 상이한 자극들을 엄격히 구분하지 못한다는 것이다.

뿐만 아니라 개개인들이 가지고 있는 지식은, 언어로 표현할 수 있는 명시적인 지식과, 언어로 표현할 수조차 없는 암묵적인 지식으로 구성되어 있다. 특히 중요한 것은 암묵적인 지식이다. 이 지식이 개인들이 가지고 있는 지식 전체 중에서 대부분을 차지한다. 따라서 개인들은 말할 수 있는 것보다 더 많이 알고 있다고 볼 수 있다. 암묵적 지식은 실용적 능력을 결정한다. 이러한 지식은 타인들에게 언어로 표현할 수 없기 때문에 이들에게 전달하기가 매우 어렵다. 이러한 지식은 개개인들이 자신들의 삶의 과정에서 갈고 닦아 스스로 터득한 지식이다. 그렇다고 하더라도, 이러한 암묵적 지식도 틀릴 가능성을 배제할 수 없다는 점에서 명시적 지식과 동일하다.

인간의 본성이 이와 같이 구조적으로 무지한 사실은 매우 광범위한 사회철학적 의미를 가지고 있다. 모든 인간들이 가지고 있는 지식은 제한적이고 또한 그들은 구조적으로 무지하다고 한다면, 무지의 늪 속에서도 인간들의 삶이 가능하기 위해서는 어떤 안내판이 필요할 것이다. 이 안내판 역할을 하는 것이 바로 행동규칙이다. 행동규칙은 어떤 행동을 취해야 할 것인가, 어떤 행동을 취해서는 안 되는가를 말해 준다. 이 행동규칙은 수많은 차량이 끊임없이 운행되고 있는 복잡하고 번잡한 교차로의 신호등에 비유될 수 있다. 교통신호와 같이 행동규칙들은 인간의 구조적인 무지를 경감시켜 주는 역할을 행사한다. 행동규칙들이 존재하고 있기 때문에 구조적인 무지에도 불구하고 사회 속에서 인간들은 성공적으로 자신들의 삶을 영위할 수 있는 것이다. 전지전능한 인간들이 사는 세계에서는 교통신호와 같이 인간들의 행동을 제한하는 행동규칙들(도덕률이나 법규칙 또는 관습 등)이 필요하지 않을 것이다. 행동규칙들이 존재하고 있기 때문에 비로소 인간들은 다른 사람들과 함께 공존할 수 있고, 자신들의 목적을 추구하면서 자신들의 삶을 영위할 수 있는 것이다. 그렇기 때문에 인간들을 규칙을 따르는 동물, 더 정확하게 말한다면 규칙을 필요로 하는 동물이라고 말할 수 있는 것이다. 인간들이 행동할 때 규칙에 따라 행동한다고 말할 경우, 규칙과 관련하여 중요한 점은, 개개인들이 따르고 지키는 규칙들은 반드시 이들 자신에게 알려져 있거나, 또는 반드시 언어로 표현할 수 있는 것일 필요는 없다는 것이다. 그들이 지키고 따르는 행동규칙들 중 대부분은 앞에서 언급한 바와 같이 암묵적인 규칙들이다. 암묵적인 규칙들의 대표적인 예가 정의감, 법감정 등이다. 정의감이나 법감정의 존재로 인하여 우리는 정의로운 행동규칙들의 위반을 확인할 수 있지만, 우리는 이런 행동규칙들이 어떤 내용을 가지고 있는가, 즉 이들이 무엇인가를 언어로 표현할 수는 없다. 또한 인간들이 필요로 하고 또한 준수하는 규칙들이 반드시 옳은 것은 아니다. 이들도 역시 틀릴 수 있고, 따라서 고정되어 있는 것이 아니라 부단히 변동되는 것이다.[02]

3) 사이먼의 인간관

사이먼(Herbert Simon, 1916~2001)은 코즈보다 10년 뒤에 제한된 합리성이라는 개념을 제시하였다. 합리적 선택모형에 의한 경제문제의 정식화는 신고전학파 이론

---

02 민경국 (1997, 1996) 참조.

의 핵심적인 접근방법의 하나이다. 이 최적화모형은 인간이 무제한의 인지능력과 계산능력을 갖고 있다는 것을 가정하는 접근방법이다. 사이먼은 바로 이 가정의 현실성을 문제 삼았다. 그에 의하면 현실 속의 인간은 한정된 인지능력과 계산능력만 갖고 있다. 따라서 완벽한 최적화란 실제로 불가능하다. 인간은 관행적으로, 근시안적으로 행동하며 탐색하고 학습한 결과를 토대로 주변환경에 점진적으로 적응해 나아가는 행태를 보인다. 인간은 완벽한 최적해를 단번에 찾아내는 대신에 한정된 인식에 기초하여 설정한 잠정적 목표의 충족에 만족하는 만족화 행동양식(saticeficing behavior)에 따라 움직인다는 것이 사이먼의 주장이다.

사이먼의 조직이론도 이러한 행태론을 기초로 한다. 조직의 주요 기능은 정형화된 관행적 절차에 따라 사태에 대응함으로써 제한된 합리성의 한계 속에서 조직의 목표를 효율적으로 추구하는 데 있다. 또 조직은 위계질서, 분업, 정보소통체계, 교육훈련 프로그램을 통해 구성원들로 하여금 정형화된 행동패턴에 따라 움직이도록 하고, 각자의 업무처리 절차를 조정하도록 함으로써 체계화된 조직구조를 갖추게 된다고 한다.

송현호(1998)는 사이먼의 행태적 시각은 정통파의 균형분석을 벗어나서 동태적인 진화적 경제이론을 새로이 구성하려는 학자들에게 작은 토대를 제공하였다고 한다. 특히 넬슨(R. R. Nelson)과 윈터(O. E. Winter)는 기업과 산업조직 이론에 그것을 적용하여 전략적 환경에서 기업의 행태와 산업구조의 동태적 변화를 설명하고 예측하는 연구에서 선구적 역할을 하였다. 인간의 인지능력, 그것을 기초로 한 조직의 성격에 관한 사이먼의 연구를 정통파의 균형분석이나 비정통파의 불균형 과정 분석의 방향으로 활용하든 간에, 그것은 인간사회의 진화에서 학습의 중심적 역할을 인식하는 데 결정적인 역할을 하였다고 소개한다.

3. 인간본성과 거래비용

1) 제한된 합리성과 거래비용[03]

앞 절에서 하이에크는 전지전능한 인간들이 사는 세계에서는 행동규칙들(도덕률이나 법규칙 또는 관습 등)이 필요하지 않을 것이라고 하였다. 노스(North, 1992)는 합리성의 세계에서는 제도나 규칙이 불필요하다고 했다. 정의라는 개념도 존재할 수 없다. 우리는 합리성의 세계에서는 살아보지 못했기에 이해하기 어려울 수도 있다. 합리성의 세계란 완전정보의 세계로 불확실성이 없는 세계이다.[04] 마치 전지전능한 하느님들, 부처님들, 신선들만이 사는 세계일 것이다. 이들은 앞으로 무슨 일이 일어날지, 거래에서 상대방이 어떤 사람인지, 거래대상인 상품이나 권리 등이 계약의 내용대로 완전한지 그 모든 것을 알 것이다. 계약의 내용 자체가 완벽하기 때문에 계약상의 그 어떤 문제도 일어날 여지가 없다. 거래의 공정성을 담보하기 위해 법관이나 국가 같은 제3자가 필요 없다. 나쁜 사람 좋은 사람의 구분 같은 것도 없다. 누가 속일 사람이고, 정직한 사람인가를 구분할 필요가 없다. 따라서 정의가 필요 없다. 거래 자체가 없을 수도 있다. 필요한 것 모두 어떻게 조달하는지 스스로 알기 때문이다. 이러한 세계는 불확실성이 없는 사회인 것이다. 불확실성이 없기 때문에 거래비용이 존재하지 않는다. 불확실성을 줄이기 위한, 거래비용을 줄이기 위한 공식적 · 비공식적 제도나 규칙이 필요 없는 것이다.

---

03 사이먼의 제한된 합리성은 신고전학파의 인간의 극대화 의사결정을 비판하기 위해 도입되었다. 즉, 인간의 외형적 행태, 극대화를 위한 선택행위를 비판하기 위한 용어로 소개되었다. 그러나 이후 개념의 범위를 확대해서 활용된다. 윌리엄슨(Williamson, 1985)은 거래비용의 발생원인(제한된 합리성, 기회주의, 자산특수성) 중의 하나로 소개했다. 이후 진화경제학, 행동경제학, 노스의 제도경제학에서는 개념의 범위가 확대되어 불확실성을 유발하는 요인, 인간의 정보지식 문제를 초래하는 원인 등으로 확대되어 활용된다. 이렇게 제한된 합리성을 넓은 개념으로 활용해야 거래비용이란 용어를 사용하는 모든 문헌을 일관성 있게 설명할 수 있다. 강두석(2012), 푸루보튼과 릭터(Furubotn & Richter, 2005) 참조.

04 경제학원론에서 인간의 합리성이란 비용과 편익을 정확히 계산하여 이익극대화의 선택을 하는 인간으로 활용된다. 그러나 노스(North, 2005, 1990a), 푸루보튼과 릭터(Furubotn & Richter, 2005) 등의 대부분의 문헌에서 합리성의 세계란 거래비용이 없는 세계, 불확실성이 없는 세계의 의미로 통용된다.

현실세계는 복잡하고 불확실성의 세계이다. 불확실성을 유발하는 요인은 사회적 · 물리적 환경의 불확실이며 사회적 환경을 만드는 것은 인간이며 물리적 환경의 변화를 인간은 구조적 무지로 인해 완전히 예견할 수 없다. 따라서 현실세계가 복잡하고 불확실한 근본요인은 인간의 속성 때문이다. 인간행동의 예측불가능성, 인간의 물리적 · 사회적 환경에 대한 인지의 한계, 즉 하이에크의 표현을 빌리면 인간의 구조적 무지로 인해 현실을 복잡하고 불확실하게 느끼는 것이고, 이러한 인간의 속성들은 인간의 합리성을 제한하는 요인들이다.

따라서 인간의 합리성이 제한되기 때문에 불확실성의 세계가 되는 것이고 이로 인해 발생하는 비용이 거래비용이며 불확실성과 거래비용을 줄이기 위해 제도나 규칙이 필요한 것이다. 이때 제도 · 규칙이란 다양한 문화나 관습, 사회적 관행 등의 비공식적 규칙 및 법관이나 국가 같은 공식적 규칙 및 제도를 의미한다.

신제도경제학에서는 인간의 제한된 합리성으로 인해 거래비용이 발생한다고 한다. 합리성을 제한하여 불확실성 및 거래비용을 유발하는 요인은 무엇인가? 서론에서 지적했다시피 이 문제에 대한 논의는 없다.

한성안(2010)은 신제도경제학은 인간의 합리성이 왜 한계를 지니게 되는지에 대해 설명하지 않는다고 문제제기한 후 진화론적 관점, 곧 자연과학적 관점에서 다음과 같이 설명한다. 진화경제학에서 인간의 정신은 외부주체의 '생기'를 얻어 창조된 것이 아니라 오랜 진화과정을 통해 획득되었다. 따라서 인간의 인지능력은 본질적으로 완전하지 않다. 그리고 이러한 '생물학적 정신'은 '문화적 정신'에 의해 다시 제약된다. 왜냐하면 실존적 존재로서 인간이 갖는 인지방향은 자신이 살고 있는 맥락에 의해 결정되며, 베블런이 적절히 지적한 바와 같이 역사적으로 물려받은 "사유습성"의 제약을 벗어나기 어렵기 때문이다. 슘페터도 "모든 효과와 역효과를 조사하는 것의 불가능성"(Schumpeter, 1934 : 85)을 지적한다. 따라서 이들은 행위자에 관한 완전 합리성의 가정을 부정하고 행위자들의 '제한된 합리성'을 가정한다. 그리고 이러한 합리성의 제한은 조건적이지 않고 본질적(Nelson & Winter, 1982)이며, 어떤 행위자집단도 이러한 한계로부터 벗어날 수 없다. 따라서 마르크스경제학에서처럼 물질적 조건과 계급적 기반이 행위자의 합리성을 완전하게 만들어 주지는 않는다. 이러한 행위자는 장기적 예측을 삼가는 대신 현실적 문제해결에 치중하지 않을 수 없게 된다. 나아가 그는 개인주의적으로 행동하는 대신 협력하고 대화함으로써 당면과제를 해결하고자 할 것이다. 특히, 근본적 불확실성이 존재하는 동태적 현실에서 행위자는 미래에 관한 지식 자체를 갖추고 있지 않다. 이 경우, 사이먼(H. Simon)의 '제한적 합리성'은 한층 악화된다. 구조변화에 개입하는 행위자들의 행동방식은 이제부터 신중하지 않을 수 없고, 그 행동규범은 학습을 통해 항상적으로 수정될 필요가 있다. '이성의 명령(dictates of reason)'에 따라 자신만만하게 행동하는 근대적 행위자 대신 '부조리한 현실'에 직면하는 '실존적이고 포스트모던한 행위자'가 등장한다.

본서에서는 이 문제에 대한 답을 아담 스미스와 하이에크의 인간관에서 찾고자 한다.

2) 아담 스미스와 거래비용

아담 스미스는 자리(self-love)의 원리의 하위유형으로 생활개선의 욕구, 명예욕, 허영심, 탐욕, 지배욕 등을 제시한다. 이러한 욕구들이 적절히 발휘된다면 지나친 겸손보다는 좋다는 입장이다. 사회의 번영과 부를 가져다준다는 것이다. 이러한 욕구에도 불구하고 사회질서가 유지될 수 있는 요인으로 인간의 동감능력을 중시한다. 동감능력으로 지나친 욕구는 자제하기 때문에 질서가 유지될 가능성이 있다고 한다. 그러나 아담 스미스도 인정하듯이 모든 사람에게 완벽한 동감능력을 기대하기는 어렵다. 인간의 욕망은 모든 인간들에게 본능적이지만 동감능력은 사람마다 차별이 있는 것이다. 종교계나 수련단체에서는 깨달음의 경지에 이르게 되면 사람은 자타불이(自他不二)를 알게 된다고 한다. 즉, 나와 타인의 구분이 없어진다는 것이다. 타인의 아픔이나 즐거움이 바로 나의 것이라는 의미일 것이다. 동감능력이 완벽해진다는 것일 것이다. 그러나 현실의 인간은 동감능력이 천차만별일 것이다. 높은 동감능력을 지닌 고도의 교양인에서부터 매우 낮은 동감능력을 지닌 기회주의자나 범죄자들에 이르기까지 동감능력은 사람에 따라 다른 것이다. 아담 스미스는 동감능력만으로는 질서유지가 어렵기 때문에 국가와 법이 필요하다고 했다. 동감능력의 한계로 국가와 법이 필요하다고 한다면, 법을 만들고 집행하고 유지하는 데 비용이 드는데 이런 비용은 바로 정치적 거래비용의 예가 되는 것이다. 거래비용의 발생원인 중 인간의 동감능력의 불완전성도 중요한 요인이 되는 것이다. 즉, 인간의 무절제하거나 자제되지 못하는 욕구가 인간행동의 예측가능성을 낮춘다면, 사회에서 불확실성을 유발하는 요인이고 거래상대방이 이런 유형의 인간인지 아닌지는 합리성이 제한된 인간이 판별하기에는 유형 · 무형의 비용이 발생하므로 이러한 비용이 거래비용이 되는 것이다. 거래관계에서 거래상대방의 불확실성으로 인해 거래당사자에게 비용이 발생하거나 거래대상에 대한 정보가 불완전하여 거래비용이 발생한다면 시장거래비용의 예가 될 것이다. 기업조직 내에서 조직구성원들의 도덕적 해이로 불확실성을 유발하여 이의 감독을 위해 감시비용이 발생하거나 생산공정별로 상품생산과정에서 측정비용이 발생한다면 경영거래비용의 예가 되는 것이다.[05]

3) 하이에크와 거래비용

하이에크는 인간의 제한된 인지, 구조적 무지로 인한 행동규칙의 필요성을 설명하고 있다. 행동규칙은 복잡한 상황에 관한 정보를 내포하고 있다. 인간들이 이러한 행동규칙을 지킴으로써 자생적 사회질서가 형성되는데, 이로 인해 인간지식의 활용범위를 높이며, 자생적 질서의 기초가 되는 행동규칙들, 즉 도덕규칙, 종교규칙, 관행과 관습과 같은 전통, 그리고 사법규칙들(민법과 형법)은 문화적 진화로 형성된 것들이라고 한다. 그렇다면 인간의 구조적 무지로 인해 거래상대방에 대한 정보, 거래대상에 대한 정보 문제를 야기할 것인데, 이 정보비용은 시장거래비용의 예가 된다. 기업내부에서도 상품품질 측정 및 기업구성원의 관리 및 성과 측정 등의 비용이 필요할 것인데, 이는 경영거래비용의 예가 된다. 인지가 제한된 인간이 만든 계약내용도 불완전 할 수밖에 없어 분쟁이 야기될 수 있으며, 이를 해결하기 위한 법관, 사법조

05 거래비용의 발생원인을 불완전한 동감능력에서 찾는 것은 거래비용의 정의를 명확히 하는 데도 기여가 크다고 볼 수 있다. 윌리엄슨(Williamson, 1985)은 거래비용의 발생원인으로 제한된 합리성, 기회주의, 자산특수성, 이 세 가지를 제시하였다. 즉, 제한된 합리성의 의미를 좁게 해석하고 있다. 제한된 합리성의 의미를 넓게 보면, 인간의 기회주의적인 성향과 자산특수성의 문제는 인간의 제한된 합리성으로 인한 정보 · 지식의 문제로 귀결시킬 수 있다. 즉, 특수자산에 대한 정보, 지식의 문제, 거래상대방이 기회주의적인지의 여부에 대한 정보부재 문제로 인해 비용이 발생한다면, 인간의 제한된 합리성으로 인한 정보 · 지식의 문제로 발생하는 비용으로 귀결될 수 있을 것이다. 이렇게 파악하는 또 다른 이유는, 신뢰, 사회적 자본, 부패, 윤리 등을 거래비용과 관련시키는 연구경향이 뚜렷하다. 윌리엄슨이 사용한 기회주의란 용어는 기업조직이나 계약이론에서 적합하다. 기회주의란 용어로는 인간의 신뢰, 윤리 등에 대한 문제를 거래비용과 관련시키기가 어렵다. 이러한 점들을 감안하면 제한된 합리성을 넓게 보고 제한된 합리성으로 인해 불확실성을 유발하는 요인으로 동감능력의 불완전성을 제시한다면, 인간욕망의 무절제가 거래비용 발생원인이 되어 거래비용의 정의에 대한 논란은 없어질 것이다.

직 등이 필요할 것이다. 이 비용은 정치적 거래비용의 예인 것이다. 행동규칙들이 진화과정에서 생성된다는 것은 한 번에 최상의 규칙이 무엇인지를 인간의 구조적 무지로 인해 알아내지 못하여, 시행착오 및 선별과정을 필요로 한다는 의미일 것이다. 시행착오과정이나 선별과정에서 발생하는 물질적 · 정신적 비용은 거래비용이 되는 것이다. 이러한 거래비용들을 줄이기 위해 사고규칙, 행동규칙들이 필요한 것으로 볼 수 있을 것이다.

따라서 신제도경제학에서 합리성이 제한되는 원인으로서 인간의 구조적 무지도 매우 좋은 답이 될 수 있다. 인간의 구조적 무지로 인해 현실은 불확실성에 직면한다. 하이에크는 거래비용이라는 용어를 사용하지는 않지만 불확실성을 줄이기 위해, 거래비용을 줄이기 위해 행동규칙이 필요하다는 것이다. 신제도경제학에서 제한된 합리성으로 인해 거래비용이 발생하며 거래비용을 줄이기 위해 제도 및 규칙이 필요하다는 논리와 일치한다. 인간의 제한된 인지, 구조적 무지는 인간의 합리성이 제한되는 핵심요인이 되는 것이다.

4. 인간본성과 제도

인간본성으로 아담 스미스의 욕망과 욕망을 자제하는 동감능력의 차이, 하이에크의 인간의 구조적 무지는 인간의 합리성을 제한하는 요인이며 불확실성을 유발하는 요인이므로, 아담 스미스와 하이에크 모두 거래비용을 유발하는 요인을 잘 지적하였다고 볼 수 있을 것이다. 무수한 공식적 · 비공식적 규칙 및 제도는 모두 인간의 본성으로 야기되는 문제로, 이로 인해 발생하는 불확실성 및 거래비용 문제를 해결 · 보완하기 위한 것으로 이해해야 할 것이다. 즉, 인간본성, 거래비용, 규칙 및 제도는 밀접한 상호관련성을 가지는 것이다. 예를 들자면 끝이 없을 것이다. 여기서는 신제도경제학에서 소개된 내용 중 인간의 제한된 합리성과 제도의 통합적 이해를 위한 적합한 예를 들면서 인간본성, 거래비용, 제도 및 규칙을 함께 이해하고자 한다.

1) 정보비대칭 사회

(1) 정보비대칭 사회의 도래

경제발전 및 경제성장은 분업과 전문화의 진전과정이고 새로운 지식의 지속적인 생산과정이라고 할 수 있다. 분업과 전문화가 진전되면서 사회지식이 확대되고 개인지식과 사회지식의 격차도 확대된다. 수렵과 목축의 시대, 즉 국가성립 이전에는 모든 사람의 직업이 거의 똑같았다. 따라서 사회지식과 개인지식은 거의 차이가 없었을 것이다. 인구의 증가, 소유권의 생성 및 농업발전으로 국가가 탄생하면서 전문화가 진전되었다. 생산전문가, 폭력전문가 등 직업의 분화로 정보비대칭 사회가 도래하였다. 그러나 농경시대까지는 절대다수의 농민과 소수의 관료로 구성되었기 때문에 정보비대칭성의 문제는 크게 인식되지 못했을 것이다. 산업혁명 이후 공업이 발달하고, 최근에는 서비스산업이 발달하여 개인의 직업이 다양해지면서 개인지식과 사회지식의 격차가 크게 확대되어 정보비대칭성이 사회의 중요한 특징이 되었다. 경제학에서 자주 예로 드는 것은 수요자와 공급자 간의 상품정보에 대한 비대칭, 노동자와 기업 간의 노동자 능력 및 성향에 대한 정보비대칭, 주식회사에서 주주와 경영자 간의 경영자의 경영능력에 대한 정보비대칭싱 등이 있다. 그러나 우리의 일상생활은 거의 정보비대칭으로 인한 위험에 노출되어 있다. 정보에서 우위에 있게 되면 정보를 숨기거나 은폐하여 이익을 취하려는 도덕적 해이(moral hazard)나 기회주의적 성향을 보일 수 있다. 기회주의적 성향을 보인다는 것은 동감능력이 낮은 것이고, 그러한 자를 모두 항상 쉽게 알아낼 수 없다는 것은 인간의 구조적 무지 등으로 합리성이 제한되었기 때문이다. 이로 인해 발생하는 금전적 · 비금전적 비용은 거래비용이며, 거래비용을 줄이기 위해 관행과 법이 생성되는 것이다. 정보비대칭성이란 용어도 합리성이 제한된 인간이 사는 현실사회이기 때문에 생기는 것이며, 합리성의 세계에서는 이런 용어는 존재할 이유가 없거나 이런 용어 자체가 생성되지 못할 것이다.

(2) 정책적 시사점

정보비대칭성 사회의 도래와 관련하여 제도적 관점에서 정책적 시사점을 제시하고자 한다. 과학 및 기술 발전으로 공업과 서비스업이 발달하자 사회 내 다양성이 증가하여 정보비대칭 문제를 야기한다. 그러나 공식적 · 비공식적 규칙이나 제도가 잘 완비되어 정보비대칭 문제를 최소화시켜야만 기술발전으로 인한 다양한 혜택을 충분히 누릴 수 있다는 것이다. 정보비대칭 문제로 인한 기회주의적인 행위를 공식적 · 비공식적 규칙이나 제도가 차단하지 못하는 사회는 과학기술 발전이 새로운 해악을 가져다줄 수도 있다. 즉, 불확실성을 높여 불필요한 거래비용을 증가시킬 수도 있다는 것이다. 유사한 견해로 에거트슨(Eggertsson, 1990)은 기술의 발전은 복잡성을 증가시켜 거래비용을 증가시킬 것이라고 주장한 바 있다.

사회발전은 과학기술의 발전과 사회질서를 잡는 메커니즘이 함께 발전해야만 진정한 발전이며 지속적인 발전이 가능한 것이다. 이와 관련한 견해로 넬슨과 삼팟(Nelson and Sampat, 2001)은 제도를 사회적 기술(social technologies)이라는 새로운 개념으로 발전시키고자 하였다. 경제성장은 물리적 기술과 사회적 기술의 공진(the co-evolution)으로부터 비롯된다고 하였다. 쿠즈네츠(Kuznets, 1973)는 선진기술이 경제성장의 주요 요인이지만 잠재적이고 필요조건일 뿐이며 그 자체가 충분조건은 아니라고 하였다. 기술이 효율적으로 작용하기 위해서는 인간지식 축적에 의한 혁신을 유용하게 하는 제도나 이데올로기적인 조정이 반드시 요구된다는 주장이다. 따라서 선진국일수록 제도나 이데올로기적인 조정이 원활해 과학기술 발전의 혜택을 잘 누렸을 것이고 사회질서도 잘 유지되고 있음을 추측할 수 있다. 이와 관련된 주장으로 김상조(2006)는, 한 나라가 선진국이 되는 경로는 다양하겠지만 선진국이 공통적으로 갖추고 있는 기본적인 원칙들 역시 있다고 한다. 여기에는 영미형과 유럽대륙형의 차이가 없다. 한국사회에는 이 기본원칙들이 결여되어 있으며, 이를 갖추는 것이 개혁의 목표가 되어야 한다며, '법치주의(Rule of Law)' 또는 '법 앞의 평등한 정의(Equal Justice under Law)' 는 그 최소한의 요건이라고 하였다.

2) 주인-대리인이론

(1) 대리인문제의 보편성

주인-대리인이론은 정보비대칭문제의 예로서 정보경제학 및 신제도경제학에서 자주 활용된다. 이 이론은 주로 위계관계(hierarchial relationship)를 분석하는 데 사용되지만 모든 종류의 교환에 응용될 수 있다. 사회생활 및 경제생활에서 우리는 타인의 행위에 의존하면서 살게 되므로 타인들에게 부탁 및 의뢰해야 할 경우가 많을 것인데 부탁 및 의뢰하는 자가 주인이고 부탁 및 의뢰받는 자가 대리인이 되는 것이다. 이때 대리인이 주인으로부터 보수를 받고 주인의 의도대로 일을 해야 하는 계약상의 의무를 진다면, 이러한 계약관계를 대리인관계(agency relation)라고 부른다. 몇 가지 예를 들면, 기업의 사용자와 노동자, 주주와 전문경영자, 환자와 의사, 소송의뢰인과 변호사, 민주사회에서 선거구민과 대표자 등 수많은 예들이 있다. 이때 주인과 대리인 간에는 정보비대칭의 문제가 존재하고, 대리인이 의무를 성실히 이행하지 않을 가능성, 즉 도덕적 해이(moral hazard)가 문제시될 수 있다. 주인은 대리인의 이 도덕적 해이를 방지하기 위해 감독비용이 발생할 수 있다. 대리인관계에서 발생하는 비용은 대리인의 기회주의적 성향, 즉 자제되지 않는 이기심, 동감능력의 부재에 기인하며 그러한 대리인을 가려낼 수 없는 것은 주인의 제한된 인지, 구조적 무지에서 비롯된 것이므로 거래비용인 것이다. 이러한 거래비용을 줄이기 위한 관행이나 규칙 및 제도가 대리인관계에서도 생성된다.

(2) 주주와 경영자 간의 대리인문제

옌센과 맥클링(Jensen & Meckling, 1976)은 주주와 경영자 간의 대리인관계에서 거래비용과 이 비용을 줄이기 위한 제도적 장치를 다음과 같이 소개하였다.

대리인관계는 세 종류의 비용이 수반한다. 첫째 비용은 주인이 대리인에게 자신의 이익과 부합하는 방향으로 행동하도록 통제하기 위해 부담하는 감독비용이다. 이사회와 주주총회는 이러한 감독기능을 수행하는 주요한 제도적 장치이다. 둘째, 주인과 대리인 간에 잠재적으로 갈등이 존재하기 때문에 대리인도 유리한 계약조건을 얻기 위해 주인에게 해가 되는 행동을 하지 않겠다는 것을 보장하기 위한 담보비용(bonding costs)을 부담해야 하는 경우도 있다. 이를 위한 제도로는 신원보증이나 재정보증 등을 들 수 있다. 셋째, 주인이 감독비용을, 대리인이 담보비용을 부담하더라도 대리인의 태만행위를 완전히 제거할 수는 없다. 감독비용을 고려하면 어느 정도의 태만행위가 존재하도록 방치하는 것이 주인에게는 오히려 유리하다. 완전한 감독은 불가능하기도 하다. 대리인 성과는 우연적 요인 혹은 자연적 요인에 따라 결정될 수도 있기 때문이다. 이렇게 잔존하는 태만행위에서 발생하는 비용을 잔여손실(residual loss)이라고 칭했다. 전체적으로 대리인 관계에 수반되는 거래비용은 주인의 감독비용, 대리인의 담보비용, 잔여손실을 합한 것이다.

기타로 대리인관계 비용을 줄이기 위한 관행 몇 가지를 추가적으로 소개하면, 기업의 주식을 상당 부분 보유하는 대주주가 존재하도록 하는 방법이 있다. 대주주는 기업경영 성과와 밀접한 이해관계를 가지며, 경영자에게 효과적으로 압력을 행사할 수 있기 때문에 다수의 소액주주에게 주식이 분산된 경우보다는 일정한도 내의 주식을 소유하는 대주주가 존재하는 경우에 대리인 문제는 보다 손쉽게 해결될 가능성이 크다.

대리인문제를 극복하기 위한 또 다른 방안으로 발전해 온 제도는 전문경영인을 감시하기 위한 '사외이사제' 와 전문경영인의 이해를 주주의 이해와 일치시켜 전문경영인에게 동기를 부여하려는 '스톡옵션제도' 가 있으며, 기업 인수합병 위협은 대리인 문제를 줄이는 효과를 갖는다.

(3) 대리인문제와 경제적 성과

역사적으로 회계제도인 복식부기의 원리도 역시 대리인문제를 해결하기 위해 고안되었다고 한다. 15세기 상업혁명은 원거리 무역의 발달을 가능하게 한 해상조선기술의 발달이 핵심요인으로 지적되고 있으나, 원거리 무역에서 필연적으로 제기되는 대리인문제를 개선하기 위한 회계제도가 생성되었다고 한다. 상업혁명은 회계제도 외에 해상보험과 신용거래 등이 가능한 금융제도가 발달하지 못했다면 불가능했을 것이다.

공산권국가에서 국가 권력자와 관료 및 노동자는 주인-대리인 관계이다. 공산권 국가의 경제적 비효율은 대리인문제에서 비롯된다고 해도 과언이 아니며 공산권 몰락의 원인은 대리인문제가 크게 작용했을 것이다. 에거트슨(Eggertsson, 1990)은 다음과 같이 설명한다.

해외 연구자들 사이에서는 물론 구소련 자체 내에서도 구소련의 재산권 구조를 다양한 방법으로 조정하게 되면 국가 전체의 순생산물이 상당히 증가할 것이라는 관측이 제시되고 있었다. 국가 권력지도층인 공산당 지도자들도 이 점을 분명히 인식하고 있었으나 재산권구조의 그 어떤 변화도 일어나지 않았다. 이런 명백한 역설에 대한 하나의 설명은 통치자들이 대리인문제의 함정에 빠져 있었다는 것이다. 즉, 재산권의 바람직한 변화에 관한 대부분의 제안은 경제력의 분권화를 권장하였으나 통치자들은 이것이 대리인비용의 증대와 통제의 상실을 초래할 것이라고 우려했던 것이다.

공산권국가를 예로 들었지만 모든 국가에서도 마찬가지일 것이다. 민주국가의 경우에도 국민이 주인이고 정치인 및 관료들은 대리인이다. 대리인들이 주인의 의도대로 공무수행을 얼마나 잘하는가의 문제는 한 국가의 정치 · 경제 · 사회적 성과를 좌우할 것이다. 대리인문제의 최소화는 국가의 경쟁력을 좌우하는 핵심요인이 될 수 있는 것이다.

3) 측정문제

(1) 측정문제와 제도

앞에서 언급한 정보비대칭문제나 대리인문제를 야기하는 핵심요인이 측정문제이다. 측정문제가 야기되는 것은 상품이나 권리에 대한 정보의 비대칭으로 정보우월자가 정보를 은폐 축소할 위험이 존재하고 인간의 구조적 무지로 인해 상품이나 권리에 대한 여러 가지 차원의 문제를 완전히 알기 어렵기 때문이다. 대리인문제에서는 대리인의 성과를 좌우하는 대리인의 노력, 감독, 불확실성(자연) 등의 여러 가지 요인들이 완벽히 통제 가능한 것들이 아니기 때문이다. 인간적인 요인으로 자제되지 못한 이기심이나 욕구 등 동감능력의 불완전과 구조적 무지로 자연적 · 사회적인 요인 등을 완벽하게 예견 및 관리가 불가능하기 때문일 것이다. 이러한 요인들은 불확실성을 유발하여 거래비용을 야기하는 요인이며, 이러한 불확실성 및 거래비용을 줄이기 위해 다양한 관행, 조직, 제도 등이 생성되는 것이다.

이러한 중요한 문제들을 신고전학파 경제학은 고려하지 않는다. 신고전학파의 경제학에서는 합리성의 가정으로 측정문제, 대리인문제, 정보비대칭의 문제 등으로 야기되는 중요한 문제들은 논외로, 일정하다고 가정해 버린다. 정보경제학에서 논의하는 경우에도 합리성 가정을 고수하면서 거래비용의 의미를 좁게 해서 논의한다. 주류경제학의 현실경제 설명력 및 논리성이 얼마나 미흡한지 알 수 있다.

측정문제로 야기되는 문제들을 해결 및 완화시키기 위한 다양한 관행 및 제도로는 품질보증, 상표, 광고, 반품, 벌금조항, 전문가 인증, 기업의 인적 · 물적 자본에 대한 투자, 소비자 보호제도 등이 있고, 국가에서는 도량형의 규제나 표준화제도를 도입하는 것이다.

(2) 측정문제와 기업의 생성

신제도경제학에서는 측정문제로 경제조직의 생성 및 다양성을 설명하기도 한다. 우선 기업의 생성이론부터 소개한다. 알치안과 뎀세츠(Alchian & Demsetz, 1972)는 생산활동이 고전적인 자본가적 기업의 형태를 취하게 되는 이유로 측정문제를 중시한다. 기업탄생 이전 생산방법으로 다수가 생산요소를 제공하며 팀을 이루어 생산활동을 하는 경우, 팀구성원들은 게으름을 피우면서 자신의 책무를 소홀히 하려는 유인이 존재한다. 이러한 기회주의적인 행위를 막기 위해서는 팀구성원들 각자의 기여도를 측정하여 그에 따라 보수를 지급할 필요가 있는데 기여도의 정확한 측정은 어렵다. 그 대안으로 감독의 필요성이 제기되는데, 이 경우 감독자는 누가 감독하는가의 문제가 제기된다. 이를 해결하기 위한 것이 감독자가 잔여소득(residual income) 수취권을[06] 갖도록 하여 감독문제를 해결하게 되면서 고전적인 자본가적 기업이 생성된다고 한다.

마그린(Marglin, 1974)은 기술이 위계적인 구조를 갖춘 사회경제조직을 초래한 것이 아니라 위계적인 구조의 사회경제조직이 기술의 형태를 결정한다는 주장을 하기 위한 역사적 사례로, 16세기 서구사회의 생산양식이었던 선대제(putting-out system)에서 공장제 수공업(manufacture)으로 바뀐 것에 주목한다. 선대제란 상인이 수공업자에게 원자재와 보수의 일부를 선대하여 상품을 생산하는 제도를 말한다. 선대제는 수공업자가 생산의 노하우와 노동력을 제공하고 상인은 자본을 제공해 물품을 생산하는 일종의 팀생산이라고 볼 수 있다. 선대제에서는 상인과 수공업자 간에 수공업자의 업무에 대해 정보비대칭성문제와 성과측정문제가 존재한다. 따라서 상인은 수공업자를 감시하고 원료의 횡령을 막기 위해 선대제를 자본가적 공장제 수공업으로 바꾸어 생산성을 높였다고 주장한다. 수공업자의 성과측정문제가 공장제로 바뀐 중요한 이유로 볼 수 있을 것이다.

(3) 측정문제와 기업조직의 다양성

오늘날 다양한 기업조직이 생존하는 것도 기업구성원의 성과 측정문제 및 이로 인한 감독문제로 설명할 수 있다. 다양한 기업조직으로 개인기업, 합명 · 합자회사, 공개법인기업, 공기업 등으로 분류할 수 있다. 개인기업은 1인 기업가가 소유주인 동시 경영자가 되는 기업형태이다. 이런 기업은 규모가 작아 기업가 자신의 감독을 통해 구성원의 태만을 억제하는 데 효과적이지만 기업가가 모든 책임을 부담하기 때문에 자금동원 능력의 한계 및 규모팽창의 한계가 존재한다. 개인기업에서는 소유주의 기

06 잔여소득을 이윤으로 이해할 수 있을 것이다. 이윤이란 총수입에서 개별 생산요소 기여분을 제외한 나머지를 의미한다.

업구성원 성과측정능력 및 감독능력이 기업성장의 중요요인이 된다.

합명 · 합자회사는 2인 이상의 기업가가 연합하여 개인기업의 한계를 극복하려는 시도에서 출현하였다. 법률회사, 세무회사, 공동연구팀 등이 좋은 예다. 이런 기업이 생존가능한 것은 구성원의 성과측정에서 구성원 간의 정보비대칭으로 인한 성과측정의 문제가 심각한 문제를 야기하지 않기 때문이다. 법률회사를 예로 들면, 특정사건에 대한 변호업무에 대해 어떤 변호사가 담당해도 변호사들 간에 업무성격이나 수임료 등에서 정보비대칭성의 문제가 중요한 문제로 부각되지 않기 때문에 합자회사로 생존이 가능한 것이다.

공개법인기업은 주식회사 형태의 기업이다. 기업의 소유권을 많은 주주가 분산 소유하여 유한책임을 부담함으로써 거대자금을 투자할 수 있는 강점을 가지고 있다. 이런 기업도 합리성의 세계에서는 필요 없을 것이다. 미래에 대한 위험이나 불확실성이 없기 때문에 유한책임으로 주식을 분산 소유할 필요가 없다. 구조적 무지의 인간들이 모여 사는 사회이기 때문에 미래의 위험을 분산 부담할 필요성이 존재하는 것이다. 그러나 이런 기업도 주주와 경영자 간의 대리인문제가 야기될 수 있으나 이를 완화시킬 수 있는 관행들이 존재하기 때문에 거대기업으로 존속가능하게 된다. 즉, 사외이사제도나 기업감사 등 앞에서 제시한 여러 가지 관행 및 제도로 대리인문제를 완화시킬 수 있다. 기타 경영자시장에서 잠재적인 경영자, 주식시장에서 기업평가, 기업 인수합병시장에서 기업합병의 가능성은 경영자가 기업경영을 소홀히 할 수 없게 만들기도 한다.

공기업도 합리성의 세계에서는 굳이 존재할 필요가 없다. 완전한 동감능력의 사람이라면 개인의 이기심에 따른 의사결정을 하는 것이 아니라, 사회나 국가의 관점에서 의사결정을 할 것이다. 개인의 최적이 아니라 사회적 최적의 공급량을 공급하는 기업주들만 존재한다면 굳이 공기업이 필요 없을 것이다. 기타 여러 가지 제도들도 인간본성과 관련하여 이해해야 할 것이다.[07]

07 기타로 Eggertsson(1990)은 노예제도의 소멸, 중세 유럽의 개방경지제도의 상당기간 존속, 농업에서의 다양한 계약형태 등을 측정 및 감독으로 인한 거래비용으로 설명하는 연구들을 소개하고 있다.

5. 소 결

인간의 합리성이 제한되는 원인에 대해 아담 스미스의 인간관, 즉 인간의 욕망, 동감능력과 하이에크의 인간관, 제한된 인지, 구조적 무지는 불확실성을 유발하는 원인이고, 인간의 합리성이 제한되는 원인이 되며 이로부터 거래비용이 발생된다고 하였다. 동감능력의 불완전으로 인해 법이 필요하며 구조적 무지로 인해 규칙이 필요하기 때문에 인간본성, 거래비용, 제도를 통합적으로 이해해야 한다는 점을 강조한 것이다. 인간본성의 한계로부터 기인하는 문제로서, 정보비대칭문제, 주인-대리인 문제, 측정문제를 예로 들어 이런 문제들을 극복하기 위해 관행이나 제도가 생성된다는 점을 설명하였다.

인간의 욕망, 동감능력의 불완전, 구조적 무지는 사회과학을 이해하기 위해 대단히 중요한 요인이다. 사회과학자는 인간본성에 대한 통찰력을 갖추는 것이 연구자로서의 기본자질일 것이다. 그럼에도 불구하고 신고전학파 경제학은 인간에 대한 합리성가정으로, 순수경제학(pure economics)으로 진화하면서 정치, 사회, 제도 등과 경제의 상호작용에 대해서는 무관심하였다.

특히 아담 스미스가 인간 본성으로 욕망, 동감능력을 주장하고 경제와 윤리, 법, 정치 간의 밀접한 관련성을 역설했는데도 불구하고 신고전학파는 이러한 중요요인들을 고려하지 않고 이론을 발전시켜 왔으나, 아담 스미스의 경제학을 계승시키고 있다고 주장한다. 기형적인 경제학이 되고 있는 것이다.

신제도경제학은 아담 스미스의 경제학으로의 회귀하는 성향을 가지고 있다. 신제도경제학은 넓은 의미로 정의감 · 윤리 등을 포함하여 제도를 정의하며, 제도의 생성 · 변화에 대한 탐구는 정치학 · 심리학 등의 전반적인 사회과학의 성과들을 수용하며 발전하고 있기 때문이다.

기형적인 경제학으로 진화하는 주류경제학은 전문화의 모순을 설명하기 좋은 사례일 것이다. 학문의 전문화는 사회과학의 발전에는 장애가 되는 측면이 있다. 사회과학 각 분야 간의 관련성에 대한 연구와 통합적인 연구가 반드시 필요할 것이며, 인간본성에 대한 고찰은 철학적 영역이긴 하지만 사회과학자들의 공통관심사가 되어야 한다.

핵심용어

인간본성, 거래비용, 제도, 욕구, 동감, 구조적 무지, 정보비대칭, 대리인문제, 측정문제

확인문제

1. 아담 스미스의 인간관과 그것으로부터 거래비용의 발생요인을 설명하라.
2. 하이에크의 인간관과 그것으로부터 거래비용의 발생요인을 설명하라.
3. 인간본성, 거래비용, 제도의 관련성을 논하라.
4. 정보비대칭 사회에서 정책적 시사점은?
5. 대리관계에서 발생하는 세 종류의 비용에 대해 설명하라.
6. 대리인문제를 완화시키기 위한 관행이나 제도들에 대해 설명하라.
7. 공산국가의 멸망을 대리인이론으로 설명하라.
8. 측정문제로 야기되는 것을 완화시키기 위한 제도의 예를 설명하라.
9. 경제조직의 다양성을 인간본성 및 측정문제로 설명하라.

제6장

국 가

1. 국가의 기원
2. 공공선택이론의 국가론
3. 에거트슨의 신제도경제학의 국가론
4. 정치제도의 안정성
5. 올슨의 집단적 선택이론
6. 민주주의와 재산권 보호

1. 국가의 기원

1) 아이슬란드연방 사례

에거트슨(Eggertsson, 1990)은 국가형성의 계기를 설명하는 여러 가지 이론이 존재하지만 실증적 역사연구에 의해 뒷받침되고 있는 이론이 명확히 존재하고 있는 것은 아니라고 하면서, 930년부터 1262년까지 존재하였으며 처음 2백년 동안 상당한 안정을 누렸던 아이슬란드 공동체 사례를 통해 국가의 역사적 기원에 관한 단서를 모색해 보고자 하였다. 이를 소개하면 다음과 같다.

아이슬란드연방은 문자를 갖고 있었으므로 원시사회라고 볼 수 없다. 뿐만 아니라 입법기구와 사법기구에 해당하는 조직과 자발적인 정치연합도 존재했다. 그러나 경찰조직이나 군대를 갖추고 폭력을 독점하는 국가는 존재하지 않았다. 따라서 사회질서를 도모하는 사회규칙이나 배타적 권리를 강제 집행하는 일을 국가가 아니라 족장들에 의해 통제되는 입법기구와 사법기구에 맡겨 놓고 있었다.

> 아이슬란드연방은 동양의 고대사에서 고대국가 성립 이전 부족연합체와 유사하다. 수개의 부족으로 구성된 부족연합체는 각 부족 내부 질서는 부족장이 확립했지만 전체부족의 질서를 규율하기 위한 독점적인 폭력을 행사할 수는 없다는 점은 유사하다. 이러한 부족연맹체가 수개의 부족으로 구성된 부족연합체 내의 부족 간 경쟁 및 연대를 통해 전제왕권을 확립하면서 고대국가로 발전한 것은 아이슬란드연방이 국가로 발전하는 것과 유사하다.

이런 이유에서 아이슬란드연방은 원시사회와 국가가 형성되는 문명사회의 과도기적 사회형태로 볼 수 있다. 따라서 그 사회체제가 붕괴되고 국가가 형성되는 계기를 연구해 봄으로써 국가의 기원에 관한 단서를 찾을 가능성이 존재한다.

아이슬란드연방에서는 사유재산권의 특징을 갖는 배타적 권리도 존재했고 재산권을 서로 교환하고 있었다. 그럼에도 불구하고 적어도 초기에는 공동체 소유의 특성이 강한 관습이 존재하고 있었다. 농민들은 레파(hreppar)라고 하는 지역농민조직에 강제로 편입되어 있었다. 레파는 일종의 보험기능을 수행하는 강제적 상호부조 조직이었고, 가난한 사람들을 공동으로 보살피는 기능도 수행했다.

질서의 보존과 배타적 권리의 집행을 돌보는 사법기구와 입법기구가 존재했는데 그것들은 36명(후에 39명)의 족장들에 의해 통제되고 있었다. 농민은 특정한 족장의 가신의 관계로 맺어져 있었다. 족장지위는 상속되거나 매매될 수 있었다는 의미에서 배타적인 권리였다. 따라서 초기 연방의 정치체제는 비슷한 크기를 가진 39개의 기업들로 형성된 경쟁적 시장처럼 보일 수 있다. 족장은 자신의 가신들과 공동생산이나 재산권 보호에 관한 계약을 맺고 있었으나, 족장의 권한은 여러 측면에서 제약을 받았다. 족장은 봉건영주처럼 농민들에게 세금을 거둘 수 없었고 농민은 족장과 맺은 계약을 자유롭게 파기할 수 있었으며, 자신이 속할 족장을 바꿀 수 있었다.

연방은 첫 2백 년 동안 상당한 안정을 누렸다. 그러나 가신에 대한 족장권한이 서서히 강화되고 족장지위가 합병되기 시작하자 초기의 체제에 금이 가기 시작했다. 그런 변화를 야기한 요인은 두 가지였다. 하나는 인구증가와 함께 노동에 비해 토지의 상대적 희소성이 커짐에 따라 사회구성원들의 계층분화가 나타나기 시작한 것이다. 다른 하나는 기독교의 유입과 함께 조세징수가 시작되고 족장이 조세수입의 일부를 점유할 권한을 갖게 된 것이다. 다시 말하면 한편으로는 폭력을 독점해 그 수요를 충족시켜 경제적 이득을 얻을 수 있는 가능성이 생겨났던 것이다. 그렇게 되자 족장지위의 합병이 나타나기 시작했고 족장들 간의 내전이 발발해 국가가 등장하게 되었다.

2) 국가의 기원에 대한 사회계약이론

경제학에서 국가의 기원에 관한 이론은 계약이론이다. 국가는 개인들 간의 협상과 교환의 산물이라는 인식의 당연한 귀결이다. 따라서 여기서 사회계약이론(theory of social contract)을 소개하기로 한다. 그러나 사회계약이론은 경제학의 독창적 업적이 아니고 아주 오래된 사회학적 이론이며 법학에서도 활용되고 있다. 차례로 살펴보자.

(1) 홉스의 사회계약론

홉스(Thomas Hobbes, 1588~1679, 영국)의 사회계약론은 계약이론의 고전적 원형이라고 할 수 있다. 홉스는 국가가 존재하지 않는 무정부상태인 자연상태(state of nature)에서는 사회적 연대성이나 조화로운 유대관계가 존재할 수 없다고 보았다. 자연상태에서 개인들이 서로를 무자비하게 약탈하는 상태, 홉스의 표현을 빌리면, 만인의 만인에 대한 투쟁이 벌어지며, 인간은 인간에 대해서 늑대인 상태로 빠져들게 된다. 그러므로 자연상태에서 개인들은 이러한 참혹성에서 탈출하기 위해 강력한 힘을 지닌 특정한 개인과 다음과 같은 거래를 행할 유인을 갖게 된다. 그 거래란 자신의 생명과 재산을 보호받는 대가로 보호자에게 자신의 노동력이나 재산을 제공하는 거래이다. 홉스가 상정하고 있는 이 거래는 개인이 주어진 상황 속에서 얻을 수 있는 이득을 극대화한 결과로 볼 수 있다는 의미에서 자발적 거래이므로 일종의 계약인 것이다. 또 이 계약은 인간들의 사회적 관계를 규정하는 계약이므로 하나의 사회계약이다. 국가는 바로 이와 같은 사회계약을 통해 등장하게 된다는 것이 홉스의 국가론의 요점이다.

홉스의 국가론의 중요한 특징은 사회계약의 체결에 있어서 개인들 각자가 갖고 있는 교섭력(bargaining power)이 사회계약의 내용을 결정할 가능성을 배제하지 않는다. 예컨대 강자가 약자를 약탈할 가능성을 배제하지 않는다. 이러한 이유에서 홉스의 국가론을 약탈적 국가론(predatory theory of the state)이라고 부르기도 한다. 인간의 본성을 성악설로 보는 견해와 유사하며 실제 무정부상태에서 끊임없는 혼란을 야기하는 상황을 설명하기에 적합한 이론이다.

(2) 로크의 사회계약론

홉스의 사회계약론과 대극을 이루는 고전적 사회계약론으로는 로크(John Locke, 1632~1704, 영국)의 사회계약론이 있다. 로크는 홉스와 달리 인간은 서로 유대관계를 맺고 평화롭게 살아갈 수 있는 조건을 이성을 통해 깨닫고 이를 실천하여 지켜나

갈 수 있는 이성적인 존재라고 믿고 있었다. 또 로크는 인간이란 근본적으로 사회성을 갖고 있는 존재라고 믿었다. 따라서 홉스와 달리 자연상태를 사람들이 선의 속에서 이미 질서를 확보하고 있는 상태로 보았다.

그럼에도 불구하고 로크는 자연상태의 사회에서 정치적인 사회인 시민사회로 이행하는 것이 필연적이라고 주장한다. 자연상태에서는 법의 집행이 각자의 손에 위임되므로 효율적으로 이루어지지 않는다. 따라서 사람들은 자연상태에서 각자가 보유하고 있던 권리, 즉 자연법을 개인적으로 집행할 수 있는 권리를 공동사회의 권력기구에 양도하는 데에 동의함으로써 자신의 처지를 개선하려는 유인을 갖게 된다. 로크는 이러한 이득을 추구하는 합리적 의사결정을 통해 만들어지는 사회계약의 결과로 시민사회가 성립하게 된다고 주장한다. 인간의 본성을 성선설로 보는 견해와 유사하며 미국 독립 당시의 상황에 적합한 이론이다.

(3) 루소의 사회계약론

홉스의 사회계약론과 비교되는 또 다른 고전적 사회계약론으로는 루소(Jean-Jacques Rousseau, 1712~1778, 프랑스)의 사회계약론이 있다. 루소는 자연상태하의 인간이 사회계약을 통해 사회와 국가를 형성하고 시민적 신분을 갖게 된다고 주장한다. 이것은 인간이 사회적 질서 속에서 살아갈 수밖에 없는 존재라는 것을 말해 준다. 그는 이 사회적 질서를 신성한 권리로 보고 이것은 다른 모든 것의 기초를 이룬다고 말한다. 그런데 이 권리는 자연에서 나오는 것이 아니라 계약에 기초를 둔다는 것이 그의 주장이다.

홉스의 사회계약론과 비교하면, 홉스의 사회계약론은 개인이 자신을 보호하고 이익을 극대화하기 위해 사회와 계약을 맺는다고 보는 반면 루소의 그것은 개인의 차원을 넘어 공공의 선을 실현하기 위해 사회와 계약을 맺는다고 본다. 이런 점에서 홉스의 사회계약론은 개인주의적인 성향을 강하게 드러내는 도덕적인 차원이 결핍된 것으로 볼 수 있다. 이에 반해 루소의 사회계약은 궁극적으로 공공선을 추구한다는 점에서 도덕적이라고 할 수 있다. 이것은 그가 인간이 계약을 통해서 형성한 사회나 국가를 도덕적인 차원에서 파악하고 있다는 것을 의미한다.

이러한 루소의 사회계약론에 의하면 계약을 통해 성립되는 사회나 국가는 갈등과 경쟁으로 성격지어지는 개인의 욕구나 욕망을 간과하고 개인의 개별적인 자유는 배제될 수 있다는 약점을 가지고 있다.

하지만 루소의 사회계약론은 직접 민주주의와 근대 유럽 시민혁명의 사상적 토대가 되었다. 그의 공공선의 실현을 목적으로 하는 사회계약은 그 주체가 시민이라는 점에서 이미 그 안에 민주주의 혁명의 씨앗을 내장하고 있었고 실제 국가권력에 대한 시민의 저항권을 합리화하며 프랑스 대혁명의 사상적 기초를 제공하였다.

(4) 롤스의 사회계약론

롤스(John Bordley Rawls, 1921~2002, 미국)의 정의는 개인 간의 정의보다는 제도의 정의에 주목하면서 사회구성원 간의 이익충돌과 갈등을 제도적 원리를 통해 해결하는 절차를 확립하는 것이다. 이를 위해 최초 계약을 맺는 계약당사자들이 무지의 베일(veil of ignorance)에 가려져 있고, 상호 무관심적 합리성(mutually disinterested rationality)을 지니고 있다고 가정한다.

무지의 베일은 원초적 입장이 갖는 매우 중요한 조건으로 순수 절차적 정의를 보장하기 위한 계약당사자들의 제약조건이다. 무지의 베일은 합의당사자들의 특수한 사정을 모르게 함으로써 사회적 · 자연적 여건들을 자신에게 유리하게 하지 못하게 하는 역할을 하고 있다. 이러한 가정은 각자 자신에게 유리한 원칙을 선택하지 못하게 하여 정의의 원칙에 관한 공정한 합의를 도출할 수 있는 근거가 된다.

상호 무관심적 합리성이란 상호 간에 이익을 주거나 손상을 주려 하지 않으며, 애정이나 증오에 의해 좌우되지 않고, 서로를 비교하여 더 많은 것을 얻으려 하지 않으며, 질투하거나 잘난 체하지도 않는 것을 의미한다. 상호 무관심한 합리적 당사자들은 자신의 이익을 추구하지만, 상대방들과 비교하여 상대적으로 많은 이익을 원하는 것이 아니며, 상대방들의 이익을 줄이려 하지도 않는다. 단지 이들은 자신의 삶의 목적과 관련하여 더 많은 이익을 얻으려 할 뿐이다.

이러한 조건과 위의 무지의 베일이라는 조건이 결합하여 계약자들은 자기나 자기 집단 이익이 극대화되는 방향이 아니라 손해가 가장 적게 되는 방향으로 협상을 한다고 가정한다. 이러한 협상전략을 손해 최소화전략(maximin strategy)이라 하였다.

롤스는 이 상황에서 계약자들이 선택하리라고 기대되는 정의의 원칙으로 다음의 두 가지를 제시한다. 제1원칙은 다른 모든 사람이 자유와 양립할 수 있는 한에서 가장 광범위한 자유에 대해 동등한 권리를 가져야 한다. 제2원칙은 사회 · 경제적 불평등은 다음의 두 조건을 만족시키도록 배정되어야 한다. ① 불평등은 최소 수혜자에게 최대 이익이 되도록 배치되어야 한다. ② 공정한 기회균등의 원칙하에서 불평등의 계기가 되는 직위와 직책이 모두에게 개방되어야 한다. 이상과 같이 롤스는 사회계약론적 모형을 토대로 자유주의 안에서 정의의 실현가능성을 확인하고자 하였다.

2. 공공선택이론의 국가론

사회규칙의 설명을 위해서는 국가에 관한 고찰이 필수적이다. 그러나 신제도경제학이 독자적인 국가론을 체계적으로 제시하고 있다고 보기는 어렵다. 국가의 경제학적 이론을 체계적으로 구축한 사람들은 신제도경제학자들이라기보다는 공공경제학자들, 특히 공공선택이론가들(public choice theorists)이다. 공공경제학은 국가 또는 정부의 경제행위를 분석하는 경제학의 분과이다. 즉, 공공경제학은 일찍부터 정부의 경제행위를 규제하는 원리에 관해 관심을 갖고 있었던 것이다. 이에 반해 국가론에 대한 신제도경제학의 기여는 공공선택이론의 국가론에 거래비용이론과 대리인이론을 포함하는 조직이론을 접합시킨 데 있다.

공공선택이론은 신고전학파의 접근방법을 정치이론의 영역으로 확장하려는 시도의 결과로 정립된 이론이다. 따라서 공공선택이론은 당연히 방법론적 개인주의와 합리적 선택모형을 이용하여 국가론을 전개한다. 그 주요 논거는 다음과 같다.

첫째, 국가가 수행하는 기능의 모든 것은 일종의 공공재라 볼 수 있다. 특정한 사회적 관계를 유지하기 위해 사회규칙을 만들고 강제하는 국가의 기능은 국민의 후생에 영향을 주는 일종의 서비스이다. 이 서비스는 공공재의 특성인 소비의 비배제성(non-excludability)과 비경합성(non-rivalry)을 갖는다. 배제성이란 주어진 재화나 서비스를 특정한 사람만이 소비하고 다른 사람은 소비할 수 없도록 하는 가능성을 뜻한다. 소비의 배제성이 존재하지 않는 경우에 소비의 비배제성이 존재한다고 한다. 소비의 비경합성이란, 일단 재화가 생산되면 그것을 소비하는 사람이 추가된다고 해서 추가비용이 야기되지 않는다는 의미이며, 생산된 재화를 다수의 사람이 집단적으로 소비할 수 있는 것을 뜻한다. 비배제성과 비경합성은 구분되어야 한다. 예를 들어 유선TV방송은 소비에 있어서 비경합성을 갖지만 배제가능성을 갖는다. 그렇지만 비경합성과 비배제성을 동시에 갖는 재화나 서비스도 존재하는데, 이런 재화를 순수공공재라 한다. 국방과 치안은 순수공공재의 대표적인 예이다.

둘째, 국가의 활동도 생산활동의 특성을 갖는다. 국가기능의 수행을 위해서는 비용이 야기된다. 뿐만 아니라 국가권력을 행사하는 개인 또는 집단은 국가기능을 수행함으로써 일종의 독점이윤을 얻어낼 수 있다. 역사적으로 볼 때 절대왕정시대의 군주는 국민들로부터 거두어들인 세금으로 국가기능의 수행에 필요한 비용을 충당하고 남는 일종의 이윤을 수취하고 있었다. 이러한 이윤은 국가권력의 독점성으로부터 독점이윤의 성격을 갖는다. "짐은 국가다"라는 군주의 선언에는 이런 의미가 담겨있다. 관료기구나 정치인이 국가권력을 이용하여 자신의 이득을 챙길 수 있는 가능성은 분명히 존재한다.

셋째, 국가와 개인 간의 관계는 일종의 경제적 거래의 성격을 갖는다. 이는 국가를 생산활동의 주체로 보고 국가기능을 하나의 상품으로 볼 수 있기 때문이다. 이 거래에서 개인은 가급적 비용을 적게 지불하려고 할 것이고 국가는 수입이나 이윤을 극대화하려고 들 것이다.

넷째, 국가는 개인들 간의 협상과 교환의 산물이다. 시장거래와 같은 사적 거래의 특성은 사람들이 서로의 개인적 이익을 위해 교섭을 벌여 계약을 체결하고 그 계약의 약정대로 재화나 용역을 교환하는 데 있다. 그런데 국가의 발생과 변화의 과정 또한 사회구성원들이 개인적 이득을 위해 벌이는 교섭과정을 통해 어떤 종류의 교환에 관한 계약을 체결한 결과라고 볼 수 있다.

이런 논거들에 기초한 공공선택이론에 의하면 국가를 하나의 경제제도로 파악할 수 있다. 또 국가의 기능, 국가의 발생과정, 국가형태의 변화과정 모두를 경제학의 분석방법을 적용해 분석할 수 있다. 뿐만 아니라 의도적 행위자가 없는 의도란 있을 수 없고 국가권력을 행사하는 개인들이 존재하게 마련이며 국가는 개인들이 의도한 바의 산물이므로, 방법론적 개인주의와 합리적 선택모형에 기초해 신고전학파 경제학의 분석기법을 이용하여 국가론을 전개할 수 있다. 신제도경제학의 국가론은 거래비용이론이나 조직이론을 도입해 공공선택이론의 이와 같은 국가론을 확장해 보려는 이론적 시도라 할 수 있다.

앞에서 소개한 사회계약론 중 경제학의 공공선택이론의 국가이론과 잘 맞아 떨어질 수 있는 국가론은 홉스의 국가론이다. 그렇지만 홉스의 국가론에 기초하여 경제학의 국가론을 펴고자 할 때 가장 큰 문제는 홉스 국가론의 국가의 약탈적 성향에 있다. 공공선택이론가들은 이 문제의 해결책으로 잠재적 국가들 간의 경쟁을 강조한다. 이 경쟁은 혁명, 선거, 시위, 이민 등과 같은 다양한 형태를 취할 수 있다. 예를 들어 인권을 탄압하는 국가의 주민은 인권을 보장하는 국가로 탈출하거나 이민할 수 있다.

이에 반해 신제도경제학자들은 거래비용, 즉 사회계약의 집행비용의 측면을 강조하는 경향이 있다. 정부는 폭력을 사용하여 시민들이 자신의 명령을 따르도록 할 수도 있다. 그러나 정부의 행동이 보다 합법적일수록 자발적 복종의 정도가 더욱 커질 것이다. 자발적 복종은 정부로 하여금 복종을 이끌어 내는 데 드는 비용을 절약할 수 있도록 한다. 노스의 이념(ideology)에 관한 논의가 좋은 예이다.

3. 에거트슨의 신제도경제학의 국가론

에거트슨(Eggertsson, 1990)은 공공선택이론의 국가론을 신제도경제학적인 관점에서 재산권, 측정문제와 대리인문제, 거래비용 등을 추가하여 국가론을 설명한다.

국가가 교환을 지배하는 근본적인 규칙들을 정하고 실행하기 때문에 국가는 중요하다. 재산권의 실행은 힘에 의존하게 마련이고, 폭력의 사용에 있어서 규모의 경제가 있기 때문에 국가라는 단일 행위주체가 폭력의 적법한 사용에 관한 독점권을 갖게 된다. 만약에 국가가 존재하지 않는다면 개인들은 각자가 생명과 재산을 개인적으로 보호하는 데 자신이 갖고 있는 많은 자원을 사용해야 할 것이다. 더구나 재산권을 개인적으로 집행하기 위해 강하고 무자비한 상대에 대항하여야 한다면 재산권의 유지 및 보호 자체가 불가능할 수도 있다. 국가가 재산권의 기본구조를 정하고 분쟁 시에 중재하고 규칙을 강제한다면 국가는 상대적으로 낮은 비용으로 질서를 제공함으로써 공동체의 생산가능곡선을 확대시킨다.

초기 국가, 즉 원시적 국가는 특정한 개인이나 가족이 세금을 징수하는 권리를 갖는 대신에 공공질서를 확립하고, 공동체를 외침으로부터 방어하고, 쾌적한 생활에 필요한 여타의 조치를 취하는 일을 맡음으로써 등장하였다. 통치자와 피치자들 사이의 관계는 계약이란 용어로 파악할 수 있고, 거래비용과 대리인의 개념들이 그러한 계약구조를 분석하는 데 사용될 수 있다.

군주의 힘은 대리인비용에 의해 제한되고 경쟁에 의해 억제된다. 만일 군주가 공공질서와 다른 서비스를 너무 비싼 가격으로 공급한다면 세제에 관해 좀 더 우호적인 군주가 등장하게 될 수도 있다. 조세를 거두어들이는 역량 역시 대리인문제와 측정비용에 의해 제한받는다. 수입을 모으기 위해서는 세원을 포착하고 측정하여 세금을 부과하고 징수하여야 한다. 군주는 이러한 일을 이루어 내기 위해 상당수의 대리인들에 의존할 수밖에 없고, 합리적인 통치자는 대리인비용을 최소화하는 제도를 추구할 것이다.

만일 통치자들이 아무런 거래비용 없이 세금을 거두어들일 수 있다면 세원을 극대화하는 재산권구조를 선호할 것이다. 그러나 노스(North, 1981)가 강조한 바와 같이 거래비용이 높다면 급속한 경제성장이 가능하지 않은 재산권구조를 구축하는 것이 통치자들의 이해와 맞을 수도 있다. 구소련 지도자들에게서 발견되는 대리인문제가 이러한 딜레마의 좋은 예가 된다. 지난 수년 동안 해외의 연구자들 사이에서는 물론 구소련 자체 내에서도 구소련의 재산권구조를 다양한 방법으로 조정하게 되면 국가 전체의 순생산물이 상당히 증가할 것이라는 관측이 제시되고 있었다. 국가권력 지도층인 공산당 지도자들도 이 점을 분명히 인식하고 있었으나 재산권구조의 그 어떤 변화도 일어나지 않았다. 이런 명백한 역설에 대한 하나의 설명은 통치자들이 대리인문제의 함정에 빠져 있었다는 것이다. 즉, 재산권의 바람직한 변화에 관한 대부분의 제안은 경제력의 분권화를 권장하였으나 통치자들은 이것이 대리인비용의 증대와 통제의 상실을 초래할 것이라고 우려했던 것이다.

4. 정치제도의 안정성

현대사회에서의 교환과 생산은 사회 · 정치적으로 결정되고 집행되는 규칙의 틀안에서 이루어진다. 그러므로 자원배분은 규칙구조의 변화, 재산권의 재규정, 좀 더 나아가서는 사회 · 정치제도의 변화로부터 영향을 받는다.

민주사회에서 재산권의 근원적 변화는 투표과정에 의해 야기된다. 즉, 대중들이 투표를 통해서 직접 변화를 야기할 수도 있고, 선출된 대표자들을 통해 간접적으로 변화를 야기할 수도 있다. 어느 경우이건 정치과정이 다수결원칙에 의해 결정된다. 2차 대전이 끝난 후 경제학자들과 정치학자들이 다수결원칙을 따르는 투표로부터 얻게 되는 결과를 철저하게 분석하였다. 이 연구에 선구적인 공헌을 한 사람은 **불가능성의 정리**(impossibility theorem)를 발표한 애로우(Arrow, 1951)였다.

불가능성의 정리

경제학자들은 일찍부터 소득분배의 문제를 포함한 공공정책에 관한 의사결정 문제를 최적화모형의 형태로 정식화하기를 원했다. 이를 위해서는 무엇보다도 사회 전체의 선호구조를 하나의 실수값 함수로 표현할 수 있어야 한다. 그렇게 해서 등장한 개념이 사회후생함수라는 개념이다. 이 함수는 서수적 효용함수와 유사한 함수인데 단지 개인의 선호를 표현하는 것이 아니라 사회를 하나의 단일한 개인처럼 취급하였을 때 사회가 갖는 선호를 표현하는 함수라고 생각하면

된다. 그런데 사회는 무수한 개인들의 합인데, 과연 개인들이 갖고 있는 다양한 사회상태에 관한 선호순서로부터 합리성을 갖는 사회의 선호순서를 도출할 수 있겠는가 하는 데 있다. 여기서 합리성이란 이행성의 성질을 뜻한다. 애로우는 수사논리학을 구사하여 단지 몇 개의 간단한 선호 집계 준칙만을 도입하여도 이러한 가능성이 존재하지 않게 된다는 것을 증명하였다.

투표이론에 관한 문헌이 제시하고 있는 결론은 다음과 같다. 투표결과는 개인들의 선호에만 의존하지 않고 안건들을 투표에 부쳐 비교하는 순서와 방법에 따라 달라진다. 투표순서에 따라 어떤 결과도 가능하다. 다시 말해 만일 사람들이 자유롭게 투표의 순서를 마음대로 정할 수 있다면, 선거제도에는 어떠한 균형도 존재하지 않는다. 투표에 의한 결정은 불안정한 해결책인 경우가 많다는 것이다.

이러한 불안정성에도 불구하고 우리는 다수결원칙을 아무런 혼란 없이 잘 사용하여 왔다. 즉, 이론적으로는 다수결의 원칙이 불안정한 의사결정원칙이나, 현실 속에서는 예상하는 바와 같은 혼란이 발생하지 않는다. 이런 상황을 설명하는 데 어떤 사람은 이념(ideology)의 역할을 강조하기도 하지만, 신제도경제학자들이나 공공선택이론가들은 정치적 교환이론(the theory of political exchange)을 좋아한다. 정치적 교환이론이란 투표자들이 여러 가지 안건에 대한 투표권을 서로 거래하는 것을 의미한다. 예를 들어, 갑은 을이 통과되기를 원하는 a라는 안건에 동의하는 투표를 해주는 대가로 을은 갑이 통과되기를 원하는 b의 안건에 대해 동의하는 투표를 해주는 거래가 바로 투표의 정치적 거래인 것이다.

비효율적인 정치적 시장

노스(North, 1981)는 왜 국가가 비효율적인 재산권체제를 유지하고 있는지를 규명하고자 하였다. 그에 따라 선거에서 경쟁자에게 뒤질지도 모른다는 경쟁적 제약, 그리고 효율적인 법률은 징수비용을 많이 들게 하여 정부수입을 감소시킨다는 거래비용의 제약, 이 두 가지야말로 정치적 조직이 한 국가에서 비효율적인 법률을 계속 유지시키게 하는 원천이라고 주장하였다.

노스(North, 1990b)는 정치적 시장이 경제적 시장보다도 더 비효율적인 이유를 일반화된

모형으로 설명하였는데, 여기서도 경제적 시장에 개입하고 있는 거래비용을 정치적 시장에 그대로 적용하여 분석하였다.

원래 신고전학파 경제학이 추구하는 효율적인 시장조건에 근접하는 경제적 시장을 창출하기란 극히 예외적이다. 마찬가지로 효율적인 정치적 시장을 찾는 것도 극히 예외적인 일이다. 왜냐하면 정치적 시장에서도 무언가 교환이 이루어지도록 하기 위해서는 거래비용이 들기 때문이다.

일반적으로 경제적 시장에서 측정되는 대상은 물리적 및 재산적으로 가치 있는 재화나 서비스의 속성이나 거래자의 성과이다. 측정하는 데에는 왕왕 비용이 들어가지만 그래도 표준적인 기준이 있다. 예를 들어, 물리적 속성에는 크기나 중량이나 컬러 등과 같은 객관적 기준이 있다. 그렇지만 정치적 시장을 통해 마련되는 재산권의 성질은 법적 조건으로 기준을 따질 수밖에 없다. 비록 완전경쟁시장이 계약이행비용을 줄이는 데 크게 기여하지만 과거와 현재의 경제적 시장은 여전히 전형적으로 불완전하고 높은 거래비용으로 신음한다.

마찬가지로 정치적 시장에서는 협약을 측정하고 이행시키는 데 더 많은 어려움이 뒤따른다. 시민들과 입법자들 사이에 교환되는 것은 투표를 두고 공약하는 내용들이다. 그런데 투표자는 투표하는 데 인센티브가 없다. 왜냐하면 자신의 한 표가 선거결과에 미치는 영향은 미미하고, 복잡한 공약으로 투표자에게 불확실성만을 안겨주기 때문이다. 정치적 협약을 이행시키는 것은 한층 더 어려운데, 그 까닭은 정치적 시장에서는 경쟁이 경제적 시장보다 효력을 발휘하지 못하기 때문이다.

이처럼 정치적 시장이 경제적 시장보다 불완전한데, 재산권을 정의하고 이행하도록 만드는 것은 정치기구이므로 결과적으로 불완전한 정치적 시장이 효율적인 경제적 시장을 만들어 낸다는 것은 극히 예외적인 사실이다.

자료 : 유동운(1999)

쉡슬(Shepsle, 1983)은 민주국가들의 정치제도는 비교적 안정적이라는 것을 다음과 같이 설명한다. 첫째, 정치제도의 구조와 그로부터 도출되는 결과는 권력을 장악하고 있는 사람들의 이해관계를 반영한다는 것이다. 경제적 힘이 정치적 힘의 토대인 것이다. 정치제도를 변화시켜 자신의 힘을 키우려는 자들은 만일 그들의 노력이 성공하지 못하면 값비싼 대가를 치르게 될 것이라고 생각할 것이다. 이전 사례를 볼 때 정치제도를 바꾸려는 시도의 성공 여부는 불확실한 경우가 많다. 예컨대 사람들은 최종 투표가 실시되기 전에는 자신들의 선호를 드러내지 않는 것이 전략적으로 유리하다는 것을 알고 있기 때문에 그럴 수 있는 것이다.

둘째, 정치제도는 의사결정자들 간의 협력을 촉진하도록 짜여 있기도 하고 그러한 협력을 이끌어 내는 것이 정치제도가 수행하는 기능의 하나이기도 하다. 그렇지만 정치가들 사이의 교환에 들어가는 거래비용은 범죄자들이나 독립국들 사이에서 이루어지는 교환에서 야기되는 거래비용처럼 높은 경향이 있다. 이는 시장에서와 달리 이러한 영역에서는 계약을 강제하는 강력한 제3자가 없기 때문이다. 그러므로 정치적 교환에 있어서는 상대적으로 계약의 자발적 이행이 중요하다. 반복되는 거래에 있어서는 거래당사자들에게 좋은 평판은 값있는 일인 반면, 약속을 어긴다는 평판은 값비싼 대가를 치러야 하는 일일 수 있다. 하지만 누가 누구를 속이는지 알아내는 데에 비용이 많이 들거나 무임승차의 가능성이 있거나 기회주의적 행위를 한 사람을 처벌하는 데 드는 비용을 누가 부담하여야 할지가 불분명한 다자간 교환에서와 같은 상황에서는 계약의 자발적 이행을 기대하기 쉽지 않을 것이다.

이 모든 것을 감안해서 정치제도란 정치인들 사이의 협력에 관한 사전적인 합의라고 주장하고 있다. 이 견해에 따르면 정치제도는 정치적 결과의 안정적인 흐름을 만들어 내기 위해 고안된 자본의 성격을 띤 구조물이고 제도변화란 일종의 투자이다. 새로운 제도가 과연 어떤 결과를 가져올지가 불확실한 것은 제도변화에 수반되는 비용이다. 불확실성이란 주어진 정치구조에서 여러 개의 균형점들로 이루어진 집합이 대응된다는 의미이다. 이 불확실성은 새로운 제도가 갖고 있는 기능의 질적인 측면이 널리 알려지게 되면 사후적으로 감소하게 된다.

마지막으로 쉡슬은 제도적 변화가 균형결과에 대해 미치는 충격에 있어서 불확실성이 존재하기 때문에, 사람들은 제도를 안정화시키게 되면 제도를 지속적으로 바꿔보려는 유혹을 자제하게 된다는 주장을 한다(Eggertsson, 1990).

혁명의 경제이론과 이데올로기

고든 털럭(Gordon Tullock, 1971)은 독재자들이 통치하는 국가들에 있어서도 왜 혁명이 비교적 자주 일어나지 않는지를 합리적 선택의 가정들에 기초하여 설명하고 있다.

경제인간(economic man)은 혁명을 성공시키는 것에 대한 그의 한계기여도가 실질적으로 영(zero)이고 그가 얻게 되는 개인적 경제이익도 역시 영이거나 부의 값이지만 그가 죽거나 다칠 확률은 상당히 높은 민중봉기에는 참가하지 않을 것이다. 그런 상황에서 사람들이 혁명에 참여하는 이유는 도덕적 가치나 특정한 이념에 대한 헌신적 참여로만 설명할 수 있다.

노스(North, 1981)는 사회적 가치의 수정, 즉 이념의 변화가 제도변화를 야기하는 주된 요인이며, 신제도경제학은 이념론 없이는 불완전한 이론이 될 수밖에 없다고 주장하고 있다. 장기적으로는 법, 동료 시민의 권리, 국가, 통치자의 권위 등에 대한 존경심의 확산이 모든 사회를 유지하기 위한 필수요건이다. 축장된 사회적 가치는 통치자들이 선전활동에 대한 투자—예를 들어 학교시스템에 대한 투자—를 통해 증가시킬 수 있는 일종의 자본이다. 이념의 도움 없이 시민들을 감시함으로써 사회체제를 유지하려면 권력엘리트들의 시민감시비용과 시민들의 상호감시비용이 무한대로 커져갈 것이다. 모든 사람들이 단지 이기주의적이고 냉혈한(cold-blooded fashion)처럼 행동하는 사회는 생존가능성이 없는 것이다.

자료 : 에거트슨(Eggertsson, 1990)

5. 올슨의 집단적 선택이론

제도문제를 분석함에 있어서 올슨(Mancur Lloyd Olsen, 1932~1998)의 집단적 선택이론은 유용한 시사점을 준다. 정치과정에서의 정보비용, 즉 정치적 거래비용을 이해하는 데 유익하다. 에거트슨(Eggertsson, 1990)에 소개된 예를 이용해서 설명하기로 한다.

민주주의 국가에서 어떻게 소수집단들이 다수 대중을 남용할 수 있을까? 한 가지 설명은 재산권구조의 한계적 변화로부터 야기될 수 있는 비용과 편익이 불공평하게 분배되는 것과 그러한 변화로부터 이익을 보는 자와 손해를 보는 자들에게 주어지는 정보가 비대칭이라는 것이다.

예를 들면, 어느 한 국가의 제화업자들은 외국에서 수입되는 값싸고 품질 좋은 신발 때문에 위협을 느끼고 있다. 신발수입으로 인한 손해는 엄청난 액수일 수 있다. 국내 제화업자는 수입금지라는 재산권을 변화시킴으로써 수입업자들과 소비자들을 손해 보게 만들 수 있다. 수입금지로 인해 소비자 전체가 손실을 보게 되나 그 손실은 많은 수의 사람들이 나누어 분담하게 된다. 그렇지만 대부분의 가계는 손실액을 모르거나 이를 알아내기 위한 정보비용이 아주 높을 것이다. 소비자들이 집단행동을 하는 데에는 이러한 비용 외에도 다수의 의사를 결집시키고 실천하는 비용이 필요하다. 대표자를 선정하고 관료나 정치인, 언론인들에게 홍보를 해야 할 것이다. 그리고 집단행동을 할 때 무임승차 문제에 직면한다. 정보비용이 필요하고 관리자 선정이나 홍보 등의 비용을 거두어야 되지만 수많은 다수로부터 비용을 거둘 때 무임승차하려는 소비자가 생길 것이다. 이러한 요인들이 함께 작용하여 소비자들의 정치적 행동을 제한하게 된다. 또한 수많은 집단인 관계로 집단활동이 성공해도 각 개인에게 돌아가는 이득의 크기가 작아진다는 문제도 크게 작용할 것이다. 반면, 제화업자들은 관련정보를 비교적 쉽게 입수할 수 있고, 제화업자들 개인에게 평균적으로 돌아가는 이득의 규모도 크며, 업체수가 작으므로 무임승차 문제도 없을 것이다.

따라서 소수의 제화업체는 수입금지를 위한 적극적 활동이 쉬운 반면, 소비자들의 수입자유화 정책은 적극적 활동이 어려울 것이다. 이때 국민 전체 후생의 관점에서 수입금지 정책은 국가 전체적으로는 바람직하지 않을 수도 있다. 이를 시정하기 위한 방안으로 우선, 정부는 소비자집단의 무임승차 문제를 해결하기 위해 집단에 소속되기를 거부하고 회비지불도 거부하는 개인들에게 높은 비용을 부담하도록 만들거나, 제화업자들의 단체행동을 저지하기 위해 뇌물공여를 금지하는 법률을 포함한 로비활동을 규제하는 법규들이 필요하기도 하며, 공무원이나 입법자들의 공익정신도 필요할 것이며, NGO나 시민단체의 역할도 중요할 것이다.

6. 민주주의와 재산권 보호

올슨(M. L. Olson, 1932~1998)은 「지배권력과 경제번영(Power and Prosperity, 최광 역)」에서 공공경제학의 국가론을 가정하여, 독재의 생성과 민주주의로의 발전과정을 역사적 사례를 이용하여 독특한 논리로 설명한다. 아래 내용은 이 책의 1, 2장을 요약한 것이다.

1) 독재정권의 기원과 경제적 효율

사람은 복잡한 존재이지만 분석의 편의상 권력자들은 합리적으로, 사익을 위해 행동하는 범죄자에 비유한다. 권력자를 갱단이나 마피아 두목에 비유하여 설명한다. 개인의 절도는 절도 대상자의 지갑을 모두 훔치지만 특정지역을 완전히 관장하는 독점적 범죄집단은 절도 대상자의 지갑의 일정한 금액만 훔치며 관장지역의 사업의 수익성을 북돋아주고 주거생활을 더욱 안전하게 해주는 것이 장기적 사익과 일치하는 것으로 가정한다. 주민을 위한 행위를 공공재 공급에 비유한다.

특정지역을 확실히 관장하고 그곳에서 절취를 독점할 정도로 힘이 강하다면 도적의 두목은 해당 지역에서 넓고 큰 이해관계를 갖는다. 이러한 이해관계로 인해 절취율을 제한하여 정규화하려 할 것이며 공공재도 공급한다. 도적두목의 입장에서 주민들은 세금납부의 원천이기에 다른 무리들이 주민을 살해하거나 불구로 만드는 것을 금지할 것이다. 다른 무리들에 의해 관할주민이 절도를 당하는 것은 총소득을 감소시키므로 도적두목 자신의 세금이 적어진다. 따라서 자신을 제외하고는 어느 누구도 절도를 허용하지 않을 것이다. 충분한 힘을 가진 도적의 두목은 정착하여 왕관을 쓰고 공공재를 공급하는 전제군주가 되고자 할 것이다. 그 결과 질서는 확립되고 경제가 성장하고 문명이 진전되었다. 올슨은 이러한 현상을 오늘날 독재정권하에서 경제성장을 설명하는 논거로 활용한다. 대만, 한국, 싱가포르, 중국, 그리고 칠레를 예로 든다. 독재자들의 힘이 어느 정도는 사회의 이익을 위해 사용하도록 하는 '보이지 않는 손' 이라며 이를 '제2의 보이지 않는 손' 이라고 칭하며, 독재자가 경제성장을 초래하였으나 원래 의도한 것은 아니었다고 한다.

독재정권에서 중요한 점은 독재기간이 길수록 경제적으로는 효율적이라는 것이다. 투자에 대한 수익은 미래에 성취하므로 권력승계에 따른 불확실성이 커지면 그만큼 투자는 어려워진다. 왕의 장자로 왕위승계가 널리 행하여진 것은 승계로 인한 불확실성을 줄이기 위해, 영토 내 모두가 이익을 본다는 직관에 연유하는 것 같다. 승계를 둘러싼 암투를 줄여 현재의 투자와 소득과 세수가 증가할 것이다.

그러면 독재정권은 언제 끝날 것인가? 전제군주가 자리를 잃는 경우는 쿠데타를 당하거나 암살 등에 의해서이다. 이런 경우 대부분 다른 도적에 의해 권력이 승계된다. 전제군주정의 붕괴가 민주정으로 연결된 경우는 특별한 경우이다. 전제주의와 민주주의 간의 전쟁에서 전제주의가 패배했을 때 강제로 전환된다. 그 예로 2차 대전 후 독일, 일본, 이탈리아가 패배했을 때 민주주의 승전국들은 패전국에 민주주의를 강제했으며 패전국민들은 전제정의 비극적 악몽을 떠올리며 민주적 제도들을 쉽게 수용했다.

2) 민주주의의 자생적 등장

민주주의의 자생적 등장을 위한 가장 결정적 조건은 전제군주정을 창출하는 조건이 존재하지 않는 것이다. 전제군주정을 전복시킨 개인이나 집단지도자가 자신을 전제군주제로 만들지 않을 때 민주주의가 자율적으로 나타날 가능성이 높다. 이렇게 되기 위해서는 적은 수의 지도자 집단 사이에 힘의 균형이 유지됨으로써 가능하다고 추론할 수 있다. 미국, 영국 등에서의 민주주의 등장은 권력의 다원적 분산과 연관되었다.

두 번째 조건은 힘의 균형을 가진 다른 세력들이 작은 군주정을 가능하게 하는 식으로 구분, 분리되어서는 안 되는 것이다. 즉, 한 지도자가 한 영역을 전적으로 통제하지 못하도록 할 정도의 힘의 균형이 확립되어 있는 경우에도 그 지도자는 작은 지역의 전제군주로 자신을 내세울 수 있을지 모른다. 그러나 각기 다른 경쟁집단이 넓은 영역에서 함께 묶이게 되면 작은 군주정은 실행 불가능해진다.

세 번째 조건은 민주주의 체제가 나타나는 지역이 이웃한 독재집단으로부터 정복당하지 않아야 한다는 것이다. 즉, 전제군주는 그가 공공재에 지출하는 것보다는 납세자로부터 훨씬 더 많이 걷는다. 따라서 전제군주가 지배하는 영역이 크면 클수록, 그가 세금을 부과할 수 있는 사람이 많으면 많을수록 그에게 돌아오는 잉여는 커진다. 따라서 전제군주제는 침략을 통해 영토를 확장할 유인을 갖는데, 민주주의 체제가 전제군주의 체제에 희생당하지 않아야 한다.

힘의 분산으로 스스로 전제군주가 되지 못하는 지도자는 민주정부를 세우는데 다른 지도자와 협조하여 권력을 나누는 것이 낫다. 이때 최선의 선택은 대의정부를 구성하여 각 집단의 대표자 자격으로 권력을 나누어 갖는 것이다. 각 대표자가 다수의 사람을 대표하게 되면 질서유지라든가 다른 공공재의 공급을 위해서 이를 추진할 어떤 관료적 계급조직이 필요하다.

그러나 어떤 정부도 정부의 효율을 위해 그 지도자에게 독재자에 가까운 어떤 특권을 부여해야 한다. 따라서 또 다른 형태의 독재자 지위를 차지하려는 경쟁도 있었고 군의 지도자 출신의 독재자에게 민주정부가 전복되기도 했다. 권력의 공유를 내세운 많은 기구들이 대의정부로 살아남지 못했다.

3) 대의정부에 의한 재산권 및 계약권의 확립

대의제에 성공한 국가들의 경우 정부 최고책임자의 권력을 제한하는 절차를 만드는 데 성공하였다. 이들 국가들의 조건은 민주주의의 자생적 등장의 조건을 갖춘 경우 그러한 조건들이 최고책임자의 권력을 제한하는 절차로 연결되었다. 그 사례로 오늘날 민주정의 효시로 알려진 영국, 미국과 이탈리아 민주정의 성립을 들고 있다.

17세기 영국의 명예혁명(Glorious Revolution) 당시 왕당파와 의회파 간의 싸움에서는 영원한 승자가 없었다. 영국신교에서의 서로 다른 종파들과 그들과 연계된 경제적 · 사회적 세력들은 다소 균등히 결합되었다. 승리한 어느 지도자나 어느 집단도, 어느 종파도 자신들의 의지를 다른 모두에게 강요할 만큼 강하지 못했으며, 새로운 전제군주정을 탄생시킬 만큼 강하지도 못했다. 명예혁명을 주도했던 지도자들은 제3자가 그들 위에 절대권력을 행사할 가능성을 줄이는 권력공유제도를 설계하고자 했다. 대의정부의 탄생에 협조하고 입헌군주의 권한을 제한하려고 했다. 군주정에 적절히 제한을 가하고 사법부가 독립되며, 관습법이 정착되고, 권리장전이 선포되면서 영국국민들은 자신들이 체결하는 계약이 공평히 집행되고, 정부비판자들의 사유재산도 보장되리라는 확신을 높이게 되었다. 이러한 상황은 산업혁명을 성공시키는 계기가 되었다.

미국에서 민주정의 출현은 영국의 영향도 있었지만 미국 역시 힘의 분산 및 다양성이 존재하였다. 13개 식민지들은 노예제도, 종교 등을 놓고 각기 견해가 달랐고 각기 다른 종교 및 경제 집단을 갖고 있었다. 미국헌법의 초안자들은 전제군주정을 예방하는 권력의 분산, 그리고 견제와 균형, 법원의 독립을 규정하였고, 또한 권리장전에 따라 각종 권리가 보호됨에 따라 독재의 가능성이 약화되었을 뿐만 아니라 재산권 및 계약권이 보호되었다.

북부이탈리아 도시국가들의 경우에도 유사한 논리가 작동한 사례들이 있다. 지도자 가문이나 상인이 도시를 위해 정부를 조직할 때 그들은 투표를 통해 권력을 공유했을 뿐만 아니라 정부책임자가 전제군주적 힘을 가질 가능성을 낮추기 위해 크게 노력했다. 예를 들어, 제노바(Genova)에선 한때 정부의 최고사령관은 반드시 국외자여야만 했다. 즉, 제노바 유력가문들과는 전혀 관련성이 없는 사람이어야만 했다. 게다가 최고사령관은 임기가 한정되었으며, 임기 끝에는 반드시 도시를 떠나야 했고, 지역 가문들과 혼인관계를 맺는 것이 금지되었다. 베니스 공화국에서는 독재자가 되고자 했던 총독이 교수형을 당한 이후 다음 총독들은 행차할 때 칼을 찬 사형집행인이 수행하였다. 이는 독재권력을 잡기 원하는 누구에게든 교수형이 가해진다는 것을 상기시키기 위한 것이었다. 이와 같은 노력으로 이탈리아 도시국가들은 당시 대부분의 유럽왕국들보다 더 정취하고 세련된 법정, 경제제도, 재산권제도를 가지고 있었다. 이들 도시국가들은 찬란한 르네상스 문화를 이루었고 유럽에서 가장 발전된 경제를 이루어 냈다.

4) 영구적 민주주의와 영구적 재산권 및 계약권

특이하게 훌륭한 경제정책을 추진하는 강력한 독재자의 경우에 상대적으로 가난한 나라들을 매우 빠르게 성장시키긴 하였지만 그러한 높은 성장은 한두 독재자의 재임기간 동안에만 나타난다. 또한 전제군주제의 경우 질서가 유지되어 경제성장의 가능성이 존재하지만 전제군주가 교체될 시기에는 불확실성에 직면한다. 반면에 권력교체의 시기에 그 어떤 불확실성이 없어진다면 경제의 효율은 그만큼 더 보장된다고 할 수 있다. 법의 지배하에 안정된 민주체제에서 많은 개인들이 장기계약을 맺으며 증손자를 위한 신탁을 만들고, 세세손손 계속될 것으로 기대되는 재단을 설립하기도 한다.

자본은 독재가 계속되거나 간헐적인 국가로부터 도망쳐 나와서 안정적인 민주국가들로 옮겨간다. 마찬가지로 계약체결이 핵심인 은행, 보험, 그리고 자본시장 등의 활동에서 가장 큰 이득을 얻는 나라들은 미국, 영국, 스위스 등의 국가와 같이 민주주의가 매우 안정적인 나라들이다.

민주주의의 모순

전제군주정에서 절대권력을 약화시키며 국가권력을 3권으로 분리한 것은, 독재정권은 절대 부패한다는 역사적 교훈에서 비롯되었다. 그러나 역사를 돌이켜보면 전제군주가 항상 권력을 남용하며 부패를 조장하고 주민들을 힘들게만 한 것은 아니었다. 우리 역사만 보더라도 때로는 성군이 나타나 국가 및 국민들에 큰 혜택을 주기도 하였다. 권력집중은 항상 경제적 비효율을 초래한 것은 아닌 것이다. 따라서 획일적인 권력분립은 재고되어야 한다. 국가와 국민을 위해 일을 잘할 집권자에게는 권력을 많이 줄수록 좋다는 것이다. 문제는 그런 자질의 소유자를 어떻게 판별하는가일 것이다.

민주적 절차는 신속, 정확한 의사결정에는 약점이 있다. 형식과 절차에 얽매여 신속한 의사결정의 어려움으로 적절한 시기를 잃어버릴 수도 있고 집단이익을 위한 의사결정으로 국가 전체적인 관점을 잃어버리기도 한다. 또한 인권을 지나치게 강조하여 범죄자에게 도피처를 제공하기도 한다. 민주정의 강점과 약점을 충분히 고려해야 할 것이다.

핵심용어

국가, 공공선택, 사회계약론, 불가능성의 정리, 집단행동, 민주주의

확인문제

1. 사회계약론에 대해 설명하라.
2. 공공선택이론의 국가론을 설명하라.
3. 에거트슨의 신제도경제학의 국가론에 대해 논하라.
4. 정치제도가 안정성을 갖는 이유는?
5. 집단행동을 제약하는 원인들은?
6. 민주주의가 자생적으로 등장하는 요건과 그 사례를 설명하라.
7. 민주주의가 경제성장에 유익한 이유를 설명하라.

제 II 편

사 례

국가는 양날의 칼이다. 국가의 존재는 경제성장을 위해서는 필요하지만 인위적인 요인에 의한 쇠퇴의 원천이기도 하다.

– Douglass Cecil North

제7장

경제발전과 쇠퇴의 원인

- 경제사에서의 사례 -

1. 서 론
2. 권력, 제도와 경제의 상호작용
3. 고대, 중세의 정체와 근대 이후의 성장
4. 근대초기 국가 간의 격차
5. 시사점
6. 소 결

1. 서 론

고대 이후 현재까지 인류의 경제는 꾸준히 발전해 오고 있다. 그러나 국가별, 지역별, 시기별 발전의 구조나 유형은 각각 특색을 지니고 있으며 일정시점에서는 어떤 사회와 국가도 쇠퇴하는 경우가 있었다. 경제사 연구는 여러 가지 목적이 있지만 가장 중요한 목적은 과거부터 현재까지 경제 발전이나 쇠퇴의 원인을 규명하여 시사점을 찾는 것이라 할 수 있다. 방대한 경제사를 분석하기 위한 방법론은 주제별, 시기별로 제 각각 다양한 접근이 가능하다. 또한 현재 경제사 교과서들은 경제외적인 설명이 절대 부족하여 경제사를 제대로 이해하는 데 어려움을 주고 있는 실정이다.[01] 신고전학파 경제학은 순수경제학의 영향으로 경제외적 분석에는 소극적인 경향을 보였는데 경제사 분야도 이러한 경향이 있다. 정치, 사회, 문화, 제도 측면을 이해하지 않고는 정확히 파악하기 어려운 것이 사실이다. 이들 요인들은 각각 상호간의 피드백(feedback)작용을 통해 경제에 영향을 주기도 하고 받기도 한다.

이 장의 목적은 경제사에서 경제 발전과 쇠퇴의 원인을 세 가지 주제를 이용하여 신제도경제학적인 관점에서 재조명하고, 이러한 논의를 통해 시사점을 찾는 것이다. 이의 필요성은 다음과 같이 제시할 수 있다.

현재까지 경제사 연구는 신고전학파 경제학과 유사하게 경제성장의 동인을 주로 인구, 자원, 기술 등의 관점에서 조명해 오고 있다. 그러나 이러한 개별적 요소는 자체 설명력이 미약하기 때문에, 최근의 경제성장론의 주류적인 흐름에서는 인적 자본, 지식, 제도 등의 중요성이 부각되고 있는 것이다. 우선 물리적인 인구증감의 경우 성장의 동인으로 보기에는 명확하지 못한 측면이 많아서 성장의 결과로 봐야 하는 경향이 일반적이다. 따라서 인적 자본이 중요시되는 것이다. 인적 자본의 축적을 위해서는 신뢰를 기반으로 하는 기업조직, 교육제도, 대학제도 등의 제도적인 측면이 중요하다. 자원의 경우, 신대륙의 발견으로 풍부한 자원의 유입이 중세 이후 성장

---

01 岡崎哲二(2005)는 제도와 조직의 관점에서 경제사 교과서를 발간하였는데 이러한 시도는 영어권의 국가에서는 최초일 것이라고 소개하였다.

의 중요한 동인으로 볼 수 있으나, 현재 자원이 풍부한 국가가 후진국인 사례와 자원이 빈약한 국가가 선진국인 사례는 어렵지 않게 발견할 수 있다. 자원의 경우에도 자원의 효율적인 활용 및 분배에는 사회제도의 역할이 중요할 것이다. 기술이 중요한 성장의 동인이라는 것은 의심의 여지가 없다. 그러나 후술하는 바와 같이 기술의 발전은 기술발전의 유인을 제공하는 제도가 얼마나 잘 갖추어져 있는가, 이 점이 중요하다. 따라서 제도적인 관점에서의 분석은 중요한 함의를 도출하기 쉬울 것이다.

이 장의 구성은 다음과 같다. 2, 3, 4절에서는 제도적인 요인이 경제변동에 얼마나 중요한 역할을 하는지를 각 절별로 세 가지 주제를 통해 논증한다. 5절에서는 위의 논의를 통해서 시사점을 제시하고, 6절에서는 결론으로 요약 및 의의를 서술하는 것으로 내용을 전개한다.

2. 권력, 제도와 경제의 상호작용

노스와 토마스(North & Thomas, 1973)는 역사적으로 인간의 재화획득은 직접생산이나 약탈이었다고 한다. 덧붙여 설명한다면, 인간의 재화획득이나 부의 축적은 자신의 노동투입으로 인한 생산이나 가격을 지불하는 거래를 통하거나, 약탈이나 사기에 의한 것으로 나눌 수 있다. 그렇다면 사회제도의 발전은 약탈이나 사기에 의한 재화획득을 줄이고 직접노동 투입으로 인한 재화획득이나 거래를 통한 교환의 기회를 늘리는 것을 장려하거나 보호하는 과정이라 할 수 있을 것이다.

1) 국가성립 전후

국가성립 이전인 원시 공동체사회의 경우 자급자족 경제로서 개인 간의 교환은 한정된 일부 개인만이 가능했으나 농업기술이 발날하면서 잉여 농산물의 혜댁을 누리는 집단들은 교역을 통해 상호 효용을 증대시켰을 것이다. 그러나 교통과 통신이 발달하지 못했기 때문에 교역의 지역적 범위는 아주 좁았을 것이고 주로 비공식적 제도에 의존하였다고 볼 수 있다.[02] 또한 상당한 자원이 약탈을 막기 위해 투입되어 생산적인 부분에 투입되는 자원이 상당히 제약을 받았을 것이고[03] 정보기술이나 측정기술의 미발달로 거래비용이 과다한 경제체제였을 것이다.

그러나 국가성립 이후에는 공식적 제도가 출현하게 되고 교역의 지역적 범위도 넓어지고 국가 간에도 교역을 하면서 국가는 경제발전에 크게 기여하였다고 볼 수 있다.[04]

North(1990a : 33~35)의 설명은 소규모 생산, 단거리 무역, 낮은 전문화를 특징으로 하는 차별 있는 교환(개인적 교환, personal exchange)에서 대규모, 복잡화, 기회주의로 특징되는 차별 없는 교환(비개인적 교환, impersonal exchange)으로 발달함에 따라 국가 역할은 비공식적 제약을 보호하기 위한 공식적 규칙들을 만들어 내는 것이라고 한다.

국가의 역할로 인해 경제발전에 유리한 환경을 조성하는 면을 볼 수 있었다. 국가의 생성으로 인해 거래의 안전이 국가성립 이전에 비해 더욱 보장되었다고 할 수 있다. 약탈을 방지하기 위한 자원투입이 적어지고, 도량형 통일,[05] 공동체 구성원의 신분확인이 용이해지는 등으로 거래비용을 많이 줄이게 되어 공식적 제도의 중요성을 확인할 수 있다.

초기 고대국가의 경우 대체로 강력한 국가권력을 구축하였다. 절대왕권을 뒷받침하기 위해 통치구조가 잘 완비되고, 법률을 정비하면서 사회질서의 안정을 꾀하였다. 국가성립 이전에 비해 경제발전에는 유리한 여건이었다. 이성과 논리가 지배하는 현대 민주사회와는 달리 힘과 무력이 지배하던 시대에는 국가 내의 단 한 명에게 권력을 몰아주는 사회시스템이 경제적 측면에서 효율적이었다.[06]

---

02 국가성립 이전의 재산권제도에 대해서는 North(1994b, 1990a, 1987), Eggertsson(1990)의 8장, 9장 참조 바람.

03 무정부 상태에서의 비효율성에 대한 게임이론적 분석에 대해서는 유동운(2011), 약탈로 인한 생산적 자원 배분의 장애를 설명하는 논문에 대해서는 Romar(2001), Murphy *et al.*(1993) 등을 참조 바람.

04 기타 국가의 중요성에 대한 내용은 North(1994b, 1991, 1981), Eggertsson(1990)의 10장을 참조 바람.

05 국가에 의한 표준화에 대한 설명은 Barzel(2002 : 190)을 참조 바람.

06 폭력독점의 경제적 효율성과 폭력독점의 진화과정에 대한 설명 및 관련 문헌에 대해서는 유동운(2011) 참조.

Olsen(2000)은 장자상속에 대해 다음과 같이 긍정적으로 설명한다. 투자에 대한 수익은 미래에 성취하므로 권력승계에 따른 불확실성이 커지면 그만큼 투자는 어려워진다. 왕의 장자로 왕위승계가 널리 행하여진 것은 승계로 인한 불확실성을 줄이기 위해, 영토 내 모두가 이익을 본다는 직관에 연유하는 것 같다. 승계를 둘러싼 암투를 줄여 현재의 투자와 소득과 세수가 증가할 것이다.

잦은 전쟁으로 인한 막대한 인적 · 물적 · 자원의 희생을 최소화시키는 사회시스템이었을 것이다. 이 당시 왕에 대한 충성을 강조하고 합리화하기 위한 논리를 만들었던 사상가는 경제학적 안목도 겸비하였을 것이라고 추측된다. 국가권력에 의한 시민의 착취가 있긴 했으나 강력한 국가권력이 거래비용을 줄이는 역할을 하여, 국가성립 이전에 비해 경제발전에는 유리한 시기였다고 할 수 있다.

노스(North, 1981)는 개인의 보호와 질서유지를 개인이 맡아서 하는 것보다 국가의 기능으로 하여 조세를 수취해서 비용을 충당하는 경우 규모의 경제(economy of scale)로 인해 더욱 저렴한 비용으로 개인을 보호할 수 있고 무임승차(free rider) 문제도 해결된다고 주장한다. 1990년 저서에서는 집행에서의 규모의 경제도 주장하였다.

바젤(Barzel, 2002)은 개인의 보호에서 규모의 경제 외에도 합의(agreement)의 집행에서도 국가권력이 통제가능한 경우와 합의 집행과정의 측정이 용이할 경우 국가 외의 제3부문(긴밀한 유대 집단(close-knit group), 교회, 거래조직(trade organization), 기업, 범죄조직)에 비해서는 규모의 경제가 가능하며, 사법 서비스(adjudication service)와 표준화에서도 규모의 경제(economy of scale)가 존재한다고 한다.

2) 중세에서 근대

국가체제가 완성된 이후에는 또 다른 양상이 전개된다. 국가성립, 공식적 제도의 발전으로 사인에 의한 약탈이 줄게 되었지만 고대 국가성립 시기 이후 왕권강화로 인해 개인의 재산권이 존중되지 못하여 국가권력에 의한 착취정도가 경제발전에 중요한 변수로 부각되었다.

일반적인 표현은, 국가는 양날의 칼이다. 국가의 존재는 경제성장을 위해서는 필요하지만 인위적인 요인에 의한 쇠퇴의 원천이기도 하다(Eggertsson, 1990; North, 1981).

원시시대에는 사인(私人)에 의한 약탈로 재산권이 불안정했지만 국가성립 이후에는 국가권력에 의한 재산권 불안정이 경제발전을 막는 요인으로 부각되었다. 통치권자의 절대권력이 경제발전에 불리한 환경을 조성하는 면을 자주 볼 수 있었다. 정복전쟁이나 왕실재정의 수요과다로 인한 과도한 조세로, 개인의 재산권이 보장되지 못한 것이 경제발전을 지체하는 요인으로 작용하였다. 근대를 기점으로 이러한 비효율적인 제도를 잘 극복한 국가는 선진국으로, 그렇지 못한 국가는 정체하는 국가로 나뉘게 되었다.[07] 시민혁명과 국민국가 형성시기인 근대 이후에는 국민주권론, 법의 지배[08] 사상이 발전하게 되면서 권력이 분산되거나 약화되어 국가권력에 의한 자의적인 재산권 몰수는 규제되기 시작하고 재산권 보호가 발달하면서 산업혁명 이후 유례없는 경제성장을 실현하기 위한 제도적 기초가 형성되었다.[09]

3) 현 대

현대는 법의 지배, 민주주의의 정착으로 인해 국가권력의 남용은 어려워지고 국민의식수준의 향상과 교육수준이 높아짐에 따라 경제주체의 역량이 향상되어 사적 자치가 가능해지고 있다. 더구나 정보통신의 발달로 네트워크사회로 진화되어 동일한 비공식적 제도가[10] 지역적으로 넓게 적용되고 평판(reputation) 메커니즘이 강력한 역할을 함에 따라 국가권력의 역할은 더욱 약화되고 공식적 제도의 중요성도 반감되었다고 볼 수 있다.

---

07 이 부분에 대한 자세한 설명한 5절에서 전개된다.

08 독재국가에서 법의 지배 국가로의 발전에 대한 자세한 경제학적 설명은 Barzel(2002, 15장), Olsen(2000, 1, 2장) 참조.

09 Adelman(1998)은 산업혁명 이후 현재의 세계경제체제(global economic system)로 발전하는 과정에서도 제도가 중요한 역할을 했다고 한다.

10 비공식제도의 중요성에 대해서는 민경국(2002) 참조.

4) 정치권력의 진화와 경제적 효율성

이 장을 통해 정치권력의 진화방향은 경제적 효율성을 높이는 방향과 유사하며, 정치 · 경제 · 제도의 상호작용을 이해할 수 있었다. 경제발전은 공식적 · 비공식적 제도의 변화 및 발전 과정이었고, 비생산적인 거래비용의 축소를 지향하고 소유권 보호를 강화하는 과정이었다고 볼 수 있다.

이와 유사한 주장으로 윌리엄슨(Williamson, 1975)은 경제조직은 거래비용을 줄이는 방향으로 발전한다는 견해를 제시한 바 있으며, 포스너(Posner, 2003)는 영미법계의 보통법(Common Law)은 효율성을 증대하기 위한 방향으로 진화한다는 견해를 제시하였다. 노스(North, 1990a)는 역사적으로 비효율적인 제도가 지속된다는 점을 강조한다. 그러나 일정시점에서 경제가 쇠퇴하는 경우에는 노스(North)의 주장이 타당하지만 장기적으로 경제성장이 이루어지는 경우 위의 견해들도 모두 타당할 것이다. 또한 현대 민주사회에서는 비효율적인 제도는 항상 개선의 압력을 받게 된다. 단기적으로는 비효율적인 제도가 개선의 압력을 이겨낸다면 존속하겠지만 장기적으로는 개선될 가능성이 높을 것이다.

따라서 경제학에서의 효율성 가설에 대한 논쟁은 보는 시점의 차이에서 기인하는 것으로 불필요한 논쟁이다. 거시경제학에서 고전학파와 케인즈학파의 논쟁과 유사하다. 장기적으로는 경제가 효율적인 방향으로 진화하는 경향이 있지만 단기적으로는 항상 그렇지는 않다는 것이다.

3. 고대, 중세의 정체와 근대 이후의 성장

1) 고대사회의 경제

고대의 경제와 문명은 농업과 목축으로 인해 태동되고 변화하고 발전될 수 있었다. 농업의 정착으로 인구가 증가하면서 사회가 형성되기 시작하고 각종 기술이 진보되고 제도와 문화가 생성되면서 평균생활수준이나 평균수명도 높아졌다. 구석기 시대나 그 이전에는 평등사회이나[11], 인구가 많아짐에 따라 소유권제도가 생기게 되고, 정치조직이 발생하면서 정교한 사회규범이나 제도가 발달되고, 전쟁을 통해 정치권력의 교체와 노예가 생성되어 노예는 중요한 경제적 기반이 된다. 일부지역(그리스)에서는 상업과 금융이 발달하여 오늘날의 은행, 보험회사, 주식회사 등과 같은 상업조직도 존재하였다. 고대 로마제국은 농업과 상업을 기반으로 사유재산제를 비롯한 각종 법률규범이 상당히 발전하면서 융성했으나 게르만족의 침입, 노예제도 유지의 어려움으로[12] 인한 노동력 부족 등으로 경제적으로 몰락하게 되었다.

경제학에서의 혁명

경제학에서 혁명이란 용어는 산업혁명, 한계혁명, 케인즈 혁명에 주로 사용되고 있으나 노스는 농업의 발전으로 인한 변화를 1차 경제혁명(the first economic revolution), 19세기 후반의 획기적인(fundamental) 발전을 2차 경제혁명(the second economic revolution)이라 한다. 2차 경제혁명의 원인은 과학적 원리의 발전과 적용으로 인한 지식양의 변화였다고 한다.

자료 : North(1981)

2) 중세사회의 경제

중세는 농업을 기반으로 하는 농촌사회였다. 사회계급은 봉건제(feudalism)에 기초하여 크게 세 계층(영주, 성직자, 농노)으로 분화되고, 이들 계층 내에서도 다양하게 분화되었다.

장원제(the manorial system)는 협동과 강제가 혼합되어 개인적 창의성과 혁신에는

11 토지나 각종 자원 희소성의 제약이 적어 소유권제도가 필요 없었던 시기라 할 수 있다.

12 고대 노예제도의 유지가 지속되기 어려움에 대한 신제도경제학적 연구는 Eggertsson(1990 : 203∼213) 참조.

배치되었으며 제도와 자원의 상호작용에 반응하며 발전하면서 기술변화, 생산성 증대, 상업발달, 인구증가로 도시가 성장하였다. 유럽의 팽창과 식민지화는 진보된 기술의 확산, 이민과 인구증가, 경지의 확대, 경제활동의 강화 등의 경제적 결과를 초래하였고 지역적 특화를 통한 교역과 조선술의 발달로 상업이 발전하였다. 새로운 형태의 기업조직—vera societa 혹은 true company[13]—이 생겨나고 해상보험, 은행업, 신용거래 등이 발전하였다. 복식부기(double entry bookkeeping), 지주회사(holding company) 등도 등장하였다. 그러나 흑사병으로 유럽 인구의 1/3이 감소하며 중세 경제의 위기를 겪기도 하였다.

봉건제에 대한 새로운 해석

중세 봉건제와 장원제에 대한 일반적 시각은 신분이나 계급 간의 질서로 인식되고 있으나 노스와 토마스(North & Thomas, 1973 : 29~32)는 신제도경제학적인 측면에서 독특한 주장을 하였다. 중세 초기의 경제상황(풍부한 토지, 생산물시장의 부재)에서 거래비용을 최소화하기 위한 영주와 농노의 계약관계로 파악하고 있었다. 즉, 인구에 비해 토지는 풍부하여 배타적인 재산권 설정이 필요 없었다. 그리고 당시 농촌은 이민족의 침입에 시달리고 있었다. 따라서 영주는 농민들의 노동력으로 토지를 경작할 필요가 있었고 농민들은 영주의 보호가 필요하였다. 당시 시장이 미발달하여 생산물에 대한 가치평가에는 과다한 협상비용이 소요되었으므로 영주들은 생산물지대보다 노동지대를 선호하였다. 생산물시장이 발달하지 못한 중세 초기 노동지대는 거래비용을 최소화하기 위함이며 이후 시장이 발달함에 따라 협상비용이 줄어들자 현물지대나 화폐지대로 변하게 되었다는 해석을 하였다.

3) 고대와 중세의 공통점

전체적으로 고대와 중세도 경제발전의 궤도에 있었으나 근대 이후에 비해서는 정체한 시기라는 것이 다수 견해라고 할 수 있다. 이러한 정체의 원인에 대해 카메론과

13 이 조직은 몇몇 혹은 많은 파트너를 갖고 유럽 전역의 많은 도시에서 활동하였다.

닐(Cameron & Neal, 2002)은 기술적 창조성의 부재(the lack of technological creativity), 농업 생산성의 정체(stagnation in agricultural productivity) 등을 들고 있다. 그러나 정체의 근본원인은 계급사회였으며 생산수단의 소유자와 생산활동 참가자가 다르다는 공통된 점은 신제도경제학적인 관점에서는 중요한 시사점을 주고 있다. 즉, 고대 노예제(slavery)하에서나 중세 봉건제(feudalism)하에서는 생산의 원천인 토지가 일부 소수 귀족에게 집중되고 경작은 노예, 농노, 소작농민들이 직접 생산을 담당하였다. 농업 외 생산품의 경우 귀족이나 왕실에 의무적으로 공급하는 장인들에 의해 이루어졌다. 따라서 기술혁신의 유인이 존재하지 않는 사회제도 시스템이었다고 할 수 있다. 아무리 열심히 일을 해도 자기 자신에게 편익이 돌아오지 않거나 신분이 상승하지 못하는 사회제도 시스템은 경제를 크게 발전시킬 수가 없는 것이다. 고대 이후로 제도가 발전해 오고 있었지만 불확실성을 감소시켜 거래의 안전을 강화하는 제도(보험, 은행, 주식회사)만이 발전했을 뿐 생산에 참여하는 생산자에게 유인을 제공하는 제도는 발전하지 못했던 것이다. 또한 학습의 동기가 약해 지식이나 정보 축적으로 인한 기술혁신이 어려웠다고 할 수 있다. 이러한 제도측면의 문제는 상공업이 발달하지 못한 시대에 부의 원천이라 할 수 있는 토지에 대한 제도를 살펴보면 확연해진다.

중세의 토지제도는 개방경지제도(Open Field System)와 혼재경지제도(Gemengelage, intermixed holding)로, 공동경작과 공동작업을 특징으로 하는 장원제(the manorial system)로 요약할 수 있다. 중세말의 토지제도로는 엘베강 동부 다뉴브강 북부지역에는 농장영주제(Gutsherrschaft), 지중해 연안지역에는 분익소작제(sharecropping), 기타 서유럽에는 장원제에서 유래한 개방경지제(open-field system)가 일반적이었으며, 프랑스에는 메테이아쥬(metayage)라는 분익소작제와 유사한 제도가 시행되었고, 프랑스 중북부와 유럽 일부지역에는 페르마쥬(fermage)라는[14] 제도가 있었다.

위와 같이 다양한 토지제도가 존재하나 자작농체계가 보편화되는 단계까지는 발

14 부농(fermier)이 지주의 토지에 대해 금납지대를 납부하고 다시 토지를 분할하여 농민에게 임대하는 제도로, 부농에 의해 농업발전 가능성이 있었으나 임대농민 착취 가능성도 혼재하였다. 이상의 중세후반 토지제도에 대한 설명은 Cameron & Neal(2002) 참조.

전하지 못한 것이 농업생산성 정체의 핵심요인이었다. 일부지역에서는 자작농체계로 발전하고 있었으나 보유토지가 적어 자급자족적인 농업(subsistence agriculture)에 지나지 않아 부농으로 성장하기 어려웠으며 농업생산성 향상을 위한 유인이 되지 못했을 것이다.[15]

분익소작제(sharecropping)가 비교적 진보된 토지제도라 할 수 있으나 당시 임대토지 면적이 제한되어 부농으로 발전하기는 어려웠으며 각종 조세로부터 수취대상이 되어 잉여생산물의 혜택을 누리기는 어려웠다. 이와 같이 기술혁신의 유인이 존재하지 않는 제도하에서는 경제성장이 탄력을 받기 어려운 것이다. 유사한 견해로, 장기적 성장의 근본원인으로서의 제도를 주장한 아셈모그루 등(Acemoglu *et al.*, 2004)은 중세의 경제제도는 토지, 물적 자본, 인적 자본, 기술에 투자할 유인을 제공하지 못했기 때문에 장기적 경제성장을 이루지 못했다고 주장하였다. 신제도경제학의 발달에 크게 기여한 노스(North, 1981) 역시 산업혁명을 가능하게 했던 기술이나 지식을 결정하는 것은 무엇인가라는 질문을 던지면서 신기술개발의 유인을 제공하는 개인재산권의 발달을 핵심요소로 제시하였고, 근대 이후 기술개발과 사적 수익률을 높이는 재산권이나 법의 발전을 중요시하였다.

근대 시민혁명 이후 민주주의가 발전하면서 국가권력이 3권으로 분리되어 국가권

독일의 후진성 원인

서양 경제사에서 노동지대 성립 이후부터 지대의 금납화와 장원제가 붕괴되기까지의 일반적인 역사변천 경로는 노동지대 → 현물화폐지대 → 농노해방 → 봉건반동 → 농민봉기 → 농민해방 → 장원제 붕괴라는 경로로 요약되나, 독일동부의 엘베강 동부지역은 서유럽에서 농노해방이 이루어지고 있을 무렵 봉건반동이 강화되면서 자유민의 예농화(隸農化)가 진전되고 있었다. 즉, 구즈헤르(Gutsherr)라는 농장영주에 의한 대농장경영체로서 농장영주제(Gutsherrschaft) 혹은 재판농노제(再版農奴制)가 발전하고 있었다. 농노들을 이용한 영주의 농장경영이란 점에서는 장원제와 유사하나 농노의 영주에 대한 예속관계가 훨씬 강해 농민의 부담이 가중되어 중산적

15 농업발전에서 자작농의 중요성에 대해서는 전운성(2006)을 참조 바람.

농민층이 형성될 수 없었다. 농장영주제(Gutsherrschaft)는 19세기 독일의 시민혁명이라 할 수 있는 3월 혁명까지 지속되어 독일의 근대화, 공업화가 지연되고 후발적으로 전개되는 주요 요인이었다.

자료 : 윤영자 · 최영순(2002)

력의 남용은 견제되고 재산권 외에 다양한 개인의 자유와 권리가 보장된 이후, 산업혁명(industrial revolution)으로 유례없는 고도성장이 가능하게 되었다. 따라서 산업혁명 이전에 인간의 자유와 여러 가지 권리를 모든 개인이 향유하기 위한 정치 · 사회제도의 변동에 주목해야 한다. 이러한 제도의 변동은 개인 경제활동의 유인을 제공한 것이다. 대표적인 예로서 근대민법이 완성되고 국민주권의 국민국가가 완성되어 경제성장에 유리한 정치 · 사회제도가 정비된 점을 중요시해야 할 것이다. 근대민법과 국민주권에 대해 차례로 설명한다.

4) 근대민법과 자본주의의 발달

근대민법은 재산권 거래를 촉진하는 데 유익한 기능을 한 것 외에도 자본가의 성장에 유리한 법으로서 자본주의의 발달에 크게 기여했다고 볼 수 있다. 법과 제도가 경제성장을 견인하는 데 중요한 역할을 한다는 것은 이미 충분히 논의되고 확인되었다. 그렇다면 근대 이후 자본주의의 성장은 그 성장을 견인하는 구체적인 법과 제도의 역할이 있었을 것이다. 그러한 법과 제도에 해당하는 것 중의 하나가 근대민법이었다고 볼 수 있다. 근대민법의 성립시기는 대체로 18세기부터 19세기에 해당한다. 그러나 그 이전의, 중세 이후 상관습이 성문화된 법이다. 자본주의가 본격적으로 발전하기 전에 상관습이 형성되고 각 국가별로 18세기부터 19세기에 성문화되어 민법의 효력이 강화된 것이다. 근대민법의 3대원리를 소개하면서 구체적인 내용을 설명한다.

근대민법의 3대원리는 소유권 절대의 원칙, 과실책임의 원칙, 사적 자치의 원칙이다. 각각 차례대로 살펴보자. 소유권 절대의 원칙은 자신의 자산의 사용, 수익에 국가나 타인은 간섭할 수 없다는 것이다. 이는 자본가가 소유권의 활용을 극대화하기에 대단히 유익한 원칙이었다. 예를 들면 공장 소유자가 공장가동에서 발생하는 소음이나 공해에 대해서도 소유권 절대의 원칙하에서는 책임이 없다는 논리가 가능하다. 또한 국가의 공공목적에 의한 개인재산의 공용수용도 엄격해진다.

과실책임의 원칙은 자기에게 책임 있는 사유로 인한 행위에 의하여 손해가 발생한 경우에만 책임을 지우며, 그렇지 않을 경우에는 책임을 지지 않는다는 것이다. 즉, 자신의 행위와 타인의 피해에 명백한 인과관계가 있을 때만 배상의 의무가 있다는 것이다. 예를 들면 자동차 사고에서 자동차 자체의 결함으로 사고가 발생해도 자동차의 결함과 사고 사이의 인과관계가 명백해야만 제조사에게 책임을 물을 수 있다는 것이다.

사적 자치의 원칙은 개인은 독립된 인격체로서 개인의 권리관계 설정은 전적으로 개인의 의사에 의한다는 것으로, 국가나 제3자가 관여할 수 없다는 것이다. 이러한 원칙에 의하면 노동계약에서 경제적 약자인 노동자보다는 자본가에게 유리하여 노동착취의 가능성이 충분히 존재하였으며, 자본가는 자본가의 목적에 따라 노동을 마

근대민법의 수정

근대민법은 자본가의 성장에 절대 유리한 법이었다. 이러한 근대민법은 대공황을 전후하여 수정된다. 사회적 정의, 공공복리라는 개념을 강조하면서 평등개념 등을 반영하며 경제적 약자를 보호하기 위한 민법으로 수정된다. 이러한 추세에서 근대민법의 3대원칙은 소유권 공공적합성 원칙, 무과실 책임의 원칙, 계약공정의 원칙으로 수정된다. 간단히 설명하면 다음과 같다.

소유권의 공공적합성의 원칙에서는 재산권 행사의 남용문제를 해결하고자 재산권의 행사는 공공복리에 적합하도록 하여야 하며, 재산권의 한계를 법률로 정할 수 있도록 하였다.

무과실 책임의 원칙에서는 일정한 경우 과실이 없더라도 배상책임을 지게 하는 원칙으로, 민법은 원칙적으로 과실책임주의를 규정하고 있지만, 특별한 경우에 손해배상액의 조정을 인정하고 있을 뿐만 아니라 제한된 범위 내에서 무과실 책임을 인정하고 있다.

계약공정의 원칙에서는 경제적 약자에게 불리한 계약이 성립하게 되는 경우 형식적인 계약자유의 원칙은 적용되지 않고, 부당한 계약에 대해 국가의 개입이 가능해졌다.

음껏 활용하기에 용이하였다.

5) 국민주권과 근대 이후의 성장

16~17세기를 전후하여 국민주권사상의 확산은 중세의 절대군주주권 시대에서 근대 국민주권 시대로 진입하게 되는 결정적인 요인이었고, 모든 사람에게 정치적 · 경제적 유인을 제공하는 중요한 사상적 배경이 되었을 것이다. 이에 대해 확인해 보자. 신제도경제학에서 근대 이후 경제성장의 핵심요인을 재산권제도의 발달로 보는 것이 지배적인 경향이다. 그러나 근대 이후 재산권제도가 발달한 원인은 무엇인가? 국민의식의 성장을 가져오게 한 국민주권사상에 주목해야 한다. 근대 이후 재산권제도의 발달 이전에 국가권력의 3권분립과 민주주의가 도래하였다. 민주화되면서 국가권력이 입법 · 사법 · 행정권으로 분리되고 왕의 조세수취권이 입법부인 국회의 동의를 필요로 하면서 재산권제도가 발달한 것이다. 재산권제도의 발달을 초래한 민주주의는 무명의 시민들의 희생으로 이루어진 것이다. 근대시민혁명의 결과물로 민주주의가 도래한 것이다. 역사에서 절대왕권의 소유자가 스스로 권력을 포기하고 민주주의를 수용한 사례는 거의 없다. 민중봉기에 무릎을 꿇고 권력을 민중들에게 빼앗긴 것이다. 이러한 각국의 근대시민혁명의 사상적 기반이 된 것이 국민주권사상이다. 전제군주에 대한 항의적 이데올로기로서, 국가의 최고권력은 국민으로부터 나온다는 국민주권사상이야말로 근대 이후 재산권제도를 발달시킨 원천인 것이다. 사회변동, 제도변동을 인간의 이기심만으로는 설명할 수 없는 핵심요인은 이념이나 사상이라고 할 수 있는 좋은 예가 될 것이다.[16]

근대 이후의 경제성장에 대한 기존의 지배적 견해는 자본주의 맹아론(the theory of capitalism germination)이라 할 수 있다. 노동자 계급의 형성, 공장제 공업의 발달 등

---

16 국민주권사상의 경제학적 의의에 대한 선행연구가 없는 것으로 확인되었다. 국민주권사상의 파급효과에 대한 구체적인 메커니즘은 향후 과제로 두기로 한다. 동양의 수직문화와 서양의 수평문화의 차이점, 민주주의와 경제발전에 관한 연구는 국민주권사상의 경제학적 의의를 밝히는 중요한 논거가 될 것이다.

국민주권사상이 도래한 사회적 분위기 또한 주목해야 한다. 종교개혁과 인간이성의 회복으로 인한 르네상스(Renaissance)의 도래는 국민주권사상이 대두되는 시대적 분위기가 된 것이다.

국민주권

주권이란 영토, 국민과 함께 국가를 구성하는 3요소의 하나로서 국가권력의 대내적 최고성과 대외적 자주성, 독립성을 의미한다. 주권 개념의 창설자는 프랑스의 보댕(J. Bodin, 1530~1590)이고, 국민주권론의 발달에 기여한 학자로는 알투지우스(Johannes Althusius, 1563~1638), 로크(John Locke, 1632~1704), 루소(Jean-Jacques Rousseau, 1712~1778) 등을 들 수 있다.

자료 : 권영성(1999).

이 어느 지역에서 먼저 시작되었는가를 급속한 경제발전의 원인으로 간주하는 것이다. 그러나 근대 이후 새로운 생산수단의 소유에 대한 유인의 제약이 완화되었기 때문에 누구나 자본가 계급이 형성될 수 있었고 노동자 계급도 중세 이전의 농노에 비해 계급적 속박은 약했기 때문에 자본가 계급이 될 가능성은 있었다. 자본가 계급의 활동을 보장하는 중요한 제도가 근대민법이었고, 노동자가 자본가로 될 수 있었던 것은 국민주권국가로의 변화가 중요한 요인이었다고 할 수 있을 것이다.

4. 근대초기 국가 간의 격차

1) 중세말에서 근대초기 유럽의 상황

중세말에서 근대초기까지 유럽의 대체적인 상황은 지리상의 발견과 식민지 개척으로 총공급이 증대하는 요인이 있었지만 전쟁준비와 군주나 최상위층의 사치로 인해 총수요가 급증하여 대부분의 국가가 초과수요 상황이었고, 신대륙의 귀금속 유입에 의해 통화량이 증가하는 상황이었다고 할 수 있다. 따라서 물가상승, 과대한 조세로 인해 일반평민의 생활은 매우 궁핍하였다.

2) 맬서스 순환과 극복

한편, 이 시기의 인구변동을 주목할 필요가 있다. 13세기는 인구증가의 시기였으나 14세기 이후 인구가 감소했다. 그러나 15세기 중반 이후 인구가 증가하기 시작하다가 16세기에는 서유럽 전역에서 인구가 증가하였다. 16세기 전반적인 인구증가 원인에 대해 노스와 토마스(North & Thomas, 1973)는 흑사병이 없었다는 점과 국제무역이 활발했으며 신세계로부터 유입되는 귀금속이 시장을 이용하는 비용을 낮추어 시장의 효율성을 높였기 때문으로 설명하였다. 그러나 17세기에는 페스트와 기근이 기승을 부리며 인구억제 요인이 되었다. 또한 16세기의 인구증가가 17세기에는 1인당 생산성 하락의 원인으로 작용하여 **맬서스**(Malthus) **순환**에서 인구감소 압력을 받고 있는 시기로 볼 수 있다.

노스와 토마스(North & Thomas)는 13세기부터 17세기까지 인구변화, 페스트의 발생시기, 실질임금, 가격변화 등을 고려하여 확인한 결과 일부 국가(네덜란드연방, 잉글랜드, 웨일즈)는 맬서스 순환에서 벗어나 다른 지역들(이탈리아, 프랑스, 스페인, 포르투

맬서스 순환

맬서스(Thomas R. Malthus)는 그의 저서 「인구의 원리(*Principle of Population*)」에서 인구는 기하급수적으로 증가하나 식량공급은 산술급수적으로 증가하는 경향이 있다고 주장하였다. 따라서 수확체감의 법칙과 전쟁, 기근, 전염병 등으로 인해 대다수 인간은 최저생활수준이 될 수밖에 없다는 주장을 하였다. 맬서스 순환이란 전쟁, 기근, 전염병이 없다면 농민수가 증가하게 되고 토지가 제한된 상황에서 총생산은 증가할지 몰라도 일인당 평균생산의 감소를 가져와 대다수 인간은 전반적으로 생활수준이 저하되어 기아선상에 접근하면서 인구는 감소하게 된다. 그러나 인구감소는 일인당 생산의 증가로 인해 생활수준이 회복하게 되면서 다시 인구가 증가하게 되는 상황이 반복된다는 것이다.

갈, 독일 등)과는 달리 실질임금이 상승하면서 인구가 계속해서 늘어나고 있었다는 것을 발견하였다. 노스와 토마스(North & Thomas, 1973)는 17세기에 네덜란드(The Dutch United Provinces), 영국을 맬서스 순환을 겪지 않은 예로 소개하면서 서유럽 역사상 처음일 것이라고 하였다. 이 같은 사실의 원인에 대해 당시 유럽 국가들의 시장효율성과 소유권제도가 서로 다르게 발전하고 있었다는 사실을 주장하면서 각 국가의 재정정책과 소유권의 관계에 따라 시장의 크기와 효율성 그리고 경제성장의 수준이 달라졌다는 견해를 제시하였다. 당시 유럽의 4대 강국(스페인, 프랑스, 네덜란드, 영국)에 대해 살펴보자.[17]

3) 유럽 4대 강국의 상황

우선 프랑스는 영국과의 100년 전쟁(Hundred Years' War)으로 국력이 소진된 후 지역분열로 지역 자체 내부관세체제나 분리된 지역시장에 의해 경제적 비효율성을 극복하지 못하였다. 이 상황에서 종교전쟁(Religious War) 후 절대왕정으로 국왕의 재정장악력이 강화되었다. 직접과세 대상의 부족으로 과세수취를 위해 거대 관료기구를 조직하면서 지역의 사법체계를 장악했으며 공직판매가 성행하였다. 상업독점(monopolies)과 길드(guild)가 정부세입의 원천이었으며 새로운 발명에 대한 허가권은 제한된 지역에서만 허용되어 발명을 진전시키지 못했고 노동과 자본의 이동도 자유롭지 못했다.

스페인은 군주들의 정복야욕으로 전쟁이 과다하였고 이로 인해 국가의 재정위기가 빈번해지면서 국민들의 부담이 가중되고 소유권이 불안하였으며 국가부채가 과다하여 여러 번(1576, 1607, 1627, 1647)이나 국가파산 경험을 하였다. 특정계층(양목업자, 길드)에 특혜를 주면서 농업이 발전하지 못했고, 체계적이고 장기적인 정책이 결여되었으며, 종교정책 실패와 유태인 · 무어인의 추방으로 부와 인력의 손실을 겪

17 유럽의 4대 강국(스페인, 프랑스, 네덜란드, 영국)에 대한 내용은 North & Thomas(1973 : 90~156)를 요약한 것이다. 노스(North)는 근대조기 유럽의 사례를 이후의 저서(2005, 1994b, 1990a, 1987, 1981)에서도 소개하고 있다.

었다.

네덜란드는 자원이 부족했으나 효율적인 경제조직을 구축했다. 길드의 배타성과 독점성을 줄이며 외국상인이나 특수기술 소지자를 환영했으며, 생산요소의 이동이 장려되었다. 의회(States General)를 만들어 국왕의 조세에 대한 의회의 조세승인권을 법으로 규정하고 발전된 법률구조와 소유권구조를 갖추었다. 시장규모가 커지면서 거래비용을 낮추었으며 표준 영업관행이 정착되고 견본품을 이용한 판매도 가능했으며 계약조건에 대한 문제는 법원에 소송제기가 가능했다. 공증인들의 활약으로 계약집행의 효율을 높였고, 이탈리아에서 발전된 상업조직들을 새롭게 혁신시켰으며, 이자조건부대출이 인정되어 효율적인 자본시장을 구축하고 환어음에서도 양도증서(assignment)의 원리가 이용되었고, 예금은행이 발전했다. 농업에서도 토지에 대한 사유재산권이 확립되고 농촌주민의 자유, 상업의 발달, 농업의 특화 등으로 농업효율이 높았으며 농업이 가장 발달하였다.

영국은 16세기까지는 100년 전쟁(Hundred Years War)과 장미전쟁으로 인한 무질서로 국력을 많이 소진하면서 허가권, 특허권 판매, 조세 등으로 국가재정을 이어갔으며 스튜어트 왕조는 의회와 재정문제로 분쟁이 잦았다. 그러나 17세기 초부터 에드워드 코크(Edward Coke)의 활약으로 소유권제도가 효율화되었다. 코크는 국왕의 허가권, 특허권 판매에 대해 공격하고 의회 우위와 보통법(Common Law) 확립에 크게 기여하였다. 코크의 노력은 1624년 특허보호를 포함하고 있는 독점조례(the Statue of Monopolies)의 제정으로 결실을 보기 시작했고 청교도혁명, 명예혁명 이후 의회 우위를 확보했다. 이러한 정치발전과정에서 상업이 확대되어 시장이 성장하고 거래비용의 감소로 상품가격, 요소가격의 변화, 경제조정 능력의 변화를 이루게 되었다. 시장확대 요인에는 비교적 중앙집중화된 정치권력과 정치기구가 중요하게 작용하였다. 네덜란드의 소유권과 제도장치를 모방하면서 발전하다가 마침내 네덜란드와의 경쟁에서 승리하며 패권국이 되었다.

스페인, 프랑스, 네덜란드, 영국에 대한 내용은 다음과 같은 차이점이 있다. 프랑스와 스페인은 정치적 통일이 늦었고 특정계층과 국가권력의 결탁으로 기타산업의 발전이 어려웠으며 국왕의 절대권력이 확립되고 제국주의 야망으로 조세수취를 강화했지만 국왕의 조세징수권을 견제하는 제도의 미발달로 사유재산권의 발전이 억제되었다. 영국과 네덜란드는 정치적 안정을 바탕으로 중앙권력에 대한 견제를 통해 상공업과 농업에서의 사유재산권에 대한 보호제도가 발전하면서 지속적인 성장을 했다.

5. 시사점

이상의 논의를 바탕으로 다음과 같은 시사점을 제시할 수 있다. 첫째, 고대나 중세에 대중교육이 보편화되기 전에는, 국민들의 정보수준이나 지식수준이 낮을 때는 국가의 역할이 경제발전에 중요한 역할을 했지만,[18] 근대 이후부터는 정치 · 경제 환경이 변하고 국가권력은 분할되고 견제되었으며 개인의 자유와 권리가 보장되었다. 따라서 국가가 개입하지 않는 사적 자치의 영역이 확대되면서 비공식적 제도의 중요성이 부각되기 시작하였다. 현대는 경제주체의 역량이 향상되고 비공식적 제도가 지역적으로 넓게 적용되어 비공식적 제도의 역할이 강화되고 있는 것은 작은 정부론의 새로운 논거를 제시한다고 할 수 있다. 국가의 역할은 경제발전에 유익한 비공식제도를 인정하고 이와 부합하는 공식적 제도의 창안이며, 공정한 게임을 위한 공정한 심판이 되어야 한다. 이러한 역할이 경제주체들에게는 좋은 유인을 제공하는 경제환경을 조성한다는 측면을 중요시해야 할 것이다.

둘째, 근대 시민혁명 이전에는 법적 · 경제적으로 신분사회인 것이 경제성장을 정체하는 요인임을 살펴보았으나 현대에도 여전히 모두에게 균등하게 기회가 주어지는 사회는 아닐 것이다. 경제적 장애, 학연 · 지연에 의한 차별은 여전히 존재하고 있다. 좋은 아이디어가 있어도 상용화되는 기술로 발전하기까지 경제적 장애가 크게 작용하고 있으며, 학연 · 지연에 의한 차별은 그만큼 인력활용 범위를 감소시키며 학

18 국가의 역할이 강조되어 자칫 신제도경제학에서는 신고전학파와는 달리 경제에서 국가의 역할을 강조하는 경제학이라고 오해를 할 수도 있겠으나 그렇지가 않다. 신제도경제학에서 국가이론은 국가권력의 남용을 어떻게 통제하는가를 주요 연구 테마로 하고 있나(Barzel, 2002).

습유인을 감소시켜 노동생산성의 저하로 연결되어 경제발전에 역행하는 관행임에는 틀림없다. 이 같은 기회균등의 장애요인을 개선하는 것도 중요한 정책과제로 여겨야 할 것이다.

셋째, 중세말에서 근대초기 유럽 국가들 중 경제가 성장하는 국가의 경우 특정계층에 대한 특권을 약화시키고 규제가 완화되어 소유권제도가 발달하고 거래비용을 낮추는 상업조직이 발달하는 것을 살펴보았고, 상인과 국가권력이 결탁하여 각종 규제로 기타산업의 발달을 억제하고 국가의 과다한 재정수요를 위해 개인 소유권제도가 발달하지 못해 경제가 쇠퇴하는 것도 살펴보았다. 경제사에서의 이러한 교훈은 오늘날에도 유사한 면이 있다는 것은 부정할 수 없을 것이다.

에거트슨(Eggertsson, 1990)은 페루의 비효율적인 제도를 소개하면서 오늘날 정체하는 국가들의 경우 대부분 페루의 경우와 유사한 면을 보인다고 설명하였다. 이러한 현상을 신중상주의(neomercantilism)란 용어로 표현하고 있다.

현재의 선·후진국의 경우 각각 근대초기 경제 발전과 쇠퇴의 원인과 유사하다. 후진국의 경우 공무원조직 · 법조계 · 언론계 · 대기업 등의 제도권이 결탁하거나 부패하여 신생 중소기업의 성장환경에 불리한 경제환경을 조성하며, 비윤리적인 인간들에게만 좋은 유인을 제공하고, 불건전한 신념체계를 형성시키는 사회제도시스템이 되는 경향이 있으며, 교육제도 · 기업조직 등에서도 비효율이 문제로 제기되고 있다. 이러한 비효율적인 제도는 살아남기 위해 강화되는 경향, **경로의존성**(path dependency)이 있다는 점을 명심해서 제도개혁에는 신중하고도 치밀함이 필요할 것이다.[19]

---

19 새로운 제도로 인해 상당한 경제적 성과를 얻게 될 때 그 제안자에게 포상금을 주는 것을 법규화해서 이를 통해 연구인력에 대한 처우개선을 할 필요가 있다. 현재 한국의 경우 우수인력들이 이공계 및 연구분야를 기피하는 것은 연구인력에 대한 유인을 제공하는 제도가 미진하기 때문이다. 또한 제도는 공공재로서의 성격도 지니고 있어 제도창안의 비용부담자와 수익향유자가 다르기 때문에 무임승차(free rider) 문제로 인해 효율적인 제도 생성이 어려워질 수 있다.

경로의존성(path dependence)

스탠퍼드대학의 폴 데이비드(Paul David) 교수와 브라이언 아서(W. Brian Arthur) 교수가 주창한 개념으로, 한번 일정한 경로에 의존하기 시작하면 나중에 그 경로가 비효율적이라는 사실을 알고도 여전히 그 경로를 벗어나지 못하는 경향성을 뜻한다.

법률이나 제도, 관습이나 문화 그리고 과학적 지식이나 기술에 이르기까지 인간사회는 한번 형성되어 버리면 그 후 외부로부터의 다양한 쇼크에 의해 환경이나 여러 조건이 변경되었음에도 불구하고 종래부터의 내용이나 형태가 그대로 존속할 가능성이 있다. 이와 같이 과거의 하나의 선택이 관성(inertia) 때문에 쉽게 변화되지 않는 현상을 '경로의존성'이라고 한다.

경로의존성에서 자주 인용되는 예는 영문 타자기의 키 배열이다. 오늘날에도 표준적인 키 배열은 좌측 상단에 QWERTY로 배열되어 있지만 이것은 타자기가 수동이었던 시대에 활자를 치는 기계의 팔이 뒤엉키지 않게 타이핑의 속도를 일부러 늦추도록 설계된 것의 흔적이라고 할 수 있다. 예를 들면 기술이 진전되어 전동 타입이 주류를 이루었던 시대에 QWERTY가 보다 효율적인 키 배열로 바뀌어도 이상하지 않았을 것이다. 그러나 소비자가 오랫동안 익숙하고 친숙한 배열을 바꾸어 새로운 키 배열을 보급시키는 것은 쉬운 일이 아니다. 때문에 QWERTY라는 배열은 그 비효율성이 인지되면서도 현대까지 남아 있으며 이것이 경로의존성의 고전적인 예로서 다루어지고 있는 것이다.

경로의존성에 관한 초기의 또는 경제학자의 엄밀한 논의가 경제사학자 노스(Douglass North) 등의 영향을 통하여 정치학에도 널리 응용되었지만 정치학자들에 의해 언급된 경우 경로의존성은 단지 정책이나 정치제도의 정착성이라는 정도의 의미에서 사용되는 경우가 많다.

개인의 행동에서 일상생활에서의 습관(routine)이 중요하듯이 사회나 국가의 관행이 그 사회나 국가의 특성을 결정하는 유전자가 되어 버리는 것과 같은 현상(Nelson & Winter, 1982)으로 비유될 수 있다.

6. 소 결

신제도경제학의 핵심개념인 거래비용과 제도의 중요성을 역사적 사례를 통해 확인하였다. 거래비용의 절감은 교환을 발달시키며 자원배분의 효율을 증대시키고, 효율적인 제도는 개인에게 유인을 제공하고 거래의 안전을 보호하여 경제발전에 유리하며, 국가는 제도변화에 영향을 미치면서 경제발전에 중요한 역할을 한다는 점을 경제사에서 확인하였다. 각 주제별 논의의 핵심은 다음과 같다. 첫째, 국가성립 이후, 권력은 경제적 효율성을 향상시키는 방향과 유사하게 진화하며 권력에 따라 공식적 제도와 비공식적 제도의 역할이 변하고, 거래비용을 줄이면서 교환이 발달하고 경제가 발전하였다. 현대 자유민주주의 사회에서는 비공식제도가 중요하며, 이는 작은 정부론의 새로운 논거가 된다고 할 수 있다. 둘째, 근대 이후에 비해 고대와 중세가 경제적으로 정체한 원인이 생산활동 참가자에게 유인을 제공하는 제도의 미발달임을 지적하여 기회균등 사회의 중요성을 재조명하였다. 셋째, 근대초기 맬서스 순환에서 인구하락의 압력이 존재하는 시기에 네덜란드와 영국의 경우 실질임금이 상승하고 인구가 증가하는 원인이 시장의 효율성과 소유권제도의 발전이었다는 점은 경제발전에서 제도의 의의를 재차 확인해 주었다.

이 장은 제도의 중요성을 논증하는 데 주안점을 두었지만 제도의 결정요인 또한 중요한 연구일 것이다. 제도를 결정하는 요인은 다양하지만, 정치권력의 선택이 많이 좌우하는 경향이 있을 것이다. 서론에서 언급했듯이 경제는 정치, 사회, 문화와도 상호작용하지만 특히 정치와의 상호작용이 중요하다. 이러한 점은 이미 신제도학파 경제학자들이 간파하고 있다. 신제도경제학은 기업조직에 대한 연구에서 시작되어 경제사 연구, 재산권 연구, 법경제학 연구 등으로 발전하다가 국가이론에 대한 연구가 새로운 연구주제로 부각되면서 강조되고 있다. 그러나 국가이론을 소개하는 내용(Eggertsson, Barzel, Furubotn & Richter, etc)은 대부분 약탈국가론(the predatory theory of the state)을 전제로 하여 국가의 역할이나 개인의 재산보호를 주요 연구내용으로 하고 있다. 여기서 중요한 논리적 모순이 있게 된다. 약탈국가를 전제로 이론을 전개한다면 국가나 국왕으로 인해 경제가 쇠퇴하거나 정체하는 현상은 설명이 용이하지만 국가의 효율적 제도 생성으로 인해 경제가 발전되는 국가나 사회에 대한 설명이 곤란하다는 점이다. 인간의 합리성의 가정 때문에 현실의 경제주체들의 행동을 설명하기가 어렵다는 점과 마찬가지로 국가이론을 발전시키기 위해서는 약탈적 국가론은 극복되어야 한다. 합리성의 가정을 보완하기 위해 제한된 합리성을 적극 수용하거나 신념체계나 이데올로기를 도입하려는 시도와 마찬가지로 약탈국가론도 반드시 수정 · 보완되어야 할 중대한 과제라고 할 수 있을 것이다.

이상과 같이 신제도경제학은 현실경제를 더욱 정확하고 다양하게 설명하면서 신고전학파로서는 도저히 도출할 수 없는 중요한 정책적 함의를 도출함에도, 태동한지 상당한 기간이 지났음에도 비주류경제학으로 인식되고 있다. 이는 경제학계의 **고착효과**(lock-in effect)로 볼 수 있을 것이다. 즉, 더욱 유용한 경제이론이 이미 주류경제학으로 입지를 굳히고 있는 비효율적인 신고전학파이론을 대체하지 못하고 있는 것이다. 그러나 많은 신제도학파의 학자들은 미래의 경제학으로 인식하고 있다.

고착효과(lock-in effect)

정보기술 산업의 경우 생산자나 소비자가 하나의 기술 혹은 서비스로부터 다른 기술 혹은 서비스로 전환하는 데 상당한 전환비용(switching costs)이 소요된다. 고착효과란 이러한 전환비용으로 인해 새로운 서비스나 기술이 출현해도 현재 사용하는 기술과 서비스를 계속 사용할 수밖에 없는 상황을 말한다. 비디오의 VHS방식과 베타방식의 싸움이 그 좋은 예이다. 기술이나 성능에 있어 베타방식이 우수하나 VHS방식이 이미 시장을 선점해 버렸기 때문에 시장의 표준으로 자리 잡지 못하게 되었다. 최근 IMT-2000 기술표준을 둘러싼 논란에도 바로 이 고착효과가 자리하고 있다. 현재 우리가 기술우위를 갖고 있는 동기식을 택할 것인가, 앞으로의 대세와 시장성을 고려해 시간 및 비용 소요를 감수하더라도 비동기식을 채택할 것인가라는 상황이 고착효과를 잘 반영하고 있다.

과거에는 누가 왕이 되어 어떤 정책을 펼치는가가 국가의 운명을 좌우했지만, 현대 민주국가에서는 누가 통치권자가 되는가는 국민이 결정하고 국가의 수준은 국민의식 수준이 중요하게 작용한다. 국민의식 수준이 높아지려면 건전한 아이디어나 이념으로 무장된 경제주체들이 혁신가(innovator)로서 각각 여러 분야에서 맹활약하며 제도권 감시, 제도권 통제, 여론 형성, 비공식적 제도 발전에 기여하는 역할을 해야 할 것이며 이들의 가치를 인정하고 존중하는 문화나 가치관의 정립도 필요하다. 경제발전을 위해서는 인재양성이 중요할 것이다.

핵심용어

경제사, 거래비용, 제도, 1차 경제혁명, 2차 경제혁명, 효율성가설, 근대민법, 국민주권, 재산권, 법의 지배, 맬서스 순환, 경로의존성, 고착효과, 약탈국가론

확인문제

1. 장기적인 관점에서 정치권력과 경제적 효율성과의 관계는?
2. 고대와 중세 경제성장 정체의 요인은?
3. 근대 이후 경제성장 요인에 대해 설명하라.
4. 근대민법과 근대 이후 자본주의 발달에 대해 설명하라.
5. 재산권제도의 발달의 배경인 국민주권사상의 의의를 설명하라.
6. 근대초기 맬서스 순환을 극복한 계기는?
7. 근대초기 유럽 4대 강국의 경제성장 격차의 요인은?

제8장

경제발전을 위한 제도
- 한국사례 -

1. 서 론
2. 기술선행변수로서의 제도와 기술
3. 제도개선 방안
4. 소 결

1. 서 론

산업혁명 이후 몇 차례 불황이나 공황이 있긴 했지만 세계적으로는 경제역사상 유례없는 성장을 하였다. 그러다가 공업화가 완료되어 가는 후기 산업사회에서는 대부분의 국가가 저성장, 고실업의 어려움에 직면해야만 했다. 경제성장의 궤도에 오른 국가들의 경우, 공업화 초기에는 성장률이 높은 편이지만 공업화가 완료되어 감에 따라 성장률이 둔화되어 가는 것으로 나타났다. 미국이나 유럽의 경우 1970년대 이후 성장의 정체현상을 보였고 일본의 경우는 80년대 후반부터 그러하였고 한국은 90년대 이후 성장률이 둔화되면서 외환위기까지 경험하였다. 유례없는 경제성장의 원천은 기술진보에 의한 신성장산업의 지속적인 발굴, 새로운 기술이나 기계 도입에 의한 생산성 향상이었고 정체의 원인은 신성장 동력산업 발굴의 어려움 및 기존산업의 생산성 저하를 핵심요인으로 꼽을 수 있다. 경제성장 동인으로 기술의 절대성에 대해서는, 견해대립이 심한 구제도학파와 신고전학파도 이 점에서는 공감하며 경제학계에서는 보편적으로 인식되고 있다.

기술에 대한 연구도 베블렌(Thornstein Veblen)과 슘페터(Joseph A. Schumpeter) 이후 그 추종자들에 의해 계속되고 있다. 이들은 구제도학파의 한 조류를 형성하거나, 슘페터주의, 진화론자 등으로 불리고 있다. 이들은 제도와 기술의 관계에서 제도와 기술의 상호작용을 인정하지만, 대체로 기술진보, 기술확산, 기술추격을 위한 제도의 역할을 중요시한다.[01] 즉, 제도보다는 기술을 중요시하는 경향이다. 이와 같이 경제성장에서 기술의 중요성에 대해서는 거의 모든 학자들이 인정하고 있다.

그러나 기술진보로 인한 산업혁명을 가능하게 한 근본요인으로서, 정치 · 경제 · 사회제도의 변동에 대한 인식은 미흡한 편이다. 근대 이전의 중세까지 기독교 세계관이 지배적이었고 왕의 절대권력을 합리화하는 군주주권의 시대였으며 계급사회였다. 근대 이후 인간이성의 회복과 시민혁명으로 민주주의가 발달하면서 기회균등사회가 도래하기 시작하였으며 국민주권의 국민국가가 완성되었다. 이러한 사회구조

---

01 Nelson(2005), Dosi & Orsenigo(1988), Teece(1988), Ruttan(2006) 등을 참조 바람.

를 지탱하기 위한 법제도, 정치제도 및 사회제도가 정비된 점을 중요시해야 할 것이다. 인간의 자유와 여러 가지 권리를 모든 개인이 향유하기 위한 제도의 변동에 주목해야 한다. 이러한 제도의 변동은 개인 경제활동의 유인을 제공하였다. 학습이나 기술혁신의 유인을 제공하는 제도를 중요시해야 한다는 것이다. 유사한 견해로, 장기적 성장의 근본원인으로서의 제도를 주장한 아셈모그루 등(Acemoglu *et al*., 2004)는 중세의 경제제도는 토지, 물적 자본, 인적 자본, 기술에 투자할 유인을 제공하지 못했기 때문에 장기적 경제성장을 이루지 못했다고 주장하였다. 신제도경제학의 발달에 크게 기여한 노스(North, 1981) 역시 산업혁명을 가능하게 했던 기술이나 지식을 결정하는 것은 무엇인가라는 질문을 던지면서 신기술 개발의 유인을 제공하는 개인 재산권의 발달을 핵심요소로 제시하였다. 이러한 관점에서 보면 오늘날 국가 간의 경제성장 격차의 중요한 요인으로 지적되는 지식, 기술 등의 격차는 국가별 제도 효율성의 차이가 중요한 요인임을 판단할 수 있을 것이다. 따라서 기술을 결정하는 요소로서, 기술에 선행하는 변수로서 제도의 중요성에 대한 논의는 중요한 연구주제라 할 수 있다. 신제도경제학이 미래의 경제학으로 발전할 것으로 예상하는 신제도경제학자들의 기대처럼 되기 위해서는 기술보다 상대적으로 중요한 제도에 대한 논의는 반드시 필요하며, 이는 신제도경제학의 중요한 과제이기도 할 것이다.

한편, 한국은 1970년대 이후 고도성장으로 '한강의 기적'이나 '아시아의 용' 같은 찬사를 받았으나 90년대부터 경제성장률이 낮아지고, 97년에는 외환위기를 경험하면서 총체적으로 경제를 점검하는 계기가 되었다. 외환위기 이후 현재까지 한국경제의 문제점들을 논의하면서 개선방안에 대한 논의가 활발하게 진행되고 있다.

이 장은 한국경제의 문제들을 이용하여 경제발전에서 중요하게 인식되는 기술진보의 문제는 제도적인 요인으로 설명가능하다는 것을 논증한다. 이를 통해 기술에 선행하는 변수로서의 제도, 기술 결정요인으로서 제도의 중요성을 입증하면서, 경제발전을 위한 제도의 중요성을 확인하고, 한국 경제발전을 위한 제도개선의 방안을 제시하고자 한다.

이 장의 구성은 2절에서 정치와 법 제도, 사회적 자본, 교육 및 대학 제도들의 문제가 지식과 기술에 직간접으로 영향을 미친다는 점을 설명한다. 3절에서 기술혁신을 위한 제도의 개선방안을 제시하고, 4절에서 결론으로 이 장의 의의를 서술한다.

2. 기술선행변수로서의 제도와 기술

이 절은 한국경제의 문제점 중에서 기술수준을 결정하는, 기술의 선행변수로서의 제도 문제에 대해 중점적으로 살펴본다.

1) 정부, 법, 제도 등의 문제

시장의 효율성은 항상 강조되고 있다. 시장은 자연발생적이다. 하이에크의 표현을 빌리자면 자생적 질서로서 경제제도이다. 이러한 시장의 기능이 원활해지기 위해서는 지속적으로 수요와 공급이 상호 견인하여야 한다. 산업혁명 이후 유례없는 경제발전은 시장의 성장에 기인하였다고 볼 수 있고 시장성장의 핵심은 신성장산업의 지속적 발굴과 공급능력을 계속적으로 증대시키는 연속적인 기술진화였다고 할 수 있다. 그러나 시장은 자기완결적일 수가 없기 때문에 법과 제도에 의해 보좌되지 못하면 효율성을 상실한다. 따라서 국가개입의 근거가 된다. 국가가 어떻게 개입하는가에 따라 경제적 성과가 좌우되기도 한다. 에거트슨(Eggertsson, 1990)이나 노스(North, 1990a)도 역시 중상주의 이후 현재까지 선진국과 후진국의 뚜렷한 차이점 중의 하나가 정부의 시장개입의 공정성이라 주장하였다. 시장은 그 자체로서 경제활동의 유인을 제공하는 것이기 때문에 국가의 개입은 시장에서의 유인구조 형성에 결정적인 요인이 되는 것이고 기술개발의 유인을 제공하는 재산권의 설정 및 집행은 국가의 중요한 역할이기도 하다. 따라서 기술결정요소로서 제도를 검토하기 위한 첫 번째 단계로 국가의 제도 및 법 집행의 공정성을 검토하는 것이다. 장기 경제성장의 근본요인으로서 제도를 논의한 아셈모그루 등(Acemoglu *et al.*, 2004) 역시 정치권력과 자원배분의 중요성을 논의의 출발로 하였다.

한국의 경우, 정경유착, 경제범죄에 대한 솜방망이 처벌 등 경제규칙 및 기타 법과 제도를 공정히 집행하지 못했다는 점은 부인하기 어려울 것이다.[02] 이러한 정부의 무책임과 법치의 미비는 유인구조를 왜곡하는, 소득분배 문제를 야기한다.

바람직한 소득분배, 즉 소득분배의 공평성이란 여러 가지 기준을 이용해 정의할 수 있을 것이다. 본서에서 교육수준, 책임과 국민소득 창출의 기여도를 반영한 소득분배를 바람직한 소득분배로 정의한다면, 이것 역시 정당한 소득분배라고 할 수 있을 것이다. 정확한 소득창출 기여분을 계산하기는 어렵지만 교육수준, 책임, 기여도 등이 반영된 소득분배가 실현된다고 다수가 공감한다면 소득분배의 공평성이 달성된다고 할 수 있을 것이다. 이렇게 되면 부의 분배에 대한 불만을 가지는 세력은 작아지고 사회적 통합을 이루는 데에도 크게 도움이 되어, 신뢰를 기반으로 하는 인적 네트워크 형성이 쉬워지면서 긍정적 사회적 자본이[03] 축적되고, 거래비용을 줄이면서 효율적인 경제시스템을 구축하게 될 것이다. 사회적 분열이 심한 사회의 경우 대부분은 소득분배의 공평성에 문제가 있는 사회일 것이라는 것은 쉽게 짐작이 된다.

부가가치가 창출되는 과정은 기술개발 - 상품화 - 유통과정으로 요약될 수 있다. 각 과정에서 창출되는 부가가치의 합이 전체 GDP가 된다. 전체 GDP는 연구인력, 경영자, 유통업자, 노동자들에게 소득으로 분배된다. 여기서 문제점으로 제기하려는 것은 연구인력의 소득이 혁신에 대한 기여도에 비해 작은 경향이 있으며, 책임의식이 약하면서 부패의 관행으로 높은 소득을 누리는 권력기관, 감찰기관, 법조계 종사자 외에 무임승차를 즐기는 사기꾼들의 소득이 대체로 높은 경향을 보인다는 점이다.[04] 이러한 관행들이 비공식제도화되어 유인구조를 왜곡하며, 한국사회 구성원들의 신념체계, 의식구조, 가치관, 이념 등을 불건전하게 만든다. 따라서 위계(deceptive scheme)나 지대추구(rent seeking)를 강화시키고 학습유인을 약화시키며, 신뢰 분위기를 훼손하여 부정적 사회적 자본을 강화시키고, 긍정적 사회적 자본의 훼손이 심각하며, 경제의 효율을 낮추는 거래비용을 유발한다는 것을 의미한다(후술).[05] 이런 현

---

02 국제투명성기구나 OECD에서 발표한 국가별 부패수준에서 한국은 대체로 중하위권을 보였다(후술).

03 사회적 자본의 양면성에 대해서는 한성안(2005) 참조.

04 이에 대한 정확한 자료는 구하기가 어려웠다. 각종 연구소, 대학의 연구자 소득, 기업별 경영자, 노동자 소득, 한국의 높은 지하경제 규모 등을 고려한다면 암묵적으로 공감하는 내용이다.

05 정부 및 제도와 사회적 자본에 대해서는 Knack(2002), Uslaner(2003), Carroll & Stanfield(2003), Braithwaite & Levi(1998) 등을 참조. 사회적 자본과 기술에 대한 관련성은 한성안(2000, 2005) 참조. 기타 사회적 자본의 중요성에 대해서는 다음의 문헌을 참조 바람. Iyer *et al.*(2005), Kaldaru & Parts(2005), Rothstein(2003), Rao(2003), Sobel(2002), Rupasingha *et al.*(2000), Bebbington & Perreault(1999) 등.

상은 이공계 기피현상의 직간접적인 원인이 되고, 우수인력이 연구 분야나 기업 및 창업활동 분야로 공급되기가 어려워 인적 자원의 비효율적 배분으로 과학기술, 학문 발전, 다양한 기업성장에 걸림돌이 되어 기술혁신에는 불리한 환경을 조성하는 것이다.

2) 사회적 자본

책임의식이 미약한 권력기관 · 감찰기관 · 법조계 등의 종사자들이 소득이 높고 여러 분야에서 사기꾼들이 양성되는 것은, 유인구조를 왜곡하는 것은 물론이고 사회 내 불확실성을 높여 불필요한 거래비용을 유발시키며, 개인 및 사회적 신뢰를 약화시켜 긍정적 사회적 자본(social capital) 축적에 문제가 있는 사회라고 할 수 있다. 권력기관 · 감찰기관 · 법조계 등은 직접적으로 GDP 창출에는 기여하지 않지만, 경제질서나 사회질서 유지 등으로 불확실성을 낮추어 거래비용을 절감하고 제도의 안정성에 기여하여 간접적으로 GDP 창출에 기여해야 되는 경제적인 책임이 막중하다. 이들은 대체로 어느 국가에서나 고소득계층이다. 무질서로 인한 혼란으로, 높은 거래비용을 발생시켜, 경제적 비효율로 경제가 침체하는 경우를 고려하면 이들의 고소득은 어느 정도 타당한 면이 있다. 그러나 공정한 질서유지의 책임을 다하지도 못하면서 고소득자 지위를 누리는 경향이 있다. 이것은 신뢰 분위기 조성 및 사회적 통합을 저해하고, 일반국민들의 사기를 저하시키거나 허탈감을 주게 되어 긍정적 사회적 자본 축적에는 걸림돌이 된다. 특히 정경유착, 지역정당의 고착화, 소신 및 의리의 철학이 없어 인간적 매력이 없는 정치인들의 정치공해는 심각하다. 경제수준은 중진국을 넘어선 수준이지만 정치수준은 아직도 후진국이다. 긍정적 사회적 자본의 훼손에 가장 크게 기여하는 집단들일 것이다.

모(Mo, 2001)는 부패지수(corruption index) 한 단위의 상승은 약 0.545%의 성장률을 감소시킨다는 실증연구를 제시하였는데, 부패가 경제성장에 영향을 미치는 가장 중요한 경로(channel)는 정치권이라는 견해를 소개하였다.

이상과 같은 정부, 법, 사회적 자본 등의 문제는 기술선행변수로서 중대한 문제이며 부패문제를 야기하는 것이다. 아래 〈표 8-1〉은 한국의 부패수준을 잘 보여준다.[06]

〈표 8-1〉 한국 부패인식지수(CPI) 연도별 변동 추이

비고		2004	2005	2006	2007	2008	2009	2010	2011
CPI	점수	4.5	5	5.1	5.1	5.6	5.5	5.4	5.4
	조사대상국	146	159	163	180	180	180	178	183
	순위	47	40	42	43	40	39	39	43
	백분율	32.2	25.2	25.8	23.9	22.2	21.6	21.9	23.5
OECD	회원국	30	30	30	30	30	30	30	34
	순위	24	22	23	25	22	22	22	27

자료 : 통계청(e 나라지표), 국제투명성 기구 자료.

이러한 부패 분위기의 사회는 제도의 순기능 대신 역기능이 작동하여 사회 내 불확실성을 높이고 제도의 유인 제공 기능을 왜곡하여 과다한 거래비용을 유발한다. 그 구체적인 효과는 다음과 같은 예로 제시할 수 있다.

위계나 지대추구 같은 행위가 성행하여 학습유인을 약화시키며, 인지비용을 증대시켜 지식의 전문화를 방해하고,[07] 암묵적인 기술 · 지식 등을 공유하기가 어려워 인적 자본의 축적 및 기술혁신에 매우 불리하여 신기술을 기반으로 한 신규기업의 창업이 어려울 뿐만 아니라, 벤처기업 지원을 위한 벤처 캐피탈이 정착되기 어렵다.[08]

벤처 캐피탈(venture capital)

위험성은 크나 높은 수익이 예상되는 사업에 투자하는 자금을 뜻한다. 창업투자회사 혹은 모험자본으로 불린다. 즉, 장래성은 있으나 자본과 경영기반이 취약해 일반 금융기관에서 융자를

06 경제수준에 비해 부패지수의 순위는 높은 편이다.

07 인지비용의 감소로 인한 지식의 전문화 및 지식경제에서 제도의 중요성에 대한 관련 문헌은 유동운(2010a, 2010b) 참조.

08 벤처 캐피탈은 신뢰를 기반으로 한 인적 네트워크가 중요하다. 따라서 사회적 자본이 중요하다. 벤처캐피탈에 대해서는 Gompers & Lerner(1999) 참조.

받기가 어려운 기업에 대해 창업 초기단계에 자본참여를 통해 위험을 기업가와 공동 부담하고 자금, 경영관리 등을 종합적으로 지원함으로써 높은 이득을 추구하는 자본 또는 금융활동을 의미한다. 투자자는 당해 기업의 주식을 공개(Initial Public Offering)함으로써 수익을 올린다. 융자를 위주로 하는 기존 금융기관과는 자금 외 지원방식, 투자금의 회수방법, 성과보수 및 리스크 등에서 현격한 차이가 있다. 현재 우리나라의 벤처 캐피탈은 크게 신기술사업금융회사와 중소기업창업투자회사로 이원화되어 있다. 신기술사업금융회사는 "신기술사업 금융지원에 관한 법률"에 의거하여 신기술사업자(기술을 개발하거나 이를 응용하여 사업화하는 중소기업)에 대한 투·융자 및 경영 · 기술 지도를 행하는 회사를 말한다. 회사별로 약간 차이는 있으나 주로 기업의 기술개발과 기술의 기업화, 공정개선 등을 지원하기 위한 투·융자 업무를 주로 하며, 특히 중소기업의 창업과 기술개발을 중점 지원하고 있다. 중소기업창업투자회사는 "중소기업창업지원법"에 의거하여 창업을 준비 중이거나 기술력은 뛰어나지만 자본력이 미약한 중소기업에 납입자본금의 50% 범위 내에서 직접 투자하는 투자회사이다. 중소기업창업투자회사는 법인의 경우 법인설립등기일로부터 14년 이내의 중소기업에, 개인사업자의 경우 사업 개시일부터 10년 이내의 중소기업에 주식의 인수, 전환사채 또는 신주인수권부사채의 인수, 약정투자, 기업인수투자 등의 형태로 장기자금을 지원해 주고 있다. 또 필요한 경우 경영지도, 기술지원 등 전문적인 지원체계를 마련하고 있다.

자료 : 기획재정부 시사경제용어사전

이러한 상황으로 인해 새로운 기술 실험, 개발 및 확산에는 불리한 환경을 조성하여 기술기반의 경제시스템을 만들기 어려워질 것이다. 추가적으로, 학계 · 정계 · 관계 등에서 학연이나 지연에 의한 인적 네트워크가 경제적 · 사회적 비효율로 작용하는 경우, 산업별 · 업종별로 만연한 묵시적 담합의 관행, 혈연관계가 승진에 중요요인으로 작용하는 기업의 인사제도, 경제범과 제도권의 결속행위 등의 문제는 부정적 사회적 자본을 축적하여 혁신과 성장에 불리한 환경을 조성하는 요인일 것이다.

키질바시(Qizilbash, 2001), 액케이(Akcay, 2006)는 부패는 인간개발에도 부정적인 영향을 미친다고 주장한다. 칼다루와 파츠(Kaldaru and Parts, 2005)는 제도, 법률체계, 정부 역할, 사회적 응집력 등의 변수를 설정하고 유럽 34개국의 자료를 이용하여 경제발전에 대한 사회적 요인들의 영향을 주장하였다. 셀리그슨(Seligson, 2002)은 부패를 연구한 대부분의 경제학자들은 부패가 투자를 약화시킨다는 주장들을 하였다고 소개하였다.

리와 오(Lee & Oh, 2007)는 아시아 국가들의 부패에 대한 연구들을 소개하고, 1997년 아시아 국가들의 경제위기는 이들 국가의 부패와도 관련이 있다고 주장하고, 아시아 국가들의 다양한 경제적 차이를 부패수준의 차이로 설명하였다.

이종원 · 김영세(2000)는 부패의 해악에 대해, 생산적인 투자를 감축시켜 경제성장을 저해한다, 정경유착은 신생기업의 시장진입 비용을 높여 신생기업 성장의 환경이나 신기술 실험을 어렵게 하여 기술혁신 기반을 악화시킨다는 등 기타 여러 가지 해악을 지적하였다. 그리고 부패는 주로 고소득자들이 연루됨으로써 고소득자의 지위를 더욱 공고히 한다고 소개하였다.

기이마흐와 카마초(Gyimah-Brempong & Camacho, 2006)는 61개국 20년간의 패널 데이터를 사용하여 경제성장과 소득분배에서 부패의 유의성을 입증하였다. 대륙별로는 부패가 경제성장에 가장 큰 영향을 미친 대륙은 아프리카이고, 소득분배에서는 남미가 가장 큰 영향을 받은 것으로 나타났다고 한다. 또한 부패의 10% 감소는 OECD 국가와 아시아 국가의 경우 소득증가율을 1.7% 높이고, 남미 국가들은 2.6%, 아프리카 국가들은 2.8% 높인다고 분석하였다.

3) 교육 및 대학제도

한국의 강점으로 자주 언급되는 것은 교육열이다. 그러나 국민들의 학구열이 높은 학문수준, 기술수준으로 결실을 맺지 못하는 것은 앞서 언급한 정부, 법, 제도, 사회적 자본 등의 문제로 소득분배를 왜곡시켜 인적 자원의 효율적인 분배를 저하시키는 것이 직·간접적 요인이지만, 교육과 대학제도의 문제도 중요한 요인일 것이다. 즉, 교육과 대학제도는 사회 내 건전한 신념체계 소유자 양성, 학습 분위기 조성, 지식수준, 지식 전문화 등과 관련되고 혁신주체를 잘 양성할 수 있느냐를 좌우하여 기술수준을 결정하는 중요요인이다. 따라서 교육과 대학제도의 문제는 국가의 기술수준 결정요인을 검토하기 위해서도 반드시 검토해 봐야 할 것이다. 우선 교육문제부터 살펴본다.

교육의 근원적인 문제로서 학연과 지연이 중요하게 작용하는 사회풍토를 제시할 수 있을 것이다. 대학입학이 학생들의 장래를 결정적으로 좌우하는 풍토는 한국사회의 관행이 되어 비공식제도로 정착된 경향이 강하다. 이로 인해 교육 및 학문을 위한 학습유인을 제공하기보다는 입시경쟁을 과열시키는 것이다. 그 결과 각 가계는 입시를 위한 교육에 정신적 · 물질적인 부담이 크다. 즉, 엄청난 사교육비를 투자하고 있다.[09] 한국의 교육비 투자는 아래 〈표 8-2〉에서 잘 나타난다.

09 한국에서 자녀의 성공은 매우 중요한 사회적 가치기준이 되어 부모들로 하여금 어떤 희생을 감수하고서라도 자녀교육을 시켜야 한다는 분위기를 형성하고 있는 것이다. 한상완 외 2인(2007).

〈표 8-2〉 OECD 국가의 교육비 비교

국가	GDP비율 합계	공교육비 GDP비율	사교육비 GDP비율
Australia	5.97	4.53	1.44
Austria	5.78	5.56	0.22
Belgium	6.36	5.97	0.39
Canada	6.14	4.88	1.31
Czech Republic	4.58	4.21	0.38
Denmark	7.1	6.82	0.28
Finland	5.84	5.74	0.1
France	5.98	5.61	0.38
Germany	5.26	4.28	0.98
Greece	4.06	3.82	0.23
Hungary	5.18	4.61	0.57
Iceland	6.7	6.15	0.56
Ireland	4.49	4.14	0.35
Italy	5.31	4.87	0.44
Japan	4.63	3.47	1.15
Korea	8.2	4.79	3.41
Luxembourg	3.64	3.64	–
Mexico	5.87	5.12	0.75
Netherlands	4.9	4.51	0.39
New Zealand	–	5.53	–
Norway	6.37	6.12	0.25
Poland	–	5.56	–
Portugal	5.85	5.77	0.09
Slovak Republic	4.11	3.99	0.12
Spain	4.89	4.33	0.56
Sweden	6.46	6.25	0.21
Switzerland	–	5.43	–
Turkey	3.51	3.46	–
United Kingdom	5.48	4.66	0.82
United States	7.34	5.08	2.26
Country mean	5.62	4.96	0.65

주 : 1) 대학 및 직업 교육 과정(tertiary education) 포함.
2) 2001년도 지출액

자료 : Education at a Glance - OECD Indicators 2004, OECD, Paris, 2004.
www.oecd.org/edu/eag2004

위 〈표 8-2〉에서 한국은 교육비 지출비율이 가장 높게 나타나는데 그 원인은 사교육비 비율이 타 국가에 비해 월등히 높기 때문인데, 치열한 입시경쟁이 그 주요인이다. 입시경쟁으로 인해 입시를 목전에 둔 학생들은 공부하는 기계가 되는 경향이 있다. 잠재력 개발을 위한 예능교육, 재능교육, 지적 탐구를 위한 교육은 거의 이루어지기 어렵다. 이러한 경향은 기술혁신을 위한 학습 분위기 조성을 어렵게 하는 중대한 문제를 야기하는 것이다.

입시제도에도 문제가 있다. 사람의 재능과 자질의 다양성에도 불구하고 매년 수십만여 명을 동일한 수능시험으로 평가한다는 자체가 시험의 변별력 판정에 어려움을 주는 것은 주지의 사실이다. 이 같은 입시제도는 교육에서의 평등의식이 강하게 작용하기 때문이다.[10] 위화감을 조성한다는 명목으로 획일화 교육의 방향으로, 학습능력에 맞는 교육 및 평가를 하기 어려워져 인재의 발굴과 양성의 어려움을 초래하는 경향이 강한 편이다. 이러한 문제는 미래의 혁신주체 양성을 어렵게 하는 것이다.

더욱 심각한 교육문제는 인간교육의 부재라는 점이다. 교육의 궁극적 목표는 지, 덕, 체를 겸비한 인간을 만들어 내는 것이지만 이러한 점 또한 대단히 미흡하다. 대학졸업 후 사회의 주축세력으로 성장했지만 각 분야에서 사회적 자본을 훼손하는 지도층이 많다는 점은 불건전한 신념체계 및 가치관 소유자의 비율이 높다는 것이고 이러한 요인은 불필요한 거래비용을 유발시키며, 제도의 역기능을 강화 및 지속시키는 요인이 될 것이며, 인간 교육문제를 야기하는 것이다.

이러한 교육문제 외에도 대학문제 역시 자주 논의된다. 대학은 전문인력을 양성 · 공급하고, 학문수준 및 기술수준을 가늠하여 국가 및 지역 혁신 시스템 구축에 핵심적인 역할을 하며, 국가 및 지역사회 발전을 견인하는 중요요인이지만, 한국의 경우 대학이 그 기능을 제대로 발휘 못하는 실정이다. 대학문제 몇 가지를 제시하면 다음과 같다.

우선, 각종 대학 경쟁력 관련 자료에서 한국은 항상 저조한 모습을 보이고 있다. 전국에 200여 개 대학을 보유하고 세계에서 제일 높은 대학 진학률을 보이며[11] 양적으로만 팽창해 오고 있다. 이와 같은 외형적인 고급인력의 공급과잉은 청년실업의

10 자주 언급되는, 평등의식이 지배하는 교육제도의 문제에 대해서는 좌승희(2006), 정갑영(2005) 참조 바람.
11 한국의 대학진학률은 82%로 영국 71%, 미국 63%, 일본 49%에 비해 가장 높다. 홍순영 외 7인(2006).

원인이며 3D 기피현상의 원인도 될 수 있다. 또한 대학교육도 정상적으로 이루어질 수가 없다. 이공계, 상경계, 법정계 등 첨단기술 인력이나 국가나 기업경영 분야의 인력을 너무 많이, 매년 몇 십만 명이나 선발해서 양성할 필요가 없다. 아니, 양성해서는 곤란하다. 산업구조나 공직사회구조가 매년 몇 십만 명을 수용할 수 있는 국가시스템이 되지 못한다. 또한 이 분야 학생들은 서울의 상위권, 지방의 몇 개 대학을 제외하면 정상적인 수업과 평가를 받기가 어렵다. 졸업 후에도 전공과 관계 없는 일에 종사하는 경우가 많은 편이다. 대학의 재정과 대학생활의 비용도 상당할 것이다. 막대한 사교육비와 함께 대학생활에 드는 비용까지 고려하면 가계에 엄청난 부담이다. 이는 가계소비를 제약하여 내수 위주의 선진국형 경제시스템이 되지 못하는 중요한 요인이 될 수 있을 것이다.[12,13]

> 본 논의와 관련은 없지만 부동산 문제도 가계소비를 제약하는 요인일 것이다. 이러한 가계소비를 제약하는 요인들은 수요가 경제성장을 견인하는 선진국형 경제시스템을 구축하는 데에도 중요한 장애요인이 될 수 있을 것이다.

두 번째 대학문제로, 교수의 열악한 업무여건을 살펴보자. 현재 교수의 업무라 함은 수업강의, 석·박사 양성, 학문연구라 할 수 있으나 이러한 업무에 충실하기에도 어려운데 학교 및 학회의 행정업무, 각종 외부기관(국가, 지방자치단체, 기타 국제기구나 민간연구소 등)의 의뢰업무 등으로 부담이 가중되고 있다. 이러한 상황에서 학문적 연구성과를 성취하기란 어려울 수밖에 없다. 또한 경쟁시스템이 도입되지 않고 있는 교수사회의 경우, 교수를 견제하는 장치가 없기 때문에 학문적 열정이나 자질이 부족한 교수도 퇴출시킬 수가 없는 점은 대학 비효율의 중요한 요인일 것이다.

세 번째 문제로, 유능한 인재가 대학원을 외면하고 있다. 근본원인은 대학원에서 열심히 공부할 유인이 적다. 대부분의 경우 열심히 공부해서 학위받고 시간강사 좀 하다가 새로운 직업을 모색해야 하는 현실이 원인이다. 대학원보다는 고시, 공무원,

---

12 한상완 외 2인(2007)은 가계소득의 지출에서 사교육비가 차지하는 비중은 1980~90년대 중반 7~8% 수준에서 2005년 12%까지 급증한 것으로 조사되었다고 소개한다.

13 대부분의 선진국의 경제시스템은 내수가 성장을 견인하는 내수 위주의 경제시스템이지만 한국은 수출이 성장을 견인하는 경제시스템 구조를 가지고 있다. 선진국형 경제시스템에 대해서는 홍순영 외 7인(2006) 참조.

공인회계사, 변리사, 교사, 공무원 등을 더 선호하고 있다. 특히 지방대의 경우는 더욱 심각하다. 학부과정에서 우수 인력들이 이러한 분야로 모이고 있는 것은 대학의 학문발전에는 역행하고 있는 것이다. 대학원과정은 교수에게는 보좌 역할, 청량제, 자극제가 되어야 하나 대학원조차도 교수의 학문적 연구에는 크게 도움이 되지 못할 가능성이 농후해지고 있다.

마지막 대학문제로, 한국의 경우 대부분 벤처기업의 창업동기는 대기업이나 중소기업의 업무경험에서 비롯되었고 대학을 통한 창업은 부진한 것으로 나타났다. 대학이 벤처창업에 큰 역할을 하는 미국과는 대조를 보인다.

미국의 벤처 캐피탈과 대학

미국은 벤처 캐피탈이라는 좋은 제도가 잘 갖추어짐으로써 기술개발, 기술진보가 활발해질 수 있는 요건을 조성하고 있는 것이다. 이러한 환경이 벤처산업이 성공할 수 있는 중요한 요인이다. 그 기본적 배경은 대학들의 기초학문 및 전체적인 학문수준에서 비롯된 것으로 보는 것이 타당할 것이다. 대학이 국가발전, 경제발전을 선도하는 중요한 역할을 한다는 사실은 미국의 예에서 분명히 드러나는 것이다. 미국의 높은 대학수준은 최근 중국 상하이 자오퉁대학이나 영국의 *The Times*지의 세계대학 평가, OECD 대학경쟁력조사 등에서 잘 보여주고 있다. 미국대학의 발전은 기부문화와도 관련 있으며 기부문화로 인한 인적 네트워크가 발달하여 사회적 자본이 축적되고 평판 메커니즘이 잘 작동되는 것이 벤처 캐피탈이라는 좋은 제도를 정착시킬 수 있었던 중대한 요인으로 사료된다.

자료 : 이장우 · 장수덕(1999), Smilor *et al.*(1990), Gompers & Lerner(1999)

중소기업청의 2004년도 벤처기업실태조사에 의하면, 창업자의 이전 근무지가 주로 기업체로 나타남으로써 벤처기업 창업이 대학과는 긴밀하게 연결되지 못함을 보여주고 있다(〈표 8-3〉참조).

이 같은 현상은 대학의 창업교육에 문제점이 있어 창업교육을 강화할 필요성이 제기되고 있지만, 더 중요한 것은 대학의 학문수준이 전반적으로 미흡하여 기술수준이 선진국에 미치지 못함을 드러내고 있다고 보는 것이 더 타당할 것이다. 이상과 같은

〈표 8-3〉 창업자의 이전 근무지 (단위 : 기업수, %)

연도	2003	2004
일반기업체	4,145(72.3)	3,320(72.6)
민간부문 연구소	371(6.4)	331(7.5)
공공부문 연구소	172(3.0)	141(3.1)
정부 및 산하단체	190(3.3)	151(3.3)
교수	339(5.9)	264(5.8)
학생	95(1.7)	79(1.7)
기타	425(7.4)	288(6.3)

교육 및 대학 문제는 기술혁신의 주체인 창의적인 인력을 양성하기 어려운 중요한 요인일 것이다.

4) 기술수준

정부, 법, 제도, 사회적 자본 등의 문제로 인한 소득분배의 왜곡, 창의성 개발이나 지적 탐구를 위한 교육의 부재, 대학경쟁력이나 연구환경이 열악한 문제는 학문수준과 기술수준의 저하로 연결되는 중요한 요인이 된다. 기본적 의식주 욕구를 위주로 하던 농업사회를 인간의 다양한 효용이 충족되는 공업사회로 변화시키면서 고도의 경제성장을 가능하게 하였던 중요한 요인은 기술진보였다. 대기업 위주의 경제시스템에서 새로운 성장동력의 발굴과 첨단 중소기업의 활성화로, 새로운 산업구조로의 전환이 용이하지 못한 원인도 기술혁신의 어려움이 가장 큰 요인이다. 특히 기술수명주기의 축소, 수요의 다양화 · 개성화에 따라 다품종 소량생산체제의 필요성으로 인해 미래의 경쟁력으로 인식되는 벤처산업이 발달하지 못하는 것도 기술문제가 크게 작용하는 것이며 이러한 현상은 미래의 경제전망을 어둡게 하는 요인이다. 중소벤처기업의 창업이 활발해지기 위해서는, 기업 및 대학 연구실이나 실험실, 일상생활에서 발견한 아이디어를 제품화시키기 위해서는 실용성 있는 기술개발이 활발해야 한다는 것은 당연한 사실이다. 중소 벤처기업 창업이 활발하지 못한 근본적인 원인은 기술수준에 문제가 있기 때문일 것이다.

문소상 · 이종건(2004)은 미국특허청에 등록된 한국의 특허건수의 세계 전체의 비율을 대만, 일본, 미국과 함께 다음과 같이 소개하였다. 한국 2.13%, 대만 3.23%, 일본 20.01%, 미국 52.76%(2001년도 통계)

양현봉 외 2인(1998)은 국내 벤처기업의 경우 첨단기술을 보유한 벤처기업은 적고 대부분 외국기술의 모방이나 기존기술의 개량에 의존하는 것으로 나타난다고 하였다. 외국 모방이 43%, 기존기술 개량개선이 36%, 창조적 기술은 21%로 나타나 벤처기업의 투자수익률이 낮은 원인이라고 지적하고 있다.

아래의 〈표 8-4〉는 한국 기술수준의 현주소를 잘 보여주고 있다.

〈표 8-4〉 국가별 기술수준 및 기술격차[14]

기술수준 / 기술격차 / 국가	2008년		2013년	
	기술수준(%)	기술격차(년)	기술수준(%)	기술격차(년)
한국	56.4	6.6	63.5	6.3
미국	76.6	0.0	80.9	0.0
일본	70.4	1.7	75.5	2.0
중국	46.9	9.3	54.9	8.7
EU	72.9	1.1	77.6	1.4

주 : 기술수준 - 해당 기술이 향후 이룰 수 있는 궁극의 기술수준(이론적 상한치, 미래 이룰 수 있는 최상의 발전상태)을 100%로 하여 각국의 기술수준을 %로 표시

기술격차 - 세계 최고기술 보유국(0년)과 각 국가의 기술격차(년)

자료 : 한국교육과학기술부 2008년도 보고서.

이외에도 한국의 경우, 수출지향적인 경제구조로 수출증대에 경제의 사활을 걸고 있는 상황이지만 수출이 늘어날수록 전반적인 기술수준의 약화로 인해 부품수입도 함께 늘어나 수출증대의 효과를 반감시키고 있다는 사실은 잘 알려진 바이다.

---

14 2007년 과학기술 예측조사(~2030)를 통해 도출한 '과학기술 기본계획(2008~2012)' 상의 90개 중점 과학기술(364개 세부기술)에 대한 기술수준 평가 결과이다. 기술수준 평가는 해당 기술의 수준이 최고 정점에 도달한 상태인 궁극 기술수준(100%) 대비 각국의 기술수준을 절대평가하는 방식과 최고기술 보유국의 기술수준을 100%로 해 우리나라의 기술수준을 평가하는 상대평가 등 2가지로 이뤄졌다. 자세한 평가방법은 교육과학기술부(2008) 참조.

3. 제도개선 방안

1) 제도개혁

2절에서 제도의 중요성을 살펴보았다. 한국의 경우 경제규칙, 기타규칙을 공정히 집행하지 못한 경향으로 인해 유인구조를 왜곡하는 소득분배, 사회적 자본의 문제를 초래하는 문제들이 기술수준의 저하를 가져온 주요 요인임을 살펴보았다. 제도개혁의 필요성은 자명해진다. 자의의 지배, 힘의 지배 사상에서 벗어나 법의 지배 사상이 정착되어야 한다.[15]

> 김상조(2006)는 한 나라가 선진국이 되는 경로는 다양하겠지만 선진국이 공통적으로 갖추고 있는 기본적인 원칙들 역시 있다. 여기에는 영미형과 유럽대륙형의 차이가 없다. 한국사회에는 이 기본원칙들이 결여되어 있으며, 이를 갖추는 것이 개혁의 목표가 되어야 한다. '법치주의(Rule of Law)' 또는 '법 앞의 평등한 정의(Equal Justice under Law)'는 그 최소한의 요건이라고 하였다
>
> 박세일(2006)은 제도와 정책의 선진화를 위한 5대 핵심전략으로, 첫째 교육과 문화의 선진화(최고 핵심전략), 둘째 시장능력의 선진화, 셋째 국가능력의 선진화(선진 정치와 행정), 넷째 시민사회의 선진화, 다섯째 국제관계의 선진화를 들고 있다.
>
> 양동욱 외 4인(2004)은 생산성 향상을 위한 제도개혁 방안으로, 연구개발 투자의 확대와 함께 교육, 규제, 조세, 금융 등 각 부문의 제도개혁을 통한 사회적 역량(social capability)의 증대가 이루어져야 한다고 지적하였다.
>
> 김형기(2006)는 혁신은 기술혁신 외에도 제도혁신, 문화혁신을 포함하는 총체적 혁신이어야 지식기반 경제에서 진정한 의미의 새로운 성장의 원천이 된다고 하였다.(중략) 집권-명령-위계의 원리가 관철되는 조직을 분권-자율-네트워크의 원리가 관철되는 조직으로 바꾸는 제도혁신 없이 혁신을 기대하기는 어렵다고 지적하였다.
>
> 이주선(2006)은 오늘날의 경제적인 어려움은 단기적인 경기부양책을 위시한 거시경제정책이나 복지정책 위주의 사회안정망 확충만으로 해결될 수 없으며, 제도적 관점에서 대외환경 변화에 적절하게 대처할 수 있는 정치 · 경제 · 사회 · 문화적 토대에 대한 근본적인 혁신을 통해서만 돌파 가능할 것이라고 주장하였다.

15 법치개혁의 필요성과 전략에 대해서는 좌승희 · 조성봉(2004) 참조 바람.

경제뿐만 아니라 정치 · 사회 · 노동 등 모든 분야에서 공정성이 보장되어야 한다.[16] 스포츠에서[17] 불공정 판정은 선수의 사기를 저하시키고 스포츠 경기력 향상에 치명적인 결과를 가져올 수 있는 것과 마찬가지로 정치, 경제, 사회 등 각 부문에서 국가의 공정한 심판의 역할은 유인구조를 개선시키고 정치 · 경제 · 사회 등 각 부문의 발전을 견인하는 것이며, 경제주체들의 예측가능성을 높이고 불확실성을 낮추어 불필요한 거래비용을 줄이는 데 크게 도움을 줄 것이다. 이럴 경우 제도의 순기능이 잘 작동할 것이다.

특히 경제범들에게 제도권이 관대한 경향을 보인 결과 전자, 핸드폰, 홈쇼핑, 아파트 분양, 보험, 다단계판매 등에서 사기꾼들을 많이 양성하였다. 제도의 역기능 초래, 사회적 자본 훼손, 불건전한 신념체계 및 가치관 소유자들의 양성, 거래비용과 인지비용의 증가 등 그 해악은 우리 생활에 직접 미치기 때문에 심각하게 고려해야 한다. 이에 대해서는 경제범들의 형량을 높여 경제범들의 기대수익을 낮추어야 되며 엄격한 법집행으로 신뢰가 구축되는 사회시스템을 만들어야 된다. 경제범들의 기대수익(E)은 범죄성공 확률(S), 성공시의 기대금액(Y), 실패시의 벌금(P)과 관련된다. 수식으로 표현하면,

$$E = SY + (1 - S)P$$

따라서 엄격한 법집행으로 범죄성공 확률(S)을 낮추고 실패시의 벌금(P)을 높이는 정책이 필요하다.

기타 법, 제도 문제를 해결하기 위해서는 개혁대상이나 비효율적인 제도의 속성을 충분히 연구하여, 이들의 생존전략을 철저히 분석하여 대응해야만 제도개혁이나 법치개혁이 성공할 것이다. 특히 각 분야의 지도층 인사들이 각자의 지위에서 책임을 자각하고 모범을 보여야 할 것이다. 지도층 인사들의 무능과 부패가 정치, 법, 제도

16 한국의 경우 지나친 정부개입 또한 문제가 되고 있다. 이러한 경향은 정부실패 문제를 야기한다. 정부의 개입은 명백한 시장실패에 한해야 하며 부득이하여 개입 시에는 공정성이 요구된다.

17 한국야구의 경우 최근 올림픽 및 국제대회에서 우수한 성적을 거두는 것은 좋은 시사점을 주고 있다. 게임의 규칙이 공정하게 적용되고 야구인들 간에는 동업자 정신으로 화합을 유지하면서 경기력 향상에만 집중하기 때문에 국제대회에서 호성적으로 결실을 맺고 있는 것이다. 정치, 경제, 학계 등 전 분야가 한국프로야구 시스템 및 야구인들을 본받아야 할 것이다.

문제를 야기하는 직접적인 요인일 것이다.

또한 제도권의 무능함에 대해 분개하고 비판하는 국민들이 많아질 때 제도권의 개혁은 가능하며 긍정적 사회적 자본의 축적도 용이해질 것이다. 부패한 제도권 인사들과 자신의 비리를 합리화하는 기회주의자들을 잘 가려 꾸짖고 훈계하려는 자세와 의식이 필요하다. 국민의식에 대해서는 후술하기로 한다.

2) 연구인력에 대한 유인 강화

경제성장에서 기술혁신의 중요성을 감안할 때 기술혁신의 주체인 연구인력에 대한 보상을 높이는 방안을 찾아야 한다. 기업성과의 분배제도를 개선시키는 방안이 필요할 것이다. 일반적으로 연구인력은 기본급과 프로젝트 성공에 대한 성과급 정도의 소득을 얻게 된다. 연구성과가 상품화되어 유통되는 과정에서의 소득은 경영자나 유통업자의 몫이 된다. 연구인력에 비해 이들의 소득이 높은 경향을 보이는 경우를 자주 목격할 수 있다. 연구인력의 연구유인을 강화시켜야 한다. 이를 위해서는 연구성과가 상품화되고 유통되는 과정의 소득의 일부를 연구인력도 함께 공유하는 방안을 고려할 수 있을 것이다. 상품의 시장수명이 길수록 혜택도 늘어나게 되어 시장경쟁력 있는 상품개발의 유인이 강해지고 기업의 경쟁력 강화에도 크게 도움이 될 것이다. 또 한 가지 방안으로는 주식회사의 경영성과에 따라 경영자에게 보상되는 스톡옵션(stock option)제도를 연구인력에게도 제공하는 방안도 좋을 것이다. 기업성과에 연구인력의 연구성과가 크게 기여한 경우 스톡옵션을 제공한다면 연구성과를 향상시키는 유인이 되며 합당한 보상이 될 것이다. 최근에 이공계 연구인력이 직접 경영하는 기업이 늘고 있는 것은 연구인력과 경영자 및 유통업자 간의 소득분배 불균형이 크게 작용하기 때문일 것이다. 연구인력의 경영자로의 변신은 연구에만 전념하기가, 지속적인 연구성과를 얻기가 어려워지는 문제점도 있는 것이다. 사회과학계통의 연구인력도 좋은 정책을 제시하거나 생산적인 제안을 할 때 연구지원금을 대폭 인상하거나 연구인력의 공헌으로 인한 증가된 경제적 가치의 일부를 연구자의 몫으로 보상하는 제도의 확립도 좋을 것이다. 이들은 사회혁신의 주체이며 간접적으로는 기술혁신에도 기여도가 높을 것이다. 연구인력이 존중되고 가치가 제대로 평가되어 보상되는 사회시스템의 구축이 필요하다.

> 넬슨과 삼팟(Nelson & Sampat, 2001)은 제도를 사회적 기술(social technologies)이라는 새로운 개념으로 발전시키고자 하였다. 또한 경제성장은 물리적 기술과 사회적 기술의 공진(the co-evolution)으로부터 비롯된다고 하였다.

3) 교육 및 대학제도 개혁

세계화시대가 도래하여 국제경쟁력을 갖춘 인재양성을 위한 교육제도의 개혁이 요망된다. 정갑영(2005)의 표현을 빌리자면, 한 명의 인재가 1만 명, 10만 명을 먹여 살리는 시대에 살고 있다. 현재 평등의식이[18] 지배하는 교육제도로는 다양한 분야에서 우수한 인력을 만들어 내기가 어렵다. 따라서 교육자 및 교육기관의 자율을 높여야 한다. 관치교육의 관행을 청산하여 각 교육기관 및 대학의 특성을 살리면서 교육자의 재량을 넓혀 능력과 자질을 극대화시키는 교육으로 변해야 한다.

현재 입시 위주의 교과목 편성을 완화하여 예체능교육, 재능교육, 기타 특별활동 교육 등으로 개성을 존중하고 발전시키는 교육을 강화해야 한다. 또한 한국사회와 같이 사회 및 제도권에 대한 신뢰가 약한 경우, 인간교육을 강화하여 사회의 보편적 가치에 대해 존중할 줄 아는 인재를 많이 양성해야 한다.

대학도 구조조정을 통해 규모의 조정이 필요하며 질적 교육을 제고하여야 한다. 한국사회의 정부 및 기업의 고용구조 및 대학졸업자의 수와 대학교육을 위한 수학능력 등을 면밀히 검토해야 할 것이다. 학문적 연구성과를 위해서는 연구전담 교수제도를 시행하여 학문적 연구에 집중할 수 있는 환경을 만들어야 하며, 학문적 연구성과가 교수임용 및 재임용의 1차적 기준이 되는 풍토가 조성되어야 할 것이다. 교수의 부담을 줄이기 위한 적절한 방법으로는 학과, 학교, 학회 등의 행정업무 및 보직업무

18 교육제도 외에도 한국은 여러 분야에서 평등의식이 강하게 자리 잡고 있다. 한국 외에도 대체로 아시아 국가들은 평등의식이 강하여 경제성장에 장애가 되는 요인으로 작용하고 있다. 평등과 아시아 국가의 경제성장에 대해서는 Leightner(2003) 참조.

는 정년퇴임한 교수님들이 맡아서 한다면 연구에만 전념할 수 있는 풍토를 조성하기 쉬워질 것이다. 또한 학문적 열정이나 자질이 부족한 교수를 퇴출시키기 위해서는 교수 명예퇴직제도나 교수 파면제도를 적극 도입하여 대학의 비효율을 개선시켜 나가야 할 것이다. 미국의 경우를 참조하여 학문적 성과가 사회발전 및 경제발전을 견인할 수 있는 토대를 마련해야 할 것이다.

유능한 인재가 대학원을 외면하는 것을 막기 위해서는 우수한 학생들이 몰리는 분야의 선발과정을 대학원과 연계시키는 방안이 좋을 것이다. 대학 및 대학원에서 배우는 지식은 2009년도 노벨 경제학상 수상자, 윌리엄슨(O. Williamson)의 독창성이라 할 수 있는 특수자산(specific asset)과 유사하다고 할 수 있다. 즉, 대학 및 대학원에서 배우는 지식은 연구분야에 진출하는 경우와 몇몇 학과를 제외하면 각자의 직업현장에서 실용적인 활용가치가 급격히 떨어지는 경향이 있다. 따라서 학부과정에서 열심히 공부할 유인이 약하고 대학원 진학을 기피하는 중요한 요인일 것이다. 따라서 기업, 정부, 각 기관 등의 필요인력을 대학원에서 선발하는 시스템이 필요하다.[19] 대학원에서 논문작성 능력 및 연구역량이 좋은 인재를 선발한다면 창의력 및 경쟁력 있는 인력을 선발하기가 용이해질 것이다.[20] 이상은 대학경쟁력을 높이는 한 가지 방안이 될 수 있으나 기타 좋은 방안을 신중히 검토해 봐야 할 것이다.

4) 신념체계의 구축

개인의 발전과 성공은 발전과 성공하려는 의식과 의지가 중요하다. 그렇다면 국가

---

19 7급, 5급 등 고위직 공무원시험과 공인회계사, 세무사, 감정평가사, 변리사 등의 자격증 시험은 폐지하거나 대학원 출신만이 응시가능하도록 제도가 개선되어야 할 것이다.

20 이렇게 되면 정보지식기반 사회를 만드는 데에도 크게 도움이 될 것이다. 고시, 공무원, 회계사 등의 선발과정을 대학원과 연계시키는 방안은 당장에는 어렵지만 일정 유예기간을 경과한 후 대학원 졸업자만이 응시자격을 부여하거나 1차 시험을 면제해 주는 방안이 좋을 것이다. 또한 재정지원을 확대하여 대학원 무상교육은 물론이며 대졸 평균임금에 상당하는 학비보조금의 지급도 고려해야 한다. 대학원의 학문발전 기여도 및 지식의 외부성을 감안하면 무리한 지원은 아닐 것이다. 현재 국내대학원 역량강화사업으로 실시되고 있는 BK사업의 경우, 우수학생 유인책으로 매달 50~90만원의 장학금을 지급하고 있다. 기회비용을 고려하면 우수학생들을 대학원으로 이끌기 위한 적합한 유인이 되지 못한다고 판단된다. 즉, 대학원 진학의 기회비용은 취업했을 때의 매달 임금이 된다. 대학원 진학자는 대졸 평균임금의 기회비용을 손해 본다는 측면을 고려하면 이를 보전할 수 있는 장학금이 지급되어야 한다.

의 발전은 국민의 의식과 의지가 크게 좌우할 것이다. 앞에서 제도 메커니즘은 신념체계 · 의식구조 · 가치관 등에 영향을 미친다고 소개했지만, 역으로 국민 개개인의 건전한 신념체계 · 의식구조 · 가치관 등은 비효율적인 제도를 걸러내어 제도의 순기능적 메커니즘을 만드는 데 중요한 요인이 될 것이다. 이러한 관점에서 보면, 발전의 근원은 정신적인 측면이 좌우한다고 할 수 있다.

일찍이 경제학은 인간의 심리를 중시하거나 심리학(psychology)과 인지과학(cognitive science)과의 결합을 시도해 오고 있다. 신고전학파의 비현실적인 단순화된 가정을 보완하고 있는 것이다. 대표적인 예로는 케인즈(Keynes, 1936), 하이에크(Hayek, 1952), 사이먼(Simon, 1957), 카너먼과 트버스키(Kahneman & Tversky, 1972) 등을 들 수 있고 최근까지 그 흐름이 계속되면서 행동경제학, 신경경제학이라는 새로운 분야를 개척하고 있다. 최근에는 신제도경제학이 심리학과의 결합을 시도하고 있다. 이에 대해서는 노스(North, 2005) 참조.

이와 유사한 훌륭한 견해를 소개하면 다음과 같다.

박세일(2006)이 대한민국의 선진화 전략으로서 첫째 내세우는 것은 사상과 의식의 선진화이며 선진국이 되기 위해 반드시 바꾸어야 할 다섯 가지 반(反)선진화 사상과 세 가지 낙후한 후진의식에 대해 소개하면서,[21] 선진화 노력은 잘못된 사상과의 싸움인 일종의 사상전이요 이론전쟁이라고 볼 수 있다고 하였다. 달리 말해 잘못된 의식과의 싸움인 일종의 의식개혁운동이라고도 볼 수 있다. 이러한 사상과 의식의 선진화와 함께 제도와 정책의 선진화가 이루어져야 비로소 우리나라의 선진화가 성공할 수 있을 것이라고 지적하고 있다.

좌승희(2006)는 발전을 정신현상으로 설명한다. 개인의 성취감, 의욕, 자신감, 자기만족 등을 강조하며 발전의 정신은 세상 이치에 대한 믿음이나 삶의 자세에서 나오며, 발전의 정신은 스스로 돕는 자조정신이며 자조정신은 개인에게 있어 모든 진정한 의미의 성장원천이며, 경제사회발전이란 사회구성원 대다수가 발전의 정신을 가지고 삶의 향상을 통해 성공하는 사람이 되는 과정이라는 주장을 한다.

---

21 다섯 가지 반(反)선진화 사상으로는, 첫째 수정주의(신좌파적) 역사관, 둘째 결과평등주의, 셋째 집단주의(전체주의), 넷째 반(反)법치주의, 다섯째 포퓰리즘(대중인기 영합주의)을 들고 있고, 세 가지 후진의식이란, 첫째 공덕과 사덕의 혼란, 둘째 반부(反富)의식 내지 반기업정서, 셋째 노동기피 내지 노동경시 문화를 들고 있다.

정신적인 측면과 관련하여 한 가지 더 지적한다면 주인의식이나 세계일류 의식도 필요하다. 민주사회에서 이 땅의 주인은 바로 나 자신이며 정치인이나 관료들은 대리인에 불과하다. 주인은 대리인을 꾸짖고 훈육해야 하는 권리와 의무가 있다. 주인들이 무관심할수록 대리인들은 도덕적 해이가 심각해질 수 있고, 그 결과 제도의 역기능 메커니즘이 작용하여 사회 내 불확실성의 증가, 거래비용의 증가를 초래한다는 점을 이 땅의 주인들은 명심해야 한다. 세계일류만이 살아남는 시대가 되어 가고 있다. 세계일류 상품이나 기술을 많이 보유하려면 정치, 사회, 대학, 기업 등 각 부문에서 세계일류들이 많이 나와야 하며 그러기 위해서는 많은 국민들이 세계일류 의식의 국민들로 변해 가야 할 것이다.

5) 시장, 정부, 시민사회의 네트워크

시장의 조정자로서의 정부의 역할, 유인구조의 개선을 위한 제도개선 방안, 교육 및 대학제도의 개선방안을 제시하고, 건전한 신념체계 구축의 필요성을 제기하였다. 이러한 개선방안을 실천하기 위해서는 국가의 역할이 중요하다. 시장과 개인에 비해 국가는 분명히 많은 능력을 지니고 있다. 또한 국가는 긍정적 사회적 자본을 공급할 능력도 보유하고 있다. 하지만 국가의 능력이 필연적으로 실현된다는 보장은 그 어디에도 존재하지 않는다. 국가조직의 구성원들은 합리성이 제한된 인간으로, 불확실성을 유발할 수 있기 때문이다. 따라서 정부실패, 제도실패의 위험은 항상 내재되어 있다.[22] 현대사회에서도 역기능을 하는 제도와 부정적 사회적 자본이 지속적으로 등장하는 것이다. 정치권력과 소집단의 부정적 사회적 자본은 경제적 효율성을 저하시키는 방향으로 진화하면서 공식적 제도와 비공식적 제도가 거래비용을 오히려 증가시키는 것이다. 국가의 훌륭한 잠재력이 현재화되기 위해서는 '시민사회'와 같은 새로운 행위자가 설정되어야 한다. 그런데 시민사회 역시 제한적 합리성으로부터 벗어날 수 없다. 이때 시장, 정부, 시민사회의 네트워크를 통한 대화와 학습, 즉 위르겐 하버마스(Jurgen Habermas)의 의사소통적 합리성이 필요할 것이다.

---

22 제도실패에 대해서는 한성안(2008) 참조.

> 하버마스는 전후 독일의 정치적 무관심에 대해 비판적 지식인 및 시민사회의 필요성을 제시하였다. 참여의 확대, 이성과 토론에 기초한 절차적 민주화는 진정한 합의의 가능성을 높이고 사회정의 및 도덕성을 증대시킬 가능성을 높인다고 하였다(김재현, 1996).

이러한 네트워크를 통해 긍정적 사회적 자본을 구축하고 부정적 사회적 자본을 축출시키며 평판 메커니즘이 강력히 작용하면서 법의 지배 사례를 축적해 간다면, 제도의 지속적 순기능 작용이 용이해질 것이다. 이러한 인적 네트워크는 인터넷 및 정보통신 산업의 발달로 저렴한 비용으로 구축될 수 있고, 교육수준이 높아지면서 깨어 있는 의식의 소유자들이 많아진다면 실현가능성이 높으며, 이러한 인적 네트워크가 한 국가의 경제 및 사회 발전을 좌우하는 결정적인 요인이 될 수 있을 것이다.

> 이러한 네트워크의 필요성을 심리적인 관점에서 다음과 같이 제시할 수 있을 것이다. 능력이 출중하고 정직성이 높은 사람의 경우 자립심 및 독립심이 강해 인적 네트워크의 필요성을 덜 느끼는 편이다. 반면, 능력이 부족하거나 정직성이 낮은 사람은 독립 및 자립이 불가능한 경우가 많을 것이다. 따라서 이런 유형의 사람은 인적 네트워크의 형성에 적극적인 경우가 많을 것이고 그 필요성도 더욱 절실할 것이다. 한국인들의 경우 겸손의 미덕, 반시장정서(소극적인 성향) 등으로 전자의 인적 네트워크가 약한 편인 반면, 본문에서 지적한 다양한 문제 등으로 후자의 인적 네트워크가 강력한 편이다.

4. 소 결

제도의 관점에서 한국경제의 문제를 살펴보고 제도의 유인제공 기능이 기술수준의 저하와 깊은 관련이 있음을 논의하면서 제도개선의 방안을 제시하였다. 정부, 법, 제도, 사회적 자본 등의 문제로 소득분배, 신념체계, 가치관 등의 왜곡을 통해 인적자원 배분의 비효율을 초래하였다. 이와 함께 입시 위주의 교육과 대학의 비효율은 학문수준, 기술수준 저하의 문제를 야기하였다. 학습이나 연구개발의 유인을 정치·경세·사회제도가 잘 제공하고 있는가, 교육 및 대학 시스템이 창의적인 인력을 다양한 분야에서 많이 양성할 수 있는가 등의 문제가 기술수준을 결정한다는 것을 잘 보여주었다.

이상의 한국사례는 기술수준이 낮은 후진국의 정치 · 사회 · 대학 · 교육제도에도 유사한 경향을 보일 것임을 추측할 수 있을 것이다. 반면, 기술수준이 대체로 높은 선진국의 경우, 앞에서 설명한 제도의 순기능이 잘 작동하여 기술수준을 높이는 데 제도가 중요한 역할을 할 것임을 알 수 있다. 즉, 학습이나 연구개발을 유인하는 제도가 발달하고, 신뢰수준이 높아 불필요한 거래비용도 낮을 것이며, 건전한 신념체계 · 가치관 · 의식을 소유한 국민들의 비율이 높을 것이고, 이들이 각 분야에서 중요한 역할을 잘하고 있을 것임을 예견할 수 있을 것이다.

한 국가 경제문제의 원인과 해결방안에 대해 한 개인이 정확한 진단과 처방을 제시하기는 어려울 것이지만 이 장은 기술결정요인으로서의 제도 및 기술의 선행변수로서의 구체적 메커니즘으로 제도의 중요성을 제시하는 사례가 될 것이다. 현재 경제학은 계량화를 통해 변수 간의 인과관계 연구가 주요 흐름이다. 제도변수는 계량화가 어렵다. 따라서 제도분야는 사례연구가 중요하다. 향후 본 연구와 유사한 사례를 많이 발굴하여 제도의 중요성을 계속적으로 논증한다면 현재로서는 신제도경제학이 미래의 경제학으로 가기 위한 최선의 방법이 될 것이다.

핵심용어

기술, 제도, 법의 지배, 사회적 자본, 부패, 교육, 대학, 벤처 캐피탈, 개혁, 네트워크

확인문제

1. 제도적인 요인이 기술수준을 결정함을 한국의 예로 설명하라.
2. 한국경제의 문제점에 대한 대응책을 각자 생각해 보라.

제 Ⅲ 편

기타주제

국가의 최고 중요한 기능은 정의의 실현이다. 정의는 건물에 비유하면 기둥이고 자선은 건물의 장식품이다. 장식품이 없다면 사회는 무미건조해지지만 정의가 무너지면 사회가 무너진다.

– Adam Smith

제9장

구제도경제학과 진화경제학

1. 서 론
2. 방법론
3. 진 화
4. 기 술
5. 제 도
6. 문 화
7. 가치판단론
8. 소 결

보 론 진화경제학의 국가특수성

1. 서 론

산업혁명 이후 주류경제학이 발전하는 과정에서 불황과 공황, 빈부격차, 노동자 착취 등의 자본주의의 모순으로 주류경제학에 대한 반감이 형성되면서 마르크스(K. Marx), 역사학파, 구제도학파, 슘페터(J. Schumpeter) 등에 의해 비주류경제학이 등장하였다. 그중 구제도학파는 미국의 산업화과정에서 사회 · 경제적 변화를 배경으로 형성되었다. 인식론과 방법론이 다윈주의(Darwinism)에 기초하기에 진화론적 경제학이라고도 한다.

이들은 인간의 합리적 행동과 사회의 자연과학적 규칙성을 신뢰하는 신고전학파 경제학과는 달리 변화의 진행성과 인간의 다양성을 인식하고 진화, 기술, 제도, 문화, 가치판단 등의 개념을 토대로 새롭게 경제를 분석하고 있다. 또한 신고전학파 경제학과 같은, 일정한 규칙성을 지니며 문화를 초월하고 역사를 초월하는 일반이론의 존재를 부정하며 경제이론은 시대와 국가에 따라 변한다고 본다. 그리고 경제를 동적 과정으로 보기 때문에 변화이론을 중시한다.

베블렌(Thorstein B. Veblen, 1857~1929)과 커먼스(John R. Commons, 1862~1945)를 구제도학파의 개척자로 보고 있지만, 1870년대부터 1940년대에 걸쳐서 실용주의 철학의 영향으로 등장한 도구주의 이론가들인 피어스(Charles Sanders Peirce, 1839~1914), 제임스(William James, 1842~1910), 그리고 듀이(John Dewey, 1859~1952) 등이 구제도경제학 이론의 개발에 영향을 주었다. 그리고 베블렌의 수제자 미첼(Wesley C. Mitchell, 1874~1948)과 폴라니(Karl Polyani, 1886~1964), 해밀턴(Walton Hamilton, 1881~1958), 민즈(Gardiner C. Means, 1896~1988) 등이 많은 공헌을 하였다. 두 차례 세계대전 이후 에어스(Clarence E. Ayres, 1891~1972), 그루치(Allan Gruchy, 1891~1972), 미르달(Gunnar Myrdal, 1898~1987)과 1980년대 이후 호지슨(Geoffrey Hodgson, 1946~) 등의 학자들이 구제도학파의 정립에 기여하였다. 본서에서는 이들을 구제도경제학이라 칭하기로 하자.

베블렌과 커먼스는 1857년과 1862년에 각각 출생하여 그들이 활동한 19세기 말과 20세기 초의 미국사회는 공업화가 진전되면서 산업화과정을 겪고 있었으며 도시에서 많은 사람들이 거주하는 도시화가 진행되었고 사회적 변화도 심했다. 그리고 거대한 자본주의 기업이 출현하여 막강한 독점력 행사로 정부의 적극적인 역할이 요구될 정도로 경제적 변화는 격심하였다.

베블렌은 1899년 「유한계급론(*The Theory of Leisure Class*)」을 저술하였으며 1904년에는 「기업론(*The Theory of Business Enterprise*)」을 출간하여 구제도경제학의 신개념을 정립하였다.

커먼스는 1924년에 발표한 저서 「자본주의의 법적기초(*Legal Foundations of Capitalism*)」, 1934년에 발표한 마지막 저술인 「제도주의 경제학(*Institutional Economics*)」, 사후 1950년에 출판된 「집단행위의 경제학(*The Economics of Collective Action*)」으로 구제도경제학의 발전에 크게 기여하였고, 신제도경제학의 개척자인 코즈(Ronald Coase), 윌리엄슨(Oliver E. Williamson) 등에 영향을 주어 오늘날 신제도경제학의 개척자로 평가받기도 한다.

그러나 구제도경제학은 사회적 · 학문적 영향력은 그리 크지 않았고 비주류경제학으로 남아 있다. 그렇지만 100년 동안 진화론적 경제학에 대한 연구는 계속되었고 1980년대에는 넬슨과 윈터(Richard Nelson & Sidney Winter, 1982)가 베블렌의 업적을 재조명하면서 주목받고 있다. 유럽에서는 호지슨(Geoffrey Hodgson)의 주도로 유럽 진화론적 정치경제학회(European Asssociation for Evolutionary Political Economy)가 창립되어 진화론적 경제학의 지평을 넓혀가고 있다.

이상과 같은 다양한 구제도경제학자들의 주장을 모두 자세히 소개하기는 어렵다. 따라서 이 장에서는 고든과 아담스(Gordon & Adams, 1989, 임배근 · 정행득 역)와 임배근(2012)의 내용을 간추려 소개하기로 한다. 우선 2절에서는 구제도경제학의 방법론으로 인간관, 전체론, 도구주의를 소개하고 3, 4, 5, 6, 7절에서는 구제도경제학의 핵심개념인 진화, 기술, 제도, 문화, 가치판단론을 차례로 각각 소개한다.

2. 방법론

1) 인간관

구제도경제학과 주류경제학은 사회 · 경제적 행위주체인 인간을 어떻게 파악하고 있느냐에 큰 차이가 있다. 주류경제학은 인간의 본성을 뉴턴의 물리학에서 찾고 있지만 구제도경제학은 다윈의 진화론적 생물학(evolutionary biology)에서 찾고 있다. 인간본성이 효용극대자로 한정되어 있지 않고, 최종적으로 한정된 것이 아니라 계속 진화한다고 보며, 문화와 상호작용의 산물로서 인간의 습관은 문화적으로 획득된다고 본다. 또한 인간을 여러 측면에서 파악하고 있다. 인간의 본능은 베블렌이 본능론(theory of instinct)에서 말하는 지적 능력 이외에 장인정신(workmanship)[01] 및 약탈본능 등도 있고, 듀이(John Dewey)의 습관론(theory of habits)에서는 문화와의 상호작용 속에서 몸으로 체득한 습관도 있다고 한다. 옌센(Jensen, 1987)은 인간은 각자의 강력한 인간의지(human will)도 있으며, 커먼스가 말하는 순응과 협조적 성격도 가지고 있다고 주장한다. 이처럼 인간을 합리적인 효용극대자라기보다는 사회문화적이며 다면적이고 복잡하게 파악함으로써 인간에 대한 인식의 출발점을 달리 한다.

클라크(Clark, 2006)도 신고전학파가 벤담(Jeremy Bentham)의 공리주의적인 관점에서 자신의 이익을 추구하는 측면에서만 인간의 본성을 파악하고 있다고 지적한다. 신고전학파에서는 인간은 비용과 편익을 비교하여 의사결정을 내림으로써 결국 효율적인 결과가 도출된다고 본다. 아울러 경제는 개별 경제주체의 효용극대화의 결과로서 균형을 찾아 나간다고 본다.[02] 인간본성을 원자론적이거나 쾌락주의적인 측면

---

01 Veblen은 심혈을 기울여 작업하고 그 자신이 작업한 제품에 대해 자부심을 느끼는 성향을 의미하는 장인정신은 유전적 마음가짐이라고 하였다. 또한 장인정신은 이러한 본능을 가진 사람이 어떤 일에 임했을 때 자동적으로 일꾼이 된다는 의미에서 그것은 하나의 본능이라고 하였다(Gordon & Adams, 1989).

02 Gordon & Adams(1989)는 주류경제학에 대해 개인의 이기심이 성장과 변화를 조정하여 사회적으로 최선의 결과를 도출한다, … 수요와 공급이 일치하는 균형상태에서 시장은 안정적이라는 것 등은 이해하기 어렵다, … 거시경제학도 완전고용의 달성과 인플레이션 퇴치에 도움을 주지 못한다 등으로 비판한다. 인간의 이윤추구는 하나의 제도화된 행동기준일 뿐이지 사회에서 유일한 주동력(influencing force)은 아니라고 한다.

에서 파악하고 개인을 중요하게 생각하며 사회를 단순하게 기계적으로 개인의 차원에서만 본다. 그래서 사회를 개인들의 단순한 집합체로 해석하여 개인의 행동과 동기를 중시한다. 따라서 사회를 기계론적으로 보게 되면 역사적인 측면이나 사회적 측면은 분석대상에서 제외하게 된다.

또한 완전정보의 인간을 가정하는 신고전학파와는 달리 인간은 인지능력이 부족하며 다소 복잡한 동기에 의해서 움직이는 것으로 본다. 인간은 의사결정에서 윤리적 측면뿐만 아니라 다른 사람들과의 관계에 의해서도 영향을 받는다고 본다. 인간은 복잡한 결정을 내리는 데 있어 많은 불확실성에 처해 있고, 품위라든지 자기 이미지와 사회적 이미지에도 영향을 받는다고 본다(Stanfield, 2006; 임배근, 2012).

2) 전체론

구제도경제학에서는 경제를 사회의 일부분으로 보아 전체론적(holistic) 입장에서 분석한다. 이는 시장만이 아니라 사회 전체에 분석의 초점을 맞추고 있다는 것을 의미한다. 시장을 경제의 전부로 인식하기보다는 수많은 제도 중의 하나로 인식한다. 또한 시장이나 생산성, 효율성 등과 같은 좁은 의미에서 경제학의 분석범위를 정할 것이 아니라 경제분석의 범위를 넓혀서 어떻게 경제가 작동하는지, 어떻게 경제를 변화시킬 것인지, 그리고 경제가 잘 돌아가기 위해서는 어떤 제도적 변화가 있어야 하는지를 알기 위해서는 정치 및 사회, 심리, 역사 등으로 경제학의 분석범위를 확대해야 한다고 주장한다. 따라서 경제학을 학제적(interdisciplinary) 사회과학 또는 문화과학으로 인식한다.

오늘날 우리가 처해 있는 문제는 경제적인 문제뿐만 아니라 정치적, 사회적, 심리적인 문제로 매우 복잡하다. 따라서 다른 학문과 연계하여 문제해결을 모색하여야 한다. 경제학을 효율성 측면을 중시하는 과학으로 정의하는 것은 문제가 있다고 본다. 물론 경제자원의 희소성과 자원의 효율적인 이용은 중요하지만 그것은 부차적인 것으로 본다.

주류경제학은 시장이 자원배분의 중심기구라고 하지만 구제도경제학은 제도적 구조나 정치권력이 자원배분에 미치는 영향도 중시하며 경제분석에서 권력(power)을 중요한 변수로 파악한다. 그래서 시장기구도 현존하는 권력양식(power pattern)의 하나로 파악한다. 정치인, 언론인, 금융기관, 재벌경제인의 권력행사를 통해서 자원배분에 어떠한 영향을 미치는가에도 관심을 두어야 한다고 주장한다. 그리고 이익집단의 경제적 이득 획득을 위한 권력 동원과 행사에도 관심을 가져야 한다고 주장한다.

3) 실용주의와 도구주의

구제도경제학은 19세기 말에서 20세기 초에 걸쳐 미국에서 귀납법과 과학적 방법에 기초한 실용주의(pragmatism)의 영향으로 도구주의 방법론에 의존한다. 당시 미국은 독일의 관념론적 철학이 지배하였으나 남북전쟁 이후 미국의 자본주의가 발달함에 따라 정치, 경제, 사상 면에서도 유럽으로부터 벗어나 미국의 독자성을 확립하려는 시도들이 성행했는데 실용주의는 그러한 시도들의 결과물이라고 할 수 있다. 실용주의란 현실적인 문제해결에 대한 원리를 탐구하는 철학으로 인간의 관념이나 의식보다는 실험이나 경험에 의존하는 경향성을 가진다. 실험이나 경험은 진리에 도달하기 위한 도구가 되는 것이다.

주류경제학은 당시 사회문제를 해결할 수 있는 도구가 되지 못했으며, 영국에서 발달한 경제학을 대신하는 미국의 경제학으로 현실적인 경제학을 추구하는 과정에서 정립된 것이 구제도경제학으로 볼 수 있다.

실용주의와 도구주의를 발전시킨 인물로는 피어스(Charles Sanders Peirce, 1839~1914), 제임스(William James, 1842~1910), 그리고 듀이(John Dewey, 1859~1952) 등을 들 수 있다.

피어스는 수많은 과학자들이 연구를 진행함으로써 진리에 가깝게 도달할 수 있다고 보았다. 연구자들에 따라 다른 결과물을 얻을 수 있지만 각자가 방법과 절차에 완벽성을 기함에 따라 모두가 동의하는 진리를 달성할 수 있다고 주장하여 개인의 직관보다는 많은 사람들의 실험에 큰 의미를 부여한다. 그러나 과학적 탐구과정이 궁극적 진리에 도달한다는 것에 대한 증명을 제시하지 않았으며, 과학적 탐구과정이 궁극적 진리에 도달하는 과정이 불확실하다는 비판을 받았다.

제임스는 경험주의에 의해 진리에 도달해야 한다고 주장하였지만 개인의 직관, 개인의 심리적 느낌에 의해서도 가능하다고 하였다. 또한 경험과 생각으로 진실성을 더해 가지만 그 진실이 재해석될 수 없거나 교정될 수 없는 것은 아니라고 하였다. 즉, 진리는 결정적인 것은 아니라고 주장하였다.

듀이는 사고활동은 도구적(instrumental)이고 그 가치는 사고활동 그 자체에서가 아니라 결론에 이르게 되는 결과에서 발견되어진다고 하면서, 도구적이란 용어를 사용한 것이 도구주의라고 부르는 기반이 되었다. 도구주의는 만족스럽게 일이 잘되어 가는지에 관해 주관적인 판단과 관련이 있다. 수단(tool)과 아이디어들은 바라는 결과를 가져오는 데 효과적인 도구가 되는가? 그리고 이러한 과정에서 중요한 단계는 결과의 관찰이며, 결과가 만족스럽지 않다고 생각되면 교정조치를 취하는 것이다. 바로 이것이 진행과정이다. 사람들은 상당히 확실한 결과를 예측할 수 있는 근거자료가 되는 모든 관련 정보를 가지고 있다고는 말할 수 없다고 주장하였다. 판단착오는 인정되며 진리에 도달하는 데 있어 가치판단과 교정작업은 계속적으로 이루어져 가면서 부단히 진리추구 활동이 진행된다고 본다.

3. 진 화

구제도경제학은 다윈(Charles Robert Darwin)의 진화개념을 도입하지만 사회학자들과는 차이가 있다. 사회학자는 다윈의 진화를 적자생존(survival of the fittest)을 의미한 것으로 보았다. 예컨대 중상주의는 봉건주의보다 더 적합하여 나타났고 자본주의는 중상주의보다 더 적합하여 나타난 것으로 본다. 따라서 사회학자는 진화를 필연성을 가지고 어떤 정해진 목표를 향해 변모해 나간다고 주장하므로 다소 목적론적(teleological)인 것이다. 이에 반해 구제도경제학은 사회진화를 목적론적으로 파악하지 않고 사회진화를 변화하는 환경, 특히 기술의 변화에 사회제도가 끊임없이 적응하는 과정으로 파악하고 있다(Neale, 1990; 임배근, 2012). 예를 들면, 자본주의는 중상주의가 성장해서 나타나는 필연적인 것이라고 보지 않고 그 당시의 많은 가능성 중의 하나일 뿐이라는 것이다. 즉, 수많은 사람들이 자본주의라는 결과를 예측하거나 의도된 결정으로 보지 않고, 수많은 사람들이 내린 결정의 집합적 결과로 자본주의가 나타났다고 주장한다.

생물학적 진화와는 다음과 같은 차이가 있다. 생물학적 진화는 생물체의 변화가 생물체 자체가 결정을 내린 의식적(conscious)인 변화라기보다는 임의적(random)인 유전자의 변화에 따른 변화이다. 반면, 구제도경제학의 진화는 개개인이 궁극적인 목표를 정해 놓고 행동하지는 않지만 개개인이 변화하는 상황에 대해서 최대한의 적응을 하고 있다는 것이다. 그리고 구제도경제학에서 중시하는 변화이론은 진화개념에 이론적 토대를 두고 있다.

따라서 구제도경제학은 진화론적(evolutionary)이고 역사적이고 동태적 성격을 가진다. 구제도경제학은 역사적인 흐름 속에서 경제적 특징을 파악하려고 한다. 제도변화는 어느 사회에서나 나타나는 진행 중인 과정(ongoing process)으로 본다. 따라서 사회질서 및 경제과정을 하나의 진행과정으로 보아 동태적인 성격을 강조한다. 경제과정은 계속 변화하며 어떠한 최종적이고도 필연적 목표가 없이 전개되어 간다고 본다. 즉, 조건은 항상 변하고 인간의 생태도 변하며 기술도 진보해 나가며 자원의 이용과 부존량에 대해서도 새로운 지식이 나타나며 제도화된 행동규범도 변화한다. 사람들은 진행과정상에서 그들의 가치판단을 바꾸기도 하고 사업을 추진함에 따라 가치판단을 수정하기도 하며, 가치판단은 진행과정 그 자체를 변화시키기도 한다.

경제는 불균형상태가 일반적이며, 권력구조 · 경제제도 · 정책 등은 계속하여 진화하기 때문에 경제는 장기균형으로 간다고 보지 않는다. 그리고 일단 무너진 균형은 다수집단의 쏠림현상으로 나타나 다른 균형으로 가기 힘든 상황으로 전개되는 경로의존성(path dependency)을 보여주기도 한다고 보고 있다.

따라서 구제도경제학은 변화이론을 중요한 이론으로 간주하는데, 여기서 변화는 기술진보와 의식적(ceremonial)인 측면이 있는 제도 간 마찰 속에서 일어나며 이러한 변화를 이론화하는 것도 한 방법론으로 채택해야 한다는 주장도 제기된다(Waller, 1982; 임배근, 2012).

고든과 아담스(Gordon & Adams, 1989)의 변화론은 다음과 같다. 기본적인 동태적 영향력(dynamic influence)은 지식, 특히 기술지식의 축적이다. 지식의 축적과정은 그 자체의 내적 원동력(dynamic)을 가지고 있으며, 이러한 축적과정은 주로 이윤동기와 같은 욕구(need)에 의해 주로 조정되는 것은 아니다. 사회를 구성하는 제도들은 서서히 조심스러운 조정을 통하여 새로운 지식을 터득하여 이용하게 되며, 제도는 이러한 지식을 이용해 나가는 과정에 있어서 그 자체의 행동규범을 수용하여 조정해 나간다. 실제로 어디서 어떻게 생산할 것인지, 즉 신지식을 어디에 사용할 것인가 하는 것은 지식수준에 적합한 자연자원의 가용성(availability)에 달려 있다. 이러한 지식 · 제도 · 자원의 모든 상호작용의 관계를 감시하고 있는 것은 인간인데, 현재 인간의 육체와 행동은 진화하는 생물체(evolving biology)의 소산인 동시에 지식 · 제도 · 자원의 진화적 상호작용으로부터 받은 영향의 결과인 것이다. 또한 사회제도는 인간을 감시하며 인간의 행위에 제약을 가하고 있다. 기술과 자원, 그리고 개별 생물체(individual biology)는 진화하면서 상호작용을 하고, 그것은 개인의 태도와 행위를 제약하고 있다. 이러한 모든 것은 하나의 복합적 진행과정(ongoing mix-up process)이다. 따라서 경제과정의 기본요소는 기술, 제도, 자원, 인간이다.

4. 기 술

1) 사회진화의 원동력

구제도경제학에서는 기술변화가 경제구조 변화의 가장 중요한 요인이며, 인간의 삶을 상당히 통제하고 인간의 진보와 변화에 영향을 미치는 진화론적 사회변화의 원동력으로 본다. 지식과 기술은 인간의 물질적 후생을 증진시키고 적은 노력으로 업무를 수행하기 위해서 인간이 보유하고 있는 잠재능력을 말한다. 지식과 기술은 상호 교류하고 자극을 주면서 사회변화와 경제변화를 가져온다. 제도의 규제적인 성격과 의식적(ceremonial)인 성격으로 기술변화의 속도가 느려지기도 하지만 기술진보가 인간의 삶을 변화시키는 데 중요한 변수가 된다. 그래서 경제적 성과는 진보적인 성격을 지닌 기술과 저항적인 성격을 지닌 제도와의 함수로서 이 양자 간의 세력균형 속에서 결정된다. 실용주의적 적응(pragmatic adaptation)과정을 통하여 기술변화가 축적적으로 잘 이루어지는 반면 실용주의적 차원에서 접근하지 않고 의식적(ceremonial)인 측면을 강조하여 접근하면 기술변화를 지연시키게 된다. 국민소득을 증가시키기 위해서는 적응적(동태적) 효율성(adaptive efficiency)을 높여야 한다. 도구적 가치판단 과정으로서 기술을 정의할 때 기술이란 동태적 성격을 지니며 기존 제도, 관습, 권위에 대하여 도전하는 가운데 기술은 발전해 간다. 그리고 기술변화에 의해 사회의 규칙과 가치의 변화도 이루어지기 때문에 기술변화, 기술축적은 변화의 매우 중요한 요인이 된다.

오그번(Ogburn, 1964)은 다음과 같이 기술한다. 가장 보편적인 패턴은 먼저 기술변화가 경제조직에 영향을 주고, 그 다음에 그 조직이 가정이나 정부 같은 사회제도에 변화를 일으키고, 마지막으로 그 사회제도가 사람들의 사회철학에 변동을 가져오게 한다. 그 예로서, 기술은 사람들이 가정을 떠나 직업을 가지게 하는 요인들을 만들어 낸다. 이것은 다시 노인을 보호해야 하는 가정의 또 다른 역할에 손실을 가져오게 한다. 그리고 이것은 다시 정부가 노령자 연금을 지불하게 만든다. 이것은 다시 자유방임주의(laissez-faire) 사회철학을 약화시킬 것이다(Gordon & Adams, 1989).

식품공급을 증가시켜 주고 매년 계절마다 보다 안정적인 식품을 공급하게 만든 기술발전으로, 첫 번째 직접적인 조정은 인구의 증가이다. 그 다음의 조정은 노동분업의 심화, 직업의 전문화, 상이한 종교의식, 또는 사회계급들의 창출이 될 것이다. 이것들은 기술혁신에 대한 최초의 직접적 적응에서 또다시 파생된 적응이라 할 수 있다. 사람들은 증기기관을 이용한 기계를 사용함으로써 증기기관에 적응하고 있다. 따라서 그들은 집에서 나와 공장에서 일하게 된다. 그러면 사회제도로서의 가정은 일할 사람이 없는 것에 적응하게 되고 새로운 생산과 추가적 소득의 원천에 적응하게 된다. 가정의 이 같은 적응으로 인해 남편과 아버지로서의 권위의 하락, 가정에서의 경제적 생산의 감소, 남편과 아내의 분리, 그리고 자녀교육 형태의 변경 등 변화가 나타난다(Gordon & Adams, 1989).

댄지거(Danziger, 1985)는 컴퓨터기술이 제도에 미친 영향을 다음과 같이 기술한다. 컴퓨터의 사용은 수량적 · 기술적 기준에 따른 의사결정과 행동의 중요성을 증가시키는 경향이 있고, 컴퓨터의 사용으로 개인들이 고립되어 직장에서나 여가를 즐기는 데 있어 다른 사람들과의 상호작용이 줄어드는 경향이 있고, 컴퓨터의 사용은 사회 통제와 감독을 증가시켜 개인들이나 소규모 집단들의 프라이버시를 침해하고, 현 상황에서 지배적 집단의 이해를 증진시켜 현재의 세력분배 상태를 더욱더 고착시키는 경향이 있다(Gordon & Adams, 1989).

2) 기술축적과정의 특징

기술의 축적과정은 그 자체의 내적 역동성(동태성, dynamic)을 가지고 있으며, 이러한 축적과정은 주로 이윤동기와 같은 욕구(need)에 의해 주로 조정되는 것은 아니다.[03] 이는 기술축적과정의 특징을 통해서도 확인할 수 있다. 첫째 특징은 누적성(cumulative nature)이다. 어떤 발견은 이전의 다른 발견 때문에 가능한 것이다. 예를 들면 구리의 제련 가능성은 기원전 5000년경 중동에서 우연히 발견된 것 같다. 구리 성분을 지닌 돌이 불속으로 우연히 떨어져서 구리가 녹아 흘러나와 굳어짐으로 인해 이것이 어떤 세심한 사람에게 발견되거나 관찰되어 사용법이 나온 것이지 이윤동기에 의한 것이 아니며, 불의 발견은 구리제련법 개발의 선결조건이었다. 이를 계기로 구리보다 더 높은 융해점을 가지는 다른 금속(주석, 납, 아연, 철 등)을 제련할 수 있었다.

둘째 특징은 동태적 혹은 역동적이다. 그 의미는 이윤동기 또는 어떤 문제를 해결하고자 하는 욕구 같은, 외부로부터 나오는 영향력에 주로 의존하지 않고 내부적 원동력(internal drive)을 기술축적과정이 가지고 있다는 것이다. 기술축적과정은 사람들

---

03 주류경제학에서는 경제활동의 동기를 이윤추구에서 찾는다. 그러나 기업의 의사결정은 다양한 요인에 의해 결정된다. 소유와 경영이 분리되면서 전문경영자는 기업의 이윤을 일차적 목표로 추구하지 않는 경향이 있으며, 시장점유율이 기업의사결정에서 중요요인이 될 수도 있으며, 장인정신으로 기업을 운영하기도 하며 애국심이나 모범적인 시민정신을 발휘하는 기업도 존재한다. 이윤동기가 기술변화의 요인이라면 발명과정에서도 발명자는 많은 이윤을 획득했을 것이지만 실제 적절한 보상을 받지 못한 예는 많이 존재한다. Gordon & Adams(1989) 참조.

이 새로운 것을 이해하게 되는 과정이다. 사람은 문제에 직면하여 고민할 경우 마음의 눈으로 그가 풀려는 문제와 과정을 비교하면 순간적인 충격이 뇌의 신경자극 전두부를 건드리게 되어 새로운 발견을 하거나 새로운 것을 이해할 때 어떤 직관(insight)을 얻게 된다. 갑자기 어떤 연결고리가 수립되는 것은 아니다. 개인의 이윤추구는 이러한 발견과정을 촉진시킬 것이고 또한 사람들은 이권이나 필요에 의해 움직이지만 그러한 요인들은 기술발전과정이 진행되는 데 꼭 필요한 것은 아니다. 오히려 베블렌이 말하는 한낱 유휴 호기심(idle curiosity)에 불과한 것이 동기를 부여하게 되는 것이다. 또한 발명가들이 어떤 특정한 것을 발명하려고 했더라도 애초에 추구하고 있었던 것과는 다른 것을 발명하는 경향이 있는데, 이 점은 기술축적의 동태적 과정은 이윤동기의 제약과는 종종 독립적일 수도 있다는 가능성을 시사한다. 이와 같은 예를 보면, 신고전학파에서 인과관계를 설명함에 있어 이윤동기가 전부인 것처럼 경제과정을 모형화함으로써 경제학은 오류를 범하고 있다고 주장한다.

셋째 특징은 계속성(continuity)이다. 일반적으로 일단 터득된 지식은 분실되지 않는다. 어떤 기존의 지식이 다른 새로운 지식을 생성한다.

넷째 특징은 가속성(accelerative nature)이다. 지식은 시간의 경과에 따라 가속적 비율로 축적되어 간다는 것이다.

5. 제 도

1) 제도의 개념

구제도주의 경제학자들은 제도에 관하여 다양한 정의를 내리고 있다. 먼저 커먼스(J. Commons)는 제도를 "개별적 행동이 통제된 집단적 행동"으로 정의함으로써 제도를 집단적 행동양식(modes of collective action)으로 보고 있다(Gordon & Adams, 1989). 그리고 부쉬(Bush, 1988)는 제도를 상호 연관된 행동에 관한 일련의 사회적으로 규정된 패턴(a set of socially prescribed patterns of correlated behavior)으로 정의함으로써 모든 행위는 제도적으로 규정되어 있다고 주장하고 있으며, 그러한 규정은 의식적이거나 무의식적인 습관으로서 내부화된다고 주장하였다. 인간의 행동은 물론 임의적인 성격을 띨 수도 있지만, 제도주의는 사회에서 일어나는 모든 행동은 궁극적으로 사회적 관행이나 금지라는 제약 속에서 이루어지게 된다고 주장하고 있다.

그루취(Gruchy, 1987)는 제도는 의식적(ceremonial)인 성격과 도구적인(instrumental) 특징을 지니고 있으며 상호 연관된 인간의 행위에 관한 사회 전체적인 틀 속에서 규정된 양식(patterns)으로 보고 있다. 그리고 행위의 의식적 양식은 지위와 권력구조 속에서 나타나며, 행위의 도구적 양식은 생활공동체에서 발생되는 문제를 해결하는 과정에서 지식을 적용하면서 나타난다고 본다.

부쉬(Bush, 1988)는 행위양식을 의식적 행위양식과 도구적 행위양식으로 구분하여 경제가 퇴보하여 변화하는 것은 지식을 의식적으로만 요약화(encapsulation)하기 때문에 나타난다고 지적하였으며, 경제가 발전적으로 변화하기 위하여서는 행위의 의식적 양식을 도구적 양식으로 대체하여야 한다고 주장하였다. 그리고 그는 제도변화는 계속적으로 필요하며, 재량적이며 규범적이라고 보았으며, 제도변화가 사회정책을 세우고 평가하는 데 중요한 분석요소가 되어야 한다고 주장하였다.

호지슨(Hodgson, 2006)은 제도를 "사회적 상호작용들(social interactions)을 뒷받침하는 구조로서 확립되고 체화된 사회규칙들(established and embedded social rules)로 이루어진 체계"로 정의하고 있다. 그리고 그는 규칙을 사회로 스며든 통상적인 규범명령(customary normative injunctions) 또는 내재적인 규범적 성향(immanently normative dispositions)으로 이해하고 있다.

구제도경제학자들은 인간의 행동은 사회의 제도에 의해서 지배받고 있다고 주장하고 있다. 여기서 지배란 의미는 어떤 것을 허용하거나 금지할 수 있고, 또한 무엇이 옳고 그른가에 대한 정의를 의미한다(Neale, 1988). 제도는 기회와 제약을 규정함으로써 인간행동을 사실상 지배하고 있다. 그래서 제도는 인간에게 선택권을 부여하거나 제한하기도 한다.

2) 제도의 특징

(1) 정태성(static)

제도는 본래 변화하려는 내재적 경향이 없으며 개인들이 변화를 조장하는 것을 억제하는 경향이 있다. 제도의 정태성은 다음의 예로 이해할 수 있다. 케인즈는 어려움은 새로운 관념에 있는 것이 아니고, 우리의 마음 구석구석에 퍼져 있는 낡은 관념으로부터 벗어나는 데 있다고 하였다. 다리우스(Darius)는 그의 그리스 신하들에게 그들의 아버지 시체를 장작더미 위에다 올려놓고 화장하는 대신 그들의 아버지 시체를 먹도록 하려고 아무리 많은 돈을 주어도 그들이 아버지 시체를 먹게 할 수 없었다. 그러나 그는 관습상 아버지 시체를 먹었던 인디언들을 불러서 그 시체를 화장하려고 아무리 많은 돈을 주어도 그들에게는 신성모독이 되는 화장을 하도록 하게 할 수도 없었다고 한다.

(2) 상속성(inheritance)

제도는 역사적으로 축적되어 형성된다. 현재에 행해지고 있는 어떤 행위규범은 이전에 이미 존재하였던 것이다. 그래서 제도란 어떤 외부 영향력이 작용하여 변화를 강요당할 때까지는 계속 통용되어 표준화된 행동규범의 복합체(a complex of standardized behavior norms)를 지지해 주는 기관(agency)으로도 볼 수 있다. 아마도 일부 행동규범들의 기원에 관한 지식은 과거 속에 파묻혀 버렸거나 신화로 남아 분명하지 않을 것이다. 그러나 일부의 행동양식은 기원을 알 수도 있을 것이다.

(3) 무용성(uselessness) 또는 쇠퇴성(decline character)

어떤 행동규범이 시대에 뒤떨어져 현재의 문제를 처리하는 데 부적절하게 되면 소멸하게 된다. 행동규범은 오래 전부터 존재하였기 때문에 현재 상황에서보다는 행동규범이 나왔을 그 당시에 더 적절했을 것이다. 그 규범이 오늘날 상황에도 매우 적합하다면 그것은 우연일 것이다. 왕권신수설은 17세기의 혼란으로부터 질서를 바로잡는 데 도움을 주던 개념이지만 20세기에는 많은 사람들이 공감하는 개념은 아니다. 과거구속적인 의식존중주의(ceremonialism)라고 불리기도 하는, 시대에 뒤떨어진 성격은 제도와 그 행동규범이 가지는 중요한 특징이다.

(4) 심리적 방어성(psychological defensibility)

인간은 자신의 행동에 대해 자부심을 가져야 할 심리적 필요성을 가지고 있다. 자신의 행동에 자부심을 느끼는 것은 그 행동의 역사적 기원에 자부심을 느끼는 것을 의미한다. 만일 자신의 뿌리를 끊임없이 수치스럽게 생각한다면 만족스러운 생활을 하기 어려울 것이다. 우리는 과거를 찬양하는 데 수많은 예식과 종교적 의식이 수반된다. 우리는 우리의 과거를 기념하는 예식이 적절하게 수행되는지에 관심을 가지고 즐거운 마음을 가지고 그러한 행사에 참여하기도 한다.

또한 사회가 응집력을 가지고 만족스럽게 움직이기 위해서는 중요한 집단들 사이에 중대하고 심각한 균열이 있어서는 안 되며 사회적으로 제도화된 일반적 행동규범에 관한 상당한 합의가 있어야 한다. 만일에 그러한 합의가 없고 주요 집단들이 계속적으로 소외감을 가지며, 개인들이 제도와 조화를 이루지 못한다고 느낀다면 사회문제가 그 사회에 존재한다고 볼 수 있다.

(5) 독재성(dictatorship)

사람들은 원하든 원하지 않든 제도화된 행동규범을 준수하도록 강요받고 있다. 어떤 제도 내에서 최고의 지위를 가진 지도자들은 그 제도의 전통에 대한 존경심을 유지하고 발휘하도록 강요하는 데 실질적으로 큰 힘을 쏟고 있다. 일반적으로 지도자들은 그들의 지위를 유지함으로써 전통적으로 내려오는 직책과 관련하여 생기는 부수입에 관심을 가지고, 제도 내의 일반대중들보다 더 쉽게 경찰력을 이용할 수도 있고, 행정조직 기구에 대한 통제력도 보유하고, 일반구성원들을 고용하고 해고하는 힘을 가지고, 정보교환의 통로를 장악한다. 이들에 대항하거나 싸우기는 매우 어려운 일이다.

(6) 변화의 어려움

행동양식을 변화시키는 데 합당하고 분명한 이유만 가지고는 변화가 확실히 이루어지기에는 충분치 않다. 현재의 규범은 기득권자들의 의사가 반영되어 있고 경제력을 상당히 보유하면 정치력도 공유하는 경향이 있다. 일상생활에서의 개인의 습관도 역시 변화시키기 어렵다. 타자기 자판의 글자 위치를 바꾸는 것과 관련된 어려운 문제점을 알고 있을 것이다. 많은 사람들이 현재까지 해 왔던 방식대로 자판을 사용하는 데 숙달된 손가락에 대한 기득권을 가지고 있다. 흡연과 과음을 줄이는 데 따르는 어려움도 있다. 개인차원에서 보면 잘 알려진 바대로 심리적 문제가 있다.

3) 신기술과 제도의 저항

위와 같이 제도의 보수성으로 인해 제도는 기술발전에 저항하여 둘 사이에 긴장관계가 형성되기도 한다. 따라서 경제적 성과는 진보적인 성격을 지닌 기술과 저항적인 성격을 지닌 제도와의 함수로서, 이 양자 간의 세력균형 속에서 결정된다. 실용주의적 적응(pragmatic adaptation)과정을 통하면 기술변화가 계속적으로 잘 이루어지는 반면 실용주의적 차원에서 접근하지 않고 의식적(ceremonial)인 측면을 강조하여 접근하면 기술변화를 지연시키게 된다.

신기술 도입에서 제도의 저항사례는 무수히 많다. 미국의 자동차산업의 소형차 생산, 납 성분이 없는 휘발유 사용 등의 환경보호조치에 대한 저항, 미국에서 미터법의 사용에 대한 일반의 저항이 있었다. 1970년대와 80년대에 안전에 관련된 소송의 제기 위험 때문에 여러 분야에서 기술혁신이 지연되었고, 미국 식품의약국(FDA)은 신개발 의약품의 사용을 신속히 허가하는 데 상당히 주저하였다.

노동자들은 해당 분야에서 실업이 야기될 것이라는 생각 때문에 이따금씩 격렬한 수단을 동원하기도 하면서 새로운 형태의 기계도입에 저항하곤 한다. 면화를 따는 기계는 면화를 따는 사람의 수요를 사실상 줄인다. 대량생산의 결과 더 좋고 더 많은 직장이 생길 수도 있다는 점에도 불구하고 면화 따는 사람들은 기계도입에 저항한다. 이러한 현상의 가장 유명한 하나의 예는 1810년 영국에서 일어난 러다이트(Luddite) 운동이다. 이것은 산업혁명의 핵심이었던 기계의 도입에 대하여 전개한 대규모 저항이었다.

노동자들만 변화를 거부하는 것은 아니다. 그들을 고용하는 기업뿐만 아니라 그 기업에 자금을 제공하는 자본가도 변화를 거부하는 경우가 종종 있다. 만일 신장비의 도입이 억제되거나 연기된다면 기존기계는 여전히 이윤을 낼 수 있는데, 기존기계의 상대적 생산성을 저하시키게 하는 신기계의 도입을 자본가들은 좋아하지 않는 것이다. 2차 대전 후 미국의 철강산업의 산소용광로와 여타 신기술 도입에 대한 저항이 대표적인 예이다.

신기술 지식의 이용에 대한 제도적 저항이 붕괴되어 세상의 모습이 수정되었고 몇몇 행동규범이 변화한 것은 역사적 사실이다. 때로는 저항이 크지도 않아 변화가 상당히 조용하고 질서 있게 진행되기도 하였고, 때로는 폭력과 결렬한 혁명이 일어나기도 하였다.

6. 문 화

구제도경제학에서는 경제현상을 분석함에 있어서 문화를 중시한다. 테일러(Taylor, 1958)는 문화를 지식, 신념, 예술, 도덕, 법률, 관습, 그리고 사회구성원으로서의 인간이 가지고 있는 또 다른 능력이나 습관을 포함하는 복합체로 정의하였다.

그리고 인간을 진행 중인 현실사회에서 사회문화적 산물로 파악하고 있다. 닐(Neale, 1990)은 문화는 철학 · 예술 · 종교 등과 같이 상류층 지식인들이 즐기는 고급문화만을 의미하지 않으며, 문화란 사회를 구성하는 사람들의 행위에 대한 제반 규칙과 사회구성원의 가치를 의미한다고 주장한다. 문화가 사회의 사상과 규칙을 포함하는 동시에 사회는 문화를 포함하고 있어 문화와 사회는 동일한 개념은 아니지만 매우 밀접하게 연관되어 있다.

구제도경제학에서 문화라는 개념이 중요한 이유는 문화적인 차이 때문에 특정시대와 특정사회는 서로 다르게 나타난다. 그래서 각각의 국가와 사회의 경제는 같을 수 없고 각기 고유성을 가지게 된다. 각 사회의 문화적 배경과 특성은 국가마다 다르다. 따라서 경제가 어떻게 움직여 나가는지를 파악하고 처방을 내리는 데 있어서 시대적 상황과 사회적 특성과는 무관하게 보편적으로 적용될 수 있는 법칙을 가지고서는 분석을 할 수 없다. 그래서 사회와 경제가 변함에 따라 각 나라의 경제는 문화적 측면을 포함한 다른 분석체계 속에서 파악되어야 한다고 주장한다.

7. 가치판단론

구제도경제학에서는 주류경제학이 중시하는 실증경제학에만 의존하여서는 불확실하며 복잡한 경제를 정확히 분석할 수 없으며 가치판단을 인정하는 규범경제학적 접근도 함께 고려되어야 경제를 제대로 분석할 수 있다고 주장한다. 경제현상에 대한 판단이나 경제정책의 실시가 바람직한지 아닌지에 관한 가치판단은 피할 수 없는 엄연한 사실로서 일상 경제생활은 가치판단의 연속으로 이루어져 있다.

개인은 무엇이 바람직하고 존중할 만하거나 만족스러운 것인가에 관해서, 또는 바람직하고 존중할 만하거나 만족스럽다고 생각되는 결과에 영향을 미치는 데 무엇이 도구적(instrumental)이거나 유용한 것인가에 관해서 가치판단을 한다. 가치판단론이란 가치판단을 내리는, 즉 가치화하는 과정에 관한 연구를 의미한다. 바람직하고 존중할 만하거나 만족스럽다고 생각되는 그러한 결과들은 주관적 가치(subjective value)이다. 그러한 주관적 가치를 실행하는 데 도구적이거나 유용하다고 생각되는 것들은 도구적 가치(instrumental value)이다. 이 두 가지 가치는 상호 배타적이지 않다. 훌륭한 장인정신은 도구적이면서 일하는 사람에게 개인적이고도 주관적인 만족을 가져다주는 원천이 된다. 이러한 시각에서 가치는 수단과 목적에 기인한다.

인간은 자기교정적인 가치판단을 수행하며, 인간의 의식적(ceremonial)이고 기술적인(technical)인 행위는 상호 견제하며 계속적으로 재평가하며 나아가고 있다. 따라서 구제도경제학에서는 비유물론적 도구적 가치이론(non-materialistic, instrumental value theory)에 입각하여 경제를 분석하여야 한다고 주장한다.

미르달(Myrdal)은 가치판단은 항상 우리와 함께 있다고 주장하며 가치판단을 경제학에서 분리해서는 안 된다는 점을 강조한다. 경제학자는 가치판단을 할 수밖에 없으며 각자는 어떤 문제에 대한 자기의 가치판단을 분명히 밝혀야 하므로 어떤 연구도 각자의 서로 다른 가치판단하에서 이루어지기 때문에 상대적으로 다른 입장(relativist position)에 서게 된다고 주장하였다(Soderbaum, 1993; 임배근, 2012).

가치판단이란 무엇이 가치 있는 것인가를 결정하는 것을 말하며 가치이론에서 중요한 점들은 다음과 같이 요약할 수 있다(Gruchy, 1987). 첫째, 모든 문화적 진화가 하나의 진행 중인 과정인 것처럼 가치판단도 끊임없이 지속되는 역사 · 문화적 과정(historicco-cultural process)이다. 둘째, 인간은 문화와 기술 변화에 영향을 받으면서 살아나가고, 자신이 처한 상황을 반영하게 되며, 사고하고 평가할 능력을 가진 주체로서 가치판단과정에 있어서 중요한 역할을 담당한다. 셋째, 가치판단과정에서 이루어진 가치는 결코 "정태적이거나 최종적이거나 또는 절대적이지 않고 일시적"인 것이다. 왜냐하면 문화와 기술이 계속적으로 변화하고 있는 것처럼 무엇이 가치가 있으며 또는 무엇이 바람직한 것인가 하는 것은 가치판단과정을 통하여 시간의 변화와 더불어 계속적으로 변하고 있기 때문이다. 넷째, 구제도경제학이 주장하는 가치판단의 기준 또는 측도가 되는 것은 최종 사용 또는 소비의 정도에 따른 것이다. 즉, 가치판단의 측도는 사용가치이며, 이것은 사회적이고 도구적인(instrumental) 성격을 가지고 있다. 사용가치를 가치의 측도로 삼는 이유는 사용가치가 개인이나 사회의 복지개선에 얼마나 기여를 하였는지를 잘 반영하기 때문이다.

즉, 지속적으로 변화하는 사회는 여러 가지 복잡하고 새로운 문제에 직면하며 이러한 문제를 해결하는 과정에서 사회는 새로운 경험을 얻게 되고 이러한 경험들이 바탕이 되어 새로운 가치가 정립된다. 가치는 사회적 과정을 통해 형성되고 변경된다. 사회적 과정이란 사회구성원이 어떤 문제에 직면하여 이를 해결해 나가려고 노력하며 이 가운데서 구성원들은 오래된 가치를 버리고 새로운 가치를 수용하고 장려하며 집행해 나가는 과정을 말한다. 따라서 가치판단은 시간의 경과에 따라 여러 가지 조건의 변화, 특히 기술변화와 더불어 변하기 때문에 정태적이라기보다는 동태적이다. 개인이나 제도는 자기교정적(self-correcting) 가치판단을 지속적으로 내리며, 어떤 문제를 해결하는 데 있어서 현재의 주어진 기술 또는 해결방법이 과연 적합한지에 관해서도 재평가를 한다.

8. 소 결

구제도경제학은 미국 자본주의 발달과정에서 드러난 문제점을 배경으로 탄생하였다. 주류경제학의 한계점을 문제화하면서 좀 더 현실적인 경제학을 지향한다. 주류경제학에서 가정하는 합리성 가정 대신 인간의 가치지향적이고 본능적인 측면에 주목하면서 주류경제학에서는 경시하지만 현실경제에서 중요한 진화, 기술, 제도, 문화, 가치판단 등을 핵심개념으로 활용하면서 다양한 관점에서 경제학을 발전시키고자 한다. 현실적합적인 경제학을 지향하는 것이다. 그러나 주류경제학으로부터 방법론이나 이론의 비체계성 등의 비판을 받고 있으면서 비주류경제학으로 인식되고 있으나 그 흐름은 오늘날까지 지속되어 명맥을 이어오고 있다.

구제도경제학은 모형화, 계량화가 어려운 개념들을 중시하기 때문에 모형화, 계량화로 진화하는 주류경제학이 구제도경제학을 수용하기는 어려울 것이다. 그러나 경제학을 계량화로 진화시키는 것에 대한 비판적인 시각 또한 존재한다. 여러 학파의 경제학이 다양하게 진화하고 있다. 어쩌면 이러한 동향이 바람직할 수도 있을 것이다. 다양한 경제학들의 경쟁으로 경제학이 발전하는 계기가 될 수도 있을 것이다. 어느 한 학파의 관점에서 다른 학파의 접근법을 비판하기보다는 다양한 학파의 다양한 관점을 모두 수용하는 자세 또한 필요할 것이다. 다양한 관점, 다양한 접근법을 혼용한다면 다양한 안목 및 관점을 소유하여 문제의 본질에 대한 근본적인 통찰과 문제해결 능력을 배양하는 데 유익한 자세라고 할 수 있을 것이다.

구제도경제학 역시 주류경제학이 간과하고 있는 유용한 시각 및 개념을 제시함으로써 경제학의 새로운 지평을 여는 데 기여하였다고 볼 수 있을 것이다.

보 론

진화경제학의 국가특수성[04]

1. 서 론

신고전학파 경제학은 자연적으로 결정된 천연자원, 토지, 인구와 더불어 자본을 경제성장과정에 영향을 주는 변수로 본다. 각국은 상대적 요소부존도만 다를 뿐 생산함수와 여타 기술적 · 제도적 · 문화적 조건은 동일하다고 가정한다. 또한 요소 및 상품가격은 신축적으로 조정되므로 각국이 무역에 참가하면 각국 경제는 궁극적으로 수렴(convergence)하게 된다. 그러나 산업혁명 이후 자본주의 국가들의 교역이 본격적으로 진행된 지 100여 년이 지난 현재까지 각국의 경제는 수렴되기보다는 그 격차가 확대되고 있다. 이러한 사실에 주목하여 진화경제학은 다양한 차원의 국가 간

04 한성안(2000)을 요약한 것이다.

차이로, 기술적 · 제도적 · 문화적 요인과 그 진화과정에 주목한다.

기술, 제도, 문화 등은 자연에서 발견된 것이 아니라 인간에 의해 역사적으로 제작되어 온 인공물(artefacts)이므로 그 사회의 고유한 경제적 · 사회적 · 정치적 · 윤리적 목적과 기술기회, 시장환경 등에 영향을 받아 특수한 경로를 따라 진화한다. 그러므로 기술 및 제도 변수는 매우 지역특수적 성격을 띠고 있다. 이러한 지역특수적 변수들은 그 지역의 문화적 변수와 독특한 방식으로 결합하여 특수한 사회경제시스템을 구성한다. 지역특수적 기술, 제도 및 지역특수적 시스템은 차이로만 머물지 않고 그 지역의 경쟁력을 구성하여 경제활동과 교역의 성과를 결정한다. 이를 국가적 차원으로 확대하면, 결국 국가경쟁력을 구성하는 것은 부존요소가 아니라 기술적 · 제도적 · 문화적 요인을 포괄하는 국가특수성(country-specificities)들이다. 이러한 국가특수성들은 다시 독특한 방식으로 결합하여 상호작용하면서 특수한 국가혁신체제, 사회생산체제를 구성한다. 그리고 이러한 국가적 차이와 다양성들은 궁극적으로 국가경쟁력으로 작용하여 교역과 경제성장의 차이를 가져온다.

2. 진화경제학의 기술 및 제도

1) 기술의 지역특수성

경제발전에 대한 기술의 중요성이 실증적 · 이론적으로 인식되어 가는 중에 기술이 갖는 일반재화와 다른 특수한 성격들이 규명되어 왔다. 먼저 생존과 자본축적을 위해 기업은 평균이윤을 초과하는 독점이윤을 지속적으로 수취하고자 한다. 이 과정에서 기업은 생산방식과 제품을 차별화하며 그 결과 기술의 다양성이 불가피해진다. 그러므로 혁신과 확산은 변화의 기제가 되며, 이 중 확산이 수렴을 야기하지만 혁신의 결과로 행위자 간 비대칭성이 끊임없이 유발된다. 이처럼 경쟁과정은 차별화, 즉 경제주체들 간의 기술적 차이와 특수성을 개념적으로 내포하고 있다. 나아가 기술과

정보는 상품의 흐름에 의해 완전히 포착될 수 없는 구조화된 외부성(structured set of externalities)을 내포하고 있다. 일반재화와 달리 이러한 형태의 집합적(collective) 자산은 그 지역에 착근되어 교역되지 않는다. 또 상업화에 사용된 지식투입물은 인적·제도적 시설의 형태로 체화되는 경향이 있기 때문에 기술과 지식은 발전할수록 누적성(cumulativeness)이 증대한다. 이처럼 기술발전과정은 대단히 지역적일 뿐 아니라 경로 의존적(path-dependent)이다. 결국, 기술적·공간적·제도적 연관성과 비교역성, 나아가 누적성 때문에 기술은 지극히 공간 및 지역 특수적(local specific)이다.

기술은 이전 즉시 사용할 수 있는 단순한 정보가 아니라 지식이다. 정보와 지식은 이전비용에서 결정적인 차이를 보여준다. 즉, 정보의 이전비용이 거의 제로에 가깝다면 지식의 이전비용은 적어도 제로보다 크다. 그러므로 이전된 기술이 구체적으로 적용되기 위해서는 누적된 학습능력과 습득노력, 말하자면 일정규모의 비용이 요구된다. 또 기술은 기계장비 등 유형재화뿐만 아니라 더 본질적으로는 지식 등 무형재화로 구성되므로 일반재화와는 달리 청사진 형태로 문자화하거나 기호화(coding)하기 어려운 암묵성(tacit character)을 지니고 있다. 나아가 기술은 규모의 경제, 학습곡선, 비밀 때문에 전유성(appropriabilities)이 강하다. 혁신자가 독점적 이윤을 목적으로 혁신기술을 특허와 같은 제도적 장치로 독점하고자 할 때 그 기술의 전유성은 한층 커진다. 이러한 암묵성과 전유성 때문에 기술의 이동성은 일반재화에 비해 약하다. 기술의 이동성은 다음과 같은 특성 때문에 또다시 제약을 받는다.

기술재화는 한계단위로 분할할 수 없는 성질(indivisibility)을 가지고 있으므로 수요공급의 정태적 메커니즘이 적용될 수 없으며 기술이 추가적으로 판매되더라도 한계비용이 발생하지 않는다. 이 때문에 기술시장은 신고전학파 경제학이 가정하는 완전경쟁시장과 달리 불완전경쟁시장에 가깝다. 또 경제분석과정에서 기술변수가 고려될 때 경제주체 사이에 다양한 종류의 비대칭성이 존재한다는 사실이 일반적으로 인식되고 있다. 즉, 규모의 차이, 설비의 자본연령, 혁신능력에 관한 비대칭성뿐 아니라 기술시장에서 기술이 유통될 경우 기술생산자와 사용자 사이에 정보의 불균등분배와 같은 정보소유의 비대칭성이 존재한다. 그 결과 구매자는 판매자에 비해 기술도입과정에서 낮은 교섭력을 가지는 경우가 많다. 또 기술자산이 지니고 있는 무형자산의 범위와 내용 및 특성은 규명하기가 어려울 뿐 아니라 가격을 명확히 산정하기 어렵다. 이 경우에도 기술도입자가 가격결정과정에 적극적으로 개입하는 것은 불가능하다. 이미 언급한 기술의 암묵성도 이와 유사한 결과를 초래한다. 나아가 기술이 지니는 복합성 혹은 시스템적 성격은 기술이전 시 판매자로 하여금 그 시스템의 핵심부분을 이전하지 않고 장악하는 전략을 가능하게 한다. 이처럼 기술이 상품으로 될 때는 판매자의 교섭력이 강해지는 판매자시장이 형성될 수 있으며 경쟁가격보다 오히려 협상가격이 일반적이다. 결국 기술과 기술시장이 갖는 이러한 특성은 기술의 이동성을 크게 제약하여 기술발전경로와 기술력의 지역특수성에 더 큰 안정성을 부여한다.

2) 기술혁신과 제도 간의 관계 및 제도의 지역특수성

기술혁신은 크게 공정혁신과 제품혁신으로 구분된다. 그중에서도 제품혁신은 잠재사용자의 요구와 신제품 특성 등 경제주체 간 질적 정보의 교환을 필요로 한다. 그러나 순수시장(pure market)에서는 경제적 교환이 가장 중요한 활동이 되기 때문에 피드백과정을 통한 질적 정보의 전달이 어려워 제품혁신이 어렵다. 또 제품혁신이 빈번한 곳에서는 불확실성이 높다. 그 결과 거래비용이 증가하므로 수직적 통합이 요구된다. 그러나 순수 위계관계로 수직 통합된 시장에서는 제품혁신이 점차 공정혁신으로 전환되기 때문에 제품혁신은 자취를 감추게 된다. 결국 제품혁신이 되기 위해서는 시장이 질적 정보의 상호교환이 가능한 사용자–생산자 관계로 조직되지 않으면 안 된다. 그러나 제품혁신의 필요성에 대한 제도적 반응으로서 조직화된 시장(organized market)이 다시 거래비용을 유발하거나 수직통합으로 회귀하지 않기 위해서는 계산과 극대화와는 다른 행동방식, 즉 충성(loyalty), 각자의 특성에 대한 상호존중, 상호신뢰(mutual trust) 등 사회적 규범장치가 필요하다. 결국 한 경제에서 혁신이 중요해지고 특히 제품혁신이 요구될 때, 시장은 네트워크관계나 사회적 규범장치에 의해 제도적으로 조직되지 않으면 안 된다.

경제가 의사소통과 누적적 인과관계로 묘사될 때 학습이 기술혁신의 원천이 된다.

진화경제학의 관점에서는 혁신은 학습을 통해 이루어진다. 그런데 거의 모든 학습은 상호작용의 형태로 이루어지며 의사소통과 상호작용이 원활할수록 그 효과는 커진다. 그러므로 혁신은 상호작용에 의해 그 효과가 증대된다. 나아가 기술변화는 본래 각종 활동단위와 다양한 차원의 인력 간에 연속적인 정보교환, 즉 지속적인 대화를 필요로 하지만 그것이 기술 및 학문적으로 더 발전된 혁신과 관련될 때 더 복잡한 의사소통과정을 필요로 한다. 상호작용적 학습을 통해 축적된 지식이 혁신으로 연결되기 위해서는 기억행위, 망각행위, 나아가 창조적 망각행위가 지속적으로 요구되지만 이러한 개별행위의 현실화와 더불어 이들 간의 흐름, 즉 상호작용은 결코 자동적으로 진행되지 않는다. 이것은 사내교육 등 기업 내 조직, 사용자–생산자 관계 등 기업 간 연계관계, 국가적 차원의 교육제도, 교통 및 통신 수단, 학습유인체계, 사회적 규범체계 등 제도적 요인에 의해 비로소 구체화된다. 결국 혁신의 창출은 제도와 제도적 변화에 의해 구체화될 정도로 양자는 밀접한 관계를 지닌다.

기술혁신과 제도의 관련성은 기술확산(diffusion)과정으로부터도 규명된다. 기술혁신은 개념상 질적으로 다른 새로운 것과 새로운 지식의 창출이다. 그러므로 혁신의 창조와 적응에 관련된 행위자는 이 과정이 야기할 수 있는 모든 결과를 알 수 없다. 또 혁신환경은 기본적으로 정보 갭과 경쟁력 갭 등 두 가지의 구조적 갭을 내포하고 있다. 혁신환경에 대한 제한된 가용정보와 그것을 효율적으로 처리하는 능력의 한계는 필연적으로 기대형성의 불확실성으로 이어진다. 따라서 기술혁신과 불확실성을 개념적으로 동일한 것으로 파악하기도 한다. 기술의 수명이 짧아지고 대체속도가 빠른 현대 기술체계하에서 이러한 불확실성은 한층 증가한다. 이러한 불확실성은 리스크를 동반하여 기술혁신활동을 제한할 뿐 아니라 기술개발 활동과정에서 혁신자 상호 간에 거래비용을 유발한다. 또 시장으로부터 선택된 기술은 퇴장될 때까지 본래의 상태로 머무르지 않고 피드백효과에 따라 지속적으로 변화한다. 말하자면 소재 및 노동력 등 투입요소의 가격이 변화할 뿐만 아니라 해당 혁신의 점진적 기술개량, 보완기술과 경쟁기술의 출현 그리고 기존기술 및 제도와의 조정과정에서 해당기술의 본래적 성격이 끊임없이 변화한다. 이처럼 시장상황과 기술이 지속적일 뿐 아니라 급속도로 변화할 경우 이에 관한 정보를 획득하기 위한 정보 및 탐색 비용이 중요한 변수로 등장한다. 기술의 진화에 따라 증대하는 정보비용은 기술의 추가적 확산을 제한하는 결과를 초래한다. 또 불확실성이 도입될 때, 행위자가 완전한 합리성보다는 오히려 제한적 합리성에 따라 행동한다는 것은 명백한 사실이다. 이 경우에도 기술의 전파와 확산은 큰 어려움에 직면한다. 결국 증대되는 불확실성이 초래하는 거래비용과 정보비용의 문제를 해결하여 기술확산 속도와 확산율을 제고시키기 위해 가교적 제도(bridging institution)가 필요하다. 대부분의 기술진보가 공공부문의 가교적 제도들(소유권, 시장제도, 공공연구기관)에 의해 이루어졌으며 제도변화와 기술변화의 상호의존성과 상호작용은 확인되었다. 이처럼 기술이 갖는 특수성 때문에 기술과 제도는 불가분의 관계를 지니고 있으며 양자는 상호작용에 의해 유발된다. 기술혁신과 관련된 가교적 제도는 종종 각 사회의 연관조건(context condition)으로 표현된다. 연관조건은 기업의 R&D 설비, 대학에 축적된 지식과 더불어 노동 · 상품 · 금융시장조직의 형태, 혁신정책 등 국가제도와 정책요인, 소비구조와 갈등해결방식에 영향을 미치는 사회문화적 요인과 규범체계 등으로 구성된다. 이러한 제도들은 매우 지역특수적이다.

3) 사회경제시스템의 다양성과 안정성

기술이 지니는 특수성 때문에 기술과 제도는 서로 논리적일 뿐 아니라 현실적으로 상호연관성을 맺고 있다. 그러나 기술과 제도의 연관관계는 경제 · 정치 · 문화적 요인과 독립적으로 존재하지 않는다. 각 하위체제는 그 자신의 하위체제 안에 상이한 하위체제의 성질을 함께 보유하고 있다. 정치적 하위시스템은 경제적 · 문화적 하위시스템을 갖고 있고, 기술적 하위시스템은 경제적 · 정치적 · 문화적 하위시스템을 갖고 있다. 문화적 하위시스템도 경제적 · 정치적 · 기술적 하위시스템을 갖고 있다. 이처럼 모든 사회체계들은 서로 분리할 수 없을 정도로 상호부분을 형성하고 있다. 이러한 접근법은 경제 · 사회 · 정치 · 기술 · 문화적 현상들이 상호 제약과 작용을 통해 모습을 드러내며 이들이 하나의 사회경제시스템을 형성한다는 사실을 말해 준다.

혁신활동에 따라 증폭되는 불확실성 때문에 경제주체의 합리성은 크게 제약을 받는다. 합리성이 제약을 받는다면 우리는 행동규칙의 동질성을 주장할 수 없게 된다.

형태는 구체적으로 더 세분화되어야 하고 이러한 세분화 작업은 행위자들이 여러 가지 측면에서 이질적(heterogeneous)이라는 것을 의미한다. 뿐만 아니라 각 행위자는 시계(time horizon), 경제활동 동기와 노력의 강도, 반응능력(competence), 거래형태 등의 측면에서 처음부터 매우 다르다. 그리고 이러한 다양성은 역사적 조건 및 문화적 특성에 기인하며 보수체증이 존재할 경우 소규모 역사적 사건에 의해서도 발생한다. 특히 이미 고찰된 기술과 제도의 지역특수성과 결합될 때 각 혁신체제의 다양성과 특수성은 더욱 커질 것이다.

경제주체는 지각된 시장변화와 기술환경에 대해 무한대의 탄력성으로 반응하지 않는다. 대개 비탄력적으로 반응한다. 즉, 이들은 과거의 투자양식에 제약되는 동시에 자신들의 특수한 사회적 · 정치적 그리고 제도적 환경에 따라 반응한다. 그 결과 각각의 행위자는 환경변화에 대해 특수한 연관관계를 기초로 하여 특수한 방식으로 자신의 시스템을 조직한다. 또 기업은 독점이윤을 획득하기 위해 차별화된 기술로 이에 대응한다. 이러한 주장은 제도적 · 기술적 다양성이 전 세계적인 압력에 대해 탄력적이고 동일한 반응에 흡수되기보다는 오히려 보존된다는 것을 의미한다. 이 때문에 우리는 많은 변수 중에서도 특히 사회문화적 · 정치적 요인에 영향을 받아 한 경제의 기술적 · 제도적 특수성들이 유지되며, 기술이전 및 기술교류에도 불구하고 시스템의 다양성이 유지되는 과정을 목격하게 된다. 기술 · 제도 · 문화 등 요인들이 갖는 지역특수성, 이들의 독톡한 구성방식 그리고 외부충격에 대한 특수한 상호작용 방식 때문에 산업구조, 사회제도 및 기술구조의 다양성이 비교적 안정적인 발전방향을 갖는다.

3. 국가특수성과 경쟁력

지금까지의 논의를 국가적 차원으로 확대한다. 이를 위해 국가특수성(country-specificities)에 관한 다양한 개념들을 정리하면서 국가경쟁력을 설명하는 변수는 기술력과 제도 변수, 문화적 요인이며 더 나아가 이 변수들 간의 상호작용관계, 즉 국가시스템임을 지적한다.

1) 경쟁력으로서의 국가특수적 기술력

기술의 중요성은 베비지(Charles Babbage, 1791~1871), 마르크스(Karl Marx, 1818~1883), 베블렌(Thorsten Veblen, 1857~1929), 슘페터(Joseph Schumpeter, 1883~1950) 등에 의해 그 중요성이 부각되었다. 1950년대 아브라모비치(M. Abramobitz), 솔로우(R. Solow) 등이 기술의 중요성을 환기시켰으며, 그 후 경제발전에서 기술의 중요성이 맨스필드(E. Mansfield)와 더불어 애로우(K. Arrow), 넬슨(R. Nelson), 로젠버그(N. Rosenberg), 프리맨(Ch. Freeman), 도시(G. Dosi), 파비트(K. Pavitt) 등 진화경제학자들에 의해 본격적으로 연구되기 시작하였다. 그중에서도 도시(Dosi, 1988)의 편집서는 기술변화와 경제성장에 관한 진화경제학의 핵심논의들을 집대성함으로써 기술의 중요성을 더욱 체계적으로 제시하였다. 그리하여 1976~92년간 이 영역에 관한 연구는 그 수와 질에 있어 폭발적으로 증가하였으며, 급기야는 기술경제학이라는 독자적인 학문분과가 탄생할 정도로 발전하면서 경제발전에서 기술의 중요성이 확고하게 인식되었다.

그러나 경제발전과정에서 기술이 차지하는 중요성에 대한 신고전학파 국제경제학의 인식은 이에 크게 못 미친다. 신고전학파 국제경제학에 따르면, 각국은 요소부존도에 따라 특화하고, 한 상품의 비교우위는 요소부존도에 따른 생산요소가격, 그중에서도 임금격차에 의해 결정된다. 신무역이론과 내생성장론에서는 비교우위를 규모에 대한 보수체증과 기술의 외부성, 학습효과 등 기술요인으로부터 파악한다. 그러나 기술변수를 모델 안에 내생화시켰다 하더라도 기술개념의 부정확한 이해 때문에 교역이 야기하는 동적 결과의 방향을 올바르게 파악하는 데는 실패하고 있다. 단지 세계적 공공재화에 불과한 기술은 초공간적으로 확산되기 때문에 과도기적으로 존재하는 기술력의 격차는 소멸할 수밖에 없다.

이와 달리 진화경제학자들은 각국 산업의 수출업적 차이에서 기술변수가 차지하는 중요한 역할을 부각시켜 주었다. 대부분의 산업에서 기술력과 수출성과는 유의한 것으로 밝혀냈고, 혁신활동(R&D 지출)이 장기적 시장점유율 확대에 중요한 영향을 미친다는 사실을 확인해 주었고, 산업별 무역수지와 R&D 집약도 간의 유의성을 발견하였고, 대부분의 산업에서 수출과 특허는 유의함을 밝혔고, 혁신활동과 특허활동의 90% 이상이 주요 5개국(영국, 미국, 독일, 일본, 프랑스)에 집중되는 현상도 포착하였다. 이러한 연구결과들은 기술이 국제특화와 국가경쟁력 우위를 결정하는 가장 중요한 변수가 되며, 국가경쟁력을 좌우하는 기술력이 나라마다 다르며 그러한 비대칭성은 과도기적 현상이기보다는 구조적이라는 사실을 보여줌으로써 기술이 갖는 국가특수성도 확인시켜 준다.

2) 경쟁력으로서의 국가혁신체제와 사회생산체제

혁신에 관한 많은 연구들은 R&D 지출활동 이외의 다른 많은 요인들이 성공적 혁신에 매우 중요하다는 점을 부각시켜 주었다. 이 과정에서 기술혁신율과 경제성장률이 초기의 급진적 혁신(radical innovation) 그 자체보다 오히려 확산(diffusion)과 사회적 혁신 등 제도변화에 의해 더 큰 영향을 받는다는 증거자료들이 축적되어 왔다. 한국과 OECD 국가들의 기술정책은 주로 지식의 생산과 관련된 것처럼 보이지만 사실 발명과 신제품 혁신 등 새로운 지식의 생산은 혁신의 전 과정에서 매우 적은 부분을 차지한다. 사실 기술이 발명, 확산, 적용, 피드백, 개량 등 전 과정을 거칠 때 기업 간 조직, 노동조직, 교육, 금융, 정책 등 제도적 요인은 기술의 개발 못지않게 중요하다. 신기술은 확산 · 적용되어 경제적 효과를 산출할 때 비로소 의미가 있지만 이러한 제도가 완비되지 못할 경우 개발된 기술은 그 효과를 현실화시키기 어렵다. 그러므로 이러한 제도적 요소들은 기술시스템으로 통합되어야 한다. 이러한 시스템은 사회적 · 문화적 조건의 차이와 각 하위체제들의 상호작용 방식 그리고 기술력의 차이 때문에 나라마다 다를 수밖에 없다. 국가혁신체제로 불리는 이러한 국가특수적 연관관계는 동일한 기술적 · 경제적 조건하에서도 다양하게 조직될 수 있다. 그러나 국가혁신체제는 다양성에만 있는 것이 아니다. 국가혁신체제는 국가특수적 기술력, 세도,

문화의 독특한 상호작용 방식을 통해 각국의 혁신활동의 성과를 좌우할 뿐 아니라 궁극적으로 국가경쟁력을 결정한다. 효율적으로 조직된 국가혁신체제는 정보교환과 상호학습을 가능하게 하고 집합적 행위를 활성화시킴으로써 시너지효과와 구조화된 외부성을 창출한다. 그런데 각국의 국가혁신체제의 효율성을 가장 크게 결정하는 것은 제도요인이다. 각종 제도는 일반적으로 시스템의 조율과정에서 중요한 역할을 수행하지만, 새로운 기술경제 패러다임이 출현할 때 제도의 관성(inertia) 때문에 양자가 일치하지 않아 오히려 국가경쟁력을 저하시키는 경우도 많다. 미국과 선진국 15개국 사이의 생산성 격차변화(1870~1979)에 대한 아브라모비치(Abramobitz, 1986)의 연구에 의하면, 기술추격(technological catch-up)은 자동적으로 달성되는 것이 아니라 도입국의 사회적 역량(social capabilities)과 그것의 발전속도에 의해 크게 좌우되며, 기술추격 속도도 지식확산제도, 산업입지제도, 거시경제적 투자촉진제도 등 제도적 요인에 따라 결정되었다. 이처럼 제도는 현대경제의 성장엔진이 되는 기술혁신을 촉진시켜 줄 뿐 아니라, 그 자체로 국가경쟁력을 구사한다.

국가혁신체제의 특수성은 단지 교육 및 금융제도, 기술관련 제도, 기업 간 조직을 통해서만 확인되는 것은 아니다. 그것은 사회문화적 가치, 그에 따라 다르게 나타나는 경제주체 간의 관계, 특히 노사관계 등으로부터 자유롭지 않다. 이러한 점을 고려할 때 국가혁신체제는 사회생산체제(social system of production)의 개념으로 확대될 수 있다. 이 개념은 국가혁신체제가 소홀히 하는 노사 간에 유지되는 공정성과 정의에 관한 개념, 사회의 특이한 관습과 전통 도덕적 원칙, 법 등 문화적 요인을 추가로 내포하고 있기 때문에 국가특수성을 총체적으로 파악하는 데 유리하다.

핵심용어

구제도경제학, 진화경제학, 다윈주의, 실용주의, 기술, 진화, 제도의 저항, 유한계급, 문화, 가치판단, 장인정신, 국가특수성, 지역특수성, 국가혁신시스템, 사회경제시스템

확인문제

1. 구제도경제학의 대두배경에 대해 설명하라.
2. 기술축적과정의 특징은?
3. 제도의 특징에 대해 설명하라.
4. 신기술에 대한 제도의 저항에 대한 예를 들어 보라.
5. 구제도경제학에서 가치판단을 중시하는 이유는?
6. 기술이 지역특수성을 갖는 이유를 설명하라.
7. 기술혁신과 제도 간의 관계에 대해 설명하라.
8. 사회경제시스템이 다양성과 안정성을 갖는 이유는?
9. 국가경쟁력을 좌우하는 것이 국가혁신시스템인 이유를 설명하라.

제10장

제도론자로서의 아담 스미스

1. 서 론
2. 아담 스미스의 도덕철학체계
3. 아담 스미스와 신제도경제학의 유사점
4. 개체론과 진체론
5. 소 결

1. 서 론

아담 스미스(Adam Smith, 1723~1790)가 오늘날 주류경제학에 대해 어떻게 생각할까? 아마 매우 노여워할 것으로 판단된다. 아담 스미스는 사회질서 유지를 위해 경제와 윤리, 법, 정치를 통합적으로 관련지으며 이들 간의 밀접한 관련성을 역설했는데도 불구하고 신고전학파는 이러한 중요요인들을 고려하지 않고 순수경제학으로, 즉 경제외적 요인들을 분석의 대상에서 제외하며 이론을 발전시켜 왔으나, 아담 스미스의 경제학을 계승시키고 있다고 주장하기 때문이다. 종교의 경우 초기 교리를 두고 우매한 인간들이 확대 · 과장 해석하거나 엉터리로 해석하면서 여러 종파로 분열해서 다투는 상황을 자주 봐왔다. 급기야 기이한 주장과 논리를 만들어 혹세무민(惑世誣民) 하기도 하였다.

오늘날 신고전학파 경제학도 원래 아담 스미스의 경제학과는 전혀 다른, 기형적인 경제학으로 변해 현실설명력을 반감시키고 있다. 신고전학파 경제학에서 핵심가정 및 연구방법론으로, 합리적 행동가설(rational action hypothesis), 방법론적 개체주의(methodological individualism), 비교정태분석(comparative static analysis), 야경국가(night watch state), 순수경제학(pure economics) 등은 아담 스미스의 주장과는 상관이 없는 가정 및 분석방법이다. 이로 인해 현실설명력의 한계를 드러내고 있다.

하늘나라에서 쉬고 있는 아담 스미스는 현재의 경제학에 대단히 실망하고 한탄하고 있었을 것이다. 신제도경제학의 발전은 아담 스미스의 노여움을 풀고 안도하게 만들 것으로 판단된다. 신제도경제학은 아담 스미스의 경제학으로 회귀하는, 즉 고전학파 경제학으로 회귀하는 성향을 가지고 있다. 신제도경제학은 제도를 넓은 의미로 정의감, 윤리 등을 포함하여 정의하는데, 제도의 생성, 변화에 대한 탐구는 정치학, 심리학 등의 전반적인 사회과학의 성과들을 수용하며 발전하고 있기 때문이다. 신고전학파 이전의 고전학파 경제학은 정치경제학이었고 아담 스미스는 사회질서 유지 수단으로 경제적 효율을 높이기 위해 국부론을 저술하여 제도론자로서의 면모를 확실히 보여주었다. 따라서 제도론자로서의 아담 스미스에 대한 연구도 많이 진전되었다.

이 장에서는 제도론자로서의 아담 스미스에 대한 연구들을 소개하면서 신고전학파 경제학을 비판하며 노스의 신제도경제학이 아담 스미스 경제학과 유사한 면을 제시하고자 한다. 논의의 전개는 다음과 같다. 2절에서는 아담 스미스의 도덕철학체계를 소개한다. 도덕철학이란 오늘날 사회철학을 의미한다. 도덕철학체계 전체를 볼 때 근대사회질서원리에 대한 탐구가 그의 주된 관심이었고 사회질서의 유지는 사회 내 불확실성을 감소시키고 예측가능성을 증대시키는 것이므로 신제도경제학에서 제도의 기능으로 불확실성 감소와는 밀접한 관련이 있는 것이다. 신제도경제학에서 제도를 광의로는 윤리, 정의감 등의 비공식적 규칙을 포함하므로 아담 스미스는 제도의 중요성을 잘 인식하고 있었다고 볼 수 있다.

3절에서는 아담 스미스와 신제도경제학의 유사한 점들을 지적한 연구를 소개한다. 정통경제학의 분석방법인 제약조건하에서의 선택에서 기타 모든 것이 일정하다는 가정(other things are equal, ceteris paribus)을 한다. 일정하다는 가정 중에 국가나 제도 변수도 포함된다. 이때 국가나 제도 변수가 일정하지 않다면, 국가와 제도 변수가 개인의 선택 및 경제적 성과에 영향을 미치게 된다. 아담 스미스는 기타 모든 것이 일정하다는 가정을 하지 않고 윤리, 정의, 국가, 법 등이 경제적 성과에 중요요인임을 설명한다. 따라서 아담 스미스의 정치경제학은 신제도경제학과는 유사한 측면이 있다.

4절에서는 아담 스미스가 방법론적 개체론자(individualism)인가 전체론자(holism)인가에 대한 논쟁을 소개한다. 주류경제학은 방법론적 개체주의의 관점에서 이론을 발전시키고 있으나 사회현상은 인간의 고유한 목적을 위한 선택만으로 설명할 수 없는 요인이 있고 환경 및 제도가 인간의 행위에 영향을 미치는 측면도 분명히 존재한다. 아담 스미스 역시 방법론적 개체론자로만으로 볼 수 없는, 전체론자로서의 관점도 보여주었다. 사회현상을 설명하기 위해서는 양 관점 모두 필요하다는 주장도 소개하였다.

5절의 결론에서는 이 장의 의의로, 신고전학파의 핵심가설 및 주요 분석방법인 합리적 행동가설, 방법론적 개체주의, 비교정태분석, 야경국가 등은 아담 스미스의 주장과는 아무런 상관이 없는 것이다. 따라서 신고전학파 경제학은 아담 스미스의 경제학을 계승하는 것이 아니라 전혀 새로운 경제학이란 점을 주장하였다. 노스의 신제도경제학이 실질적으로 아담 스미스 경제학을 계승하고 있다고 결론지었다.

2. 아담 스미스의 도덕철학체계[01]

중세사상은 주지하는 바와 같이 기독교 또는 가톨릭 사상이 지배하고 있었고, 당시 가톨릭 사상은 신분과 직분에 기초를 둔 봉건적 사회질서를 합리화하는 데 활용되었다. 또한 이 당시에는 전제군주가 지배하던 시기였다. 즉, 인간은 신의 피조물이고, 인간은 독자성과 자기 완료성을 가진 존재가 아니었다. 이것은 곧 중세에는 엄밀한 의미에서 국가는 있었으나 사회는 존재하지 아니하였고 신은 존재했으나 개인은 존재하지 않았다고 볼 수 있다. 따라서 인간은 불완전한 존재로 여겨졌으며, 교회와 왕의 권위에 속박된 존재였다.

그러나 이러한 중세사상은 17, 18세기경에 근대시민사회가 도래하면서 무너지기 시작했다. 근대 이후, 이성은 물론 본능과 감성까지 해방된 자유로운 개인들이 모여 사회를 형성할 때 과연 그 사회에 질서형성을 기대할 수 있을까 하는 의문이 제기된다. 이것을 달리 말한다면 인간이 해방됨으로써 욕망과 이기심이 분출되었는데, 이 때 질서가 유지되는 근거는 무엇인가라는 의문이 제기된다.

중세적 각종 속박에서 벗어난 인간들이 이기심에 따라 자유롭게 활동하면서도 사회가 무질서와 정체에 빠지지 않을 수 있는가 하는 문제는 비단 아담 스미스만의 과

---

01 철학이란 과학 전체라는 의미이며 당시 물리학과 수학을 합한 것을 자연철학이라고 하였고, 도덕철학은 신학, 윤리학, 법학, 공공정책(경제학 포함)으로 구성된다. 이들은 대학 교과과정에서 제시되던 표준과정의 주제였다(Schumpeter, 1954; 박순성, 2000).

철학은 모든 분리된 대상을 서로 묶는 보이지 않는 연쇄(invisible chains)를 상상력(imagination)을 통해 찾아냄으로써 혼란스러운 현상에 질서를 도입하는 가장 숭고한 기예(art)이고, 자연의 결합원리에 대한 과학이다. 또한 철학은 사물의 관계와 질서에 대한 지식의 한 형태이다. 철학은 외부세계의 표상을 받아들이는 감각으로부터 오는 환상(illusion)과 상상력이라는 인식능력 자체로부터 오는 환상으로부터 벗어나 하나의 체계적 지식을 형성할 때 사물의 운동과 상호작용의 완벽한 결합관계를 대표하는 인식모형으로 채택된다(박순성, 2000).

제가 아니었고, 근대시민사회 사상가 모두가 고민하던 문제라고 할 수 있다. 아담 스미스 역시 근대시민사회의 질서원리를 밝히는 시대적 과제에 대하여 고민하였고, 그의 도덕철학체계는 이러한 노력의 산물이라고 할 수 있다.

> 스미스는 사회과학의 학문분과에서 과학적 연구를 가능하게 하는 전제와 방법이 있다고 보았다. 이는 다양하고 복합적인 현상들 간에 일정한 법칙적인 인과관계가 성립하고 있으며, 그 복합적 인과관계의 이면에는 간결성의 원리(절약의 원리, principle of parsimony), 즉 소수의 기본원리가 작용하고 있다는 것이다. 이러한 맥락에서 스미스는 역사 및 사회과학(18세기 당시는 도덕철학)을 탐구하는 학자의 과제를 몇몇 주요 원리 또는 이론에 의해 다양하고 복합적인 사회현상을 설명하는 것이라고 기술한다. 소수의 설명원리에 의해 자연의 여러 현상이 정리 · 정돈되고 연결되는 방식으로 일상생활의 격언들도 체계적인 순서로 소수의 일반원리에 의하여 연결되었다. 이렇듯 사회현상의 배후에 존재하는 연결원리를 연구하고 설명하는 과학을 도덕철학이라고 부른다(Smith, 1776: 769; 김광수, 2007).

이처럼 아담 스미스는 근대사회질서 유지의 원리가 제1차적 관심사였다는 것은 아담 스미스를 제도론자로 볼 수 있다는 것이다. 사회질서가 유지될 때 불확실성을 감소시키며, 일상적인 생활이 가능하고, 자유롭게 개인적인 목적달성을 위한 행동이 가능하여 사회 및 경제가 발전한다는 것은 자명하다. 이제부터 아담 스미스가 주장하는 근대사회질서 유지의 원리를 차례로 살펴보면서 신학, 윤리학, 법학, 정치경제학 간의 연관성을 확인해 보자.[02]

1) 자연신학

근대시민사회의 질서원리를 규명하기 위해 필요한 제1단계의 작업은 사회에는 일정한 원리법칙이 존재하고 있다는 사실의 증명이다. 이에 대한 증명을 아담 스미스는 당시의 자연신학, 즉 이신론(deism, 理神論)에서 찾고 있었다.

이신론에서, 신을 우주만물의 창시자로서, 만물의 제1원인으로서는 인정하나, 현

---

02 아담 스미스의 도덕철학체계는 박세일(1989)을 요약한 것이다.

존하는 만물의 임의적 변화를 초래하는 지배자로서는 인정하지는 않는다. 우주만물은 신에 의해 만들어졌고, 그 속에서 신의 구상이 내재하여 있으나, 일단 만들어진 후에는 독자의 법칙에 따라 움직인다는 것이다. 이신론은 영국의 경험론과 관련이 깊다. 영국의 경험론은 독일의 관념론과 비교되기도 하는데, 양자의 주된 차이점은 영국의 경험론은 인간과 자연은 동일하다는 관점을 가지고 있고, 독일의 관념론은 인간과 자연은 대립적이라는 견해를 가지고 있다.

영국 경험론의 전통에는 인간과 자연은 본질적인 원리상 동일하다고 파악되었다는 것인데, 그렇다면 우주에는 인력의 법칙과 같은 숨은 성질이 존재하여 질서정연한 통일체를 이루듯이 인간사회에서도 인간사회를 질서지우는 어떠한 숨은 성질이 인간에게 내재하는 것이 아닐까 하는 추론을 할 수 있을 것이다. 여기서 아담 스미스의 도덕철학체계는 이론적으로 인간에 내재하는 이런 숨은 성질에 대한 탐구로 넘어갈 수밖에 없고, 이 탐구가 그의 도덕철학의 제2부인 윤리학을 구성하게 되는 것이다.

2) 윤리학

아담 스미스의 윤리학에 대한 이론은 그의 「도덕감정론(*The Theory of Moral Sentiments*)」에 잘 나타나 있다. 윤리학 측면에서 사회의 질서 · 조화 · 발전을 지속할 수 있게 하는 인간의 성질이 무엇인가에 대해 두 가지 흐름이 있었는데, 사회질서원리를 개인의 이성에서 찾으려 한 부류와 도덕감각에서 찾으려 한 부류가 있었다. 도덕감각에서 찾으려 한 부류는 다시 두 가지로 구분하는데, 인애(호의, benevolence)에서 찾으려는 것과 동감(sympathy)능력에서 찾으려는 부류가 있었다. 아담 스미스는 인간의 동감능력에서 사회질서유지의 근거를 찾았다.

동감이란 자기를 타인의 입장과 동일한 입장에 놓고, 타인이 느끼는 것과 동일한 것을 느낄 수 있는 능력, 바꾸어 말하면 상상상의 지위전달능력을 의미한다. 인간의 본성에 내재해 있는 동감의 원리가 근대시민사회의 자유체계의 성립을 가능하게 하는 내적 조건 요인이 되는 것이다. 동감에 따라 정당한 행위가 되기도 하고 부당한 행위가 되기도 하는데, 이를 '동감정의론'이라 한다. 동감에 따라 이타적인 행위가 확대되기도 하고 이기적인 행위가 자제된다는 것이다. 중립적 관찰자의 동감을 받을 수 있는 범위까지 이타적 행위가 확대되는 것을 인혜(仁惠)의 덕(자선, 선행, beneficence)이라고 하고, 중립적 관찰자의 동감을 받을 수 있는 범위까지 이기적 행위가 제한되는 것을 정의(正義)의 덕(justice)이라고 하였다.

이 양자의 덕이 근본적으로 큰 차이가 있다. 인혜는 타인에 대한 적극적 시혜이므로, 만일 사람들이 이를 행하지 아니하여도 타인으로부터 감사의 감정을 일으키지 않음에 불과하고, 타인으로부터 보복감을 일으키지는 않는다. 그러나 이기심의 경우는 이의 추구가 타인의 생명 · 신체 · 재산 · 명예 등에 대한 침해로 나타나기 쉬우므로, 정의의 덕의 침해는 필연적으로 피해자를 발생시키며, 피해자의 강력한 보복감을 유발한다. 따라서 타인에 대한 침해는 엄격히 규제되어야 하고 그럴 때 정의의 덕은 성립하게 되는 것이라고 아담 스미스는 주장했다. 또한 아담 스미스는 인혜의 덕을 건물의 장식품에 비유를 했고, 정의의 덕을 건물의 기둥에 비유하기도 했다.

여기서 다음과 같은 궁금증을 가질 수 있다. 정의의 덕은 외적 강제 없이 자발적으로 지켜질 수 있을까? 이 점에 대하여 스미스는 어느 정도 낙관적이었다. 정의는 보편정도의 도덕이므로 보편의 인간성이라면 어느 정도 자발적으로 지켜질 것으로 아담 스미스는 기대했다.

그렇지만 그는 인혜라는 윤리적 가치는 사회를 보다 아름답게 하는 장식물이지만 정의라는 법적 가치는 사회존립 자체의 기초이므로 인혜는 사회적으로 강제될 수 없으나, 인간의 이기심은 과도하기 쉬울 수도 있기 때문에 정의의 수호는 추호도 예외 없이 엄격하고 정확하게 강제되어야 한다고 주장했다.

이상과 같이 사회가 질서를 유지하기 위한 불가결의 조건이 정의의 실현이라는 사실에서부터, 근대시민사회의 질서원리를 규명하려는 그의 도덕철학체계는 당연히 제3부 법학으로 이행되지 않을 수 없게 된다.

3) 법 학

아담 스미스의 법학에 대한 견해는 그의 「법학강의(*Lectures on Jurisprudence*)」에 잘 나타나 있다. 아담 스미스의 법학강의는 총 2부로 제1부 정의편, 제2부 치정편으로 이루어져 있다. 제1부는 오늘날의 관점에서 협의의 법학이며 제2부는 행정, 내정일반에 대한 원리라고 할 수 있다.

그는 법학강의 1부에서 정의개념을 교환적 정의와 배분적 정의로 나누고, 교환적 정의는 침해로부터의 안전이라는 소극적 덕으로 보고, 배분적 정의는 적정한 인혜, 즉 적극적인 덕으로 보았다. 그리하여 교환적 정의는 그 실현을 요구할 수 있을 뿐 아니라 동시에 강제할 수 있는 완전권리라고 보고 배분적 정의는 실현되어야 하나 그 실현을 강제할 수 없는 불완전권리라고 보아, 교환적 정의가 진정한 법학의 대상이라고 주장하였다. 그 결과 그는 자신의 법학강의가 완전권리=교환적 정의에 국한하여 논하여짐을 천명하고, 자신의 법학강의에서 정의의 목적은 침해로부터의 안전이라고 하여 사회구성원 간의 정의의 확보가 모든 통치의 제1의 주목적이어야 함을 주장하고 있다.

그러나 아담 스미스는 정의의 법만이 지켜지는 것으로는 부족하다고 생각하였다. 그는 상공업의 발달을 구체적 내용으로 하는 치정(police)이 필요하다고 보았다. 여기에 법학강의가 제1부 정의편으로 끝나지 않고, 제2부 치정편으로 넘어가야 하는 이유가 있다.

치정이라면 오늘날에는 경찰을 의미하나 스미스 시대에는 보다 광의로 해석되어 내정일반을 의미하는 용어로 사용되었고, 외정을 의미하는 policy와 대조적으로 사용되고 있었다. 스미스는 치정의 목표를 청결, 안녕, 저렴, 풍부로 들고 있다. 그리고 그는 치정의 필요 중 특히 저렴, 풍부의 필요를 강조했다.

아담 스미스는 저렴과 풍부의 필요를 파리와 런던을 비교하면서 설명했다. 당시 파리에는 치정에 대한 법률이 수권의 책으로도 부족할 정도로 많았으나, 런던에는 두세 개의 간단한 법률만이 있을 뿐이었다. 그러나 파리에서는 살인사건 없이 지나가는 밤이 거의 없는 반면, 런던은 파리보다 더 큰 도시인데도 살인사건이 1년에 3～4건 정도에 그치고 있었다. 아담 스미스는 이런 현상의 이유를 인간의 종속(dependence)에서 찾았다. 종속은 인간을 타락시켜 범죄자를 만드는 경향이 있지만 자립은 정직성을 고양시킨다는 것이다. 당시 파리의 귀족들은 그들보다 많은 노비를 가지고 있었는데, 주인의 기분에 따라 해고되기도 하여 노비들은 궁박한 사정에 놓여 있었다. 반면 런던에는 노비를 소유하는 자가 거의 없었다.

결국 정의의 확보는 법적 규제의 강화만으로는 불완전하므로, 상업과 제조업을 발달시켜 재물을 풍부하고 저렴하게 하여 모든 시민을 자립적이고 정직, 근면한 인간으로 만들면 사회질서는 쉽게 유지될 수 있다는 것이 그의 주장이다. 이상에서 제4부가 왜 정치경제학이 되었는지 자명하다고 할 수 있다.

4) 정치경제학

그의 정치경제학은 너무나도 유명한, 「국부론(*An Inquiry into the Nature and Causes of the Wealth of Nations*)」에서 설명된다. 국부론은 본래 법학강의의 제2부가 후에 독립하여 발전된 것이다.

국부론의 주제는 '어떻게 하면 국부증대가 가능한가' 이므로 부의 증대원인을 두 가지로 제시하고 있다. 첫째는 노동 생산성의 향상이고, 둘째는 생산적 노동자의 비율 증대이다.

우선 노동 생산성이 향상되기 위해서는 분업을 강조하였다. 핀 공장의 예를 들고 있다. 그는 분업의 이익으로 기교의 개선, 시간의 절약, 직공들에 의한 기계의 발명의 세 가지를 들고, 분업발생의 원인을 인간성에 내재하는 교환성향에서 찾았다. 또한 그는 이러한 교환성향은 인간의 이기심에 의해 촉진된다고 보았다.

다음으로 생산적 노동자의 비율을 확대해야 한다고 주장했다. 생산적 노동이란 노동대상의 가치의 증가를 초래하는 노동을 의미하는데, 주로 제조공의 노동을 의미한다. 비생산적 노동이란 전혀 가치증가를 초래하지 못하는 노동으로, 예를 들면 군인, 성직자, 법률가, 의사, 문필가, 예술가 등의 노동을 들 수 있다.[03]

이상으로 아담 스미스의 전체 도덕철학체계, 사회과학체계를 살펴보았다. 국부론 이전에 사회질서 유지를 위해서는 윤리, 정의, 사법의 중요성을 전제로 국부론이 전개된다는 점을 주목해야 한다. 국부론의 일부분만으로 아담 스미스를 소극적 자유방

03 비생산적 노동에 대해서는 오늘날 비판을 받고 있다.

임론자, 야경국가론자로 판단해서는 안 될 것이다. 이 점은 아담 스미스를 연구하는 학자들의 대부분이 공감한다.

3. 아담 스미스와 신제도경제학의 유사성

2절에서 아담 스미스의 전체 도덕철학체계, 사회과학체계를 살펴보았다. 주류경제학의 관점에서 국부론의 일부분만으로 아담 스미스를 소극적 자유방임론자로 볼 수 없다는 것은 분명하다. 야경국가론자로도 판단할 수 없을 것이다. 국가가 경제적 성과의 결정요인으로서 중요한 변수로 부각하게 된다. 그는 법이나 국가의 중요성에 대해 「도덕 감정론」, 「법학강의」, 「국부론」 등의 저서에서 강조를 하였다.

주류경제학의 분석방법은 기타 모든 것이 일정하다는 가정(other things are equal, ceteris paribus)하에서 개인의 행위를 분석한다. 이때 경제외적 요인은 모두 일정하다고 가정한다. 국가, 법, 제도 등의 요인은 분석대상에서 제외하는 것이다. 주로 비교정태분석(comparative static analysis)의 접근법이고 경제외적 요인을 분석대상에서 제외하는 순수경제학을 지향한다. 국가, 법, 제도 등의 요인은 경제적 성과에서 중요한 요인임에도 분석에서 제외하여 경제학을 단순화시켜 오고 있는 것이다. 신제도경제학에서는 명시적 · 암묵적 제도적인 요인의 중요성과, 제도형성에서 국가의 중요한 역할 때문에 제도와 국가는 중요한 연구영역이다. 아담 스미스는 「법학강의」나 「국부론」에서 기타 모든 것이 일정하다는 가정을 하지 않고 윤리, 정의, 국가, 법, 제도 등이 경제적 성과에 중요요인임을 설명한다. 윤리, 정의 등은 신제도경제학에서 암묵적인 규칙으로 중요시한다. 따라서 아담 스미스의 정치경제학은 신제도경제학과는 유사한 측면이 있다. 아담 스미스가 국가의 역할로 정의의 수호, 재산권 설정, 공공재 공급 등을 제시하고 국가의 공정한 역할의 어려움을 지적하고 개선방안을 제시한 점 등은 신제도경제학의 실질적인 기원으로 볼 수 있을 것이다. 여기에서는 이에 대한 내용을 소개하기로 한다.[04]

1) 시장과 국가

주류경제학에서는 아담 스미스를 야경국가론자로 이해한다. 시장과 국가에서 국가의 역할은 국방, 치안, 공공재 공급 등의 역할에 국한되며 시장의 효율성 입증에만 주안점을 둔다. 경제활동은 인간의 교환성향 및 이기심으로부터 야기되며, 자유 · 경쟁을 통해 효율성이 촉진되어 공급측면에서 기술이 진보하고 생산성이 향상되며, 수요측면에서 시장규모가 확대되고 임금이 상승하여, 분업과 자본축적의 증대로 경제가 선순환함으로써 경제가 성장한다고 한다.

그러나 법학강의 전체를 보면, 아담 스미스는 개인에 내재한 인성의 원리 및 시장질서에서 경쟁의 상호작용에 의해 마치 '보이지 않는 손'이 작용하는 것처럼 사회의 존립과 진보가 이루어지기 위해서는, 기본적으로 어떤 사회가 그 구성원들에게 사법적 차원에서 안전을 보장하고, 상당한 시장영역에 대해 개개인의 경제활동의 자유를 허용하는 것이 필요하다고 보았다.

스미스의 자연법학과 국가이론을 살펴볼 수 있는 「법학강의」 노트에서 국가가 개입할 수 있는 분야로 크게 사법, 내정일반, 국가수입, 군비, 국제법 등 다섯 개의 영역을 거론한다. 크게 정의의 법률과 내정일반의 법률로 나뉘는데, 전자를 지배하는 일반원리는 '정의'이고, 후자를 지배하는 원리는 '편의' 또는 사회적 효용이다.

정의의 원리에 근거한 법률은 사회질서의 안정을 목적으로 하는 정부의 사법활동과 직접적으로 관련된다. 스미스에 따르면 정의의 법률의 목적은 인간사회의 각종 침해(생명과 신체, 재산, 계약 등)로부터 개인, 가족, 사회구성원의 안전을 도모하는 것이다.

내정일반의 영역에서는 사회적 효용의 원리, 즉 사회적 요구에 따라 법적 규제를 실시하고 정책을 운용해야 하며, 이에 따른 구체적인 정책방안은 시대적 배경을 감안하여 도출되어야 한다고 본다. 따라서 아담 스미스의 국가론은 소극적 야경국가론이 아니며, 그 역시 소극적 자유방임론자가 아니라 적극적 자유방임론자로 보아야 한다. 아담 스미스가 주장하는 구체적인 국가의 역할에 대해 살펴보자.

---

04 김광수(2003)를 요약한 것이다. 스미스와 노스의 유사성에 대해서는 김광수(2007) 참소.

2) 국가의 역할과 경제발전

(1) 정의, 재산권 수호

아담 스미스는 인간의 탐욕으로 타인의 권리, 생명과 신체, 재산, 계약 등의 권리를 침해하면 범죄와 사회적 무질서를 초래하는바, 이처럼 정의가 준수되지 않을 경우에 사회는 존립할 수 없다고 한다. "사회는 항상 서로를 해치고 상처를 주려고 하는 사람들 사이에서는 존립할 수 없다. 서로에 대한 가해행위가 시작되는 순간, 서로에 대한 분개와 증오가 나타나는 순간에는 사회의 모든 연대관계는 산산이 부서지고 그 사회의 모든 구성원들은 그들의 상호 모순되는 감정의 폭력성과 대립성에 의하여 밖으로 흩어지고 분산되게 마련이다(Smith, 1759 : 163)."

국가의 가장 중요한 임무는 정의의 원리에 입각하여 타인의 생명, 신체, 재산, 계약 등 타인의 권리를 보호하고 자유로운 교환을 보장하는 적절한 법제도(재산권제도)를 유지하는 것이다. "정의의 가장 신성한 법, 즉 그것을 위반했을 때 가장 강한 보복과 처벌이 가해지는 법은 이웃의 생명과 신체를 보호하는 법이다. 그 다음은 그의 재산권과 소유물을 보호하는 법이고, 마지막이 이른바 그의 개인적 권리, 다른 사람과의 계약으로부터 그가 기대하는 것을 보호하는 법이다(Smith, 1759 : 159~160)." 그런데 사회발전과 재산의 축적이 이루어짐에 따라 재산권(property rights)의 보호가 국가의 더욱 중요한 과제가 된다. 또한 사회 일반의 안정을 위협하고 해악을 초래하는 행위를 규제하는 각종 제도적 장치는 지속적인 성장의 불가결한 전제조건으로 작용한다고 파악한다. "정의의 조직적 집행이 시행되지 않는 어떠한 국가에서도, 국민들이 재산의 소유에서 불안함을 느끼는 어떠한 국가에서도, 계약이 법률에 의하여 보호받지 못하는 어떠한 국가에서도, 국가의 공권력이 지불할 능력을 지닌 사람들로 하여금 채무를 변제하도록 강제할 수 없는 어떠한 국가에서도 상업과 제조업이 장기적으로 번성한다는 일은 거의 발생할 수 없다(Smith, 1776 : 910)."

13세기 중반 이후 18세기까지의 중국을 대표적 사례로 거론하며, "중국은 사법정책의 집행에서 공정성과 일관성을 상실한 결과, 성장잠재력을 잃고 정체되고 말았다. 부적절한 사법제도의 운영의 경제적 효과는 실물부문에서 성장의 원천으로 작용하는 자본의 양이 축소되고, 금융거래에서 이자율 상승으로 인해 경제성과를 저해한다(Smith, 1776 : 111)."

영국의 성장원인은 상업의 자유를 보장함과 동시에 법질서 앞에서 평등하게 재산권 집행을 엄격하게 시행한 점에 있다는 것이다. "영국에서 선진적으로 상업의 자유와 형평성 있는 사법집행제도가 정착됨으로써 경제적 측면에서 경제주체들에 의한 근면과 생산적 자원개발 노력을 자극할 수 있었으며, 이 점이 유럽국가 중에서 가장 빠른 경제성장의 토대로 작용했다(Smith, 1776 : 540)."

(2) 자유, 경쟁과 경제성과

스미스에게 자유의 개념은 스미스의 자연법학의 체계에 나타나는 권리 중 사법(私法, private law)의 신체에 관한 권리의 하나로서 "남에게 피해를 주지 않는 경우 자신이 하고자 하는 바대로 자신의 신체를 자유로이 사용할 수 있는 권리(Smith, 1978 : 8)"이며, 모든 인간행위와 제도에 우선하는 자연권(natural rights)으로 분류된다. 따라서 국가의 주요한 과제가 정의의 원리에 입각하여 구성원의 권리를 보장하는 것이라고 할 때 개인들이 신체상의 피해를 당하지 않도록 개인들의 자연적 자유를 보장하는 것은 국가활동의 기본이 된다.

신체의 자유가 국가통치의 원칙으로서 법률에 의해 보장될 때 사회적 효용이 실현되고 공공복리가 증진된다는 점을 강조한다. 예컨대, 권리로서의 개인적 경제활동의 자유가 보장된다면, 경제주체는 계약을 기반으로 하여 소유재산의 자발적 교환활동에 종사할 수 있기 때문에, 자유로운 경쟁(free competition)에 의해 보유자원은 그 시장가치가 가장 큰 용도로 이동되며 이를 통해서 자원배분의 효율성이 달성되고 분업과 기술진보를 촉진시키고 시장의 확대를 수반함으로써 장기적 · 동태적 경제성장을 촉진한다. "완전한 정의, 완전한 자유, 완전한 평등을 확립하는 것이 모든 계층의 최고도의 번영(prosperity)을 가장 효과적으로 보증하는 매우 단순한 비밀이다(Smith, 1776 : 669)."

영국의 경우 개인적 자유와 안전을 보장하고, 공정한 법률의 지배를 실현하여 자유가 확보되고 사법권이 확립된 결과 생산활동이 활발해지고 자본축적이 가능하였다(Smith, 1776 : 720)고 한다.

(3) 제도(법적 규제)개혁과 경제성과

법제도가 유인구조로서 작용하여 경제발전에 순기능을 하는 측면이 존재하지만, 특정 시공간에서 국가 내에 현존하는 모든 법제도가 경제주체의 경쟁적 노력을 증대시키고 거래비용 절감에 기여하는 것은 아니다. 스미스는 과거 역사적 조건에 부응한 정책적 판단에 의해 성립된 법률과 제도라고 할지라도 시대적 공간이 변화한 상황에서는 오히려 정의와 자유에 반하는 법적 규제가 될 수 있으며, 경제의 비효율성을 초래할 수 있다고 지적한다. 스미스는 주로 봉건제와 중상주의 체제하에서 만들어진 법제도와 관련하여 이러한 논의를 전개하고 있는데, 정의와 소유권에 반하는 법제도의 개혁정책이 국가의 주요 역할이라고 한다. 그리고 현재의 역사적 공간에서 법제도의 시대적 적합성을 검토하는 과제는 정의의 관점에서뿐만 아니라 경제적 효율성의 관점에서도 유용하다고 하였다.

스미스가 정의와 개인 소유권의 침해라는 관점에서 국가에 의한 제도개혁의 당위성을 지적하고 있는 대표적인 사례는 중세로부터 계승된 농지소유제도와 법률적 규제 등에 대한 비판에서 나타난다. 유럽의 농지소유제도를 결정했던 장자상속법(primogeniture)과 한사상속법(entails)은 토지자산이 일정한 혈통을 벗어나서 양도나 증여가 되지 않도록 규제함으로써 토지소유의 집중화를 유지하는 법제도로서, 로마붕괴 이후 무질서와 혼돈의 시대에 토지분할과 권력분점을 방지하고 생존권(정의) 확보의 수단으로서 존재의의가 있었다고 한다. 그러나 법률의 지배하에 만인의 안전이 보장되는 18세기 서유럽의 공간에서 상기한 법은 자연, 이성, 정의에 반하는 제도로서 비판된다(Smith, 1978 : 49). 동 제도들은 상속에서 남녀차별을 하지 않는 상속의 자연법(natural law of succession)(Smith, 1776 : 382)에 위배되어 재산권의 정의를 침해하고 있을 뿐만 아니라, 다른 한편으로 토지의 시장거래 억제 및 농업부문 개량의 저해요인으로 작용하여 경제발전에 부정적 영향을 미치고 있었다고 한다. 당시 유럽의 여러 나라들의 농업생산성과 투자수익률이 정체된 반면 미국의 농업부문 성장률이 탁월한 이유를 스미스는 바로 이와 같은 두 가지 요인들에서 찾는다는 점에 주목할 필요가 있다(Smith, 1776 : 422~424).

(4) 일반적 정의 질서와 경제성과

스미스는 교환적 정의에 따른 개인들 간의 공정하고 자유로운 활동을 국가가 강제하는 것을 강조했지만, 다른 한편 국가는 개인의 사회공동체에 대한 의무(obligations of the individual to the community), 즉 일반적 정의(general justice)를 질서 정책적 차원에서 강제해야 한다고 보았다. 즉, 전반적 사회질서를 유지하기 위한 경우라면 국가는 자연권(natural rights)인 개인적 자유에 대한 법적 규제와 통제에 적극적으로 나설 수 있다는 것이다(Smith, 1776 : 324). 일반적 정의의 관점에서 국가개입을 지지한 전형적인 사례는 다음과 같이 은행권 발행제도 및 이자율 규제에 대한 견해에서 나타난다.

자연적 자유에 대한 침해임에도 불구하고 국가에 의한 소액은행권의 발행금지는 사회구성원 다수의 피해를 방지하는 일반적 정의 확보 차원에서 타당하다. 신용이 보편화된 시장경제사회에서 소액은행권이 허용되면 소규모 은행도 지폐발행이 가능하게 되는데, 소규모 은행 도산 시 다수의 국민에게 피해를 주고 국민경제의 안정 기반을 침해하기 때문에 법적으로 규제되어야 한다(Smith, 1776 : 323). 그리고 시장이자율보다 높은 수준에서 이자율의 최고한도가 법률에 의해 설정되는 규제 역시 동일한 맥락에서 국가의 의무로서 언급된다(Smith, 1776 : 357).

(5) 분배적 정의와 경제활동

스미스가 국가이론의 기본원리로서 간주하고 있는 정의는 교환적 정의(commutative justice)의 개념으로 국한된다고 일반적으로 이해되고 있다. 스미스에게 있어서는 타인에게 피해를 주는 행위를 금지하는 소극적 의미의 교환적 정의가 국가의 재산권 제도와 엄정한 사법활동의 이론적 근거가 된다. 이러한 맥락에서 국가에 의해 교환적 정의에 부합하는 법질서가 보장되는 경우에 국부의 생산측면은 말할 것도 없고 '분배' 면에서도 "보이지 않는 손"에 인도되는 것처럼 자비로운 결과를 수반한다고 하는 점은 널리 고찰되어 왔다.

이처럼 스미스가 국가활동의 기본원리로서의 정의의 원리를 도입하면서 교환적 정의를 중시한 것은 사실이지만, 국가의 역할과 관련하여 정의 자체를 전적으로 교환적 정의의 측면으로 제한한 것은 아니다. 스미스는 국가의 역할을 거론할 때 위에서 언급된 교환적 및 일반적 정의뿐만 아니라 분배적 정의(distributive justice)의 가치, 즉 "개인에 대한 사회적 연대의 의무"라는 관점을 배제하지는 않는다.[05] 그러므로 스미스는 국가가 일정한 범위 내에서 법률에 의해 분배적 정의를 강제하는 것도 임무에 속한다고 밝힌다. 예를 들면, 「도덕감정론」의 제2부에서 정의와 자혜(인혜, 자선, beneficence)의 미덕을 대비하는 가운데, 사회적 승인(사회윤리)의 연장선상에서 모든 문명국가의 법은 실제로 국민들에게 자혜적 의무(acts of beneficence)를 부과한다(Smith, 1759 : 155)고 말하였다.

그런데 스미스의 분배적 정의와 국가의 역할과 관련한 논의에서 주목해야 하는 점은 첫째, 분배적 정의를 일정한 정도로 구현하는 국가의 임무가 소홀히 방치되는 경우에도 경제발전에 영향을 미치지 않을 수 없는 사회적 혼란과 무질서가 도래할 수 있다는 점이다. 두 범주의 정의의 구현에 대한 중용(golden mean)의 중요성을 강조하면서 스미스는 다음과 같이 지적한다. "입법가들의 모든 임무 중에서 이러한 명령이야말로 도덕적 적성성과 올바른 판단을 가지고 집행하기 위해서는 최고의 치밀함과 신중을 기하여야 하는 임무이다. 이것을 완전히 게을리하면 국가는 무수한 혼란과 충격적인 범죄행위(gross disorder and shocking enormities)에 시달리게 되고, 이것을 과도하게 수행하면 모든 자유, 안전 그리고 정의는 위태롭게 될 것이다(Smith, 1759 : 155)." 둘째, 스미스에게 있어서 교환적 정의와 분배적 정의가 항상 상호 대립적, 대

05 아리스토텔레스와 스콜라철학의 전통 가운데서 정의(justice)는 세 가지 범주로 구분된다. 첫째, 분배적 정의는 공동체의 개인에 대한 의무를 지칭한다. 둘째, 일반적 정의(general justice)는 개인의 공동체에 대한 의무를 의미한다. 셋째, 교환적 정의는 개인 간의 관계에서 발생하는 의무를 말한다.

칭적 성격의 가치로서 존재하지 않는다는 점도 간과되어서는 안 된다. 특별한 경우들을 제외하고는 국가에 의해 교환적 정의가 정상적으로 구현될 때 분배적 정의 역시 대부분 성립한다는 점이 스미스 사상의 특징이기도 하다. 스미스 사상의 이러한 측면들을 고려하면 분배적 정의의 구현은 국가의 경제발전과 무관하지 않다.

(6) 사회적 효용, 공공재 공급과 경제성장

포괄적으로 정의의 원리에 근거한 법과 질서의 유지가 국가에 의해 수행되어야 하는 주요 과제이지만, 또 다른 영역에서 국가의 본원적 역할은 사회적 효용의 원리에 기초하고 있다고 본다. 아담 스미스는 「국부론」에서 시장원리와 이윤동기에 일임하는 경우에 공급되기는 어려운 다양한 분야의 사업에 대해서는 국가가 직접 개입하고 공공정책을 추진하는 것이 바람직하다고 지적한다. 사회적 효용의 원리에 적합한 국가개입은 다양한 목적(군사, 사회, 교육, 문화 분야의 가치)을 달성하기 위해 전개될 수 있고 반드시 그 일차적 목적이 경제적 후생 증대는 아니지만, 그와 같은 국가활동이 경제성장의 관점과도 무관하지 않음이 드러난다. 아래에서 몇 가지 주요한 공공정책만을 기술하고자 한다.

첫째, 교통 및 운송망 등을 건설, 관리하는 사회간접자본의 공급은 스미스가 일차적으로 거론하는 공공사업이다. 이 같은 성격의 재화는 상거래 촉진을 위해 불가결한 교환경제의 인프라 공급사업이지만, 시장원리에 맡길 경우 사회적으로 요구되는 정도의 생산이 이루어지기 어렵다. 이러한 사회간접자본의 공급은 지역 간 경쟁을 촉진하며 시장의 크기를 확대하는 경로에 의해서도 한 나라의 경제발전에 유리한 것으로 지적하고 있다. "좋은 도로와 운하, 운항 가능한 하천은 운송비를 감소시킴으로써 한 나라의 벽지를 도시근교와 거의 같은 수준으로 만든다. 이 때문에 그것들은 모든 개량 중에서 가장 위대하다. 그것들은 언제나 한 나라의 대부분을 차지하는 외딴 지역의 개발을 자극한다. 그것들은 도시근교가 도시에 대해 가지고 있는 독점력을 파괴하므로 도시에게 유리하다. 또한 도시근교에 대해서도 유리하다. 그것들은 기존 시장에 약간의 경쟁상품을 도입하기도 하지만 도시근교의 생산물에 대해 다수의 새로운 시장을 제공한다(Smith, 1776 : 163).”

둘째, 스미스는 초기 위험부담이 큰 새로운 생산방법이나 시장개척을 시도하는 사업에 대해 국가에 의한 일시적인 독점권 부여가 타당하다고 지적하고 있다. 위험과 불확실성이 상당히 큰 경우 투자기피대상이 되기 쉬우므로, 국가에 의한 재산권 보장이 이루어져야만 기업가에 의한 모험정신과 혁신이 작동할 것이라고 한다. 이러한 맥락에서 스미스는 원거리무역을 담당하는 주식회사에 의한 교역 독점권, 특허권, 저작권 등에 대한 옹호를 한다. “상인집단이 그들 자신의 위험과 비용으로 꽤 거리가 있는 야만국가들과 새로운 교역을 추진할 때 주식회사로 통합하고, 성공하는 경우에 몇 년 동안 교역의 독점권을 주는 것은 불합리하지 않을 것이다. 그것은 위험과 비용을 감수하면서까지 나중에 대중이 이익을 거두게 될 어렵고 값비싼 모험을 시도한 데 대해 국가가 보상해 줄 수 있는 가장 쉽고 자연스런 방법이다. 이런 유형의 일시적인 독점은 새로운 기계의 발명자에게 인정하는 독점이나, 새로운 책을 출판한 그 저자에게 인정하는 독점과 마찬가지의 원리에 근거하여 옹호될 수 있다(Smith, 1776 : 754).”

셋째, 시장경제 단계에서 성장의 동력인 분업의 고도화에 따른 작업의 단순성은 다수 노동자들의 지적 · 사회적 · 군사적 능력의 약화, 사회적 고립 및 자기통제의 결여 등 심각한 사회문제를 야기한다. 분업의 부작용을 완화시킬 수 있는 기초교육은 지적 수준을 높이고 인간성 회복이나 상무정신을 회복시킬 뿐만 아니라 사회성을 높이는 효과가 있다. 스미스는 민주주의 사회 운영에 필요한 시민의식의 고양과 정치적 안정이라는 관점에서 국가에 의한 의무적인 대중 기초교육이 불가결하다고 본다(Smith, 1776 : 796~797). 자본주의 사회에서는 빈곤층의 교육서비스 수요가 취약해지는 일종의 시장실패가 발생하기 때문이다. 하지만 동시에 교육은 훈련이나 건강 등과 마찬가지로 인적 자본의 노동생산성을 높이는 역할을 하는 것으로 파악된다(Smith, 1776 : 28~29). 특별한 기교와 숙련을 필요로 하는 직업을 많은 시간을 할애하여 교육받은 사람은 비싼 기계의 하나에 비유될 수 있다(Smith, 1776 : 118). 이렇게 본다면, 교육은 일종의 ‘인적 자본’에 대한 투자로 파악될 수 있다. 결국 스미스에게 있어서 교육에 대한 국가의 개입은 정치 · 사회적 안정의 목적을 지니지만 동시에 경제성장을 촉진하는 제도적 장치로도 이해할 수 있다고 하겠다.

3) 정치과정, 국가운영과 경제적 성과

국가활동과 경제발전과의 관계가 단순히 일원적 차원에서 파악될 수 있는 것은 아니다. 앞에서 고찰한 바대로, 국가는 경기규칙에 대응하는 제도적 틀을 정의, 제정하고 시대가 요구하는 사회적 효용에 부응하는 임무를 수행함으로써 직접, 간접적으로 거래비용을 낮추고 경제발전을 도모하는 근본적인 기능을 수행한다. 하지만 국가가 항상 중립적인 관점에서 효율적인 제도를 설정하고 집행하는 것은 아니다. 세 가지 원인을 들 수 있다.

(1) 국가의 기본구조와 특수이익집단

국가는 내부적으로 이해관계를 달리하는 다양한 계층과 하부 분파세력으로 구성된 매우 복합적인 실체라는 점에서 국가구성원은 분파적 특수이익을 위해 노력하는 경향이 있다. 스미스의 표현에 의하면, "모든 독립국가들은 많은 서로 다른 계층들과 사회(구성집단)들로 분할되는데, 이들은 각기 자신의 고유한 권력, 특권 및 면제권을 갖는다. 각 개인은 자연스럽게 타인의 계급이나 사회보다는 자기 자신이 속한 계층이나 사회에 대하여 더 많은 애착을 가지게 된다. 그 자신의 이해관계, 자만심, 그리고 자신의 동료들의 이해관계와 자만심 등은 보통 그것(그가 속한 계층이나 사회)과 상당한 관련을 맺고 있다. 그는 그 사회의 특권과 면제권을 확장하기를 열망하며, 다른 계층이나 사회의 침해에 대하여 그러한 권리들을 방어하고자 한다(Smith, 1759 : 414)."

이 같은 국가의 기본구조와 정치적 세력관계 및 사회 · 경제환경에 따른 국가정책적 차별대우는 비효율적인 법과 제도를 창출할 소지를 낳는다. 스미스는 당시 중상주의자들에 의한 특권의 획득노력에 따른 비효율적 제도의 창출을 염두에 두면서 다음과 같이 지적하고 있다. "때로는 국가의 기본구조라고 불려지는 것, 즉 정부의 이해관계, 때로는 정부를 전제화하려는 특정계층의 인간들의 인간관계가 그 나라의 실정법을 자연적 정의(natural justice)가 사전에 규정하는 것으로부터 왜곡시키고 있다

(Smith, 1759 : 611)."

(2) 규제권의 배분, 지대추구 및 경제성과

스미스는 유리한 분배구조를 목적으로 정치과정에 개입하여 규제권을 획득하고자 하는 이익집단의 경쟁적 노력이 경제성장의 과정에 부정적인 파급효과를 지니게 된다고 지적한다.

첫째, 스미스는 지대추구를 위해 정치과정에 개입하여 독점권과 독점이익을 확보하는 행위는 사회자원의 배분과 자연적 균형(natural balance)을 파괴시키고 비효율성을 증대시키기 때문에 사회후생손실을 가져온다고 한다. 이는 독점이 배제와 유인을 통해 사회 전체의 자원을 특정부문에 적정한 것보다 지나치게 적거나 많게 배분하기 때문이다.

둘째, 특수이익집단에 의한 이 같은 경쟁제한적 행위는 고용량을 감소시키고 국민소득을 낮추며 결과적으로 빠른 자본축적을 저해한다. "자본은 소득의 저축에 의해서만 증식되기 때문에 독점은 자본으로 하여금 독점이 없다면 제공할 수 있는 정도의 소득을 제공할 수 없게 함으로써 독점이 없는 경우에 발생할 빠른 소득 증가를 반드시 저해하여 자본이 더욱 많은 생산적 노동을 고용하는 것을, 더욱 많은 소득을 주민에게 주는 것을 방해한다(Smith, 1776 : 611)."

셋째, 정치적 과정을 통해 형성된 독점권으로 인하여 한 나라에 집중화된 산업구조는 향후 정치적 · 사회적 차원의 또 다른 사회질서 혼란을 초래할 수 있다. 스미스는 특수계층에게 독점권을 부여하는 행위는 향후 외생적 충격이 발생하여 산업구조 변동이 초래할 대량실업의 가능성 때문에 입법부와 국가의 정체성을 위협하는 혼란이 초래될 수 있다고 한다(Smith, 1776 : 604~606). "제조업자의 독점은 특수한 부류의 제조업자의 수를 크게 증가시킨 결과, 과대 성장한 상비군과 같이 정부에 위협적인 존재가 되었을 뿐만 아니라 많은 경우 입법부를 위협하기도 한다. 독점을 위한 모든 규제는 어느 정도 국가의 기본구조에 난맥상을 초래하며, 후일 또 다른 혼란을 겪지 않고서는 이러한 독점적 조치를 치유하는 것은 어려워진다(Smith, 1776 : 471~472)."

(3) 대리인비용과 경제적 성과

스미스에 의하면 인간의 본성 중의 하나는 무사안일의 욕구 또는 도덕적 해이(moral hazard)로서, 사람들은 법과 제도의 허점이 존재하는 경우 태만과 낭비를 초래하는 행동을 하기 쉽다고 진단한다. "만인은 가능하면 편안하게 살고자 한다. 그리고 그가 어떤 대단히 힘든 임무를 수행하든 않든 간에 보수가 동일하다면 확실히 그것을 완전히 태만히 하거나, 아니면 당국(authority)이 그것을 허용하지 않는 경우에는 당국이 허용하는 범위 내에서 가능한 한 무성의하고 나태하게 수행하는 것이 자신에게 이익이 된다는 것은 확실하다(Smith, 1776 : 760)."

이와 같은 도덕적 해이 경향은 태만과 낭비를 가져오고 결과적으로 자원의 비효율적 배분과 사회적 후생의 감소를 수반한다. 도덕적 해이는 국가의 권한을 행사하는 행정관료의 경우에도 예외는 아니다. 스미스는 정부기관에서 공공업무에 종사하는 공무원들은 업무의 특성상 시장에서의 경쟁압력을 느끼지 않을 뿐만 아니라, 그들의 사익추구와 기회주의적 행위를 규제할 제도적 장치의 구비도 미흡한 경우가 많아 업무태만과 재정적 낭비를 초래하는 경우가 다반사라고 한다. "왕(국가)의 대리인은 왕의 부가 결코 소진되지 않을 것처럼 생각하며, 얼마의 가격으로 구입하여 판매하든, 그의 재화를 이 장소에서 저 장소로 얼마의 비용을 들이고 운반하든 상관하지 않는다. 이들 대리인은 종종 왕과 마찬가지로 낭비적인 생활을 한다. 그리고 때로는 이러한 낭비에도 불구하고 자기 자신의 수지타산을 맞추는 적절한 방법을 통해 왕의 재산을 자기의 것으로 만든다(Smith, 1776 : 818~819)." 이처럼 국가의 독점적인 공공업무에는 대리인의 도덕적 해이에 의해 존재하는 사회적 자원의 낭비, 즉 스미스의 표현대로, "정부의 낭비가 사회적 총자본에 끼친 모든 손실(Smith, 1776 : 929)"로 인해 경제성장에는 부정적인 효과가 발생할 것이다.

(4) 정치과정의 비효율성 개선방안

정치적 과정과 국가에 의해 최종적으로 공급되는 법제도가 경제발전에 토대가 된다면, 이미 언급한 바대로 정치과정에 일탈의 원인이 존재할 경우 제도형성과 집행의 미비에 따른 제도실패로 인하여 경제성과에 악영향을 미치는 것은 당연하다. 이를 극복하기 위한 대안으로서 스미스는 다음과 같은 점을 지적했다. 첫째, 국가의 경영자와 정치인들이 가능한 한 "광범위한 공익의 시각(Smith, 1776 : 472)"에서 정책적 판단을 내려주기를 기대했다. 둘째, 국가의 공공서비스가 조직되고 운영되는 방식에도 가능한 한 시장원리가 도입되고 유인구조가 마련되어야 함을 강조했다. 셋째, 제도집행과정에서의 제도실패를 방지하고 법과 제도에 대한 신뢰성과 구속력을 강화하기 위해 사법부의 행정부로부터의 독립을 바람직한 구조로서 제시했다. "사법권이 행정권과 통합되어 있을 때에는 정의(正義)가 속류적으로 정치라고 불리는 것에 자주 희생되는 일은 거의 피할 수 없다. 그러나 모든 개인의 자유, 자신의 안전에 대해 느끼는 판단은 공정한 정의의 집행에 달려 있다. 모든 개인들이 자기의 권리를 누리는데 극히 안전하다고 느끼게 하기 위해서는 사법권은 행정권으로부터 분리되어야 할 뿐만 아니라 가능한 한 행정권으로부터 독립되어야 한다. 재판관이 받는 정규적인 급료가 행정권의 호의 내지는 심지어 그 경제적 여유에 달려 있어서는 안 된다(Smith, 1776 : 722)."

4. 개체론과 전체론

방법론적 개체론(methodological individualism)은 복합체의 성격을 갖는 사회현상을 설명하려고 할 때 개인과 그의 속성에 관한 진술에 근거해야 한다는 것으로, 사회현상의 설명변수는 개인들의 행동과 그 요소이다. 전체론(holism)은, 전체는 그 구성요소가 소유하지 않는 독자적인 속성을 가지고 있으며, 이에 준거해서 사회 속에서 일어나는 모든 현상을 설명해야 한다는 접근법으로, 인간의 행위는 고유한 목적보다는 복합체로서 사회나 제도의 영향을 받는다는 관점이다.

3절에서 국가의 역할을 살펴보았다. 경제분석에서 국가가 주요 주제로 등장하는 것은 전통적인 주류경제학, 신고전학파의 방법론적 개체론에 대한 논리상의 문제를 야기하게 된다. 국가나 권력 등이 개인행동에 영향을 미치거나 개인행동의 중요한 결정요인으로 작용한다면 개인 고유의 자기 목적적 행동으로만 사회현상을 설명하기 어려워진다.

전통적인 경제학에서는 아담 스미스의 경제학을 계승한다며, 방법론적 개체론으로 경제를 설명하려고 한다. 일부 신제도경제학 학자들(Eggertsson, 1990)도 방법론적 개체론을 고수하려는 연구경향이 뚜렷하다. 그러나 경제현상 및 사회현상을 방법론적 개체론으로 완벽히 설명가능한 것으로 보지 않는 학파, 즉 구제도학파, 진화론자, 일부 신제도경제학자 등도 존재한다. 이러한 논쟁이 생기는 것은 아담 스미스의 전 저서를 보면 양 관점이 혼재하기 때문인데, 보는 관점에 따라 다양하게 해석가능한 것으로 봐야 할 것이다. 개별적인 견해를 차례로 살펴보자.

1) 개체론자로서의 아담 스미스

미시경제학에서 주어진 가정하에서 개인의 선택행위를 분석하는 방법론에서는 개인의 행위가 모든 것을 결정하게 된다. 즉, 개인의 행위가 분석대상이다. 이러한 방법론적 개체론을 주류경제학에서는 아담 스미스의 관점으로 이해한다. 이러한 관점을 유지하기 위해서는 국가를 소박한 국가론, 혹은 야경국가론으로 단순화시키고, 아담 스미스를 소극적 자유방임론자로 이해해야 한다.

시장기구 내의 경제현상의 배후에는 순수경제적인 변수 이외에도 정치 · 사회 · 문화 · 제도 등의 다양한 요인을 포함하는 매우 복합적인 요인이 자리 잡고 있지만, 신고전파의 방법론적 전통하에서 순수시장관계의 분석이 초점이 되면서 국가와 제도적 요인을 외생변수로만 취급하는 경향이 지배적이다. 정통경제학에서 제도와 국가의 역할은 외부경제, 규모의 경제 등이 야기하는 시장실패에 대한 대안으로 '중립적이고 공정한 심판자' 로서의 국가가 개입하여 공공재를 공급하고 사회후생 수준을 제고하는 것이다. 이를 소박한 국가론이라 한다. 혹은 국가는 치안, 국방 등으로 질서유지 및 개인의 안전을 위한 역할만 하고 시장은 민간의 사율에 맡겨야 한다는 야경국가를 전제로 한다. 이러한 국가론의 전제하에 사회현상을 인간성의 원리에 호소해서 설명하려 한다.

아담 스미스가 인간본성에 대한 통찰을 바탕으로 사회질서 원리나 경제현상을 설명하려고 한 점은 방법론적 개체론자로 볼 여지가 있다고 할 수 있다. 스미스의 이러한 면모는 여러 저서에서 확인된다.

「도덕감정론」에서 스미스는 사회의 운영에서 자발적인 질서유지를 가능하게 하는 요인이 인간내면의 도덕감정(동감)에서 비롯됨을 밝히고, 이를 국가 및 경제의 영역을 포괄한 일상생활의 현상을 이해하기 위한 토대로 삼고 있다. 또한 「국부론」에서 동감의 작용으로부터 성립된 윤리덕목인 정당성(propriety, 예절, 타당성 등)이 경제활동의 성공을 위한 토대가 된다는 점도 언급한다(Smith, 1776 : 412).

"하나의 물건을 다른 물건과 거래하고 교환하는 성향(Smith, 1776 : 25)"이 사회적 분업과 전문화를 도모하게 하며, 또한 "자신의 상태를 개선하려는 욕망(Smith, 1776 : 341)"은 끊임없이 사회경제적 측면에서 생활상태를 개선하도록 자극하는 역할을 한다. 분업은 교환과 시장의 네트워크를 확대시키고, 가격메커니즘에 의한 자원배분과 경쟁을 촉진시키며, 기업가의 혁신과 생산성 향상을 유인하는 역할을 한다. 그러므로 분업의 증대는 수요측면에서 상호수요를 늘리고 교환을 촉진하며 시장메커니즘을 확산시키는 한편, 공급측면에서 기술진보와 생산성 향상을 통해 시장크기를 단계적으로 넓힌다. 이로 인해 자본축적과 분업의 확대조건이 더욱 견고해지며 경제성장이 가능하게 된다.

그런데 개인의 동감능력, 교환의 성향, 생활개선의 요구 등으로 경제성장 및 사회질서가 유지되기 위해서는 시장경제에서 자동조절기구의 '자동적인 작동'이 먼저 보장되어야 한다. 스미스는 이를 '보이지 않는 손'으로 은유하고 있다. 시장은 개인이 안전하게 자기이익을 추구하는 행위들을 사회적으로 조정하여 개인이 자신의 행위에서 전혀 의도하지 않은 사회이익의 증진이라는 결과를 낳도록 한다. 시장은 사적 행위를 뛰어넘는 사회적 장치, 사회질서를 낳는 하나의 체계인 것이다. 이를 '자연적 질서(natural order)'라 하는데, 자연적 질서는 결코 엄격한 법칙에 맞춘 정책을 요구하지 않으며, 개인들이 좀 더 잘 살려고 하는(bettering off) 자연적 본능에 따라 움직일 때 형성되는 질서이다. 이 단순성을 스미스는 '자연의 지혜(the wisdom of nature;

Smith, 1776 : 674)' 로 표현하고 있다. 그는 사회에서 각자가 자기 자신의 상태를 개선하려고 끊임없이 행하는 자연적 노력이 어느 정도 불공평하고 억압적인 경제정책의 악영향을 여러 가지 점에서 예방하고 시정할 수 있는 건강유지의 원동력으로 파악하고 있는 것이다. 인체의 경우 자연의 지혜가 인간의 게으름과 무절제함으로부터 야기되는 많은 악영향을 치유해 주는 것과 마찬가지로, 사회의 경우에도 자연의 지혜가 다행히 인간의 어리석음과 불의로부터 야기되는 많은 악영향을 치유하기에 충분한 대비를 해 주고 있는 것이다(Smith, 1776 : 674). 이와 같이 국가를 단순화시키고 개인의 행동성향과 보이지 않는 손의 작용으로 사회현상 및 경제현상을 설명하려는 경향으로 스미스의 이론체계를 자연적 자유의 명료하고 단순한 체계(the obvious and simple system of natural liberty; Smith; 1776 : 687)로 보는 것이다.

이러한 개체론의 관점은 스미스가 사회질서 유지를 위한 인간의 동감의 원리에 대해 낙관적이었고 개인의 생활개선의 욕구나 교환성향으로 인한 경제성장의 가능성을 강조한 점 등을 주장한다. 그러나 동감능력의 불완전으로 법의 필요성을 지적하였고 자연의 지혜가 발휘되는 것을 가로막는 인간의 어리석음과 불의 등도 지적하였다. 따라서 이러한 장애로 인해 국가의 중요성이 부각되는 점은 방법론적 개체론자와 전체론자들 간의 논쟁을 야기한다. 또한 스미스가 신고전학파같이 비교정태분석으로 설명하기보다는 동태적 · 역사적 진화론 관점에서 법학이나 경제사 이론을 정립하려고 한 점은 구제도경제학의 기원으로 볼 가능성도 있다.

2) 전체론자로서의 아담 스미스

스미스에 대한 구제도경제학적 해석을 하는 대표적인 학자로는 사무엘스(Samuels, 1973, 1976)를 들 수 있다. 그는 스미스의 「국부론」에서 경제를 '구성원들 간의 상대적 권력에 기초한 상호강제의 체계' 로 보는 이론모형을 발견한다. 이러한 이론모형에 따르면, 자원배분은 시장 내 강제력의 함수이며, 시장은 권리가 법적으로 정의되고 할당 · 분배되는 방식의 함수이다. 따라서 '법률적 과정' 과 '시장 내 과정' 의 상호연관성이 기본적인 경제문제의 해결에 근본적인 영향력을 행시한다(Samuels, 1973 :

489). 달리 표현한다면 「국부론」의 정치경제학 이론은 법적 체계와 경제체계의 상호작용, 경제적 권력과 정치적 권력의 상호작용, 사회적 · 정치적 · 경제적 변화의 상호작용(Sobel, 1979), 경제학 · 정치경제학 요인과 법학 · 윤리학 · 심리학 · 정치학 요인의 상호침투(Hutchison, 1976 : 175)를 다룬다. 이러한 상호관계를 포괄적으로 다루는 '권력, 상호강제, 자원배분의 동적 일반균형체계'에서 자기이익의 다양한 추구는 국가와 시장을 통해 이루어진다(Samuels, 1976 : 497~498). 결국, 사무엘스는 개체론자와 같이 스미스의 정치경제학을 자유로운 경쟁에 기초하여 스스로 조정되는 시장선택과정에 대한 이론, 스미스가 즐겨 말하는 '완벽한 자유와 정의의 자연적 체계(the natural system of perfect liberty and justice)' 또는 '자연적 자유의 명료하고 단순한 체계'에 대한 이론으로 해석하기를 거부한다. 「국부론」은 근대시민사회를 '단순체계'가 아니라 '선택과 권력에 대한 좀 더 포괄적이고 복잡한 체계(a broader and more complex system of choice and power)'로 설명하는 것으로 이해된다(Samuels, 1976 : 497; 박순성, 2002).

사무엘스는 「국부론」에서 스미스가 상호강제와 권력에 대한 분석을 제시하고 있는 예들을 들고 있다. 우선, 임금은 노동시장에서 자본가와 노동자의 불평등한, 비대칭적 권력관계에 따라 결정된다(1편 8장). 국가의 경제정책과 관련한 지주, 자본가, 노동자의 동일하지 않은 영향력 행사에 대한 스미스의 언급도 좋은 예의 하나이다(서문, 11장 결론, 4편). 마지막으로 스미스가 즐겨 말한 정의의 법, 곧 사적 소유권을 보장하고 가난한 사람으로부터 부자를 보호하는 국가의 의무도 사회관계를 위계화하고 갈등을 해소하기 위한 도구로 이해된다(5편 1장 2절).

또한 구제도경제학자들이 스미스의 정치경제학을 구제도경제학의 원형으로 해석하려고 하는 이유는, 무엇보다도 스미스의 정치경제학이 단순히 시장경제의 작동원리에 대한 정태적 균형이론에 머물지 않고, 경제영역을 넘어선 근대사회 전체에 대한 동태적이고 진화론적인 사회이론을 제시하기 때문이다(Sobel, 1979; Samuels, 1973; Rosenberg, 1960; 박순성, 2002). 그 예로서 스미스는 유럽에서 자연적이지 않은 과정을 통해 경제발전이 이루어지는 과정을 분석하고 있는 것이다(3편 2~4 장).[06]

---

06 3개의 장에서 다루고 있는 주제는 각 장의 제목에서 명확하게 제시되고 있다. 첫째는 로마제국 멸망 후 유럽의 낡은 체제에 의한 농업의 억압, 둘째는 로마제국 몰락 후 도시의 발흥과 발전, 셋째는 도시상업의 농촌개량에 대한 공헌이다.

3) 절충론

어느 한 관점으로 사회현상을 설명하려는 것은 분명 한계가 있을 것이다. 송현호(1992)는 방법론적 개체론과 전체론을 서로 대립적인 양자 택일적인 사회적 설명유형으로 간주할 이유가 없다고 한다. 또한 아가시(Agassi, 1960)가 양 진영의 논쟁에 대해 다음과 같이 논평한 것도 절충론의 견해를 표명하는 것이다. "많은 사상가들이 전체론과 개체론이라는 두 전통적 견해 간의 중용, 그리고 나아가서 그것들의 합당한 제 요소의 일관성 있는 종합의 필요성을 느껴 왔던 것같이 보인다."

특히 아가시는 전체론과 개체론의 결합으로 제도적 개체론(institutionalistic individualism)을 주창하였다. 송현호(1992) 역시 제도적 개체론을 지지하며 다음과 같이 제도적 개체론을 소개한다.

제도적 개체론은 한편에서는 사회적 실체가 존재하며 또 그것이 개인에 영향을 미친다는 사실을 수락함으로써, 사회현상이 자연적 조건과 개인 심리로 환원될 수 없다는 것을 명백히 한다. 다른 한편에서 제도적 개체론은 개인의 존재와 독립적으로 존재하고, 그 위에 군림하는 실체로서 사회를 본체화하는 것은 오류이며, 오직 개인만이 목표와 이해관계를 갖는다는 점을 강조한다. 사회 또는 집단의 목표라는 것은 그것을 구성하는 개인들의 개별적 목표와 이해관계의 집합적 표상(collective representation) 이외의 다른 것이 아니다. 사회적 후생함수의 구성 또는 투표와 같은 정치적 의사결정과정을 연구하는 사회적 또는 집합적 선택이론은 바로 이 집합적 표상의 문제를 다루는 분야이다.

아가시(Agassi, 1960)는 제도적 개체론의 기본취지를 다음과 같이 요약하였다.

제도적 개체론은 전체론의 다음 명제를 수락한다.

(i) 사회는 그 부분들 이상의 전체이다.

(ii) 사회는 개인의 목표에 영향을 미친다.

(iii) 사회적 배경이 개인의 행동에 영향을 미치고 제약한다.

또한 개체론의 아래와 같은 명제도 수락한다.

(iv) 개인만이 목표와 이해관계를 갖는다.

(v) 개인은 환경이 주어질 때, 자신의 목표에 충분하게 행동한다(합리성의 원리).

(vi) 사회적 배경은 개인들의 상호작용의 결과로 변화될 수 있다.

허치슨(Hutchison, 1976)은 스미스의 국부론이 단순히 경제에 대한 다양한 관점(aspects)을 제시하거나 단일한 관점에서 추상화된 원리에 기초하여 경제현상을 이해하는 데에 멈추지 않고, 근대사회의 다양한 영역들(areas)을 적절한 구체적 사실에 기초해서 다루고 있다고 강조한다. 이러한 지적은 스미스의 근대사회이론을 이해하는 데에서 매우 중요하다. 자연히 스미스의 근대사회 전체에 대한 이론은 무엇보다도 영역 간의 상호작용을 중시하고, 그 결과 인간과 사회경제제도에 대한 포괄적인 관점을 가질 수밖에 없다. 따라서 스미스의 정치경제학은 방법론에서도 단순한 개체론이나 총체론이 아니라, 좀 더 다중적인 방법을 동원한다(박순성, 2002).

4) 사 견

이상과 같이 절충론의 견해를 살펴보았다. 필자 역시 절충론을 지지한다. 아담 스미스는 방법론적 개체론을 전제하고 사회현상을 설명한 것은 아니었다. 인간성의 원리에 호소하며 사회현상을 설명하려고 한 것은 방법론적 개체론자로 볼 수 있지만 개인의 욕망이나 동감기준은 사회나 환경의 영향을 받을 뿐만 아니라 역사적 동태적 관점에서 동감기준은 가변적이라고 주장한 것은 전체론자로서의 관점도 분명히 소유하고 있었다. 사회현상을 설명하기 위해서는 양 관점 모두 타당성을 가지고 있다고 봐야 할 것이다. 어느 한 관점을 유지하려는 것은 논리성 중독이라고 할 수 있을 것이다. 주류경제학이 현실설명력을 희생하면서 논리성을 중요시한 학풍으로 진화하여 많은 사회과학자들이나 대중으로부터 외면받고 있다. 니스벳(Nisbett, 2003)은 서양인들은 논리를 너무 중시하여 극단적인 판단을 내리기도 하여 극단적인 논리주의의 병폐를 초래하기도 한다고 하였는데, 주류경제학도 서양인의 사고습관이 반영되어 논리성에 집착하여 경제학을 기형적으로 만들었다고 볼 수 있을 것이다.

개체론과 전체론의 대립은 어느 한 관점을 유지하려는 경향, 논리일관성의 집착에서 비롯되는 것이다. 필자의 견해로는 상대적인 관점인 것이다. 예를 들면, 제약조건하에서의 개인의 선택, 이러한 주류경제학의 분석방법은 방법론적 개체주의 관점으로 이해되고 있다. 그러나 제약조건이 개인의 선택을 못하게 만들어 버리는 상황이라면, 즉 개인의 자기목적적인 선택행위가 제약조건으로 인해 행위 자체가 존재하지 못하게 된다면, 개인의 행동보다는 제약조건 및 환경적인 요인이 개인의 행동결정에 더 중요한 요인이 되는 것이다. 국가의 역할, 제도, 거래비용 또한 마찬가지라고 할 수 있다. 방법론적 개체주의를 유지하는 신제도경제학의 경우 이런 요인을 제약조건으로 본다. 국가의 역할, 제도, 거래비용 같은 제약조건의 변화, 혹은 제약조건이 추가될 때 개인의 선택이 어떻게 바뀌는가를 분석한다. 이러한 제약조건이 개인의 선택방향을 크게 바꾸게 한다면 개인의 행동은 자기목적인인 선택이라기보다는 제약조건에 따른 선택이므로 자기목적은 의미가 약해진다. 따라서 방법론적 개체론과 전체론은 상대적인 관점이므로 논쟁이 불필요한 것으로도 볼 수 있다.

신제도경제학의 개척자 중 한 명으로 존경받는 노스(D. C. North) 역시 방법론적 개체주의를 고집하지 않는다. 제도의 생성이나 변동에서 인간의 의도성(intentionality)과 이념(ideolgy)을 핵심요인으로 보는 관점은 방법론적 개체론으로 볼 수 있다. 그러나 제도가 인간의 신념체계(belief system)에 영향을 미친다고 보는 것은 전체론적 관점을 함께 공유하는 것으로 판단된다. 노스의 예에서 보는 것처럼 사회현상을 정확히 설명하기 위해서는 양 관점이 모두 필요한 것이다. 아담 스미스 역시 어느 한 관점에서 사회현상을 설명한다고 주장하지 않았다.

한편, 양 진영의 논쟁은 거시경제학에서 고전학파와 케인즈학파의 논쟁을 연상시킨다. 시장의 효율성에 대한 믿음의 차이에서 비롯된 논쟁은 양 진영이 서로를 인정하는 결론에 도달하였다. 개체론과 전체론의 논쟁도 이와 비유하여 결론을 내릴 수 있다. 개인의 교환성향 및 이기심으로부터 경제활동이 시작되어 보이지 않는 손(invisible hand)의 작용으로 시장을 형성하고 경제가 성장한다는 믿음이 확고한 고전학파의 관점은 개체론의 접근법과 유사하다. 경제성장은 개인의 경제행위에서 비롯되므로 개인의 경제행위를 중시한다면 개체론이 된다. 반면 경제성장은 개인이 의도한 바가 아닌, 부분 그 자체의 의도가 아닌 전체의 속성으로 보며 성장의 결과 여러 가지 질서가 형성된다면, 그것은 개인의 의도가 아니므로 전체론이 된다.

또한, 개인의 성향으로부터 비롯되는 시상의 효율싱 및 경제성장에 대한 믿음이 약해 국가가 개입해야 된다고 주장하는 케인즈학파의 견해는 국가가 개인행동에 대한 규제를 정당화하는 것이며 규제가 개인행동을 크게 제약하여 개인의 자기목적적인 행위에 결정적으로 영향을 미친다면 전체론적 관점으로 볼 수 있다. 그러나 규제에도 불구하고 여전히 개인의 성향이 존재한다고 본다면 여전히 개체론이 된다.

현재 고전학파, 케인즈학파 중에서 어느 한 학파를 절대적으로 고수하려는 학자는 거의 없다. 양 학파를 모두 인정하는 것이 절대다수의 견해라면, 암묵적으로 개체론과 전체론 모두를 인정하는 견해가 절대다수라고 할 수 있을 것이다.

5. 소 결

신고전학파 경제학은 합리적 행동가설, 방법론적 개체주의, 비교정태분석, 야경국가론, 순수경제론 등의 가정과 분석방법을 이용해서 아담 스미스의 경제학을 계승하고 있다고 주장한다. 그러나 이러한 가정과 분석방법은 아담 스미스의 주장과는 아무런 상관이 없다.

아담 스미스는 근대사회질서의 원리를 규명하기 위한 열쇠로서 인간성의 원리에 주목하였고 이에 근거하여 '보이지 않는 손' 이라는 자연적 지혜로 인해 자연적 질서가 형성될 가능성을 주장하였다. 인간의 합리성에 의해 설명하기보다는 자연적 질서를 선호하였다. 인간의 합리성을 가정하며 자연적 질서를 선호하는 것은 논리적 모순이기도 하다. 인간의 합리성을 가정하는 것은 하이에크의 표현을 빌리면 구성적 합리주의자(constructive rationalism)의 관점이고, 자연적 질서를 선호하는 것은 진화적(비판적) 합리주의자(critical or evolutionary rationalism)들의 관점이다. 아담 스미스는 신고전학파와 같은 구성적 합리주의자가 아니라 하이에크같이 진화적(비판적) 합리주의자이다.

또한 아담 스미스는 인간의 불완전한 동감능력, 불의, 어리석음 등으로 자유, 정의, 재산권 등이 위협받기 때문에 자유, 정의, 재산권의 안전을 위해 공정한 국가의

구성적 합리주의와 진화적 합리주의

하이에크는 케인즈(John Maynard Keynes, 1883~1946), 사회계약론자, 공산주의 등을 프랑스 계몽주의 영향을 받은 구성주의적 합리주의자(constructive rationalism)라고 비판한다. 구성주의적 합리주의자는 인간이성에 대해 무제한적 신뢰를 가지고, 제도는 인간이성의 창조물이라는 관점을 공유한다. 반면, 자신은 스코틀랜드 계몽주의 전통을 따르는 비판적 합리주의, 혹은 진화적 합리주의(critical or evolutionary rationalism)라고 하며 아담 스미스(Adam Smith, 1723~1790), 멩거(Carl Menger, 1840~921) 등을 동류라고 하였다. 인간은 불확실성과 무지의 상황에서 진화의 결과물인 규칙과 전통을 따르는 존재가 된다. 사회제도가 인간이성의 설계물이라는 주장이 구성주의인 반면, 진화적 또는 비판적 합리주의에서 제도와 질서는 자생적(spontaneous)으로 출현한 것이다(민경국, 1996).

이와 같이 아담 스미스는 인간이성에 대한 신뢰보다는 보이지 않는 손(invisible hand)에 의한 자생적(자연적) 질서를 중시하는 진화적 합리론자임에도 불구하고, 신고전학파에서 인간을 완전정보의 인간으로 가정하는 것은 구성적 합리론의 관점에서 경제학을 발전시키고 있는 것이다.

역할로 자유 · 정의 · 재산권 등의 보호가 필요하며, 이로 인해 사회질서의 장애요인을 극복하고자 한 것이다. 경제적 성과에서 국가 역할의 중요성을 강조한 점은 소극적 방임론자, 야경국가론자로 볼 수 없다는 것이다. 또한 이 경제적 성과를 위해서 윤리, 정의, 재산권, 사회질서를 중시한 점은 신고전학파가 지향하는 순수경제학을 추구한 것도 아니었다.

아담 스미스는 신고전학파같이 비교정태분석으로 설명하기보다는 동태적 역사적 진화론 관점에서 사회적 동감의 기준을 판단해야 된다는 점을 지적하였고, 동태적 역사적 관점에서 법학이나 경제사 이론을 정립하려는 점도 신고전학파와는 다르며 개체론에 집착한 것도 아니다.

이상과 같이 신고전학파의 합리적 행동가설, 방법론적 개체주의, 비교정태분석, 야경국가론, 순수경제론 등은 신고전학파의 이론을 구성하기 위한 중핵(hard core)이거나 주요한 분석방법이다. 이론구성을 위한 핵심가설이나 분석방법을 달리한다면 새로운 이론으로 볼 수 있는 것이다. 신고전학파 경제학은 아담 스미스 경제학을 계승한 것이 아니라 새로운 경제학을 제시하는 것으로 볼 수 있다. 현실설명력이 크게 훼손된 기형적인 경제학으로 진화한 것이다. 오히려 노스의 신제도경제학이 아담 스미스의 경제학을 제대로 계승하는 경제학일 것이다.

핵심용어

합리적 행동가설, 방법론적 개체주의, 비교정태분석, 야경국가론, 고전학파 경제학, 도덕철학, 이신론, 동감, 교환적 정의, 배분적 정의, 국가의 역할, 제도적 개체론

확인문제

1. 스미스의 근대시민사회의 질서 원리에 대해 설명하라.
2. 인혜의 덕(beneficience)과 정의의 덕(justice)의 차이는?
3. 아담 스미스를 소극적 자유방임론자로 판단하기 어려운 이유는?
4. 아담 스미스가 주장하는 국가의 역할에 대해 설명하라.
5. 아담 스미스를 신제도경제학의 기원으로 볼 수 있는 근거는?
6. 아담 스미스의 다양한 관점에 대해 설명하라.
7. 신고전학파 경제학은 아담 스미스 경제학을 계승하는 경제학이 아니라 전혀 다른 새로운 경제학으로 봐야 하는 이유는?

제11장

제도론자로서의 하이에크

1. 서 론

하이에크(Friedrich August von Hayek, 1899~1992)는 70여 년간 왕성한 집필활동을 통하여 자유주의 사회철학을 이론적 그리고 실천적 측면에서 정립한 신자유주의 사상으로 주류경제학자들에게 크게 영향을 주었고 그 공로로 1974년에 노벨 경제학상을 수상하였다.[01]

그는 인간들이 의도적으로 집단적인 목표를 달성하기 위해 경제와 사회를 조직하려는 과정에서 얼마나 괴로워하고 있는가를 애처롭게 바라보았던 것이다. 또한 사회를 인위적으로 구성하고자 하는 지식의 남용과 그 타락을 끊임없이 경고했다. 이러한 경고장이 그의 1944년 저서 「예종의 길(*The Road to Serfdom*)」과 마지막 저서인 1988년의 「치명적 자만(*Fatal Conceit*)」이다.

하이에크는 인류의 안정과 번영을 위해서는 자유가 중요하다는 것을 끊임없이 가르쳐 주었다. 1960년 그의 「자유헌정론(*The Constitution of Liberty*)」과 세 권으로 구성되어 있는 「법, 입법 그리고 자유(*Law, Legislation and Liberty*)」에서 그는 자유주의를 이론적 및 정책적 측면에서 체계화시키면서 다양한 반자유주의 사상에 대해 경고하고 있다. 위대한 사상가 하이에크는 이 밖에도 무수히 많은 저서와 논문을 통하여 쓰러져 가는 자유주의를 구출해 내려고 노력했다.

그는 인간에게서 가장 중요한 것은 사고방법, 즉 세상을 바라보는 방법이라고 생각하고 있었다. 그는 인간들이 의도적으로 경제와 사회를 조직하려는 사고방법을 고치는 데 관심을 두었다. 그는 집필과 강연 그리고 교육을 통하여 시민들, 정치가 관료, 그리고 학자들이 세상을 바라보는 방법을 바로잡으려 했던 것이다.

하이에크는 위대한 자유주의 사회철학자였다. 사회철학에 대한 그의 집념은 그의 정규교육과 당시 사회적 분위기, 즉 인간들이 의도적으로 사회와 경제를 조직하려는 노력이 지배하고, 이로 인하여 그들이 괴로움을 당하고 있었던 사회적 분위기에 의해 형성되었던 것이다. 그 당시의 나치즘, 공산주의, 케인즈의 정부개입주의는 그의

---

01 이 장의 하이에크에 대한 내용은 주로 민경국(1997)을 요약한 것이다.

학문의 적이었다.

그는 세계의 유명한 대학들을 옮겨 다니면서 교육을 통하여, 무수히 많은 강연을 통하여, 그리고 왕성한 집필활동을 통하여 인류가 오랫동안 잊고 있었던 자유의 귀중함을 그리고 자유를 수호할 것을 역설했다. 드디어 위대한 사상가 하이에크는 그토록 강력하게 경고했던 사회주의가 몰락하는 것을 보고, 1992년 93세의 일기로 독일의 프라이브르크(Freiburg im Breisgau)에서 세상을 떠났다.

위대한 사상가는 독특한 세계관이나 혹은 개척자적인 모델구상을 통하여 사회과학적, 사회철학적 사유를 정한다. 하이에크 자신을 금세기의 위대한 인물로 만들었고, 그는 비록 죽었지만 그의 사상을 생생히 살아 있는 사상으로 만들어 놓은 것은 바로 그의 독특한 사회철학적 세계관이다. 그의 독특한 세계관의 핵심적 요체를 구성하기 위해 그가 제기한 문제, 그가 일생 동안 해결하기 위해 온 정열을 쏟은 문제는 다음과 같이 여섯 가지로 구분될 수 있다.

첫째 무엇이 인간의 본성인가, 둘째 자생적 질서는 무엇인가, 셋째 문화적 진화란 무엇인가, 넷째 왜 개인적 자유가 중요한가, 다섯째 법치국가란 무엇인가, 여섯째 민주주의는 우리를 어디로 이끌어 가는가 등이다.

이 문제들은 사회과학 및 사회철학이 생성된 이래 끊임없는 논쟁의 대상이 되어 왔을 뿐만 아니라, 동시에 일상적이고 평범한 삶을 영위하기에 분주한 보통사람들에게 의식적이든 무의식적이든 스쳐가는 문제들이다. 그런데 하이에크가 70년 동안 집필한 그의 저작들의 내용은 이 여섯 가지 문제에 대한 이야기로 구성되어 있는 것이다. 여섯 가지 주제를 살펴보면서 제도론자로서의 하이에크의 면모를 확인해 보자.[02]

2. 인간의 본성

하이에크는 인간의 본성을 이기주의 또는 이타주의에서 찾지 않는다. 왜냐하면 인

02 하이에크의 사회철학은 신제도경제학, 구제도경제학, 아담 스미스, 케인즈의 제도론과의 유사점과 차이점이 있고, 하이에크에 대한 비판도 존재한다. 이러한 내용은 각주로 소개한다.

간은 때로는 이기적이기도 하고 때로는 이타적이기 때문이다. 하이에크에게 있어서 중요한 것은 인간이 구조적으로 무지하다는 점이다.[03] 인간이 자신의 삶의 계획을 세우고, 이를 실천하기 위해서는 자신을 둘러싸고 있는 자연적 및 사회적 환경에 관하여 알고 있어야 하는데, 그가 알고 있는 것, 그가 가지고 있는 지식은 항상 불완전하고, 언제나 틀릴 가능성을 내포하고 있다. 그리고 그가 가지고 있는 지식은 사회에 존재하고 있는 지식 전부와 비교한다면, 지극히 미미할 정도로 작은 파편에 지나지 않는다. 그리고 인간의 무지는 인간 자체를 구성하는 요소이다.[04] 그것은 생물학적으로 조건화되어 있다.

따라서 어느 한 인간이 전지전능하다면, 이제 그는 더 이상 인간일 수 없다. 뿐만 아니라 개개인들이 가지고 있는 지식은, 언어로 표현할 수 있는 명시적인 지식과, 언어로 표현할 수조차 없는 암묵적인 지식으로 구성되어 있다. 특히 중요한 것은 암묵적인 지식이다. 이 지식이 개인들이 가지고 있는 지식 전체 중에서 대부분을 차지한다. 따라서 개인들은 말할 수 있는 것보다 더 많이 알고 있다고 볼 수 있다. 암묵적 지식은 실용적 능력을 결정한다. 예컨대 피아노 연주, 당구치기, 운동선수들의 기교와 재주, 순발력, 기업가들의 착상력, 지도력, 장사하는 사람들의 장사수완 등에서 나타나는 행위들은 대부분 암묵적 지식을 기초로 한다. 이러한 지식은 타인들에게 언어로 표현할 수 없기 때문에 그들에게 전달하기가 매우 어렵다. 이러한 지식은 개개인들이 자신들의 삶의 과정에서 갈고 닦아 스스로 터득한 지식이다. 그렇다고 하더라도, 이러한 암묵적 지식도 틀릴 가능성을 배제할 수 없다는 점에서는 명시적 지식과 동일하다.[05]

인간의 본성이 이와 같이 구조적으로 무지하다는 엄연한 사실은 매우 광범위한 사회철학적 의미를 가지고 있다. 하이에크의 자유주의 사회철학 사상은 인간이성의 한

---

03 하이에크가 말하는 인간의 구조적 무지는 신제도경제학에서 인간의 합리성이 제한되는 중요한 원인이다. 5장 참조.

04 하이에크는 신고전학파나 케인즈를 구성주의적 합리주의자(constructive rationalism)라고 비판한다. 구성주의적 합리주의자는 인간을 완전정보의 인간으로 가정하거나, 인간이성에 대해 무제한적 신뢰를 가지거나, 제도는 인간이성의 창조물이라는 관점을 공유한다. 자신은 스코틀랜드 계몽주의 전통을 따르는 비판적 합리주의 혹은 진화적 합리주의(critical or evolutionary rationalism)라고 하며 아담 스미스(Adam Smith, 1723~1790), 멩거(Carl Menger, 1840~1921) 등을 동류라고 하였다.

05 지식 · 기술을 공공재로 보는 신고전학파와는 큰 차이를 보이며, 진화경제학에서 국가혁신체제를 위해서는 암묵적 지식의 중요성을 주장하는 것과 유사하다. 8장 참조.

계라는 사실로부터 도출된 것이라고 보아도 무방하다. 모든 인간들이 가지고 있는 지식은 제한적이고 또한 그들은 구조적으로 무지하다고 한다면, 그들은 사실상 무지의 늪 속에서 살고 있다고 말할 수 있다. 이렇게 무지의 늪 속에서도 어떻게 인간들의 삶이 가능하냐? 이를 위해서는 어떤 안내판이 필요할 것이다. 이 안내판 역할을 하는 것이 바로 행동규칙이다. 행동규칙은 어떤 행동을 취해야 할 것인가, 어떤 행동을 취해서는 안 되는가를 말해 준다. 이 행동규칙은 수많은 차량이 끊임없이 운행되고 있는 복잡하고 번잡한 교차로의 신호등과 비유될 수 있다. 신호등이 없는 교차로에서 자동차 운전자가 교차로를 무사히 통과하기 위해서는 좌우의 복잡한 교통사정을 정확하게 알고 있어야 한다(예컨대 차량의 수효, 차량속도, 심지어 좌우의 차 운전자들이 어떤 기분으로 운전하고 있는가 등). 복잡한 교차로를 무사히 통과하기에 필요한 지식을 습득한다는 것은 불가능하다. 그들은 캄캄한 어둠 속에 놓여, 공포의 분위기 속에 빠져 있을 것이다. 그런데 이 어둠을 걷어 주고, 무사히 교차로를 통과할 수 있게 해주는 것이 신호등이다. 교통신호와 같이 행동규칙들은 인간의 구조적인 무지를 경감시켜 주는 역할을 한다. 행동규칙들이 존재하고 있기 때문에 구조적인 무지에도 불구하고 사회 속에서 인간들은 성공적으로 자신들의 삶을 영위할 수 있는 것이다.[06]

모든 것을 완전히 알고 있다면 교통신호가 필요 없을 것이다. 일반적으로 표현한다면, 전지전능한 인간들이 사는 세계에서는 교통신호와 같이 인간들의 행동을 제한하는 행동규칙들(도덕률이나 법규칙 또는 관습 등)이 필요하지 않을 것이나.[07] 행동규칙들이 존재하고, 이들을 지키고 있기 때문에 비로소 인간들은 다른 사람들과 함께 공존할 수 있고, 자신들의 목적을 추구하면서 자신들의 삶을 영위할 수 있는 것이다.

따라서 우리는 인간의 본성과 관련하여 다음과 같이 말할 수 있다. 즉, 인간들은 삶의 구체적인 목적을 추구할 뿐만 아니라, 그들은 자신들이 추구하고자 하는 목표들과 이를 달성하기 위한 수단들을 골라내는 역할을 하는 행동규칙에 의해 조종된다. 왜 그들이 규칙에 의존하는 것이 유익한가 하는 근본적인 이유는, 우리가 우리를 둘러싸고 있는 자연환경과 사회적 환경을 규칙 없이는 지배할 수 없기 때문이다. 그

06 신제도경제학에서 인간의 제한된 합리성(bounded rationality)으로 현실은 불확실성이 존재하여 거래비용이 발생하며, 이러한 요인을 줄이기 위해 제도가 필요하다는 논리와 유사하다.

07 North(1992)는 합리성의 세계에서는 제도는 불필요하며, 제도이론의 첫째 단계가 합리성 가정의 폐기라고 하였다.

렇기 때문에 인간들을 규칙을 따르는 동물이라고 말할 수 있는 것이다.

인간들이 행동할 때 규칙에 따라 행동한다고 말할 경우 규칙과 관련하여 중요한 점은, 개개인들이 따르고 지키는 규칙들은 반드시 이들 자신에게 알려져 있거나, 또는 반드시 언어로 표현할 수 있는 것일 필요는 없다는 것이다. 그들이 지키고 따르는 행동규칙들 중 대부분은 앞에서 언급한 바와 같이 암묵적인 규칙들이다.

암묵적인 규칙들의 대표적인 예가 정의감, 법감정 등이다. 예컨대, 우리는 정의감이나 법감정의 존재로 인하여 정의로운 행동규칙들의 위반을 확인할 수 있지만, 우리는 이런 행동규칙들이 어떤 내용을 가지고 있는가, 즉 이들이 무엇인가를 언어로 표현할 수는 없다.

인간들이 필요로 하고 또한 준수하는 규칙들이 반드시 옳은 것은 아니다. 이들도 역시 틀릴 수 있고, 따라서 고정되어 있는 것이 아니라 부단히 변동되는 것이다.[08]

모든 인간은 목적 지향적일 뿐만 아니라 가치 합리적이다. 어느 한 사람이 어떤 특정의 행동을 취할 때, 그의 이 행동은 두 가지 국면에서 비롯된 것이다. 그 하나는 어떤 구체적인 행동목적과 결부되어 있다는 점이다. 이것이 목적 합리적인 행동국면이다. 그러나 인간의 행동은 또 다른 국면을 가지고 있다. 즉, 인간들은 무수히 많은 행동방식들 중에서 자신들의 가치관, 도덕률 또는 습관 등에 의해 특정의 행동방식들을 배제시킨다. 인간들의 가치관이나 도덕률 또는 개인의 특성을 말해 주는 기질을 우리가 가치라고 부른다면 인간들은 가치 지향적이라고 말할 수 있을 것이다. 그런데 이러한 행동국면은 목적 지향적인 행동국면과 달리 시시각각으로 변동되는 것이 아니라 상대적으로 지속적이다. 따라서 인간행동은 목적 지향적일 뿐만 아니라 가치 지향적이다. 가치 지향적이라는 것은 규칙을 따르는 행동국면이라고 보아도 무방하다. 흔히 말하는 것처럼 목적을 위해서 인간은 수단과 방법을 가리지 않고 행동하는 것이 아니다. 오히려 인간은 가치규범에 따라 행동하는 국면을 가지고 있다.[09] 이 밖

---

08 규칙의 변동가능성을 주장하는 것은 진화론자의 면모로, 아담 스미스와 구제도경제학과 유사하다.

09 신고전학파 경제학에서 인간은 윤리적인 측면을 고려하지 않고 경제적 이익에 따른 결정을 합리적이라고 판단하는 것과 대조를 보인다. 윤리성, 가치에 기초한 행동을 한다는 것은 아담 스미스와 구제도경제학과 유사하다.

아담 스미스는 동감의 원리에 따라 이타심이 확대되기도 하고 이기심이 축소되기도 한다고 설명한다. 10장 참조. 구제도학파로 분류되는 Stanfield(2006)는 인간은 인지능력이 부족하며 다소 복잡한 동기에 의해서 움직인다고 한다. "인간은 의사결정에서 윤리적 측면뿐만 아니라 다른 사람들 간의 관계에 대해서도 영향을 받는다. 인간은 복잡한 결정을 내리는 데 많은 불확실성에 처해 있고 품위라든지 자기 이미지와 사회

에도 인간들의 행동은 유전적인 요인에 의해서도 결정된다. 그러나 인간은 다른 동물과 비교할 때 유전적인 지배로부터 상대적으로 많이 해방되었다. 사회질서의 형성을 위해 세 가지 행동국면 중 어떤 것이 가장 중요한가? 목적 지향적인 행동은 시시각각으로 변동하기 때문에 사회질서의 형성에는 중요하지 않다. 그리고 목적 합리적 행동은 가치 합리적 행동을 전제로 한다. 그리고 이러한 행동 때문에 다른 동물과는 달리 거대한 사회가 가능한 것이다. 그런데 만약 인간이 오로지 유전적 행동국면만을 가지고 있다면, 아마도 침팬지 사회와 같은 소규모 사회만을 갖게 되었을 것이고, 원시사회를 극복하지 못했을 것이다. 가치 합리적인 국면이야말로 인류를 다른 동물과 구분시켜 주는 중요한 인간본성이다. 인류가 이기적이라고 하더라도, 무제한적으로 이기적인 것이 아니라 제한적으로 이기적이다.[10] 인류는 계몽된 이기주의 동기를 가지고 있다. 이러한 계몽은 문화적 진화에 의해 가능하게 된 것이었다.

3. 자생적 질서

사회적인 삶에서 무질서 또는 혼란이 지배하여 질서가 없다면, 우리 중 어느 누구나 일상적 활동마저도 할 수 없거나, 자신의 어떠한 목적도 추구할 수 없고, 심지어 가장 기본적인 욕구마저도 충족시킬 수 없을 것이다. 따라서 질서는 아무리 강조한다고 해도 지나치지 않을 것이다.[11]

그런데 흔히 사람들은 인간들이 사는 세계에서는 질서 잡는 사람이 반드시 있어야 질서가 잡히는 것이지, 그대로 내버려 두면 질서가 잡히지 않고 혼란만 있을 뿐이라고 말한다. 이러한 주장에 기초하여 사람들은 국가가 경제를 간섭해야만, 혼란을 피

적 이미지에도 영향을 받는다(임배근, 2012)."

10 아담 스미스는 인간본성이 이기적이지만 동감의 원리에 따라 제한되기 때문에 사회질서가 유지되며 스스로 이기심을 제한하게 된다고 한다. 10장 참조.

11 아담 스미스도 근대사회질서 형성원리의 탐구가 그의 주관심사였다는 점에서 하이에크와는 제도론자로서의 유사한 면모를 보였다.

할 수 있다고 말한다.[12] 그러나 하이에크는 이러한 주장에 반대하면서 질서 잡는 사람이 없어도 저절로 형성되는 질서가 있다는 것을 강력히 주장하고 있다. 그는 이러한 질서를 자생적 질서(spontaneous order)라고 말하고 있다. 이 자생적 질서 개념은 하이에크의 사회철학의 두 번째 구성요소이다.

자생적 질서는 질서 잡는 사람이 없어도 형성되는 질서이다. 우리가 경제계를 바라보면 무수히 많은 사람들이 원료공급자로서, 자본가로서, 생산자로서, 또는 노동자로서, 그리고 수요자로서 재화와 용역들을 공급하고 수요한다. 이러한 공급행위와 수요행위는 그들 스스로 결정한다. 공급자들은 자신들의 공급을 될 수 있는 대로 수요자들의 요구에 부응하려고 노력한다. 반면에 수요자들도 역시 자신의 수요를 공급자들이 원하는 바에 될 수 있는 대로 맞추려고 노력한다. 이와 같이 개개인들이 자신들의 행동을 상대방이 원하는 바에 부응하려고 노력하는 이유는, 이렇게 부응하지 않으면 그들은 자신들의 사적인 목적을 달성할 수 없기 때문이다. 개개인들이 상호간 상대방의 요구에 부응하려는 노력도 누가 시켜서 하는 것이 아니라, 그들 스스로가 자신들의 사적인 목적을 달성하기 위해 행하는 것이다. 모든 인간들이 서로 타인들의 요구에 맞추려고 하는 과정을 우리는 행동조정과정이라고 부른다.[13]

자생적 질서는 인간들이 각자 자신들의 지식을 동원하여 자신의 목적을 추구한다고 해도 혼란상태가 생기는 것이 아니라, 그들의 행동들이 외부의 어떠한 간섭 없이도 스스로 조정되는 질서이다. 자생적 질서는 보이지 않는 손(invisible hand)에 의해 형성되는 질서이다.[14] 자생적 질서의 대표적인 예는 시장경제질서이다.

질서 잡는 주체가 없이도 시장경제는 이를 구성하는 경제주체들의 자율적인 행동에 의해 스스로 질서가 형성된다. 시장경제는 경제주체들이 자신들의 목적을 추구하

---

12 이러한 경향을 인간이성에 대해 신뢰하는 구성주의적 합리론자라고 하고, 하이에크 자신은 아담 스미스, 멩거와 같이 비판적(진화적) 합리주의라고 하였다. 이러한 견해에 의하면 아담 스미스도 신고전학파의 합리성 가정과는 관계가 없다. 신고전학파의 완전정보의 인간을 가정하는 것은 구성주의적 합리주의에 해당한다.

13 아담 스미스는 인간은 동감의 즐거움 때문에 상호 동감하려는 노력을 한다고 한다. 동감으로 사회적 가치판단기준을 형성한다고 한다. 10장 참조.

14 아담 스미스는 '보이지 않는 손'에 의해 형성되는 질서를 '자연적 질서(natural order)'라고 하였다. 시장은 개인이 안전하게 자기이익을 추구하는 행위들을 사회적으로 조정하여 개인이 자신의 행위에서 전혀 의도하지 않은 사회이익의 증진이라는 결과를 낳도록 한다. 시장은 사적 행위를 뛰어넘는 사회적 장치, 사회질서를 낳는 하나의 체계인 것이다. 이를 '자연적 질서'라 하며 자연적 질서는 결코 엄격한 법칙에 맞춘 정책을 요구하지 않으며, 개인들이 좀 더 잘 살려고 하는(bettering off) 자연적 본능에 따라 움직일 때 형성되는 질서이다(Smith, 1776 : 674).

는 과정에서 질서가 잡혀진다. 질서를 잡는 보이지 않는 힘은 우리의 상상을 초월할 정도이다. 물론 자생적 질서로서 시장경제에서 질서가 어떤 모습을 보이고 있는가를 목격할 수는 없다. 그 질서의 모습은 우리의 인지역량에 의해 머리속으로 재구성하여 파악할 수밖에 없다. 이러한 재구성이 사회과학의 진정한 과제이다. 그런데 자생적 질서와 대비되는 질서가 인위적 질서이다. 인위적 질서의 대표적인 예는 간섭주의 경제질서와[15] 조직질서이다. 조직질서는 질서 잡는 주체가 따로 존재하고 있다. 그가 조직목적에 따라 명령을 내린다. 이 명령에 의해 질서 잡는 주체가 경제주체들의 행동들을 조정한다. 인위적 질서인 간섭주의 경제질서는 미리 작성된 계획에 따라 조직구성원들에게 그들이 수행해야 할 과제와 역할 그리고 그들 각각이 차지할 사회경제적 위치를 배정한다.

자생적 질서는 집단주의적 목표를 위한 질서가 아니다. 자생적 질서는 무수히 많은 개개인들이 자신들의 서로 다른 목적들을 추구할 수 있게 하는 질서이다. 따라서 자생적 질서는 다목적 수단이라고 부를 수 있다. 인간들은 서로 다른 다양한 삶을 추구할 수 있다. 삶은 평등하게 취급된다. 따라서 자생적 질서는 평등질서라고 볼 수 있다.

그러나 인위적 질서로서 조직은 자생적 질서와는 전혀 다르다. 간섭주의적 경제질서와 조직은 구성원들이 공동으로 달성할 집단적 목적을 가지고 있다. 그것은 특정의 집단적 목적을 달성하기 위해 계획적으로 만든 질서이다. 이러한 질서는 이 공동의 집단적 목적을 달성하기 위해 그 구성원들을 이용한다. 따라서 그들은 마음대로 자신의 사적인 목적을 추구할 수 없고, 오로지 조직이 달성하고자 하는 집단적 목표만을 추구해야 한다. 이 공동의 목표와 부합되는 경제적 활동만이 허용된다. 간섭주의적 경제질서의 경우 국가의 경제정책적인 목표에 부합되는 경우에는 시장진입이 허용되고, 그렇지 않으면 허용되지 않는다. 따라서 간섭주의적 경제질서와 조직질서는 불평등한 질서이다.

자생적 질서는 개개인들이 금지적인 가치규범을 지킬 경우에만 형성된다. 앞에서 설명한 바와 같이, 인간들의 행동은 자신들이 추구하는 목적에 의해 결정되는 것만

15 공산주의와 케인즈의 시장개입주의를 의미한다.

이 아니라 가치에 의해서도 결정된다. 다시 말하면 인간은 수단과 방법을 가리지 않고 자신의 목표를 추구하는 것이 아니라, 가치규범에 의해 수단과 방법을 가릴 뿐만 아니라, 추구하고자 하는 목표까지도 골라서 추구한다. 이때 가치란 특정의 수단과 방법 그리고 목표들을 싫어하고, 따라서 이를 거부하는 역할을 한다. 사회질서의 형성에서 중요한 것은 인간들의 가치 합리적인 행동국면이다. 이때 가치란 특정의 행동을 금지하는 행동규칙으로 구현된다. 자생적 질서는 금지적 형태를 취하는 행동규칙들을 구성원들이 공동으로 지킬 경우에만 형성된다. 따라서 시장시스템의 자생적 질서는 어떤 천재적인 지능을 가진 실체의 창조물이 아니라, 그 구성원들이 공동으로 금지적 형태의 추상적인 행동규칙을 지킴으로써 형성된 것이다.[16]

추상적인 행동규칙들은 특정의 행동방식들을 금지만 할 뿐이고, 금지되지 않은 행동방식들은 개개인들의 자유재량에 맡긴다. 금지되지 않은 행동방식들은 반드시 주어져 있을 필요는 없다. 이들은 개개인들의 혁신과 창조적 능력에 의해 새로이 개발될 수 있다. 시장시스템의 자생적 질서는 이러한 추상적인 행동규칙들을 지킴으로써 형성되고, 이들이 없이는 존속할 수가 없다. 그러나 인위적 질서로서, 예컨대 간섭주의적 경제질서의 기초가 되는 행동규칙은 이와 완전히 다르다. 이것은 특정의 행동을 개개인들에게 적극적으로 규정하는 명령적 성격을 가지고 있다. 이와 같이 특정의 행동방식을 적극적으로 규정하는 이유는 조직의 목표를 달성하기 위해서이다.

자생적 질서의 시장시스템은 순수한 경제적 기계가 결코 아니다. 자생적 질서의 기초가 되는 행동규칙들은 종교규칙, 도덕규칙, 관습이나 관행과 같은 전통, 그리고 법규칙 등이 있다. 전자의 세 가지 행동규칙들은 도덕적 성격으로서 문화적 진화의 과정 속에서 자생적으로 형성되었다. 이들 자체도 역시 자생적 질서라고 볼 수 있다.

자생적 질서의 기초가 되는 법규칙들은 자생적 질서의 진화와 함께 장구한 역사적 과정을 거쳐 형성되었다. 그런데 흔히 사람들은 시장시스템을 순수한 경제적 기계로 파악할 뿐만 아니라 시장시스템을 도덕으로부터 해방된 시스템으로 파악하고

16 이와 같이 하이에크에 의하면 명시적 · 암묵적 규칙을 지킨 결과로 자생적 질서를 형성한다. 반면 케인즈는 규칙 따르기에 대해 낙관적이지 않다. 케인즈에 있어 관습의 본질은 변화를 기대할 만한 구체적인 이유를 가지고 있지 않는 한, 현 상황이 무기한 계속된다고 가정하며, 다수 평균적인 행동을 따르는 개인들의 사회심리이며, 관습은 불확실성하에서 행위주체들이 의존하게 되는 피난처 같은 것이며, 그 근거가 박약하여 흔들리기 쉬운 것이며, 관습에 의한 결정은 자본주의 발전에 결코 바람직하지 않음을 분명히 서술하고 있고, 정부정책이 개인과 시장의 관습을 바꿀 수 있다고 하였다(황재홍, 2011).

있다.[17]

그러나 만약 도덕을, 예컨대 타인들을 도와주어야 한다거나 또는 공동체를 위해 자신을 희생해야 한다는 일종의 집단주의적 도덕으로 이해한다면, 자생적 질서로서의 시장시스템이 이러한 도덕으로부터 해방되었다고, 그리고 순수한 경제적 기계라고 말할 수 있다.

그러나 이러한 주장은 자생적 질서와 인위적 질서처럼 두 가지 종류의 질서가 존재하고 있다는 사실뿐만 아니라, 두 가지 종류의 도덕적 가치가 있다는 사실도 망각하고 있다. 자생적 질서의 기초가 되는 도덕적 가치는 소극적 성격을 가진 가치인 반면에, 인위적 질서로서 조직은 연대나 사랑과 같이 적극적 성격을 가진 도덕적 가치를 그 기초로 하고 있는 것이다. 그것은 집단적인 목표를 달성하기 위한 소규모 사회의 도덕적 가치일 뿐이다. 무수히 많은 인간들이 서로 다른 목적들을 추구하고 있는 거대하고 복잡한 세계에서 이러한 도덕적 가치는 실현될 수 없다. 그럼에도 불구하고 이를 실현하기 위해 노력한다면 거대하고 복잡한 세계가 단순하고 작은 세계로 전환될 것이다. 그리고 자생적 질서가 조직질서로, 시장경제가 계획경제로 전환될 것이다.

자생적 질서는 각처에 흩어져 있는 지식의 사용을 가능하게 한다. 인위적 질서에서는 개개인들이 각자 자신의 지식을 이용하여 각자 자신들의 목적을 추구할 수 없다. 그들은 인위적 질서가 달성하고자 하는 집단적인 목적을 추구해야 한다. 뿐만 아니라 인위적으로 질서를 잡는 사람은 집단적인 목적을 달성하는 데 필요한 행동을 누구에게 허용할 것인가 하는 문제를 해결해야 한다. 누가 가장 잘 그러한 행동을 수행하여 집단적인 목적을 달성할 수 있는지를 알아야 한다. 이러한 지식을 기초로 할 경우에만, 예컨대 관료나 정치가 또는 학자가 특정의 경제활동을, 특정의 경제주체에게는 허용할지를 결정할 수 있다. 그러나 이러한 문제는 해결 불가능하다. 왜냐하면 그들은 이러한 지식을 가질 수 없기 때문이다. 사회에 존재하고 있는 지식을 모두 한 장소로 집적시킬 수 있는 것은 결코 아니다. 집적시킬 가능성이 있는 지식은, 통

17 신고전학파 경제학이 그러하다. 그들의 합리성 가정은 윤리 · 도덕 같은 가치규범은 고려하지 않는다. 규칙을 지킬 때와 지키지 않을 때의 이익을 비교해서 이익에 따라 행동한다고 보는 것이다. 경제학이 인간에 대한 불신을 조장하는 측면도 있을 것이다.

계적으로 파악할 수 있는 지식과 교과서에 요약되어 있는 것과 같은 지식뿐이다. 그러나 사회에는 이러한 지식만이 존재하는 것이 결코 아니다. 누구나 특수한 상황에 관한 지식, 즉 국지적이고 개인과 관련된 지식(personal knowledge)을 가지고 있다. 이러한 지식은 개인들이 각자 자신의 삶의 과정에서 갈고 닦은 지식이다. 이러한 지식은 대부분 암묵적인 지식으로 구성되어 있다. 그것은 행동으로 표출될 수는 있지만 그 내용을 말로 표현할 수는 없다.[18]

이러한 국지적인 개인적 지식도 사회에 존재하고 있는 지식 전체를 구성하는데, 이 지식이 오히려 사회 전체지식의 대부분을 차지한다. 이러한 지식은 제3자가 알 수도 없고, 또한 도처에 흩어져 있다. 이러한 지식은 한 장소로 모아 놓을 수 없다. 그런데 이러한 종류의 지식은 개개인들의 삶을 위해서 뿐만 아니라, 타인들의 삶을 위해서도 매우 중요하다. 그렇기 때문에 경제질서의 문제는 누가, 무엇을, 얼마만큼, 어떻게, 누구를 위해, 생산해야 할 것인가 하는 문제가 아니라 무수히 많은 익명의 인간들이 가지고 있는 지식을 그들 스스로도 이용할 수 있을 뿐만 아니라 중요하고 가치 있다고 여기는 익명의 타인들도 그 지식의 이용을 가능하게 하는 경제질서는 무엇인가, 즉 지식의 문제를 해결할 수 있는 경제질서는 무엇인가 하는 문제이다. 만약 우리가 그와 같은 국지적 및 개인적 지식을 가지고 있는 사람들을 전부 알고 있고, 그 지식을 유익하게 이용할 수 있는 사람들이 누구인가를 알고 있다면, 그리고 우리가 그들의 지식이 어떤 내용의 지식인가를 알고 있고, 또한 이 지식이 어떤 목적에 유용한가를 알고 있다고 한다면, 우리는 인위적 질서인 간섭주의 경제질서를 조직하여 사회구성원들을 적재적소에 배치하고, 조직이 추구하는 집단적 목표를 달성하기 위해 적절한 과제를 할당할 수 있을 것이다. 그러나 우리 이성의 한계 때문에 이것은 불가능하다. 이러한 문제를 해결해 주는 것이 바로 개개인들에게 똑같이 행동자유가 보장되어 있는 자생적 질서이고 또한 시장경제이다.[19]

시장경제의 자생적 질서는 한 장소로 모아 놓을 수 없는 개개인들의 지식을 이들

---

18 진화경제학에서는 암묵적 지식은 지역에 착근하는 지식으로 한 국가의 국가혁신시스템에서 중요한 요인으로 본다. 8장 참조.

19 아담 스미스도 다음과 같이 유사한 주장을 하였다. "자신의 자본을 국내산업의 어떤 분야에 투자하면 좋은가, 그리고 가장 큰 가치를 가진 생산물을 생산하는 산업분야는 무엇인가에 대해 각 개인은 자신의 국지적 상황에서 어떠한 정치가나 입법가보다 훨씬 더 잘 판단할 수 있다는 것은 명백하다(국부론, 4편 2장)."

각자가 이용할 수 있게 하는 질서일 뿐만 아니라, 동시에 시장시스템은 가격시스템을 통하여 지식의 전달 문제를 해결하는 절차이다. 이 절차를 통하여 익명의 사람이 가지고 있는 지식들이 유익하게 이용할 수 있는 익명의 사람들에게 전달된다. 이로써 자생적 질서의 구성원들은 더욱더 현명해진다. 뿐만 아니라 그 어떠한 간섭주의적인 경제시스템보다도 자생적 질서로서의 시장시스템이 지식의 문제를 해결함에 있어서 탁월한 시스템이다.

간섭주의 경제질서는 조종 · 통제되는 일종의 조직질서이다. 경제주체들은 관료나 정치가의 의지에 예속되어 있다. 그들은 관료나 정치가들(그리고 학자들)이 가지고 있는 지식을 좇아 행동해야 한다. 따라서 개개인들이 보다 현명해지느냐 하는 것은 전적으로 관료나 정치가들, 간섭주의자들의 손에 달려 있다. 그러나 이들도 무지하다. 이들의 지식을 좇아 행동하다가는 기업이 도산하고 산업이 망가진다. 그러나 자생적 질서의 시장시스템은 이와 전적으로 다르다. 자생적 질서의 형성을 가능하게 하는 추상적인 행동규칙들은, 앞에서 설명한 바와 같이 인간들의 행동방향을 정하는 데 신호등과 같은 역할을 한다. 그들은 특정의 행동을 해서는 안 된다는 정보를 제공한다. 이러한 의미에서 소극적인 지식을 전달해 준다. 그러나 개개인들이 각자 계획을 세워 이를 성공적으로 수행하기 위해서는 추상적인 행동규칙들이 제공하는 지식만으로는 충분하지 않다. 따라서 그들은 자신이 필요로 하는 지식을 손수 습득해야 한다. 이러한 지식습득을 가능하게 하는 것이 자생적 질서이다. 그런데 습득된 지식이 항상 옳은 지식은 아니다. 인간들이 가지고 있는 지식은 틀린 지식일 가능성을 항상 내포하고 있다. 습득된 지식이 옳으냐 그르냐 하는 것은 그 어느 누구도 사전적으로 알 수 없다. 이를 알려주는 것이 자생적 질서이다.

개개인들이 가지고 있는 지식이 옳지 않다는 것을 시장은 어떻게 알려주는가? 틀린 지식을 기초로 하는 지식은 실패로 끝나고, 그 실패는 금전적인 손실로 나타난다. 이러한 금전적 손실은 가격시스템을 경유하여 나타난다. 따라서 지식의 잘잘못을 밝혀 지식의 사용을 통제한다. 그런데 시장시스템은 간단히 성공과 실패만을 말해 줄 뿐이다. 성공과 실패의 원인이 무엇이고, 새로운 상황에 대하여 어떻게 대처할 것인가에 대해서는 말해 주지 않는다. 이러한 지식은 개개인들의 인지적 능력에 의해 비로소 발견되거나 창출되어야 한다. 그렇다고 하디라도 시장시스템은 가격시스템을 거쳐 손익을 통하여 개개인들의 지식과 그들의 행동을 통제하는 그 위력은 매우 효과적이다. 자생적 질서로서 시장시스템은 개개인들의 행동의 기초가 되고 있는 지식의 오류를 밝혀내 줌으로써, 그리고 이 오류를 제거시켜 줌으로써 그들을 통제한다.

이와 같이 자생적 질서는 구성원들이 가진 지식의 오류를 밝혀주고, 또한 새로운 지식을 습득하고 창출해야 할 압력을 그들에게 가하기 때문에 그들은 현명해지지 않을 수 없다. 이 시장시스템에서 경제적 삶을 영위하는 인간들은 간섭주의적 경제질서에서 살아가는 인간들보다 훨씬 더 현명한 것은 이러한 시장질서의 내적인 통제력 때문이다. 그러나 관료나 정치가들에 의한 감시 · 감독을 받을 경우, 경제주체들은 이들과 똑같이 우매하게 된다. 그들의 통제는 차별적이고 자의적이다. 그러나 시장질서는 개개인들의 지식의 오류를 밝혀냄으로써, 그것은 스스로 유지될 수 있다. 왜냐하면 지식의 오류는 시장질서의 유지에 불리한 결과를 초래하는데, 바로 시장질서가 이러한 오류를 끊임없이 밝혀내 주기 때문이다. 관료나 정치가들의 지식은 오류투성이고, 이러한 틀린 지식을 기초로 하여 그들이 경제주체들의 행동을 통제할 경우 경제질서는 스스로를 유지할 능력이 상실된다.

이상과 같이 기술된 시장과정을 하이에크는 발견적 절차라고 부르고 있다.[20] 발견적 절차란 지금까지 알려져 있지 않은, 그리고 지금까지 이용되지 못한 사실들을 발견하는 절차이다. 인간들이 완전히 알고 있다면 발견적 절차는 필요가 없을 것이다. 그리고 시장질서도 필요가 없을 것이다.

시장시스템의 자생적 질서는 외생적인 쇼크와 파동(요동)에 대해 저항할 수 있고, 또한 시장시스템의 내생적인 변화들을 제한할 수 있는 탁월한 능력을 가지고 있다. 바로 이러한 능력의 원천은 자생적 질서의 내적인 과정인 발견적 절차이다. 이 절차는 지금까지 알지 못했던 지식의 오류를 찾아 제거시키고, 새로운 지식을 창출하여 테스트하고, 성공적인 지식을 확산시키는 절차이다. 이 절차가 시장시스템의 내적인 자율능력의 원천이고, 이 능력 때문에 시장질서가 스스로 조직되고 스스로 유지될 수 있는 것이다. 이러한 능력 때문에 흔히 시장시스템의 자생적 질서를 자연적인 유기체에 비유하고 있다. 물론 인간사회의 자생적 질서는 자연 속에 있는 유기체와 비

20 시장과정을 발견절차로 보는 것은 시장경제를 동적 과정의 경제로 보는 것으로서 구제도학파와 유사하고, 신고전학파에서 시장경제를 균형의 경제로 보는 것과 대조적이다.

유될 수는 없지만, 그럼에도 불구하고 시장질서는 유기체의 내적인 규제능력을 연상시키는 탁월한 능력을 가지고 있다. 물론 시장시스템의 자생적 질서에는 경기변동, 특히 경기침체가 존재한다. 이러한 현상은 경제주체들에게 불안감을 야기시킨다. 그렇기 때문에 이러한 경기변동을 상쇄시키기 위한 정치적 간섭주의 요구를 제기하는 것은 놀라운 일이 아니다. 이러한 간섭주의는 현대적인 거시경제이론이 보여주고 있는 바와 같다. 그러나 그러한 간섭주의를 추진하기 위해 필요한 지식을 정치가들이나 관료들은 가지고 있지 않다. 경제주체들이 자신들의 삶을 개선하려는 모든 노력에 앞서, 경기변동을 상쇄시키는 데 필요한 모든 것을 이미 알고 있는 정치가나 관료들 그리고 학자란 존재하지 않는다. 따라서 안정정책을 통하여 경기변동을 상쇄시키려는 노력은 지식의 오만 또는 이성의 남용과 그 몰락이라는 비판을 면하지 못한다.[21]

자생적 질서는 열린사회이다. 열린사회는 자생적 질서와 동일하다. 열린사회라고 말할 때 열려 있다는 말을 사회질서와 관련하여 이 말을 해석한다면 사회적 과정의 결과, 예컨대 소득 · 재산의 분배적 또는 자원의 배분적 결과가 미리 결정되어 있다거나, 또는 특정의 분배정책적 목적(집단적인 목표)을 설정해 놓고 사회적 과정을 이러한 목적에 합당하도록 인위적으로 조정, 통제하는 경우에는 닫힌사회이다. 닫힌사회는 바로 조직질서와 동일하다. 열린사회의 사회적 과정의 결과는 미결정되어 있고, 또한 열린사회는 사회적 과정을 조종, 통제하여 달성할 집단적인 목표를 갖고 있지 않다. 이러한 목표는 사회적 과정의 진로를 차단하는 것이다. 자생적 질서도 열린사회와 똑같이, 질서의 결과가 미결정적이다.

이러한 열린사회를 가능하게 하는 행동규칙은 행동 동기나 목표를 고려하지 않고, 특정의 행동방식을 금지하는 추상적인 규칙이다. 자생적 질서의 형성을 가능하게 하는 이러한 행동규칙은, 목적과 결부되어 있지 않기 때문에 규칙의 테두리 내에서 이루어지는 사회적 과정의 진로는 열려 있는 것이다. 이와 같이 열린사회의 성격과 자생적 질서의 성격은 동일하기 때문에 하이에크는 자생적 질서를 열린사회로 표현하고 있다. 그리고 열린 자생적 질서는 자유로운 사회질서이다.

---

21 하이에크의 마지막 저서가 「치명적 자만(*Fatal Conceit*)」인데, 지식인들의 오만을 의미한다.

자생적 질서는 이성과 본능의 중간에 위치한 현실성이 있는 질서이다. 인위적 질서는 인간들이 특정의 알려진 집단주의적 목적을 달성하기 위해 의도적으로(인위적으로) 만든 질서이다. 이러한 질서는 목적합리적 질서이다. 그런데 인간이성을 과신하고 있는 사람들은 인간들의 사회 전체를 내버려 둔다면 질서는 존재할 수 없고 이 전체를 인위적으로 조종하여 질서를 잡아야 한다고 주장하고 있다. 그런데 자연적 질서는 인간들의 어떠한 추가적인 행동 없이도 형성되는 질서이다. 그 대표적인 예가 물리학적, 화학적, 혹은 생태학적 세계이다. 이러한 세계도 질서 잡는 주체 없이도 질서가 형성된다는 점에서는 인간들의 사회인 자생적 질서와 일치된다. 물리학적 세계, 화학적 세계, 또는 생태학적 세계는 스스로 유지되는 질서, 스스로 조정되는 질서, 스스로 조직되는 질서의 대표적인 예이다. 따라서 인간사회의 자연적 질서를 신봉하는 사람들은 물리화학적 또는 생태학적 세계의 자연적 질서를 자생적 질서와 동일시하고 이 자연적 질서에 대한 자연과학적 연구방법을 인류의 자생적 질서에 관한 연구에 적용하려 하고 있다.

그러나 자연과학의 인식대상이 되고 있는 자연의 세계를 구성하는 물리화학적 요소들은 인간사회의 자생적 질서를 구성하는 요소들(인간 개인들 및 인간그룹이나 조직체들)과 전적으로 그 성격에 있어서 서로 다르다. 물리화학적 세계를 구성하는 단위체들은 체계적인 학습, 사고, 전략적인 사유의 결과로써 자신들의 행동을 변동시키지 않고, 또한 그들은 새로운 행동방식을 창조하지도 못한다. 따라서 오늘날 흔히 신과학의 이름으로 등장하고 있는 혼돈으로부터의 질서 또는 복잡성 이론을 인간사회의 자생적 질서에 무제한적으로 적용하려 한다면 그것은 잘못된 것이다. 이러한 잘못은 고전물리학을 경제학에 적용하여 형성된 이른바 주류경제학이 저지른 잘못과 똑같다. 인간사회에서 목격할 수 있는 전형적인 자연적 질서는 50,000세대 이상 인류가 살아오는 동안 형성된 인간의 본능적인 유전적인 소망과 심리적 구조에 의해 형성된 질서이다. 이러한 질서의 형성은 오늘날 사회생물학의 인식대상이다. 그런데 사회생물학은 마치 오늘날의 인류사회가 오로지 이러한 본능에 의해 형성된 것처럼 다루고 있다. 그것은 인간의 행동본능에 의해서만 결정되는 것처럼 다룸으로써, 인간행동의 문화적 패턴 그리고 자생적 질서의 존재를 무시하고 있다.

이러한 본능에 의해 형성된 자연적 질서에 대한 향수와 인간이성에 의해 사회질서를 구성할 수 있다는 합리주의 사상이 결합되어 형성된 사상이, 사회주의 사상, 사회적 시장경제 사상, 또는 사회적 정의이다. 거대한 열린 자생적 질서를 제거하고 과거에 인류가 경험한 원시사회를 인간이성에 의해 다시 만들어 보자는 것이다. 어쨌든 자생적 질서는 인간의 이성에 대한 무제한적 신뢰를 바탕으로 한 인위적 질서와 그리고 인간의 원시적 본능에 대한 향수를 기초로 한 자연적 질서의 중간에 위치해 있는 질서이다. 이성과 본능의 중간에는 문화적 진화사상이 존재한다. 자생적 질서는 바로 문화적 진화의 산물이다.

우리가 인간이성의 사용과 관련해서 볼 때 인위적 질서사상은 지나치게 인간이성을 과대평가하는 사상인 반면에 자연적 질서사상은 인간들의 본능적 삶을 지나치게 과대평가하고 있다. 문화적 진화사상과 자생적 질서사상은 이러한 비현실적인 국면을 극복하고 있고, 이러한 의미에서 그것은 매우 적실성을 가지고 있는 사상이 아닐 수 없다. 그렇다고 자생적 질서사상은 인위적 질서로서, 조직이나 또는 자연적 질서로서 애착이나 애정을 기초로 하는 질서를 무시하는 것은 아니다. 그 사상은 인간들이 특정의 공동목적을 달성하기 위해 자진하여 구성하는 조직체들(예컨대 기업, 가계, 취미클럽, 지역적 그룹, 이익단체)의 존재를 시인하고 있다. 그러나 이 조직체들은 어디까지나 자생적 질서의 테두리 내에 존재하는 것이지 자생적 질서의 상위에 존재할 수는 없다. 그들은 자생적 질서와 이를 가능하게 하는 추상적인(금지적 성격을 가진) 도덕적 가치들 및 금지적 성격을 가진 법규칙들(민법과 형법)의 테두리 내에서 존재한다. 문화적 진화의 산물인 이러한 행동규칙의 테두리 내에서 그들은 자신들이 혼자서 해결할 수 없는 문제들을, 똑같은 문제들을 가지고 있는 다른 사람들과 공동으로 해결하기 위해 조직체를 구성할 수 있다. 그들은 자진하여 구성한 조직체들을 통하여 공동의 목적이나 본능적인 소망들을 달성할 수 있다.

이러한 시각에서 본다면 자생적 질서는 포괄적인 거대한 사회라고 볼 수 있다. 더 정확히 표현한다면 우리들이 살고 있는 사회가 바로 거대한 자생적 질서인 것이다. 거대한 자생적 질서는 멀리 있는 이념적인 질서가 아니라 현실에 존재하고 있는 우리의 질서인 것이다.

4. 문화적 진화

문화적 진화는 특정의 문화적 행동규칙과 사회제도의 존립을 가능하게 하는 선별과정이다. 문화적 진화는 자생적 질서의 형성을 가능하게 하는 특정의 전통과 관행, 도덕규칙 및 사회적 제도의 선별을 야기시킨다. 이것은 타고난, 즉 세대 간 유전을 통하여 전달되는 행동규칙의 선별과 구분해야 한다. 그런데 사회의 제도와 관련된 문화적 진화사상은 다윈(Charles Darwin, 1809~1882)이[22] 생물학적 영역에 진화사상을 적용하기 이전에 이미 생겨났던 것이다. 따라서 문화적 진화사상은 생물학에서 전용된 것이라는 일부 사람들의 주장은 잘못된 주장이다. 이미 다윈 이전의 진화사상은 도덕, 법, 언어, 시장 및 화폐 등의 생성에 적용되었던 것이다. 다윈은 이 사상을 생물학에 적용, 그 후 19세기 사회적 다윈주의자들은 유능한 개체의 유전적 선별을 다루고, 그 대신 행동사회적인 규칙과 행동방식의 선별적 진화, 즉 문화적 진화를 무시해 버렸다. 하이에크는 사회적 다윈주의(Social Darwinism)의 오류를, 제도와 관행보다는 개체의 선별로, 개체가 문화적으로 전달받은 능력보다는 타고난 능력의 선별로 다루었다는 점에서 찾고 있다. 문화적 진화와 생물학적 진화는 서로 전혀 다르다.

하이에크는 문화적 진화와 생물학적 진화의 공통점을 첫째로 선별원리에서 찾고 있다. 즉, 환경에 적응하여 인구를 확산시키는 데 가장 효율적으로 기여하는 제도나 도덕규칙들이 선별된다는 것이다. 두 번째 공통점은 진화법칙의 가능성을 배제시키고 있다는 점이다. 다시 말하면 문화적 진화와 생물학적 진화는 우리가 미리 알 수 없는 것에 대한 적응을 다루기 때문에 진화의 진로가 예측 불가능하다는 것이다. 따라서 흔히 진화법칙을 찾아서 인류사회의 진로를 예측하려는 것은 헛된 노력이라고

22 다윈은 1838년 맬서스의 「인구론」(1798)을 읽고 자연계의 생존경쟁에 착안하였으며, 그로부터 적자생존이나 자연선택의 원리를 결론으로 얻었다. 즉, 생물은 주어진 환경 속에서 생존경쟁을 벌이게 마련이고, 적당한 자는 살아남고 그렇지 못한 종류는 도태당하고 만다는 것이다. 1859년 다윈은 드디어 「종의 기원」을 출판하였는데, 초판은 그날 매진되었다고 한다. 이러한 성공의 원인은 그의 학설이 구체적인 실례와 직접적인 관찰에서 얻은 성과에 토대를 두었기 때문이었다. 다윈의 저서로 인하여 격렬한 대논쟁이 벌어지기도 했지만, 진화론은 종교적 · 사상적 · 정치적으로 엄청난 영향을 전 세계에 미쳤으며, 그 영향은 오늘날까지 지속되고 있다.

말할 수 있다.

생물학적 진화와 문화적 진화의 차이점은 무엇인가? 하이에크는 네 가지를 들고 있다. 첫째로 문화적 진화는 후천적으로 습득된 특성의 전달과정에 기초한다. 이것은 유기체의 유전적인 진화과정에 초점을 맞추는 다윈주의와 다르다. 생물학적 진화와 비교한다면 문화적 진화는 라마르키즘(Lamarckism)이라고 볼 수 있다.[23] 둘째로 문화적 진화 속에서 개개인들은 자신들의 양친들로부터는 물론 수세대에 걸쳐 살았던 정신적인 조상들, 그리고 동시대의 사람들로부터 행동규칙이나 지식을 습득한다. 생물학적 진화는 부모로부터만 유전자를 전달받는다. 셋째로 문화적 진화에 있어서 선별과정은 그룹선별이다. 그러나 생물학적 진화에서는 개체선별이 중요한 역할을 한다. 요컨대 그룹선별이란 개체들이 얻은 편익이 아니라, 그룹 자체가 얻는 편익에 의해 문화적 진화가 조종된다는 것을 의미한다. 이러한 그룹선별을 시장경제의 진화와 연결시킨다면, 시장경제가 문화적 진화과정에서 지금까지 존립하게 된 것은 인구를 증대시키고, 이들을 먹여 살릴 수 있었기 때문이라는 것이다. 인구의 번식, 인구의 생존과 번영은 문화적 진화과정에서 제도가 선택되거나 도태되는 선별원리로서 중요한 역할을 한다. 넷째로 문화적 진화과정에서 전수되는 것은 제도를 형성하는 행동방식이다. 그렇기 때문에 문화적 진화를 제도의 진화과정이라고 말할 수 있다. 예를 들면 언어, 풍속, 도덕규칙, 법규칙 그리고 화폐와 같은 제도들이 문화적 진화의 대상이다. 이 밖에도 문화적 진화는 생물학적 진화보다도 훨씬 더 신속하게 전개된다는 점에서 두 가지 진화는 차이가 있다.[24]

인류의 사회는 폐쇄된 원시사회에서 열린 거대한 사회로 진화되었다. 폐쇄된 원시

23 라마르크(Jean Baptiste Lamarck, 1744~1829)는 프랑스의 동물학자, 진화론자. 많은 직업을 전전한 뒤 식물학자가 되었다가 18세기 말의 프랑스 대혁명을 계기로 동물학 연구에 들어갔다. 다윈에 앞서 진화론을 전개하고(1801), 이것을 최초로 체계화된 학문으로서 제기했다(1809). 그러나 퀴비에(Georges Léopold Cuvier, 1769~1832)로부터 공격을 받고 학계로부터 무시당하며 또 무신론자라고 비난받는 등, 세상에 받아들여지지 않았다. 빈곤과 가정적 불행이 계속되어 드디어는 실명하고 고독하게 세상을 떠났다. 그에 의하면, 생물은 진화하는 내적인 '경향'을 갖고 있고, 환경이 변화하면 그것이 일으키는 '요구'에 의해 습성의 변화가 일어난다. 그에 따른 기관의 사용 · 불사용은 기관의 발달과 퇴화를 초래하고, 그것이 유전되어 생물이 변화(진화)한다. 이것이 그의 용불용설(用不用說)이다. 그 '경향' 및 '요구'의 사고에는 목적론적인 색채가 농후했지만, 진화를 생물의 생활변화를 기초로 하여 연구한 방법은 다윈의 진화론에 계승되었다(임석진 외, 2009).

24 경제학도 과학이란 사고는 자연질서와 인간사회질서를 동일하게 보려는 아담 스미스의 주장으로 다수의 학자들이 지지하는 편이지만, 하이에크는 시장의 신뢰성, 자유주의에 대해서는 스미스와 견해를 같이하지만 경제학도 과학이란 스미스의 주장에는 동의하지 않는다. 스미스는 우주의 전제에 수많은 행성들은 만유인

사회와 열린 거대한 사회의 구분은 흥미로운 구분이다. 왜냐하면 인류가 거쳐 왔던 진화적 단계뿐만 아니라, 이 두 단계의 사회가 기초로 하고 있는 도덕시스템이 완전히 다르기 때문이다. 인간이 농업, 도시 그리고 마침내 거대 사회를 개발하여 살아온 지는 겨우 10,000년 정도이다. 그러나 30~50명 정도의 무리를 지어 음식을 함께 나누어 먹고 함께 사냥하고 채취하면서 공동생활을 영위했던 기간은 이보다 100배 이상 더 길었다. 지구는 일만 년 또는 이만 년 전에는 천만 명 정도밖에는 먹여 살릴 수 없었다. 그러나 오늘날에는 수십억의 인간을 먹여 살릴 수 있다. 이것이 가능한 것이 바로 시장경제질서의 존재이다. 원시사회의 삶의 형태는 어느 한 지도자의 명령하에서 알려진 공동의 목표(집단주의적 목표)를 추구하는 엄격한 지배-복종을 뜻하는 질서였다. 개인의 자유란 존재하지 않았다. 왜냐하면 각 개인의 독립적인 행동을 위한 사적 영역이 존재하지 않았기 때문이다. 자유란 열린사회로 진화된 사회에서만 비로소 전개될 수 있는 문명의 공예품이다. 폐쇄된 원시사회의 도덕적 감정은 유전적으로 고착되었고 그리고 유전적으로 전수된다. 이러한 도덕적 감정을 기초로 한 질서가 앞에서 언급한 바와 같이, 인간사회의 자연적 질서이다. 거대한 사회와 소규모 사회의 기본적인 차이점은 소규모 사회에는 공동의 지식을 기초로 하여 구체적인 집단적 목적을 추구하는 데 반하여, 거대한 사회에서는 공동의 구체적인 목적 대신에 공동으로 지켜야 할 추상적인 행동규칙이 지배한다. 요컨대 원시시대의 소규모 사회는 본능에 기초한 조직질서였다. 거대 사회는 문화적 진화에 기초한 자생적 질서에 의한 사회이다.

원시사회에서는 공동의 구체적인 목표에 의해 구성원들의 행동들이 조정되었는데, 이러한 조정메커니즘이 추상적인 행동규칙에 의해 어느 그룹들이 다른 그룹들과 협조하는 메커니즘으로 변동됨으로써 인구의 확장이 가능하게 되었고, 반대로 인구의 확장으로 인하여 조정메커니즘의 교체가 이루어져 비로소 확장된 인구가 먹고 살아갈 수 있게 되었다. 이러한 전환에 따라 학습된, 문화적으로 전달된 행동규칙에 의

력의 법칙에 따라, 어떤 규칙에 의해 운행하는 것과 마찬가지로 인간사회에서는 인간의 이기심이, 중력과 같이 항상 작용한다는 전제하에 인간의 행위를 설명하려고 한다. 반면 하이에크는 천체의 행성운행에서의 물리적 질서와 사회에서 인간행동을 결정하는 정신질서는 같을 수 없다고 한다.

국부론에서는 자연철학의 체계와 동일한 방식에 따라 인간행위의 규칙과 준칙을 일반원리로 결합하여 설명하려는 것이 도덕철학이다. 자연철학은 도덕철학의 이상적 모형으로 인식된다. 그러나 도덕감정론에서는 두 철학 간의 대상, 목적, 법칙에서 차이를 설명한다(박순성, 2000).

해 유전적으로 타고난 본능적 감정이 억제되고 밀려났던 것이다. 하이에크에 의하면 이러한 변화의 중요한 부분이 사적 소유권의 발전이었고, 이러한 발전과 함께 전통에 기초한 문화의 진전이 시작되었다는 것이다. 학습되어 문화적으로 전수되는 추상적인 행동규칙들은 사회제도 속에 구체적으로 구현되는데, 이 사회제도의 선별과정이 문화적 진화이론의 대상이다. 따라서 문화적 진화과정은 어떤 모습인가를 설명하고자 한다.[25]

문화적 진화과정은 행동규칙의 혁신과 모방 및 선별과정이다. 중요한 사회제도, 관행 및 행동규칙들은 인간들이 타고날 때부터 가지고 있는 본능적인 것이 아니다. 또한 인간이성에 의해 고안된 것도 아니다. 그것은 문화적 진화의 산물, 혹은 걸름과정의 결과이다.[26]

문화적 진화의 대상은 모방능력 및 배운 것을 전달할 수 있는 능력에 기초하여 습득된 특성을 전달하는 과정이다. 문화적인 진화의 걸름과정 속에서 다양한 행동규칙들이 경쟁하는데, 이 경쟁에서 승리한 행동규칙들은 개개인들로 하여금 환경변화에 적응할 수 있도록, 그리고 그들의 그룹 구성원들과 성공적으로 협력할 수 있도록 도와준다. 이러한 문화적 걸름과정은 그룹을 선별하거나 도태시킨다. 성공적인 제도나 관행 및 행동규칙들을 채용한 그룹들은 번영하고 확대된다. 그렇지 못한 그룹들은 도태되거나 축소된다.

하이에크는 기존의 문화적 규칙의 전달과 새로운 문화적 규칙의 생성을 구분하고 있다. 기존의 행동규칙들은 모방을 통하여 개인에서 개인으로 전달된다. 그러나 모방하는 사람들은 그 규칙들을 알지도 못하고 또한 완전히 이해하지도 않은 채, 그 규칙들이 과거에 성공적이었다는 단순한 사실에 기초하여 이들을 모방한다. 그런데 새로운 행동규칙들은 그룹 내부에서 새로이 고안되고 모방되어 생겨난다. 새로운 규칙의 선별과정은 어느 한 그룹 구성원의 이탈행동과 함께 시작된다. 그는 전통적인 행

---

25 노스(North)의 신제도경제학에서는 소규모 사회에서 차별 있는 교환(personal trade)만이 가능했으나, 규칙과 제도의 발전을 성취하여 차별 없는 교환(impersonal trade)이 가능해지면서 경제가 성장하였다고 한다. 3장 참조.

26 규칙은 인간이성에 의해 고안된 것이 아니라고 하는 것은 신제도경제학과 중요한 관점의 차이를 보이고 있는 것이다. 신제도경제학에서는 규칙의 생성 및 변동요인으로 인간의 의도성, 이념, 신념체계 등을 중요시한다. 하이에크의 관점은 인간이 교환과정에서 각자의 목적을 추구하는 것이지 규칙을 생성하는 것이 목적이 아니라는 의미이다.

동방식 대신에 새로운 행동방식을 고안한다. 이로써 경우에 따라서는, 자신의 그룹으로부터 쫓겨난다. 쫓겨난 그룹 구성원들은 자신들의 혁신행동을 통하여 다른 구성원들을 유혹하고, 이로써 새로운 그룹을 형성할 수도 있다. 그런데 만약 이 그룹이 취하고 있는 새로운 관행이 전통적인 것보다 성공적이고, 그 혁신가가 그의 그룹의 다른 구성원들로부터 높은 명망을 얻는다면, 이들은 그 혁신가를 모방하기 시작하고, 이로써 새로운 관행이 규칙으로 정착될 것이다. 이와 같이 문화적 규칙은 혁신과 모방 과정 속에서 생성되고 정착된다.[27]

문화적 진화는 관행들이, 이것을 채택한 그룹들에게 다른 그룹들을 이겨낼 수 있는 능력을 부여했기 때문에 그 관행들이 유지되고 정착되는 과정을 기술한다. 따라서 사회적 제도의 성공과 효율성은 다른 그룹과 비교할 때, 이들을 실시하는 그룹의 성공에 따라 측정된다. 이 성공은 그룹의 번영과 그룹 구성원의 증가에 의해 측정된다. 하이에크는 자본주의 및 시장경제가 산업화 기간 동안 프롤레타리아를 부양한 것이지, 결코 이들을 굶기지 않았다고 말하고 있다. 이것이 가능했던 것은 강력한 경제성장이었다는 것이다. 봉건주의하에서라면 굶어 죽었을 프롤레타리아의 생존은 그러한 경제성장으로 인하여 가능했다는 것이다.

열린사회와 닫힌사회의 도덕은 전적으로 다르다. 도덕, 윤리 및 전통 개념은 하이에크의 사회철학에서 중심된 역할을 한다. 그는 도덕적 규칙을 진화의 원천으로 생각하고 있다. 도덕은 합리적으로 따져서 고안하여 만든 것이 아니라, 진화와 자생적 질서의 결과이다. 도덕은 이성의 결과가 아니다. 또한 하이에크는 도덕을 신의 계시라든가, 신의 섭리라고 하는 식으로 초자연적으로 정당화시키는 것을 부인하고 있다. 또한 모든 시대에 적용되는 불변적인 그리고 절대적인 도덕의 존재를 부인한다.[28]

---

27 하이에크는 인간이성에 대해 신뢰하는 구성주의적 합리론자들, 신고전학파, 케인즈, 사회계약론자 등을 비판하지만, 새로운 규칙은 인간이 고안한 것이라고 한다면 인간이성을 신뢰하는 구성주의적 합리론자의 면모도 보이기 때문에 양립할 수 없는 두 철학이 지배한다고 비판을 받기도 한다. 황재홍(2011) 참조. 하이에크와 민경국에 대해 일관성이 결여된 주장이라는 비판에 대해서는 김균 · 박순성(1997) 참조.

28 문화적 진화가 하이에크의 독특한 주장은 아니다. 구제도학파의 진화론과 유사하다. 구제도학파는 역시 다윈의 진화개념을 도입하지만 사회학자들과는 차이가 있다. 사회학자는 다윈의 진화를 적자생존(survival of the fittest)을 의미한 것으로 보았다. 예컨대 중상주의는 봉건주의보다 더 적합하여 나타났고 자본주의는 중상주의보다 더 적합하여 나타난 것으로 본다. 따라서 사회학자는 진화를 필연성을 가지고 어떤 정해진 목표를 향해 변모해 나간다고 주장하므로 다소 목적론적(teleological)인 것이다. 이에 반해 구제도학파는 사회진

하이에크에 있어서 열린사회의 도덕과 닫힌사회의 도덕의 구분은 매우 중요하다. 닫힌 소규모 사회의 윤리는 연대와 이타주의의 본능을 그 특징으로 한다. 연대와 이타주의는 소규모 그룹의 구성원들을 염두에 두는 윤리이다. 이 윤리는 그룹 외의 구성원들 그리고 낯선 사람들에 대해서는 적대감을 조장한다. 그러나 거대한 사회의 도덕은 추상적이고 비인격적인 행동규칙으로 구성되어 있고, 이것은 본능을 길들이는 역할을 한다. 열린사회의 도덕적 원칙은 사적 소유제도 및 가족제도의 기초가 되는 법률로 구현된다. 그 대표적인 예를 들면, 계약의 충실성, 소유권 존중, 책임의식 등이다.[29]

열린사회의 도덕은 자본주의 윤리이고, 닫힌 소규모 사회의 윤리는 사회주의 윤리이다. 문화적 진화는 자본주의 윤리, 열린사회의 윤리가 과거의 원시사회의 윤리를 밀어내는 과정이었다. 오늘날 사회주의, 복지국가, 분배적 정의라는 의미의 사회적 정의는 과거 부족사회 윤리의 부활일 뿐이다.

시장경제의 진화는 열린사회의 진화를 위한 전제조건이다. 시장경제의 도덕적 기초는 연대 모럴이 아니라 흔히 정직성 규범이라고 불리는 모럴이다. 연대 모럴은 함께 나누어 먹고, 위험에 함께 대처하기 위한 모럴이다. 정직성 모럴은 타인의 소유권을 존중하라, 약속과 계약은 충실히 이행하라, 또는 자신의 행동의 결과에 대해서는 스스로 책임을 져라 하는 등의 모럴이다. 이러한 모럴은 본능적인 연대 모럴이 아니라, 오히려 그것은 본능을 억제하는 도덕규칙이다. 이 도덕규칙은 어느 한 천재의 이성에 의해 고안된 것이 아니라, 장구한 역사적 과정 속에서 자생적으로 형성된 것이다. 이러한 도덕적 가치를 기초로 할 때 시장경제가 형성된다. 도덕적 행동규칙들은 특정의 행동만을 금지하고, 여타의 행동들을 열어 놓고 있다.

어떠한 공동의 집단적인 목적 없이도 평화로운 공존을 가능하게 한 계기가 교환과 상업의 발달이었다. 그렇기 때문에 시장질서를 평화의 질서라고 부른다. 이러한 시

화를 목적론적으로 파악하지 않고 사회진화를 변화하는 환경, 특히 기술의 변화에 사회제도가 끊임없이 적응하는 과정으로 파악하고 있다(Neale, 1990). 예를 들면, 자본주의는 중상주의가 성장해서 나타나는 필연적인 것이라고 보지 않고 그 당시의 많은 가능성 중의 하나일 뿐이라는 것이다. 즉, 수많은 사람들이 자본주의라는 결과를 예측하거나 의도된 결정으로 보지 않고, 수많은 사람들이 내린 결정이 집합적 결과로 자본주의가 나타났다고 주장한다(임배근, 2012). 이와 같이 구제도학파의 진화론 역시 무의도성, 집단선별의 진화론이다.

아담 스미스 역시 모든 시대에 적용되는 불변적인 그리고 절대적인 도덕의 존재를 부인한다. 10장 참조.

29 열린사회의 규칙은 신제도경제학에서의 차별 없는 규칙(impersonal rule)과 비교될 수 있다.

장질서는 원시적인 폐쇄된 사회를 거대한 열린사회로 진화시키는 데 결정적인 역할을 했다. 그것은 거대한 열린사회의 필수불가결한 전제조건이다. 시장질서가 없었더라면 인류는 범세계적으로까지 확장된 분업을 갖지 못했을 것이다. 시장질서 및 이를 전제로 하는 거대한 열린사회는 우리의 감각도구를 통하여 직접 알아볼 수 있는 질서는 아니다. 인간은 비로소 과학이론에 의해 이 중간우주를 초월한 거대한 사회적 우주를 알 수 있다. 따라서 원시사회와 같이 서로 얼굴을 알고 지내는 소규모 사회에서는 사회과학이 의미가 없다. 왜냐하면 우리의 감각도구를 통하여 직접 알아볼 수 있기 때문이다. 시장질서와 같은 자생적 질서의 존재, 그리고 이로 인한 거대한 열린사회의 존재는 바로 사회과학의 성립조건이다.

기독교는 열린사회의 진화에 결정적인 기여를 했다. 열린 자생적 질서의 기초가 되는 규범체계(예를 들면 소유권의 존중, 책임윤리, 계약과 약속의 충실성)는 우리의 본능적인 욕망을 직접 충족시키지 않는다. 오히려 그것은 이 욕망을 억제시키는 역할을 한다. 문화적 진화는 우리의 소망대로 이루어지는 것이 아니다. 그것은 우리의 본능적 소망을 거슬러 진전된다. 그렇기 때문에 빈번히 인류는 이러한 추상적인 도덕체계를 좋아하지 않았다. 이러한 이유 때문에 사람들이 이 도덕체계를 믿도록 하기 위해서는 초자연적인 설명에 의해 이를 정당화시켜야 할 필요가 있었다. 이러한 필요성으로부터 그 도덕체계를 종교적으로 정당화하려고 했다. 종교적 정당화는 도덕체계에 대한 존중심과 경외감을 강화시켜 준다. 그리고 종교적 정당화는 도덕규범의 다음 세대로의 문화적 전달을 용이하게 한다. 다시 말하면 종교는 전통의 시간적 유지에 중요한 기여를 한다. 하이에크에 의하면 기독교가 자유로운 사회질서 및 시장질서의 기초가 되는 도덕체계에 대한 인간들의 경외감과 그리고 이 도덕체계의 시대적인 유지를 강화시키는 데 중요한 기여를 했다. 기독교는 인류문명이 전개될 수 있었던 역사적인 조건들 중 하나이다. 이 종교가 바로 소유권 모럴, 정직성, 가족 모럴, 개인의 책임, 절약 등과 같은 모럴을 가르쳐 주었고, 이로써 시장질서와 자유로운 사회질서의 확산과 유지가 가능했다. 기독교는 2천여 년 전, 이미 사적 소유권제도가 완전히 개발되어 있었던 지역에서만 생성 · 발전되었던 것이다. 사적 소유와 가정을 선호하고, 이들을 중시하는 종교적 신념으로 인하여 열린 자생적 질서의 시장시스템이 유지 · 확산되었던 것이다. 왜 기독교와 같이 이들을 중시하는 종교만이 살아남을 수 있었을까? 이미 앞에서 설명한 바와 같이, 문화적 진화의 선별기준, 즉 어떤 제도가 선별되거나 도태되는 기준은 인구의 증가와 인간그룹의 번영이다. 기독교가 세계 종교로 진전된 것은 바로 이 선별기준을 충족시킬 수 있는 사적 소유권과 가정에 대한 경외감을 강화시키고, 이로써 가능하게 된 그룹의 성장에 기여했기 때문이다.

막스 베버의 「프로테스탄티즘의 윤리와 자본주의 정신」

막스 베버(Max Weber, 1864~1920)의 「프로테스탄티즘의 윤리와 자본주의 정신」은 20세기에 출현한 정신과학의 업적 중에서 가장 중요한 것 중의 하나로 평가받는다. 이 책은 논문으로 발표될 때부터 당시 서구의 지성계에 큰 반향을 불러일으켰으며, 오늘날까지 자본주의의 발생과 발전을 연구하는 학자들에게 귀중한 고전이 되어 있다. 베버에 따르면, 근대 시민계급은 종교적인 측면에 있어서 프로테스탄티즘이라는 종교개혁을 수용한 사람들이었다. 프로테스탄티즘은 금전추구라는 인간의 기본적인 욕망에 윤리적인 통제를 가함으로써 향락 · 방탕 · 재산을 낭비하는 일을 절제하고 최선을 다해 일하고 금욕하는 것을 윤리적인 것으로 보았으며, 이렇게 얻은 자산의 양은 그의 신앙의 진실성을 나타낸다고 본다. 이는 재산의 획득을 윤리적으로 정당화하여 결과적으로 자본주의의 발전을 돕는다. 이와 같이 신이 내리신 직업을 최선을 다해 수행하여야 한다는 청교도적 세계관은 이러한 '자본주의 정신'을 더욱 강화하는 것이 되었다.

왜 근대의 합리적인 자본주의가 유독 유럽에서만 출현하였는가? 베버는 근대 유럽에서의 자본주의 기원을 비교문명의 시각에서 분석함으로써 해답을 찾으려 하였다. 그에 따르면, 이윤추구 동기에 의해 작동하는 '모험가적' 자본주의는 동서고금을 막론하고 어느 시대 어느 곳에나 존재했다. 서부유럽이 매우 독특했던 점은 모험가적 자본주의와 구분되는 '합리적' 자본주의의 출현에 있다. 베버는 서구의 합리적 자본주의의 특징적 현상으로 '형식적이고 자유로운 노동의 합리적인 자본주의적 조직화'와 '정기적 시장에 맞추어진 합리적 산업조직의 존재' 등을 들고 있다. 그는 이러한 합리적 자본주의가 가능하기 위해 무엇보다 사람들의 생활양식이 변화되어야 한다고 보았는데, 서구에서 생활양식의 변화를 가져온 것이 바로 '자본주의 정신'이다. 베버는 근대적 자본주의를 낳은 것, 그리하여 합리적 자본주의를 가능케 한 것은 좀 더 근원적인 면에서 합리적 정신, 생활태도의 합리화, 그리고 합리적인 경제윤리 등 한마디로 '자본주의 정신'에서 찾을 수 있다고 보는 것이다.

베버는 자본주의 정신의 뿌리로 16, 17세기의 종교개혁과 금욕적인 프로테스탄트 윤리, 특히 칼뱅주의를 지적한다. 칼뱅주의는 인간의 운명은 태초로부터 정해진 대로 살아갈 수밖에 없으며, 직업노동과 부의 추구를 신의 섭리로 받아들일 때 구원이 가능하다는 점을 강조하였다. 칼뱅주의적 프로테스탄티즘의 내용을 베버가 연구한 바대로 요약하면,

첫째, 칼뱅주의의 예정설은 인간은 신의 뜻에 따라 구원의 운명이 이미 결정되어 있다. 둘째, 신자들이 자신도 선택된 자들 가운데 들어 있는가의 확인의 문제이다. 셋째, 이에 대한 일반 신도들의 해답은 기독교적 소명(召命)에 따른 직업활동으로 경쟁에서 이기고 경제적으로 성공한 사람이 바로 하느님에 의해 선택된 자가 되는 현세적 징후라고 생각하였다. 넷째, 칼뱅주의 윤리관에서는 근면, 검소, 성실 등 '세속적 금욕주의'를 강조하였다. 따라서 이윤을 저축하고 생산활동에 재투자하여 부를 축적함으로써 구원받을 수 있다는 확신이 더욱 굳어졌다. 이것이 서구인의 직업의식과 자본주의 정신의 합리화 원인이 되었다. 이에 따라 '육욕과 죄를 위해서가 아니라 진정으로 신을 위해서' 부유해지도록 노동해야 한다는 청교도적 관념이 성립한다. 여기서 부의 추구가 사악한 것으로서 위험시되는 것은 '게으른 휴식과 죄 많은 삶의 향락에 대한 유혹'일 경우에만, 즉 '근심 없이 안일하게 살기 위한 것일 경우'로 한정된다. 신을 위한 경우라면 부의 추구는 허용될 뿐만 아니라, 더 적절하게는 명령되는 바라 할 수 있다. 또한 그 부는 더욱 증식되어야 한다. 이윤추구에 대한 이와 같은 해석은 근대 기업가의 활동을 정당화했다. 즉, 영리활동은 근대 기업가의 '소명'이 되었다. 이와 같이 신이 내리신 직업을 최선을 다해 수행하여야 한다는 청교도적 세계관은 이러한 '자본주의 정신'을 더욱 강화하는 것이 되었다.

자료 : 강성화(2006)

5. 개인적 자유

개인적 자유는 경제적 자유뿐만 아니라 학문의 자유, 신앙의 자유, 사상의 자유를 포함한다. 이러한 행동자유는 자생적 질서의 기초이자 열린사회의 기초이다. 따라서 왜 개인적 자유가 중요한가 하는 이유는 자생적 질서 및 열린사회가 왜 중요한가 하는 이유와 일치한다. 그런데 하이에크는 개인적 자유의 중요성을 여러 가지로 설명, 정당화시키고 있다.

개인적 자유가 허용된 사회에서만 사회과학의 존재의미가 있다. 우선 그에게 있어서 개인적 자유는 자신의 사회과학방법을 구성하는 중요한 개념이다. 사회과학의 과제는 인간의 공동생활에서 생겨나는 규칙성을 찾아내는 데 있다. 그 과제는 화폐, 법, 시장, 언어, 도덕 등과 같이 자생적으로 형성되는 것들을 설명하는 데 있다. 그런데 이들을 설명하는 것은 개개인들의 의사결정에서 자유로운 행동(강제가 없이 수행하는 행동)이 전제된 사회를 설명하는 경우에만 가능하다. 다시 말하면 자유가 인정된 사회가 사회과학의 의미 있는 연구대상이다. 경제학의 과제도 역시 개인적 행동자유를 전제할 경우에만 비로소 수행될 수 있다. 개개인들이 자발적으로 행동할 수 있다고 가정하지 않는다면 그들의 반응을 연구하는 것은 의미가 없다.

개인적 자유를 전제하지 않는 사회만 존재한다면 자생적 질서가 존재하지 않기 때문에, 이 질서를 연구하는 진정한 의미의 사회과학은 설 땅이 없어지고, 또한 개인적 자유를 부인하는 경제학자 및 사회과학자가 있다면, 그는 그 자신의 설 땅을 상실한다. 사회주의 계획경제에서 진정한 의미의 사회과학이 존재하지 않았던 것은 결코 우연이 아니다.

개인적 자유는 상호존중의 도덕적 의미가 있다. 하이에크는 도덕적인 이유 때문에 개인적 자유는 그 자체로서 가치가 있다고 말하고 있다. 도덕적 이유는 인간개체에 대한 존중을 의미한다. 누구나 각자 자신의 가치를 가지고 있다는 것을 인정하지 않는 사회는 인간의 존엄성을 존중할 줄 모르며 진정한 자유를 알지 못한다. 모든 개개인들이 각자 서로 다르게 가지고 있는 가치의 잣대 및 삶의 방법, 선호구조를 서로 인정하고 존중하는 것이야말로 자유주의의 핵심적인 도덕적 가치이다.

자유주의, 그리고 이 자유주의의 경제적 측면인 시장경제는 관용과 개인의 존엄성을 도덕적 기초로 하고 있다.[30] 그렇기 때문에 시장에서는 다수파나 소수파의 욕구에 대해 차별하지 않는다. 시장경제에는 적이란 존재하지 않는다. 오히려 적을 친구로 만든다. 자유주의가 자유주의에 적대감을 갖는 이념을 반대하는 이유는 이 이념이 친구를 적으로 만들기 때문이다.

개인적 자유는 문화적 진화의 선물이다. 자유는 문명의 공예품, 문화적 진화의 결과이다. 폐쇄된 원시사회에서는 자유란 존재하지 않았다. 자유에 관한 생각은 문화적으로 습득된 것이다. 개인적 자유는 문명의 생성 및 보존, 다시 말하면 열린 거대

30 아담 스미스 연구에 대한 최근 경향은 아담 스미스의 자유주의를 '자유주의적 입헌주의', '제도화된 자유주의', '절제된 자유주의' 라는 표현을 사용하기도 한다. 그 의미는 자리심에 의해 움직이는 개인들 간의 조화로운 사회는 개인들의 사회윤리와 함께 적절히 규정된 사회제도를 기본조건으로 요구한다는 것이다(박순성, 1994). 아담 스미스도 보이지 않는 손에 의한 무의도적인 자연적 질서를 형성하기 위해서는 개인의 윤리와 제도를 중시하는 점은 하에에크와 유사하다.

한 자생적 질서의 존재와 불가분의 관계를 가지고 있다. 따라서 인간은 항상 자유로이 태어났다 또는 인간은 항상 자유에 대한 소망을 가지고 있었다는 말은 역사적으로 볼 때 옳지 않다. 폐쇄된 사회 또는 자연상태에서의 자유의 존재는 자연법적 허구이다. 자유에 대한 소망과 자유라는 개념 자체는 문명과 열린 자생적 사회가 등장하면서 존재하기 시작했다.[31]

자유가 인간에 의해 만들어진 것이 아니라 문화적 진화의 산물이라면, 자유를 기초로 하는 시장질서도 역시 문화적 진화의 산물이다. 인류가 무수히 많은 세대를 거치면서 얻어진 경험에 입각하여 형성된 것이다. 따라서 모든 생물학적 진화의 결과처럼, 시장경제도 인간의 마음대로, 인간이 소망하는 바대로 조작할 수 있는 대상이 결코 아니다.

사실상 자유를 오로지 규범적인 관점에서만 정당화시키는 것으로는 충분하지 않다. 왜냐하면 규범은 옳으냐 그르냐의 판단대상이 될 수 없기 때문이다. 사회주의자와 반사회주의자의 논쟁이 서로 다른 가치판단 또는 규범적 판단에 기초를 두고 있다고 한다면, 그 논쟁은 종결을 맺을 수가 없다. 그 논쟁을 과학적인 해결에 의해 끝맺을 수 있는 방법은 무엇인가? 하이에크는 바로 인간이성의 한계라는 인식론적 국면에 의해 그 논쟁을 해결하려고 할 뿐만 아니라, 개인적 자유를 정당화시키고 있다. 앞에서 설명한 바와 같이 인간들이 가지고 있는 자연적 및 사회적 환경에 관한 지식, 즉 개인들이 각자 자신의 삶을 영위하기 위해 필요한 지식은 제한적이고, 또한 오류가능하다. 이러한 지식의 한계는 시장에 참여하는 개인들뿐만 아니라 정치가, 관료, 학자도 마찬가지이다.

인간들이 가지고 있는 지식이 이와 같이 한계가 있다는 것은 개인적 자유와 어떠한 맥락을 가지고 있는가? 개개인들은 자신들이 가지고 있는 지식을 기초로 하여 계획을 세우고 이 계획을 달성하기 위하여 행동한다. 그런데 인간들은 구조적으로 무지하기 때문에, 그들의 행동의 기초가 되는 지식은 불완전하고 오류가능하다. 따라

---

31 천부인권사상에서 자유는 생래적이라고 하는 것과는 차이를 보이며, 자연상태에서는 자유가 허구라는 것은 홉스(Thomas Hobbes)의 사회계약론과 유사하다.

인간의 실질적인 자유는 종교개혁(1517)으로 인간이성이 회복되고 근대시민혁명으로 민주주의가 도래하면서 가능했다고 볼 수 있다. 자유는 종교권력과 국가권력으로부터 해방되면서 가능했다. 종교개혁과 근대시민혁명도 문화적 진화의 과정으로 볼 수 있을 것이다.

서 그들은 자신들의 지식 외에도 새로운 지식을 습득해야 할 것이다. 충족가능한 욕망은 무엇인지, 적합한 자원공급자가 어디에 있는지 등을 찾아내야 한다. 이러한 행동을 위해서는 행동자유가 필요하다. 행동자유를 통해서 개개인들은 의사결정에 필요한 것들을 찾아낼 수 있다. 이와 같이 지식을 찾아내고, 습득하는 과정 속에서 개개인들의 이성이 개발되고 개화된다. 그런데 개개인들이 타인들의 자의나 강제에 예속되어 자유가 박탈되어 있는 경우, 그들은 지식을 습득할 수가 없고, 또한 잘못된 지식을 고칠 수도 없을 것이다. 이 때문에 그들은 우매한 존재가 되어 버릴 것이다.

이와 같이 자유와 지식은 상호 간 밀접한 관련성을 가지고 있다. 자유는 지식의 습득을 위한 전제조건이다. 그리고 자유를 기초로 하는 시장시스템의 열린 자생적 질서는 개개인들의 지식의 문제를 해결해 준다. 그렇기 때문에 시장제도는 인간들을 현명하게 만들어 주는 장치라고 볼 수 있다. 우매한 인간도 시장질서 속에서는 현명해진다. 만약 모든 인간들이 완전한 지식을 가지고 있다면 그들은 지식을 개선할 필요도 없고, 새로운 지식을 습득할 필요도 없을 것이다. 그들에게 행동자유란 의미가 없을 것이다.

일반적으로 사람들은 인간사회를 그들이 소망스럽다고 생각하는 방향으로 조종·통제하려 하고, 또 그렇게 할 수 있다고 믿고 있다. 이런 믿음을 가진 사람들에 속하는 부류가 관료, 정치가 그리고 간섭주의 지향적인 이념을 생산하는 학자들이다. 이러한 사람들은 왜 개인적 자유가 중요한가를 이해하지 못하고, 따라서 질서는 자생적으로도 형성될 수 있다는 사실을 무시하고 그 대신 인위적 질서를 무제한적으로 신뢰하고 있다. 하이에크는 이러한 믿음을 지식의 자만이라고 말하고, 이러한 믿음을 가진 지식인들을 오만한 지식인이라고 말하고 있다.[32] 실제로 사회를 성공적으로 조종·통제하기 위해서는 무수히 많은 지식이 필요하다. 특히 중요한 지식은 특정시점과 특정장소와 결부되어 있는 사실에 관한 지식이다. 그런데 이러한 지식은 시장에 참여하는 개개인들이 몸소 체험하여 가지고 있는 지식이다. 이러한 지식은 그들의 머릿속에만 들어 있고, 언어로 표현할 수 없는 암묵적인 지식들로 구성되어 있다.

32 구성주의적 합리론자들을 의미하며 케인즈, 공산주의자 등을 주로 의미한다. 구성주의적 합리론자들로 인해 인위적 질서가 확대된다면 자생적 질서의 영역, 사적 영역은 축소되며 극단적으로 자유가 없어진다는 의미가 된다. 이러한 상황을 「예종의 길(*The Road to Serfdom*)」이라고 하였다.

시장경제를 조종하고 통제하고 싶은 사람들, 즉 관료나 정치가 그리고 학자들은 이러한 지식을 이용할 수 없다. 왜냐하면 그들은 개개인들 사이에 흩어져 있는 이러한 지식을 어떠한 방법으로도 수집 · 가공할 수 없기 때문이다. 이것이 가능하다면 개개인들의 행동자유는 불필요하고, 또한 행동자유를 전제로 하는 시장경제도 불필요하다. 왜냐하면 열린 자생적 질서로서 시장경제야말로 바로 이러한 지식의 이용을 가능하게 하기 때문이다. 간섭주의자들은, 현대사회가 매우 복잡하기 때문에 그리고 이러한 복잡성을 내버려 두면 혼돈에 빠지기 때문에, 이를 인위적으로 조종 · 통제하지 않으면 안 된다고 한다. 그러나 이러한 주장은 지극히 잘못된 생각이다. 오히려 사회가 복잡하면 복잡할수록 계획이 필요한 것이 아니라, 개인적 자유가 더욱더 필요하다. 이것은 우리가 자생적 질서의 힘에 더욱더 의존해야 한다는 것을 의미한다. 기술발전과 분업이 확대되면 확대될수록 개개인들(시장참여자는 물론 정치가들, 학자들 그리고 관료들)이 가질 수 있는 지식이 사회에 존재하는, 또는 장래에 존재하게 될 지식 전체 중에서 차지하는 비율은 점차 감소할 것이다. 따라서 이와 같은 경우 지식의 문제는 개인적 자유의 허용에 의해서, 다시 말하면 열린 자생적 질서의 자생적 힘에 의해서 해결될 수밖에 없다. 인간들이 구조적으로 무지하다는 엄연한 사실을 무시하거나 경시하는 사회철학적 사상을 구성하는 모든 이론은 한낮 유토피아일 뿐이다. 인간이성의 구조적인 무지를 기초로 하는 하이에크의 인식론에서 도출될 수 있는 결론은 개개인들이 생각하고 행동하는 과정 속에서 이루어지는 경쟁을 통하여 개개인들이 자유롭게 발전할 수 있고, 사회가 끊임없이 미지의 세계로 발전할 수 있도록 보장해 주는 것은 열린 자생적 질서라는 것이다.

우리가 앞으로 전진해 나가려면 우리는 우리가 현재의 생각을 꾸준히 바꾸고, 그렇게 하기 위해서는 지속적으로 경험을 쌓을 수 있어야 한다. 시행하고 착오를 제거시키는 끝없는 과정이 필요하다. 이러한 필요성을 충족시키기 위한 조건이 바로 자유라는 조건이다. 자유의 조건 속에서 틀린 것을 찾아내고 새로운 지식을 발견하여 이용할 수 있다. 하이에크는 이러한 과정을 앞에서 언급한 바와 같이 발견적 절차라고 부르고 있는데, 이 발견적 절차는 바로 문명화의 절차이고, 또한 이성을 개발하는 절차이다.

개인적 자유는 인류의 발전을 가져온다. 개개인들은 자유의 토양 속에서만 자신들의 에너지를 마음껏 발산할 수 있다. 기업가적인 선구자 정신이 경제적 영역뿐만 아니라 모든 사회적 영역에서도 발휘될 수 있다. 이러한 정신의 발휘는 결국 다른 사람들에게도 유익하게 된다. 자유는 발전(진보)과 진화를 가능하게 한다. 그렇기 때문에 하이에크는 자유로운 문명의 창조력이라는 말을 사용하고 있다. 그런데 이때 발전이란 무슨 뜻인가? 흔히 발전을 어떤 알려진 목적이 있으면 이 목적에 접근한 정도로 표현하고 있다. 예를 들면 우리가 소망하는 것을 달성했으면 우리는 발전했다든가 진보했다든가 하는 식으로 표현한다. 그러나 하이에크는 이러한 발전개념을 반대한다. 그 대신 그는 발전을 우리에게 아직 알려져 있지 않은 것의 발견, 우리가 알지 못했던 세계로의 진입으로 이해하고 있다. 따라서 발전은 계획될 수도 없고, 예측될 수도 없다. 이러한 발전의 원동력은 개개인들이 자신들의 에너지를 마음껏 발산하는 데 있다. 기업가적 선구자 정신이 바로 그 원동력이다. 이러한 원동력이 발휘될 수 있는 조건이 바로 개인적 자유이다.

그런데 자유는 규칙이 없는, 어떠한 행동제한도 없는 상태를 의미하는 것이 아니라 자유는 규칙과 결부되어 있다. 행동을 제한하는 법규칙이 없으면 자유가 유지될 수 없다. 자유와 법은 불가분의 관계에 있다. 법이 없는 곳에는 자유도 없다. 그렇다면 자유를 보장하는 법규칙은 어떠한 성격을 가질 것인가? 이 문제가 하이에크의 다섯째의 중심된 요소이다.

6. 법치국가

하이에크가 말하는 법은, 법치국가적 법 또는 법의 지배(The Rule of Law)원칙에 충실한 법이다. 법치국가 또는 법의 지배원칙이란 무엇을 의미하는가? 일반적으로 법의 지배원칙을, 정부는 무슨 행동을 하든지 간에 그 행동을 취할 때에는, 어떤 형태의 법이든 법의 근거가 있어야 한다는 것으로 이해하고 있다. 그리고 이러한 국가 형태를 법치국가로 이해하고 있다. 그 대신 인치국가를 어떤 형태의 법이든 관계없이 법의 근거 없이 행동을 취하는 국가로 이해하고 있다. 그러나 하이에크가 법치국가의 법 또는 법의 지배원칙이라고 말할 때, 법은 어떤 형태이든 모든 법을 의미하는 것이 아니다. 그에게 있어서 법은 열린 자생적 질서의 기초를 형성하는 정의로운 행동규칙의 성격을 가진 법만을 의미한다. 이것이 바로 자유를 보장하는 법이다. 법의 지배원칙은 법치국가적 법의 구성요건이다. 정의로운 행동규칙의 성격을 갖도록 하는 원칙이 법의 지배원칙이다. 그 성격은 일반성, 추상성(금지적 성격) 및 확실성이다.

첫째로 행동규칙은 그 적용에 있어서 일반적이어야 한다. 행동규칙의 일반성이란 차별금지를 의미한다. 즉, 그것은 특정의 알려진 사례나 특정의 알려진 인간에게만 적용되어서는 안 되고, 오히려 그것은 알려져 있지 않은 무수히 많은 사례들과 인간들에게 적용될 수 있어야 한다. 그것은 특정의 인간들 및 인간그룹들 그리고 국가(정부)도 예외로 해서는 안 된다는 것을 의미한다.

어떤 산업부문에게 조세특혜나 금융특혜를 부여하는 것은 바로 법의 지배원칙을 위반하는 것이다. 또한 농촌출신 자녀의 특례입학, 여성고용 할당제, 외국에서 장기체류자의 자녀에 대한 특례입학 등도 마찬가지이다. 누진세제도도 역시 법의 지배원칙을 위반한 조세제도이다. 국영기업의 특혜, 노동조합의 헌법적 보호 등도 법의 지배원칙에 저촉되는 행동이다.[33] 법의 지배원칙에서 일반성의 원칙이란, 행동규칙은 불특정 다수의 인간들 및 불특정 다수의 사례에 똑같이 적용될 수 있어야 한다는 것을 의미한다. 이것은 미리 적용기간을 정해 놓고, 그 적용기간이 끝나면 행동규칙을 폐기처분하는 것을 막기 위한 것이기도 하다. 다시 말하면, 그것은 행동규칙을 구체적인 단기적인 상황에 적용해서는 안 된다는 것을 의미하기도 한다.

적용기간을 정해 놓은 행동규칙은 그 적용기간 동안 어떤 특수한 정책적 목적을 달성하기 위한 것이다. 이러한 성격의 법률은 처분적 법률이다. 이것은 특수한 정책적 목적을 달성하기 위한 수단이다. 따라서 그 법률에 의해 이 목적을 달성하면, 그 법률의 존재가치는 상실한다. 혹은 그 목적을 달성할 수 없으면, 그러한 법률은 폐기처분되고, 그 목적을 달성하기 위해 새로운 처분적 법률을 제정한다. 그러나 적합한 처분적 법률을 찾아낸다는 것은 불가능하다.

---

33 누진세제도, 국영기업의 특혜, 노동조합의 헌법적 보호 등도 역시 법의 지배원칙을 위반한 조세제도라고 주장하는 것은 논란을 야기할 수도 있는 주장이다.

불가능한 이유는 다음과 같다. 즉, 처분적 법률은 시간적 · 장소적 및 구체적인 상황을 고려하여 제정되어야 할 것이고, 따라서 바로 지식의 문제가 생겨난다. 특정한 목적을 달성하기 위한 법률을 제정 · 도입하기 위해서는, 관료나 학자는 법률이 미치는 구체적인 효과를 계산해야 할 것이다. 이러한 효과를 계산하기 위해서는, 개개인들 사이에 흩어져 있는 명시적인 지식은 물론, 암묵적인 지식까지도 관료나 학자가 알고 있어야 한다. 그러나 우리가 시장에 참여하는 자본가나 노동자, 기업가는 물론이거니와 관료와 학자도 무지하기는 마찬가지인데, 이 무지 때문에 그들이 적합한 처분적 법률을 찾아내는 것은 불가능하다. 그렇기 때문에 처분적 법률에 의해 경제주체들의 행동을 조종 · 통제하여 특정의 집단주의적 정책목적을 달성하려는 노력은 빈번히 실패의 운명에 처하게 된다. 따라서 빈번히 법률을 바꾸게 된다. 법률의 빈번한 개정 및 폐기는 또 다른 문제를 발생시킨다. 즉, 기대의 안정성의 문제가 그것이다.

둘째로 추상성이란, 행동규칙들은 주어진 어떤 구체적인 목적이나 동기를 내포해서는 안 되고 특정의 행동국면만을 금지해야 한다는 것을 의미한다. 즉, 행동규칙은 금지되어진 행동만을 기술해야 한다. 이로써 개개인들은 새로운 행동방식을 자유로이 발견할 수 있다. 이러한 의미에서 행동규칙은 새로운 행동방식을 발견하도록 열어 놓아야 한다.

이러한 금지적 성격을 가진 행동규칙은 어느 누구도 침범할 수 없는 개개인들의 사적 영역을 확립하기 위한 것이다. 이러한 확립이 이루어지면 모든 개개인들은 새로운 지식을 개발하고 이를 이용하여 자신의 목적을 추구할 수 있다. 금지적 성격을 갖지 않고 특정의 행동을 강요하는 법은 법치국가적 법이 아니라 처분적 법이다. 이러한 법에 의한 통치는 법의 지배원칙을 위반한 법이다. 예를 들면 국가가 주택가격을 낮추기 위해 주택산업에 간섭하기 위한 법률, 국가가 노동조합에 의해 노임상승을 관철하도록 내버려 두는 경우, 이자율을 낮추기 위해 자본시장에 직접적 또는 간접적으로 개입하는 것을 정부에게 허용하는 법률 등은 모두 경제주체들로 하여금 특정의 경제정책적 목표(집단적인 목표)를 달성하는 데 기여하도록 하려는 의도를 내포하고 있는 법률이다. 이러한 법률들은 경제주체들을 조종 · 통제하여 특정의 국가정책적 목적으로 몰아가는 법률이다. 그렇기 때문에 처분적 법은 경제주체들의 행동의 내용을 규정한다. 행동의 내용이란 국가의 집단적 목표에 합당한 행동을 의미한다.

셋째로 행동규칙은 확실해야 한다. 즉, 그것은 인간들이 행동할 때 금지되어 있는 행동들이 무엇인가를, 행동규칙을 보고 알 수 있도록 규정되어 있어야 한다. 예컨대 '카르텔은 금지한다' 라는 법조문은 확실성을 갖고 있다. 그러나 '불황을 극복하거나 산업합리화에 필요하다면 카르텔은 허용된다' 라는 식의 법률은 확실성을 갖추고 있지 못하다. 이러한 법률은 경제주체들의 의사결정을 불안하게 만든다. 왜냐하면 카르텔의 필요성 여부의 판단은 관료에게 맡겨져 있고, 그 판단이 어떻게 내려질 것인가에 관해서 불확실하기 때문이다. 인허가를 내포하고 있는 법률은 모두 확실성의 조건을 갖추고 있지 않은 법률이다.

지금까지 설명한 정의로운 행동규칙들은 다음과 같은 기능을 행사한다. 즉, 그들은 행동주체들의 기대를 안정시킨다. 다시 말하면 일반성과 확실성을 갖춘 행동규칙들은 모두 개개인들이 타인들의 행동에 대한 기대를 형성할 수 있게 하고 또한 이 기대를 안정시킨다. 따라서 개개인들은 마음 놓고 자신의 계획을 세우고 이에 따라 행동할 수 있다. 또한 행동규칙들은 시스템을 열어 놓고 있다. 즉 그들은 수행할 특정의 행동을 지정하는 것이 아니라, 수행해서는 안 될 행동만을 금지하고 있기 때문에 경제주체들이 예상할 필요가 없는 타인들의 행동이 무엇인가를 알려준다. 그리고 금지적 성격을 가진 행동규칙들은 지금까지 어느 누구도 생각하지 못했던 새로운 행동방식들을, 이들이 금지되어 있지 않는 한 허용한다. 따라서 행동규칙들은 경제주체들의 행동의 유연성을 보장해 주고 있다.

이상과 같이 법의 지배원칙은 법다운 법이 되기 위한 조건을 말해 주는 정치적 이상이다. 그것은 무엇보다도 개별 경제주체들의 행동자유 및 사적 영역을 확립하는 데 그 취지가 있다. 따라서 법의 지배원칙에 합당한 법률은 자유를 보장하는 행동규칙이다. 이러한 행동규칙에 속하는 것이 민법과 형법을 포함하는 사법(私法)이다.[34] 자생적 질서는 이러한 사법을 기초로 하고 있기 때문에 자생적 질서를 그리고 시장

34 일반적으로 법학에서 사법은 사인 간의 권리관계를 규정하는 법률로 민법 · 상법 등을 의미하고, 공법은 국가기관 간의 관계나 국가기관과 사인 간의 권리관계를 규정하는 법으로, 헌법 · 형법 · 행정법 · 소송법 등을 의미한다. 그러나 하이에크는 자생적 질서로 형성된 법이나 자생적 질서의 기초가 되는 법을 사법이라고 하며 민법, 형법, 시장질서법 등의 법을 의미하고, 인위적 질서로 형성된 법을 공법이라고 하며 정부조직법, 기업조직법, 사회정의나 정부의 시장개입을 위한 처분적 법률 등으로 분류한다.

질서를 사법사회라고 부른다. 법의 지배원칙에 합당한 법률에 의해 통치하는 국가를 실질적 의미의 법치국가라고 부른다. 이에 반하여 처분적 법률, 즉 특정의 정책적 목표를 달성하기 위해 제정된 법률에 의해 통치하는 국가를 처분적 국가 또는 형식적 의미의 법치국가라고 부른다. 처분적 법률은 열린 자생적 질서를 폐쇄된 조직질서로 전환시키는 법률이다.

한편, 새로운 법률을 도입할 때에는 그것이 기존의 행동규칙들과 부합되는지를 반드시 검토해야 한다. 어느 한 법률이 법의 지배원칙을 충족시킨다고 하더라도, 그 법률이 실제로 적용될 수 있기 위해서는 또 다른 조건을 충족시켜야 한다. 즉, 그것이 기존의 다른 행동규칙들과 부합되어야 한다. 왜냐하면 행동규칙들은 제각기 고립되어 작용하는 것이 아니라 이들이 서로 하나의 체계를 형성하여 작용하기 때문이다. 사실상 개개인들의 행동들이 자생적으로 갈등이 없이 조정될 수 있기 위해서는 모든 행동규칙들은 상호 보완적이어야 하고 모순이 없어야 한다. 이러한 경우에만이 다양한 행동규칙들에 의해 허용된(금지되지 않은) 행동들이 서로 충돌하지 않을 것이다.

따라서 행동규칙을 새로이 도입할 경우에, 또는 기존의 행동규칙들을 변동시킬 경우에, 이것이 기존에 존재하고 있는 법적 제도들 그리고 비공식적 행동규칙들(도덕률, 관습이나 관행)과 부합하는지를 판단해야 한다. 예컨대 새로운 제도들이 기존의 민법에 저촉된다면 이들은 도입될 수 없다. 또한 새로운 법을 도입할 때, 비공식적인 행동규칙들, 예컨대 관행이나 관습과 같은 전통 또는 도덕규칙들과 저촉될 경우, 그러한 법은 성공적으로 도입될 수 없다. 흔히 제도의 개혁이 실패하는 이유는, 그것이 특히 시장경제의 내적인 제도들과 저촉되기 때문이다. 내적 제도들은 스스로 형성되는 자생적 질서인데, 이들은 상대적으로 높은 안정성을 가지고 있기 때문에 법규칙과 같은 공식적 제도에 의해 사회적 과정을 조종할 수 있는 가능성은 제한되어 있다.

또한 실천적인 문제로서 네 가지 점을 들 수 있다. 첫째로 제도적인 개혁은 점진적이어야 한다는 점이 매우 중요하다. 신속한 개혁은 개혁에 의해 기존의 이익을 얻고 있는 사람들의 저항을 받기 쉽다. 또한 신속한 개혁은 우리의 이성의 한계 때문에 용인될 수가 없다. 둘째로 법적 제도를 빈번히 바꾸어서는 안 된다는 점 역시 매우 중요하다. 법규칙을 빈번히 바꾸게 되면 경제주체들의 기대의 안정성이 침해된다. 셋째로 어느 한 경제부문 및 법적 분야와 관련이 있는 법질서라고 하더라도 그 법질서 전체를 완전히 교체해서는 안 된다. 우리는 새로이 판을 짤 수 있는 능력을 갖고 있지 않기 때문이다. 법질서 중에서 의심의 여지가 없이 지켜지고 있는 부분을 기초로 하여 나머지 부분의 법규칙들을 점진적으로 개선해 나아가야 한다. 넷째로 법의 도입에서 중요한 것은, 전통적인 규칙들에 조심스럽게 접근하는 것이다. 왜냐하면 이들은 무수히 많은 경험들을 내포하고 있고 또한 우리가 알 수 없는 유익한 기능을 수행하기 때문이다. 전통에 대한 경외감을 가져야 한다. 이상과 같은 법규칙의 개발방법은, 나중에 자세히 설명하겠지만, 자생적 질서로서 보통법(Common Law)의 진화과정과 똑같은 과정이다.

일반성, 추상성 및 확실성의 조건을 충족시키면서 내재적 일관성(내재적 비판) 여부의 테스트에 따라 법을 개발할 여지는 매우 많다. 특히 기술발전에 의해 생겨나는 상황변동은 기존의 법질서를 이에 적응시켜야 할 필요성을 제기한다. 행동규칙들과 제도들은 과거에는 어떤 식으로든 유보되었다고 하더라도, 새로운 상황이 등장하게 되면 이들이 새로운 상황에 적응되어야 한다. 적응시켜야 할 법분야는 대단히 많다. 예컨대 계약법, 소유권법, 불법행위법, 회사법, 경쟁법, 세법, 국제무역과 관련된 법 등이 그것이다. 하이에크는 전통적인 자유주의 이론이 이러한 과제를 간과했다고 비판하고 있다. 사적 소유권의 원칙, 계약자유의 원칙을 인정하기만 하면 소유권법, 계약법은 더 이상 개선될 필요가 없는 것처럼 생각했던 것이다. 특히 이들이야말로 사회적, 국제적 및 자연적 환경변화에 따라 꾸준히 적응시켜야 할 법분야인데도 불구하고 말이다. 예컨대 소유권 개념을 발명특허권, 복제권, 상표권 등과 같은 권리로까지 확대시키는 문제가 바로 중요한 문제이다.

한편, 법치국가에서 정부의 권력은 제한되어 있다. 국가는 강제력을 행사할 수 있는 독점적인 권력을 가지고 있다. 이러한 권력은 사적인 조직들 및 개인들이 가질 수 없는 권력이다. 그런데 이러한 권력은 무제한적이 아니다. 실질적 의미의 법치국가는 자유를 보장하는 정의로운 행동규칙을 집행하는 데 국한되어 있다. 다시 말하면, 자유로운 사회, 즉 열린 자생적 질서에서 국가는 정의로운 행동규칙으로서, 즉 게임규칙의 심판자로서의 기능을 행사하기 위하여 필요한 경우에만 정당하게 강제를 행사할 수 있다. 그러나 형식적 의미의 법치국가는 강제권 발동에 있어서 무제한적이다. 왜냐하면 어떠한 형태의 법이든 상관없이 법을 집행하기 위해 필요한 모든 강제권은 정당한 것으로 취급되기 때문이다. 예컨대 형식적 의미의 법치국가에서는 특정 상품의 가격을 정부가 정해 놓고, 이 가격을 기업들이 지키지 않으면 정부는 이들을 처벌할 수 있다. 인허가를 통하여 정부는 강제력을 행사할 수 있다. 조세권을 통하여 정부는 차별적으로 시민들을 취급할 수 있다. 그러나 실질적 의미의 법치국가에서는 이러한 강제권은 허용될 수 없다. 이러한 법치국가에서는 국가는 형식적 의미의 법치국가와는 달리 게임참여자가 될 수 없다.

따라서 실질적 의미의 법치국가는 정의로운 행동규칙에 의해 설정된 시민들의 권리를 보호하는, 이른바 보호국가이다. 그런데 국가는 보호국가적 기능, 즉 강제기능만을 가지고 있는 것은 아니다. 그것은 서비스기능도 가지고 있다. 정부의 서비스기능에서 정부는 정의로운 행동규칙의 테두리 내에서 개인들이나 사적인 조직들과 똑같이 게임참여자로서 행동할 수 있다. 이 서비스기능을 행사하기 위해서 국가는 반드시 독점적 권력을 가질 필요는 없다. 정부의 강제기능은 정의로운 행동규칙으로서의 법규칙을 집행하는 기능이기 때문에 시민들은 이러한 기능을 행사하는 정부에 예속되어 있는 것이다. 그러나 정부의 서비스기능과 관련해서는 시민들은 정부의 권위에 예속되어 있는 주체가 아니다. 그런데 정부가 서비스를 공급하기 위해서는 인적 및 물적 자원을 필요로 한다. 주목해야 할 점은, 정부가 서비스기능을 행사하기 위해 필요한 자원은 엄격히 제한되어야 하고, 또 정부의 권한은 이 제한된 자원의 이용에만 국한되어야 한다는 점이다. 이 점이 실질적 의미의 법치국가, 즉 자유주의 사회가 형식적 의미의 법치국가와 다른 점이다. 형식적 의미의 법치국가에서는 국가가 사용할 자원의 규모 및 이용에 있어서 무제한적이다. 그리고 국가의 권력도 무제한적이다. 이러한 시각에서 본다면 형식적 의미의 법치국가는 극단적인 경우 전체주의 사회의 국가와 다를 바가 없다.

법치국가에서 사법과 공법은 엄격히 구분되어야 한다. 정의로운 행동규칙의 범주에 속하는 것은 민법과 형법을 포괄하는 사법이다. 이것이 열린 자생적 질서의 형성을 가능하게 한다. 그런데 자유로운 사회에서 국가가 자신의 기능인 강제기능과 서비스기능을 행사하기 위해서는 조직화된 기관, 즉 정부를 필요로 한다. 이 정부는 다양한 조직들로 구성되어 있는데, 이 조직을 구성하기 위한 규칙들, 즉 조직규칙들이 공법이다. 공법은 모든 조직규칙들과 똑같이 특정의 목적과 결부된 법률이다. 이러한 면에서 공법은 전적으로 사법과 다르다. 공법으로서 정부의 조직법(조직규칙)은 정부에게 부여된 특수한 조직목표를 위해 정부조직 구성원들의 자격, 직책과 권한 영역을 할당하고, 이들이 자신들에게 할당된 과제를 수행하기 위해 주어진 수단의 사용과 관련하여 이들의 행동을 지시하는 명령으로 구성되어 있다. 이러한 명령은 특정의 정책적 목적을 달성하기 위해 취해지는 처분적 법률과 동일한 성격을 가지고 있다. 그런데 공법은 역사적으로 또는 이론적으로 볼 때, 원래 사법의 집행, 즉 국가의 강제기능과 서비스기능을 행사하기 위한 정부의 활동을 조직하기 위해서 제정되었다. 그런데 사법은 공법으로부터 도출된 것이라는 잘못된 생각이 지배하고 있다. 이러한 생각을 촉진시키고 강화시키는 데 기여한 것이 공법학자들과 경제학자들이었다. 그들은 인위적 질서와 자생적 질서를 구분하지 못했고, 또한 이들 각 질서에 적합한 규칙들의 차이를 이해하지 못했던 것이다. 그 결과, 사법과 공법을 혼돈했던 것이다. 이러한 혼돈은, 결과적으로 실질적 의미의 법치국가 대신에 형식적 의미의 법치국가 이념을 야기시켜, 공법적 성격을 갖는 처분적 법률에 의해 사법을 밀어냈던 것이다. 사법을 밀어낸 결과는 시민들의 자유를 희생시키는 것이다. 사법은 자유를 보장하는 정의로운 행동규칙이고, 공법은 편의주의적 법, 즉 특수한 목적을 달성하기 위한 행동규칙이기 때문이다.

법치국가는 사회적 정의를 실현할 수도 없고 실현해서도 안 된다. 자유를 보장하는 정의로운 행동규칙은 열린 자생적 질서의 특수한 결과를 만들어 낼 수 없다. 이러한 사실은 예컨대 축구게임 규칙과 비유될 수 있다. 축구게임 규칙은 축구게임의 결과, 즉 게임참가팀이 얻게 될 특정의 점수비율을 미리 규정하지 않는다. 그 비율은 전적으로 열려 있다. 그렇기 때문에 사법질서는 시민들의 특정한 물질적 조건을 창출하고 특수한 재분배적 목표를 달성해야 한다는 사회적 정의를 실현하기 위한 수단이 될 수는 없다.

사법질서는 개개인들이 각자 자신들의 지식을 동원하여 자신들의 사적인 목표를 달성할 수 있는 틀로서 기능할 뿐이다. 다시 말하면, 사법질서는 개개인들의 자유를 보장하고, 이로써 그들의 자유로운 공존을 확립하는 데 그 취지가 있을 뿐이다. 열린 자생적 질서에서 사회적 정의가 요구하는 대로 정부가 소득이나 재산의 분배를 실현하기 위해서는, 정부는 시민들에게 이 분배적 목표를 실현하는 데 필요한 행동을 지시하거나 명령해야 하고, 이들이 그렇지 않은 행동을 하지 못하도록 막아야 한다. 특수한 분배적 목표를 달성하기 위해서는, 시민들의 서로 다른 행동들을 이 목표에 합당하도록 인위적으로 조정해야 한다. 이러한 정부의 행동은 공법의 실현과 동일하다.

앞에서 말한 바와 같이, 공법이란 정부조직의 구성원들을 그 조직에 주어진 과제를 달성하기 위해 인위적으로 조정하는 기능을 가지고 있다. 이러한 인위적 조정의 결과는 무엇인가? 사회적 정의를 실현하기 위해서 정부가 시민들의 행동을 조종 · 통제한다면, 그들은 자신들의 사적인 목적을 달성하기 위한 역량을 마음껏 발휘할 수 없고, 따라서 모든 사람들에게 유익한 결과를 가져다줄 수 있는 행동들이 억제될 수 있다. 요컨대, 열린 자생적 질서의 창조적인 힘이 약화된다. 이 창조적인 힘은 자유의 풍토에서만 활성화될 수 있다.

더욱 중요한 것은 인간이성의 한계 때문에 사회적 정의의 목표를 실현할 수도 없다. 이를 실현하기 위해서는 시민들의 행동을 통제해야 하는데, 통제에 필요한 지식을 정치가나 정부 및 학자들 중 어느 누구도 갖고 있지 못하다. 분배정책적 목표에 합당하도록 시민들의 행동을 통제하기 위해서는 이들의 행동방식에 관하여 상세히 알고 있어야 한다. 이를 알고 있는 인간은 인간이 아니다. 왜냐하면 인간은 무지하고, 이 무지는 구조적이기 때문이다. 사회적 정의의 실현은 열린 자생적 질서를 폐쇄된 조직질서로, 사법사회를 공법사회로 전환시키는 행위이다. 사회적 정의는 연대 모럴에서 비롯된 것이다. 연대 모럴은 소규모의 폐쇄된 사회의 모럴이다. 따라서 그것은 열린 자생적 질서, 문명화된 질서의 기초가 될 수 없다. 그렇다고 하이에크가 특정의 인간그룹들이 스스로 부양할 수 있는 능력이 없어서 이들이 굶어 죽도록 내버려 두라고 주장하지는 않는다. 오히려 이들에게 최소의 소득을 국가가 보장해 주어야 한다는 것이다. 아마도 오늘날 모든 정부가 사회적 정의 대신에 이러한 보장을 체계적으로 수행했더라면 보다 좋은 사회가 되었을지도 모른다. 사회적 정의를 실현하려는 노력 때문에, 그것의 실현은 고사하고, 오히려 사회적 혼란만이 야기되었다는 것을 역사가 입증하고 있다.

정의로운 행동규칙의 성격을 가진 사법은 어떻게 형성되었는가? 하이에크가 의미하는 사법은 보통법을 의미하는데, 사법의 형성을 재판관들의 개별적인 의사결정과

정의 결과로 파악하고 있다. 사법질서는 개개인들 및 인간그룹들의 다양한 행동들을 외부의 간섭을 받지 않고 스스로, 즉 자생적으로 조정하는 것을 도와주는 역할을 한다. 그러나 인간사회에는 항상 평화로운 조정만이 존재하는 것은 결코 아니다. 인간들이 자신들의 목적을 추구하기 위해 상호작용하는 과정에서는 갈등도 있게 마련이다. 이러한 갈등은 인간들의 행동들이 충분히 조정되지 못한 경우에 생겨난다. 이러한 갈등이 법의 생성을 위한 촉매이다.[35] 하이에크는 법의 생성과 변동을 이러한 갈등을 중재하고 해결하는 재판관들의 의사결정과정의 결과로 이해하고 있다. 재판관들의 사법적(司法的) 추론은 언어로 표현되지 않은 암묵적인 사회적 행동규칙에 의존하는, 그리고 과거의 사례들의 추론과 그 결과를 응용하는 훈련된 직관에 기초하고 있다.

보통법의 재판관은 기존의 갈등을 해결하고 또한 장래의 불특정 다수의 갈등들을 예방할 과제를 갖고 있다. 그렇기 때문에 이들에 적용할 수 있는 원칙들을 언어로 표현하여 개별 사건들을 판결한다. 더구나 재판관이 어느 한 특정사건을 판결하기 위해 언어로 표현한 행동규칙은 다른 행동규칙들과 양립해야 할 것이다(일관성 테스트). 그렇지 않으면 혼란만을 야기할 것이기 때문이다. 따라서 재판관은 개별사건들을 해결할 때, 장래에 발생할 유사한 사건들에도 적용될 수 있는 행동규칙들을 언어로 표현해야 할 뿐만 아니라, 이들을 다른 일련의 행동규칙들과 양립하도록 언어로 표현해야 한다. 이러한 사법적 추론과정과 이에 따른 법의 생성과 변동은 자생적 질서의 유지와 확립을 위해 중요한 의미를 가지고 있다.

첫째로, 재판관의 법의 형성은 점진적이라는 점이다. 재판관은 과거의 행동규칙들을 전면 부정하는 것이 아니라 이들을 수정하고 개선한다. 둘째로, 재판관은 어떠한 정책적인 목적(집단적 목표)을 갖지 않고 재판을 시작한다. 그들은 자신들의 판결이 자원배분이나 소득분배에 어떤 영향을 미칠 것인가에 대해서는 전혀 관심이 없다. 만약 그들이 어떤 정책적 목표를 염두에 두고 재판을 한다면, 그 판결은 그들이 염두에 두고 있는 정책적 목표를 달성하기 위한 성격을 가진 처분적 법률을 형성시킬 것이다. 재판관들은 자원 배분적 또는 분배적 결과에 관심을 갖고 있지 않고, 서로 다

35 아담 스미스는 사회적 가치판단의 기준을 동감에서 찾고 있다. 상호동감의 즐거움 때문에 동감하려는 노력을 한다고 한다. 그러나 모든 개인이 항상 동감하는 것은 아니기 때문에 법이 필요하다고 한다.

른 사적인 목표를 가진 개개인들의 갈등을 해소하여 평화로운 공존을 확립하는 데 관심을 갖고 있기 때문에, 이들의 욕구나 목적과 관계없는, 따라서 이러한 의미에서 추상적인 성격의 행동규칙을 언어로 표현한다. 그렇기 때문에 재판관이 언어로 표현하여 법으로 승화시킨 행동규칙들은 대부분 금지적 성격을 가지고 있고, 따라서 법의 지배원칙에 합당한 법률이 될 수 있다.

이와 같이 하이에크는 정의로운 행동규칙을 언어로 표현하고 이를 법적 지위로 승화시키는 보통법 재판관의 역할을 매우 중시하고 있다. 최근까지 사법의 개발은 보통법 재판관들의 손에 있었던 것이다. 반면에 공법은 애초에 지배자의 신민들이 공법적 영역을 관리 · 운영하기 위해 그가 내리는 명령과 지시로 구성되어 있었다. 그런데 행정조치들이 시민들의 권리를 침해할 필요가 있을 경우에는, 그 명령과 지시들은 입법의 형태 혹은 의회의 명령형태를 취했던 것이다. 따라서 원래 의회는 주로 정부의 조직(공법적 영역)을 다루었던 것이다. 그리고 의회가 시민의 권리를 다루는 일은 오로지 부차적일 뿐이었다. 그러던 것이 복지국가의 등장, 사회적 정의의 등장으로 인하여 입법의 역할이 극적으로 전환되었다. 유권자들의 압력을 받고 있는 의회는 공동체 구성원들을 부양하는 역할을 갖게 되었다. 이들의 삶을 부양하고 이들의 삶을 구석구석까지 돌보기 위해서는 공동체의 모든 인적 그리고 물적 자원들을 조직하고, 공동체 구성원들의 행동들을 인위적으로 조작하고 또한 이들 간의 거래를 규제해야 했던 것이다. 따라서 복지국가의 등장으로 인하여 보통법시대가 입법의 시대로 전환되었고 복지국가를 위한 공법(흔히 사회입법이라고도 부른다)적 성격을 가진 처분적 법률에 의해 사법사회가 막중한 침해를 받았다. 입법에 의한 보통법의 억압, 처분적 법에 의한 사법의 억압은 개인의 자유에 심각한 영향을 미쳤던 것이다. 그렇다고 해서 하이에크가 입법의 필요성을 전적으로 부인하는 것이 아니다. 다음과 같은 이유에서 입법의 중요성이 강조되고 있다. 즉, 재판관의 법형성은 매우 완만하여 새로운 환경의 변화에 대해 사회질서가 신속하게 적응하지 못하고, 또한 재판관의 법형성은 특정한 그룹의 이해관계에 유리한 방향으로 이루어질 수 있고, 일단 판결이 내려지면 그 판결이 이와 같은 소망스럽지 못한 결과가 생겨난다고 해도, 이를 스스로 바꾸어 놓기가 어렵다. 그렇기 때문에 입법은 보통법이 때때로 불만족스러운 방향으로 진화하는 것을 수정하기 위해 필요하다. 그러나 자유가 보장되고 유지되려면, 정의로운 행동규칙에 영향을 미치는 입법은 소망스러운 법관의 법형성과정을 모방해야 할 것이다. 다시 말하면 입법의 법이 정의로운 행동규칙이 되려면 그 법은 앞에서 언급한 바와 같이 일반성 · 추상성 및 확실성 조건을 갖추어야 하고, 또한 다른 행동규칙들과 부합되어야 한다. 입법을 담당하는 국가기관은 이러한 조건에 의해 입법행동에 있어서 엄격히 제한받아야 한다. 그런데 현대 민주주의는 이러한 제한을 받지 않는 무제한적 민주주의이다. 따라서 하이에크는 민주주의의 무제한적 권력을 제한하기 위한 장치로서 이상적인 헌법을 제안하고 있다. 이제 그가 민주주의를 어떻게 보고 있는가를 상세히 설명하고자 한다.

경제학과 법학, 행정학의 긴장

대공황(Great Depression)을 전후로 사회과학은 큰 변화를 보였다. 대공황 이전 경제학에서는 자유주의 경제학, 정부 비개입주의 경제학으로 신고전학파가 주류경제학이었지만 대공황 이후 사회적 정의라는 개념이 강조되면서 정부개입주의 경제학, 케인즈경제학이 주류경제학으로 대두되었다.

법학에서는 대공황 이전 헌법체계가 자유시장경제 헌법으로 자유와 인권수호가 국가의 중요한 목표였으나 대공황 이후 소득분배의 불평등에 대한 반감이 확대되면서 사회정의나 평등이념이 강조되면서 헌법도 사회적 시장경제 헌법으로 수정되어 수정자본주의를 지향하며 새로운 기본권으로 사회적 기본권, 즉 인간다운 생활을 할 권리, 교육권, 근로의 권리 등도 신설되었다.

정치학 · 행정학에서는 근대시민혁명 이후 대공황 이전까지는 경제학의 야경국가론과 유사하게 행정부의 역할을 강조하지 않고 국가권력의 사법, 입법, 행정으로의 엄격한 분립이 강조되었으나 대공황 이후 순수자본주의에서 수정자본주의를 실현하기 위해 사회정의, 복지국가 이념이 강조되면서 행정부의 역할이 증가하자 적극행정, 혼합정부라는 국가관이 정립되었다.

따라서 현재 법학, 행정학, 정치학에서는 평등이념, 사회적 정의 등의 개념을 여전히 중요하게 여기고 있는 반면, 경제학은 1970년대 유가파동을 계기로 수요를 중시하는 케인즈학파 경제학이 한계를 보였고, 신자유주의의 흐름이 거세지면서 케인즈 경제학은 주류경제학으로서의 위치를 잃게 되었다. 그 대신 신고전학파의 자유주의 사상을 계승하는 통화학파나 새고전학파가 주류경제학으로 대두되었다. 따라서 경제학계에서 다수의 경제학자는 신자유주의에 동조하는 입장이다. 신자유주의 물결에 편승하여 정부개혁에 성공한 국가는 미국이나 영국 정도일 것이다. 유럽이나 대부분의 국가는 여전히 평등과 사회적 정의를 구현하기 위한 법과 행정을 유지하고 있는 실정이다. 평등과 사회적 정의를 구현하기 위한 정책은 한번 시행하면 철회하기 어려운 경향이 있기 때문에 신자유주의적 개혁은 어려운 것이다.

처분적 법률이란 사회정의나 평등을 국가가 실현하기 위해 시장이나 사적 영역에 개입하여 경제적 · 사회적 약자를 보호하기 위한 법률과 국가가 사적 영역에 개입하여 특정목적을 달성하기 위한 법이다. 따라서 어떤 계층의 사람은 이익을 보고 어떤 계층은 손해를 보게 된다. 하이에크의 관점에서는 법치란 법의 성격으로, 일반성 · 추상성 · 확실성의 요건을 충족한 정의로운 규칙으로 개인의 자유를 보호하는 것이지만, 처분적 법률은 특정계층을 위한 법률이므로 정의로운 행동규칙이 아니라는 것이다. 다수의 법학자, 정치학자, 진보론자 등은 하이에크의 주장들을 비판할 것으로 보인다.

7. 민주주의

우리는 민주주의를 놓고 다양한 문제들을 제기할 수 있다. 예컨대 자유주의와 이를 기초로 하는 시장질서는 민주주의와 어떤 관계를 가지고 있는가? 현대 민주주의는 어떠한 모습인가? 이러한 문제들에 대한 대답이 하이에크의 민주주의와 관련된 분석의 핵심적인 내용을 구성한다.

자유주의는 국가권력의 내용을 중시하고, 민주주의는 국가권력의 원천을 중시한다.[36] 하이에크는 자유주의가 민주주의와 다르다는 것을 여러 가지 차원에서 설명하고 있다. 원래 자유주의는, 법과 연계시켜 말하자면, 법의 내용을 중시하는 데 반하여, 민주주의는 법의 원천을 중시한다. 자유주의는 법의 내용이 앞에서 언급한 일반성, 추상성 그리고 확실성을 갖추고 있는 정의로운 행동규칙의 성격을 취하고 있을 경우에, 그 법을 법다운 법으로 간주한다. 그러나 민주주의에서는 법이 주권자로서 다수의 유권자들의 의지로부터 비롯된 것이면, 그것이 무엇이든 법으로 인정된다. 민주주의는 국가권력의 원천을 중시한다. 반면에 자유주의는 국가권력의 내용을 중

36 민주주의는 주권재민사상, 즉 국가 최고권력은 국민에게 있다는 것을 실현하는 수단으로 국민다수가 원하는 정부를 구성하고 다수결의 원칙에 따라 입법을 한다는 것이다. 따라서 국가권력은 국민다수의 결정으로 생성되는 것이므로 국가권력의 원천은 민주주의로 표현하는 것이다.

시한다. 민주주의는 국가권력의 원천을 다수에서 찾고 있다. 자유주의는 국가권력의 내용을 개인의 자유의 보장에서 찾고 있다. 자유주의는 목표 그 자체이다. 이것은 실현되어야 할 가치이다. 그러나 민주주의는 방법 또는 절차이다. 그것은 자유주의라는 가치를 실현하기 위한 수단적 성격을 가진 것이다. 따라서 자유주의는 사법질서와 관련되어 있고, 반면에 민주주의는 공법질서와 관련되어 있다. 그리고 민주주의는 자유주의를 실현하기 위한 유일한 수단이 아니라 하나의 수단이다.

현대 민주주의에서 민주정부의 권력은 무제한적이다. 원래 민주주의는 제한된 민주주의였다. 의회의 입법활동이나 그 밖의 활동은 보통법이 허용하는 범위 내에서 허용되었던 것이다. 앞에서 설명한 바와 같이, 정의로운 행동규칙으로서 법규칙의 개발은 보통법 재판관들의 손에 있었다. 예외적인 경우에만 의회가 법규칙을 다루었다. 의회는 오로지 정의로운 행동규칙의 테두리 내에서 공법적 분야를 다루었던 것이다. 그러던 것이 의회민주주의가 강제적으로 집행될 행동규칙으로서 자유를 보장하는 정의로운 행동규칙을 개발하는 과제와, 서비스기능에 해당하는 과제, 즉 공법분야와 관련된 과제를 모두 장악하게 되었다.[37] 이렇게 두 가지 과제를 모두 장악하게 된 이유는 주권재민사상으로부터 연유한 것이다. 이 사상에 따른다면, 민주주의는 최고권력이 다수의 손에 있어야 한다는 것을 의미한다. 그리고 민주주의는 다수가 결정한다는 것을 의미할 뿐만 아니라, 그 다수가 모든 것을 결정한다는 것을 의미한다. 이러한 민주주의 개념 때문에 강제로 집행될 정의로운 행동규칙으로서의 법질서를 개발하는 과제와 서비스기능에 해당하는 과제를 수행하는 행정부를 통제하는 과제의 구분이 무색하게 되었다. 이 두 가지 과제는 완전히 다른 성격의 과제인 데도 불구하고 말이다. 그리고 또한 주권재민사상 때문에 정의로운 행동규칙 또는 실질적 의미의 법치국가적 법이라는 순수한 의미의 법의 성격도 무색하게 되었다. 실질적 의미의 법치국가 대신에 형식적 의미의 법치국가가 전면에 등장하게 되었다. 다시 말하면 법개념이 완전히 변질되었다. 즉 다수에 의해 제정된 법은, 그것이 무엇이든 법으로 인정받게 되었다. 이제는 법의 내용이 중요한 것이 아니라, 법의 원천이 중요하게 되었다. 이로써 사법과 공법(처분적 법률)의 구분이 애매모호하게 되어버린 것이

37 오늘날의 정당민주주의를 의미할 것이다.

다. 요컨대, 민주주의는 무제한적 권력을 장악한 것이다. 이와 같이 민주주의가 무제한적 권력을 장악하게 됨으로써 어떤 결과가 생겨났는가? 사적 권력보다도 국가권력의 위험성을 강조하고 있는 하이에크는 무제한적 민주주의를 무법적이고 부패한 그리고 힘이 약하고 비민주적이라고 비판하고 있다.

현대 민주주의는, 그것이 내각책임제이든 대통령중심제이든 관계없이, 집권 또는 재집권을 위해 정당들끼리 경쟁을 한다. 구체적으로 말해서 정당들의 정치적 경쟁을 통하여 정치가들이 유권자들에 의해 선출되고 이들이 의회를 구성한다. 정치적 경쟁에서 승리하기 위해서는 다수의 유권자그룹들의 지지를 받아야 한다. 그런데 이러한 정치적 경쟁에서 자유를 보장하는 정의로운 행동규칙의 개발에 초점을 맞추는 법치국가적 입법정책 원칙이 매력적인 정치적 경쟁수단이라고 한다면, 이러한 원칙을 지향하는 정당이 정치적 경쟁에서 승리할 수 있을 것이다. 그러나 하이에크는 이러한 가능성은 극히 예외적이라는 것이다. 그에 의하면 법치국가적 입법정책보다는 처분적 법률 및 이에 따른 처분적 정책이 정치적 경쟁에서 승리하기 위한 매력적인 경쟁수단이라는 것이다.

자유를 보장하는 법치국가적 법률(정의로운 행동규칙)은, 앞에서 설명한 바와 같이, 불특정 다수의 사례와 불특정 다수의 인간들에게 적용될 수 있는 법률이다. 이러한 법률의 특징은 오로지 소득기회만을 개선시켜 줄 뿐, 실제로 특정인이나 특정그룹에게 소득을 보장해 주는 규칙이 아니다. 이에 반하여 처분적 법률은 실제로 특정의 유권자들 또는 유권자계층의 소득을 보장해 주는 법률이다. 처분적 법률은 이들에게 허용하는 유리한 특혜나 마찬가지이다. 따라서 법치국가적 입법정책은 정치적 경쟁에서는 매력적인 경쟁수단이 될 수 없다. 실제로 각종 조직화된 유권자그룹들(이익단체나 또는 그 밖의 다양한 사적 단체나 공공단체들)은 정치적 과정을 통하여 자신들에게 유리한 정책을 관철시키려고 노력한다. 그들의 정치적 요구가 부당한 것이라고 하더라도 정당들 및 정치가들은 이 요구를 거절할 수가 없다.

이와 같이 정치가나 정당의 운명이 유권자그룹들의 지지여부에 달려 있고, 또한 정치가나 정당은 이들의 요구에 응하지 않을 수 없다. 정치가나 정당이 이들의 요구에 응하는 것은, 그 요구가 정의롭기 때문이 아니라 그들이 정치가나 정당의 장래를 위태롭게 하는 데 충분한 정치적 힘을 행사할 수 있기 때문이다. 하이에크는 이러한 민주주의를 부패된 민주주의라고 부르고 있다. 이러한 민주주의에서 정부는 재집권을 위해 충분한 유권자그룹들의 다양한 이익단체들에게 차별적인 입법형태의 특혜를 부여하고, 그 대가로서 이들로부터 지지를 얻어낸다. 그들의 요구는 현재의 사회 · 경제적 위치를 유지하거나 장래의 보다 높은 위치를 확보하는 내용으로 구성되어 있다. 그들의 요구는 대부분 독점적 위치를 확립하는 데 취지가 있다. 오로지 정의로운 행동규칙(법의 지배원칙)에 따르는 법을 개발하고 이를 집행하도록 국가의 권력을 제한한다면, 정치적 특혜를 얻어내려는 공동의 이해관계를 가진 사람들이 조직을 형성하려는 유인은 자동적으로 소멸하게 될 것이다.

현대 민주주의에서 정부는 약자에게는 강하고 강자에게는 약하다. 하이에크는 현대 민주주의의 정부를 허약한 정부라고 믿고 있다. 그러나 그의 믿음은 겉으로 보기에는 모순된 것처럼 보인다. 왜냐하면 그가 현대 민주주의는 무제한적 권력을 가지고 있다고 말하고 있는데, 이것은 정부가 그만큼 강하다는 의미를 내포하고 있기 때문이다. 약한 정부란 다수의 의석을 확보하지 못한 정부를 의미하는 것이 아니다. 다수의 의석을 확보했다고 하더라도, 그러한 정부는 다수를 유지 · 확보하는 데 필요한 유권자그룹들의 저항이나 압력을 이겨낼 수 있는 능력이 없는 정부를 의미한다. 정치가들 및 정당들의 운명은 각별한 이익을 요구하는 유권자그룹들의 지지에 매달려 있다. 다수의 지지를 확보하고 유지하기 위해서는 민주주의 정부는 머릿수를 합하여 다수가 될 수 있는 유권자그룹들이 제각기 제기하는 서로 다른, 엄밀히 따지면 서로 모순되는 요구를 받아들이지 않으면 안 된다. 따라서 정부는 다수를 구성하기에 필요한 유권자그룹들과 이익단체들에 대해서는 매우 약하다.

다른 한편, 다수를 구성하기에 필요하지 않은 유권자그룹이나 이익단체들에 대해서는 매우 강하다. 이들은 대부분 강력한 정치적 영향력을 갖고 있지 못한 약한 소수이다. 따라서 민주주의 정부는 강자에게는 약하고 약자에게는 강하다. 이와 같이 다수의 지지를 위해 필요한 특정그룹들에게 정부가 예속되어 있기 때문에 하이에크는 정부를 이익단체들이 가지고 노는 노리개 공에 비유하고 있다. 무제한적 민주주의하에서는 정부가 필연적으로 약체정부일 수밖에 없다면, 정부의 입법 및 경제정책은 일관성을 취할 수 없고, 유권자그룹들의 힘의 판도에 좌우될 수밖에 없을 것이다. 민주주의의 결함은 다수결 원칙 자체에 있는 것이 아니라, 다수가 원하는 것이면 무엇이든 해야 한다는 데 있다. 흔히 많은 사람들은 민주주의의 결함을 다수결 원칙에서 찾고 있다. 따라서 이 결함을 치유하기 위해서는 필요 찬성투표율을 증가시켜야 할 것이다. 아마 이상적인 것은 만장일치제도일 것이다. 이 제도의 실천적 어려움을 차치한다고 하더라도, 그것도 많은 결함을 가지고 있다. 특히 모든 사람이 원한다면 정부가 침략전쟁을 감행해야 하는가? 만장일치제도가 도입되었더라면 히틀러의 나치 정부가 탄생되지 않았을까? 하이에크에 있어서 민주주의의 다수결 원칙은 불가피하다. 그는 이 원칙을 반대하지 않는다. 그가 반대하는 것은 민주주의 정부는 다수(또는 모든 사람이)가 원하는 것이면 무엇이든 수행해야 한다는 생각이다. 그가 반대하는 것은 민주주의 정부의 무제한적 권력이다. 앞에서 보았듯이, 자유주의는 정부의 권력을 제한하는 데 있다. 무제한적 민주주의는 개인적 자유의 보호를 불가능하게 하거나 이를 위태롭게 하기 때문에 이를 제한해야 한다는 것이다. 하이에크는 민주주의 자체를 그리고 다수결 원칙 자체를 철폐시켜야 한다고 주장하지 않는다. 오히려 민주주의적인 결정에 다수의 참여는 불가피하고 필요한 것이다. 왜냐하면 의사결정에 광범위한 의견을 반영할 가능성이 소수나 일인에 의한 결정보다 크기 때문이다.

무제한적 권력을 가지고 있는 현대 민주주의의 권력을 어떻게 제한해야 하는가? 정부의 권력을 제한해야 할 당위성은 앞에서 상세히 설명한 바와 같이, 정부의 권력을 행사하는 사람들이 권력을 남용하는 것을 막는 데 있다. 하이에크는 당위성을 이러한 차원 이외에 또 다른 차원에서도 찾고 있다. 즉, 앞에서 설명한 바와 같이 개개인들이 규칙을 따르는 것이 의사결정에서 매우 편리하다. 사례가 생겨날 때마다 매번 의사결정을 내리는 것은 인간들의 구조적인 무지 때문에 여러 가지 면에서 불편하다. 따라서 규칙에 따라 행동하는 것이 보다 성공적이다. 행동을 제한하는 규칙에 따라 행동할 경우 행동의 일관성이 유지될 수 있는 것과 마찬가지로 집단적인 의사결정에서도 의사결정의 일관된 그리고 소망스러운 결과를 얻을 수 있기 위해서는 규칙이 필요하다. 더구나 집단적인 의사결정에서는 자연인이 갖고 있는 정체성이 결여되어 있기 때문에 그 의사결정은 규칙에 따라야 할 필요성이 더욱 더 크다. 그러면 집단적인 의사결정에서 준수되어야 할, 그리고 이 의사결정을 제한해야 할 행동규칙은 무엇인가?

이 문제와 관련하여 하이에크는 자유주의를 확립하고 보호할 수 있는 이상적인 헌법 모델을 구상하고 있는데, 그의 구상에서 주목할 점은, 특히 무엇이 정의로운 행동규칙인가를 규정하는 기본조항이다. 이 기본조항은 입법의회의 법제정 권력을 제한하는 규칙인데, 그 규칙의 내용은 법의 지배원칙을 담고 있다. 하이에크는 앞에서 설명한 바와 같이 입법을 반대하지는 않는다. 입법은 재판관의 법의 형성, 즉 보통법의 형성에서 생겨나는 불충분함을 수정하기 위해 필요한 것으로 여기고 있다. 법개발에서 입법의회의 권력남용을 막기 위해 그의 이상적인 헌법에 도입한 입법원칙은 보통법 법관의 법형성과정을 모방한 것으로 해석될 수 있다. 보통법의 법관처럼 입법의회는 특정의 집단주의적인 목표를 가지고 법을 개발하는 것이 아니라, 불특정 다수의 사례와, 인간들에게 적용할 수 있고 의심의 여지가 없이 준수되는 전통규칙이나 도덕규칙, 그리고 법규칙들과 양립되는 법을 개발할 과제를 가지고 있다. 이로써 하이에크는 자유주의 실현을 위해 무제한적 민주주의 권력을 제한하는 제한적 민주주의를 제안하고 있다.

8. 소 결

하이에크는 인간이성의 한계, 제한적 인지로 인해 인간은 구조적으로 무지하기 때문에 규칙이 필요하며 인간들이 규칙을 잘 지킬 때 보이지 않는 손(invisible hand)의 작용으로 사회에는 조화로운 자생적 질서가 형성된다고 했다. 규칙과 자생적 질서는 인간이성의 고안물이 아니라 문화적 진화로 무의도적으로 형성된다고 한다. 인간의 최고의 가치는 자유이며, 자유 역시 문화적 진화의 산물이며, 인간들이 도덕적으로 상호 존중하며 정의로운 행동규칙으로서 일반성 · 추상성 · 확실성의 요건을 갖춘 법규칙을 준수할 때 사적 영역이 형성되며 자유로운 행동으로 지식을 습득하여 현명해진다고 한다. 그러나 민주주의는 법의 원천이지만 사회정의라는 명목으로 처분적 법률이 확대되면서, 부패한 민주주의로 인해 인간의 자유가 위협받고 있다고 경고하고 있다.

이러한 하이에크의 사회철학은 제도주의자로서의 하이에크의 면모를 보여주지만 신제도경제학과는 관점의 차이가 존재하며 논리전개 및 관점의 차이로 인해 비판도 받고 있다. 신제도경제학과는 다음과 같이 비교할 수 있다.

하이에크는 인간에게서 가장 중요한 것은 사고방법, 세상을 바라보는 방법이라고 생각하고 있었다. 이는 노스(D. C. North)의 신제도경제학에서 제도 생성 및 변동에서 신념체계, 이념 등을 강조하는 것과 유사하다. 하이에크는 신고전학파의 합리성 가정을 폐기하고 인간본능을 구조적 무지로 전제한다. 인간의 구조적 무지를 보완하기 위해 행동규칙을 필요로 한다는 주장이다. 이것은 신제도경제학에서 인간의 제한된 합리성으로 불확실성을 유발하여 거래비용을 발생시키기 때문에 제도가 필요하다는 논리와 유사하다. 인간의 구조적 무지는 인간의 제한된 합리성의 원인으로 거래비용을 발생시키는 인간의 성격으로 볼 수 있을 것이다.

규칙의 성격 · 기능으로 타인의 행동 예측가능성, 행동수단의 개발, 인간의 행동의 자유가 가능하다는 하이에크의 주장은 제도의 기능으로 불확실성 감소와 유인의 제공을 주장하는 신제도경제학과 유사하기도 하다.

그러나 규칙은 문화적 진화의 산물로 예측이 불가능하며 무의도적이라는 것은 신제도경제학과 중요한 차이점이다. 신제도경제학에서는 제도생성 및 제도변동은 인간의 의도성, 이념, 신념체계와 상호작용한다고 하는데, 이러한 차이는 관점의 차이에 기인한다.

신제도경제학에서는 공식적 제도의 생성 및 유지는 국가영역이므로 국가의 역할이 중요하기 때문에 국가이론이 경제학의 영역으로 편입되는 경향을 보이고 있는데, 국가의 비중립적 성향 및 비효율적인 측면을 개선하기 위한 연구가 중요주제이다. 하이에크는 국가의 비효율성이 민주주의의 다수결 원칙에서 비롯됨을 지적하며 이를 개선시키기 위해 국가의 역할, 국가권력 남용을 방지하기 위한 입법 및 헌법 모델을 제시하고 있다.

핵심용어

예종의 길, 치명적 자만, 구조적 무지, 행동규칙, 자생적 질서, 문화적 진화, 인간의 자유, 행동규칙의 성격, 법치주의, 처분적 법률, 민주주의, 이상적인 헌법 모델

확인문제

1. 인간본성이 구조적으로 무지한 이유를 설명하라.
2. 시장경제에서 자생적 질서의 필요성을 설명하라.
3. 하이에크가 사회주의를 비판하는 논거는?
4. 문화적 진화와 생물학적 진화의 차이를 설명하라.
5. 인간이 자유를 누리기 위한 사회적 요건은?
6. 구조적 무지, 행동규칙, 자생적 질서, 문화적 진화, 인간의 자유 간의 상호관계를 설명하라.
7. 행동규칙의 성격으로 일반성, 추상성, 명확성에 대해 설명하라.
8. 행동규칙의 기능에 대해 설명하라.
9. 하이에크가 말하는 실질적 법치란?
10. 부패한 민주주의에 대해 설명하라.
11. 하이에크의 사회철학이 신제도경제학과 유사한 점과 차이점은 무엇인가?

제12장

동서양의 사고습관의 차이와 경제발전에서의 시사점

1. 서 론
2. 동양과 서양의 사고습관의 차이의 기원
3. 동양과 서양의 사고습관의 차이
4. 경제발전에서의 시사점
5. 소 결

1. 서 론

노스(North, 1991, 1990a, 1981)의 신제도경제학에서 경제성장 및 경제적 성과의 결정요인으로 제도는 중요하다. 제도변동은 경제변동의 결정요인이기도 하다. 제도의 생성 및 변동에서 인간의 심리적 측면, 정신적 측면이 중요하다. 이데올로기(ideolgy), 신념체계(belief system), 인간의 의도성(intentionality) 등은 제도의 생성 및 변동에 중요한 요인이며 물리적 · 사회적 환경과 인간의 주관적 경험 및 학습을 통해 형성된다. 신념체계는 인간이 환경을 해석하는 정신모형을 의미한다. 유사한 용어로는 개인의 관점, 관념 등의 용어로도 표현할 수 있다.

신제도경제학에서 신념체계는 니스벳(Nisbett, 2003)에서 사고습관(habits of thought), 사고방식(way of thought), 인지과정(cognitive process) 등과도 깊은 관련이 있을 것이다. 니스벳은 사고습관, 사고방식, 인지과정의 용어를 'mentalities' 란 용어와 동의어로 사용한다. 이 용어는 심리, 정신, 사고방식 등의 의미로 해석할 수 있다. 이런 요인 역시 자연환경, 사회구조, 형이상학적인 신념(belief) 등으로 형성된다고 한다. 즉, 자연환경, 사회구조가 형이상학적인 신념에 영향을 미치고 이러한 영향이 사고습관, 사고방식, 인지과정 등을 결정한다고 한다. 동양과 서양은 상이한 자연환경, 사회구조, 형이상학적인 신념 등으로 상이한 사고습관, 사고방식, 인지과정 등을 형성했다고 한다. 따라서 동양과 서양의 사고습관, 사고방식, 인지과정의 차이는 동양과 서양의 경제성장 및 경제적 성과에도 중요한 관련이 있을 것이다.

신제도경제학에서 근대 이후 서구사회의 성장요인에 대한 연구는 많은 시사점을 주고 있다. 반면에 고대에는 상대적으로 동양이 선진국이었지만 그 원인에 대한 연구는 미비한 편이다. 고대에는 상대적으로 동양이 선진국이었고 근대 이후 서구사회가 더 빨리 성장한 원인에 대해 동양인들과 서양인들의 사고습관, 사고방식, 인지과정 등이 중요하게 작용했다고 볼 수도 있을 것이다. 동서양의 사고습관 등의 차이를 이해함으로써 인간, 사회, 제도 간의 관련성에 대한 더 깊은 통찰력을 가질 수 있을 것이다.

동서양 사고습관 등의 차이에 대한 내용은 니스벳(Richard E. Nisbett, 2003)의 「생각의 지도(*The Geogeaphy of Thought*, 최인철 역)」를 요약하여 정리하였다. 여기서 동양은 중국과 중국문화의 영향을 많이 받은 한국과 일본인을 연구대상으로 하고 서양은 유럽, 미국, 캐나다인을 연구대상으로 한 실험의 결과를 논거로 한 내용들이다. 동양적 사고의 기원은 중국으로, 서양적 사고의 기원은 그리스를 설정하였다. 오늘날 지구상의 인구 중 약 10억 정도가 고대 그리스의 지적 전통을 물려받았고 20억 정도가 고대 중국의 영향을 받았다. 고대 중국과 그리스는 자연환경, 사회구조, 철학, 문명에서 극명한 대조를 이루었고 이러한 차이가 오늘날 동양과 서양의 사고방식에 큰 차이를 가져왔다는 것이다.

이러한 동양과 서양의 사고방식의 차이들에서 고대에서 중세까지는 상대적으로 동양이 선진국이었고 근대 이후 서구사회가 더 빨리 성장하였다고 볼 수 있는 요인들을 발견하고 경제발전에서의 시사점을 제시해 보았다.

논의 전개는 2절에서 동양과 서양의 사고습관 차이의 기원을 설명하고, 3절에서 구체적인 동서양 사고습관들의 차이를 소개한다. 4절에서는 앞의 논의를 바탕으로 경제발전에서의 시사점을 제시한다. 5절에서는 결론으로 요약과 의의를 기술한다.

2. 동양과 서양의 사고습관의 차이의 기원

동서양 사고습관 차이의 근본적인 원인은 그리스와 중국의 생태환경(ecologies)의 차이에 기인한다. 자연적 생태환경이 경제 · 사회구조에 영향을 미치고, 사회구조가 형이상학적인 신념(belief)에 영향을 미치고, 그러한 형이상학적인 요인이 인지과정(cognitive process)에 영향을 미친다. 이것들에 대해 차례로 살펴보자.

1) 생태환경이 경제사회구조에 미치는 영향

중국의 자연환경은 대체로 평탄한 육지, 낮은 산들, 항해가 가능한 강들로 이루어져 있어서 농경에 적합하였다. 농경민들에게 중요한 것은 서로 간의 화목한 생활이었다. 특히 쌀농사의 경우에는 공동작업이 필수적이기 때문에 더욱 그러했다. 사람들 간의 화목은 관개공사의 경우에 특별히 더 중요하다. 관개공사가 절실히 필요했던 지역 중 하나가 바로 중국 북부의 황허 골짜기 지역이었다. 관개공사는 이웃과의 화목뿐만 아니라 정치적으로는 중앙집권적 권력구조를 유도하게 된다. 소작농들은 자신들의 이웃과 화목하게 지내야 했고, 자기 부락의 연장자들이나 권력자들의 지배를 받아야 했다. 그리고 지역의 권력자들은 다시 왕의 지배하에 있었다. 이처럼 중국인들은 그들의 생태환경으로 인해 매우 복잡한 사회적 제약 속에 살게 되었다.

그러나 그리스의 자연환경은 그와 대조적이었다. 그리스는 해안까지 연결되는 산으로 이루어진 나라이기 때문에 농업보다는 사냥, 수렵, 목축, 그리고 무역(정확히는 해적)에 적합했다. 이런 일들은 농업에 비해 다른 사람과의 협동을 덜 필요로 한다. 실제로 무역을 제외하고는 굳이 안정적인 공동체가 필요 없다고 할 수 있다. 농경 정착생활이 그리스에 도입된 것은 중국보다 거의 2000년이나 뒤졌으며, 도입된 이후에도 사람들의 일상생활과 밀접하게 관련되기보다는 상업적인 대규모 농경으로 빠르게 변화되었다. 실제로 기원전 6세기경에 이르렀을 때 많은 농부들은 사업가적 성격을 지닌 개인 단위의 농장주였으며, 중국에서처럼 소작농은 아니었다. 그리고 그리스의 토양과 기후는 농경보다는 포도주와 올리브유 생산에 더 유리했다. 이런 이유들 때문에 고대 그리스인들은 고대 중국인들과는 달리 모든 희생을 감수하면서까지 남들과의 화목을 유지할 필요가 없었고, 따라서 보다 더 많은 영역에서 자율권을 행사할 수 있었다. 그리하여 시장이나 공회에서 다른 사람들과 자유롭게 논쟁하는 습관도 기를 수 있었다.

2) 사회구조가 주의와 민속형이상학적인 신념에 미치는 영향

중국인들은 경제적 · 정치적 · 사회적 활동을 하기 위해서 한편으로는 밖으로 주의를 기울여 다른 사람들의 반응을 살펴야 했고, 또 한편으로는 위로 눈을 돌려서 권위자들의 눈치를 살펴야 했다. 이처럼 끊임없이 사회적 상황에 대해 주의(attention)를 기울이는 습관은 전체맥락에의 주의를 초래했다. 또한 인간관계에 대한 관심은 사물들 간의 관계일반에 대한 민감한 고찰로 이어졌다. 자신을 전체사회 맥락의 한 부분으로 파악하고 나면 다른 모든 사물도 그것이 포함된 전체맥락 속에서 파악하려는 경향이 생긴다. 이는 결국 중국인들의 민속형이상학(folk metaphysics), 즉 인간세상과 자연계의 본질에 대한 신념(belief)이 사회적 관계에 주의를 기울이는 습관에서 비롯되었음을 의미한다.

자신을 사회적 의무와 인간관계들로 이루어진 커다란 네트워크 속에서 파악하면, 당연히 이 우주는 독립적이고 불연속적인 원자들의 결합이 아니라 연속적인 관계들의 유기체로 인식된다. 따라서 어떤 현상의 원인을 설명할 때도, 개별적인 개체들의 내부속성으로 설명하기보다는 그 개체가 속한 전체맥락과의 관계로 설명하려고 한다. 그리고 전체맥락에 주의를 기울이다 보면 세상의 복잡성과 가변성을 인식하게 되고, 세상의 많은 변인들 사이에 존재하는 모순들도 인정하게 된다.

그러나 고대 그리스인들은 사람이나 사물을 파악할 때 그것이 속한 전체맥락과의 관계를 고려하기보다는 사람 자체, 사물 자체에 주의를 돌렸다. 농업이 주산업이 아니었으므로 굳이 다른 사람과의 협의를 거치지 않고도 스스로 가축 칠 곳을 계획하고 새로운 상품을 팔 것인지를 결정할 수 있었다. 이러한 이유로 그리스인들은 사물 자체에 초점을 두었고, 사물과 사물 사이에 존재하는 공통적인 규칙을 범주화하려고 노력했다. 현상의 원인을 설명할 때에도 사물 자체의 내부속성을 주로 고려했다. 결국 세상은 사물들로 구성되어 있고 각 사물의 행동은 그 사물의 내부속성에 의해 결정되므로, 그들에게 세상은 비교적 안정적이고 고정된 곳이었다.

결론적으로 고대 중국인과 그리스인이 상이한 형이상학적인 신념을 가지게 된 것은 중국인들은 주변환경과 전체맥락에 주의를 기울인 반면 그리스인들은 사물 자체에 주의를 돌렸기 때문이다.

3) 민속형이상학적인 요인이 인식론과 인지과정에 미친 영향

동양에서는 세상에서 발생하는 여러 현상들의 원인을 사물들 간의 관계로 생각하며, 당연히 전체와 부분과의 관계를 파악하는 것이 지식을 습득하는 중요한 방법이 된다. 그리고 주의과정, 지각과정, 추론과정은 그 사건과 다른 사건들 간의 관계에 초점을 두는 형태로 발달한다. 그러나 이와는 반대로 서양에서는 우주에서 발생하는 사건들이 사물 자체의 규칙과 범주에 의해 이해될 수 있다고 믿고, 전체맥락에서 특정사물을 분리해 내고 그 사물이 어떤 범주에 속하는지 추론하여 그 범주에 적용되는 규칙을 사용하는 경향이 있는 것이다.

앞에서 사회적 행위가 형이상학적 신념에 영향을 주고 이 형이상학적 신념이 인식론적 사고에 영향을 주는 과정을 기술했다. 그러나 사회적 행위들이 곧바로 인식론적 사고습관에 영향을 줄 수도 있다. 고대 중국의 조화론적 사고와 고대 그리스의 논리학은 사회적 갈등의 해결을 위해 개발된 인지적 도구들이다. 조화와 화목을 중시하는 문화에서는 논쟁이나 대결의 전통이 생겨나기 어렵기 때문에 어떤 관점의 차이가 발견되면, 모순을 뛰어넘는 중용의 도를 찾으려 한다. 그러나 그리스같이 자유로운 논쟁이 장려되는 사회에서는 비모순율이나 형식논리 같은 절차들이 자연스럽게 개발된다.

3. 동양과 서양의 사고습관의 차이

1) 동양의 도와 서양의 삼단논법

그리스인들은 추상적인 사고를 지향하여 인간의 감각을 지식의 기초로 삼는 것을 불신하게 되었다. 플라톤(Platon, BC 427~347)은 이데아(idea)만이 참된 실재이며 세상의 의미에 대하여, 감각에 의지하지 않는 논리적인 접근을 취해야 한다고 하였으며 감각과 논리가 충돌할 경우에는 당연히 감각을 무시해야 한다고 가르쳤다고 한다. 아리스토텔레스(Aristoteles, BC 384~322)는 어떤 사물의 속성이란 그 사물의 감각적 특성과 무관하게 존재한다고 생각하였다. 이러한 영향으로 서양인들은 사물의 가장 근본적이고 필수 불가결한 것을 본질이라 하고, 본질은 쉽게 바뀌지 않으므로 사물은 안정적이며 세상도 안정적이라고 보았다.

반면 중국인들의 삶의 태도는 도교, 유교, 불교 철학의 영향을 많이 받았다. 도교, 유교, 불교에서는 모두 조화, 부분보다 전체, 사물들의 상호관련성이라는 종합주의(holism)를 지향한다. 이러한 요인으로 중국인들은 우주의 모든 요소들이 서로 관련되어 있다는 믿음을 공유한다. 또한 서로 반대되면서 또 서로를 완전하게 만드는 힘, 서로의 존재 때문에 서로를 더 잘 이해할 수 있는 힘의 관계, 즉 음양의 원리를 이해하고자 하여 조화를 강조하고 중용이나 타협의 문화를 만들었다.

고대 그리스는 개인의 자율성에 대해서 강한 인식을 지니고 있었고 개개인을 모두 나름대로의 개성을 지닌 독특한 존재들로 파악했다. 따라서 공개적인 논쟁이 자유롭게 이뤄졌고 호기심이 강해 우주에 대해서도 관찰을 통해 원리를 발견하고자 했다. 이와 달리 고대 중국에서는 개별 개인 자체보다는 개인들의 관계를 중시했다. 조화로운 인간관계를 중시하는 고대 중국은 개인을 특정집단에 소속된 구성원으로 인식하였고 개인의 자율성보다 집단의 자율성에 중요성을 두었다. 중국에서는 논쟁은 개인 간의 관계를 약화시킨다고 여기고 논쟁보다는 전체적인 질서를 위한 지적인 양보와 타협에 초점을 두었다.

그리스에서는 사물의 본질을 중요시하여 사물 자체를 분석과 주의(attention)의 대상으로 삼았고 세상을 쉽게 변하지 않는 고정된 것으로 인식하였다. 그리스 철학자들은 직선적 사고와 이분법적 사고를 자주 행했다. 사물의 관계를 중시한 중국에서는 융합과 조화를 토대로 철학을 형성했다. 어떤 일의 경과를 이해하기 위해 반드시 그 반대 경우도 함께 고려했고 이와 같은 중국인들의 사고는 음양이론으로 잘 대변된다. 사람과 자연의 공존하는 길을 의미하는 도(the tao)의 상징은 흰색과 검은색 물결의 형태를 띤 두 힘으로 이루어져 있는데 검은색 물결은 흰 점을 품고 있고 흰색 물결은 검은색 점을 품고 있다.

그림 12-1 도의 그림

진정한 양은 음 속에 존재하고 진정한 음은 양 속에 존재하는 음이다라는 진리를 나타낸다. 이런 영향으로 중국의 철학은 부분보다는 전체 및 조화라는 종합주의(holism)를 기반으로 했다.

그리스인들은 자연계라는 개념을 발견하였고 전체보다는 개체에 집착하는 성향으로 자연계와 인간계를 구분하였는데, 그 결과는 과학의 탄생을 불러왔다. 이와 달리 중국인들은 우주를 하나의 장으로 보았고 인간계와는 독립적인 실체로서 자연계라는 개념을 갖지 못했기 때문에 과학을 일찍 발전시키지 못했다고 한다.

중국인들은 일찍이 우주의 복잡성을 이해하여 사물을 파악할 때 부분보다는 전체 맥락을 중시한 점은 타당했지만 범주화에 관심을 기울이지 않아 어떤 범주에 존재하는 규칙을 무시함으로써 그 범주에 속하는 개체들의 행동을 효과적으로 설명하지 못하는 단점이 있었다. 반면 그리스인들은 세상을 단순화하고 어떤 사물의 추상적인 속성에 의거하여 그 사물의 행동을 설명하려는 과오를 범하기는 했지만 여러 개체들을 범주화하여 공통의 규칙을 부여해야 한다는 점은 잘 이해하고 있었다. 그리스인들의 범주에 대한 집착은 과학의 발전과 이후의 지적 발전에 큰 도움을 주었다.

2) 동양의 더불어 사는 삶과 서양의 홀로 사는 삶

동양과 서양은 자기개념(self-concept)에 대해서도 서로 다른 견해를 보인다. 서양인들은 자기개념을 묻는 질문에 성격형용사를 사용하거나 자신의 행동을 서술한다. 동양인들은 항상 어떤 구체적인 맥락을 동원하여 대답하고 자신의 사회적 역할을 많이 언급한다. 동양문화에서는 개성이 억압되는 경향이 있으며 개인의 성공보다는 집단 전체의 목표달성이나 화목한 인간관계를 더 중시한다. 동양은 고맥락(high context) 사회이며 서양은 저맥락(low context)사회로 볼 수 있다.

동서양의 자기개념의 차이는 서양은 자신의 독특성을 과대평가하고 동양인들은 보편적인 것을 추구한다는 특성의 차이도 만들었다. 서양인들은 자존감을 추구하고 동양인들은 자기비판을 통해 자기향상을 추구한다. 동양에서는 타인과 마찰 없이 더불어 사는 법을 중시하지만 서양에서는 자신을 특별한 존재로 느끼도록 가르친다고 한다. 서양인들은 남의 눈에 띄고 싶어 하나 동양인들은 남들 정도만 되고 싶어 하는 경향이 있다.

독립성의 측면에 있어서도 서양인들은 독립적인 것을 추구하지만 동양인들은 상호 의존적인 면을 추구한다. 서양의 부모들은 자녀가 스스로 자기 일을 선택하고 결정하기를 바라지만, 동양의 부모들은 자녀의 일을 자신들이 결정하려 한다. 또 커뮤니케이션의 본실에 대한 관점에도 차이를 보이는데 서양에서는 말하는 사람의 입장에서 대화에 임하도록 하지만 동양에서는 듣는 사람의 입장에서 말할 것을 강조한다.

서양인들은 보편주의적 행동규범에 익숙하고 동양인들은 특수주의적 행동규범, 즉 그때그때의 상황을 고려해야 하고 다른 사람에게는 각각 다른 규범을 적용해야 한다고 생각한다. 따라서 서양인들은 어떤 특수한 상황 때문에 규칙을 저버리는 행위는 부도덕한 것으로 여긴다. 그러나 동양인들은 모든 사람들에게 똑같은 규칙을 적용해야 된다는 것이 지나치게 고지식하고 때로는 비정하게 보인다.

서양인들의 보편적인 규칙에 대한 집착은 개인과 개인, 조직과 조직 사이의 계약에서도 드러난다. 계약에서 서양인은 한번 이루어진 협상은 중간에 바꿀 수 없다고 믿는다. 동양인들은 미래 상황에 따라 바뀔 수도 있다고 믿는다. 따라서 동양인과 서양인의 계약에서는 갈등을 야기하기가 쉽다.

3) 전체를 보는 동양과 부분을 보는 서양

고대 그리스 철학자들은 우주를 개별적이고 독립적인 사물들의 조합으로 생각했지만 고대 중국 철학자들은 우주를 하나의 연속적인 물질로 간주했다. 같은 나무 조각이라도 중국 철학자들에게는 하나의 연속적인 물질이었지만 그리스 철학자들에게는 미세한 입자들의 결합이었다. 이러한 차이는 현대의 동양인과 서양인 사이에서도 발견된다.

동서양은 어떠한 물체를 보는 관점에 있어서도 차이가 나타난다. 동양인들은 연속적인 '물질'을 바라보는 반면 서양인들은 개별적 '사물'에 초점을 둔다. 다시 말해서 서양인들은 분석적 사고를 통해 사회구조 및 현상을 이해하지만 동양인들은 종합적 사고방식을 적용하여 이해한다. 이러한 관점의 차이는 회사를 보는 시각에서도, 미국인들에게 회사는 고유업무를 수행하는 사람들이 원자처럼 결합되어 있는 시스템이지만, 동양인들에게는 사회적 관계로 맺어진 유기체로 보는 경향이 강하다.

동양인들은 주변상황에 맞추어 행동하려고 하기 때문에, 다른 사람들의 태도나 행동에 서양인보다 더 많은 주의를 기울이다 보니 주변사람들의 태도나 행동에 대해 많이 알고 있지만 서양에서는 그런 경향이 작은 편이다. 서양인들은 과거를 기억할 때 자신을 주인공으로 하여 회상하지만, 동양인에게는 그런 경향이 약하게 발견된다. 동양인들은 사건에 대해 보다 종합적인 관점을 가지고 있으며 다른 사람의 시각에서 바라보려고 한다.

서양인들은 세상은 단순하고, 따라서 어떤 일을 성취하기 위해서는 그 일 자체에만 신경 쓰면 된다고 믿으며 세상을 통제 가능한 곳으로 보는 경향이 있다. 그러나 동양인들은 세상은 복잡하고 세상사는 예측할 수 없이 자주 바뀐다고 믿으며 세상을 통제하기 어렵다고 생각한다. 동양인들은 자신을 통제해 줄 사람이 주변에 있다고 믿을 때 더 행복감을 느낀다. 그러나 서양인들은 자신의 직접적인 통제가 중요하다. 반면, 동양인에게는 누군가와 같은 배에 타고 있다는 일체감이 중요한 것이며, 세상에 자기 스스로를 맞추고자 하며 타인과의 협력의 필요성을 느낀다.

변화에 있어서도 동서양의 관점차이가 나타나는데 전체맥락에 주의를 기울이는 동양은 다양한 변화를 인지하고 세상을 복잡한 곳으로 여기는 순환적인 관점을 취한다. 부분 부분들에 주의(attention)를 기울이는 서양은 사물은 쉽게 변하지 않으며 설사 변하더라도 일정한 방향과 속도로 변한다고 믿으며, 세상을 단순한 곳으로 지각하는 직선론적 관점을 취한다.

4) 동양의 상황론과 서양의 본성론

어떤 사건에 대해 원인을 설명하는 데에 있어서 미국인은 성격적 특질이나 내부적 속성을 통해 그 사람의 행동을 설명하며 그가 이러한 행동을 한 이유는 성격이 어떠하기 때문이라고 하는 방식으로 개인적이고 내적인 특성에 초점을 맞추나, 동양은 당시의 분위기나 상황, 생활환경적 측면과 대인관계에 초점을 둔다.

사람의 행동을 설명할 때 서양인이 동양인보다 성격특질이나 기타 내부적 속성을 훨씬 더 중요하게 생각하다. 반면 동양인들은 서양인들보다 상황적인 정보를 더 중요하게 다룬다. 운동경기의 승패를 설명하는 방식에서도 서양인들은 주로 개별 선수들의 능력으로 경기결과를 설명한다. 그러나 동양인들은 주로 상대팀이나 당시의 상황들을 근거로 경기결과를 설명하는 경향을 보인다고 한다.

역사적 사건에 대한 설명의 경우에도 동양인들은 전체적 맥락을 자세히 기술하며 중요사건들을 연대기 순으로 나열하는 종합주의적 사고를 하지만 서양인들은 단도직입적으로 사건의 결과를 설명하고 중요한 인과적 요인들을 바로 제시하는 목표 지향적 사고를 한다.

후견지명 효과에서도 동서양의 차이를 보인다. 동양인들은 처음부터 어떤 사건의 결과를 예측할 수 있었다고 과잉 확신하는 경향과 그 때문에 당연히 놀라워해야 할 예외적인 사건의 결과에 대해서도 별로 놀라지 않는 경향이 있다. 이를 후견지명(hindsight) 효과, 심리학 용어로는 과잉 확신편향(hindsight bias)이라고 한다. 이는 우리 동양인들처럼 종합적인 사고를 하는 이들이 시후과잉 확신에 더 빠지기 쉬운 경향이 있다는 것이다. 동양인들은 세상이 너무나 복잡한 곳이며 모든 것들은 다 통해 있고 많은 인과적 요인들에 주의를 기울이다 보니 예외적인 어떤 사건에도 그리 놀라워하지 않는 것을 볼 수 있다.

세상은 복잡한 곳이라는 동양인들의 생각이 진실에 더 가까운 것일지도 모른다. 서양인들은 지나치게 단순한 모델을 가지고 세상을 파악하는 약점은 있지만 서양인들의 단순한 세계관은 적어도 과학의 영역에서는 매우 유용한 시각이다. 왜냐하면 단순한 모델은 검정이 쉽고, 따라서 개선가능성이 그만큼 커지기 때문이다.

5) 동사를 통해 세상을 보는 동양과 명사를 통해 세상을 보는 서양

동서양은 세상을 분류하고 범주화하는 방식에서도 차이가 나타난다. 서양인들은 공통의 속성을 지닌 것들을 같은 범주로 분류하지만 반면에 동양은 공명(resonance)을 통하여 영향을 주고받는 것을 같은 범주에 속한 것으로 간주한다. 이러한 속성은 그들의 세계관과 일맥상통한다. 중국인들에게 우주란 연속적인 물질이었기에 내적 공유속성에만 근거하여 범주로 묶는 것은 아니다. 이런 접근은 사물 자체가 분석단위였던 서양인들에게 자연스럽다. 그리스인들에게 세상은 사물로 구성된 집합체이기 때문에 개체-집합이라는 도구가 자연스럽다. 따라서 서양은 범주를 중시하고 동양은 관계를 중시한다.

범주는 명사로 표현된다. 어떤 동물이 곰이라는 것을 배우기 위해서는 그 동물의 특징적인 성질, 즉 커다란 몸집, 커다란 이빨과 발톱, 긴털, 사나운 모습 등에 주목한다. 그리고 곰이라는 명칭을 그 특성들과 결합시키면 나중에 그런 특성을 가진 동물을 볼 때 곰이라는 명칭을 사용하면 된다. 반대로 관계는 동사로 표현된다. 타동사의 의미를 이해한다는 것은 두 사물과 그 사물들 사이에서 발생하는 행위를 이해한다는 의미이다.

동양의 어린이들은 어릴 때부터 관계성에 주목하도록 사회화되었고 따라서 관계를 표현할 때 주로 사용되는 동사를 명사보다 더 빠른 속도로 습득하기도 한다. 동양의 언어는 맥락에 주로 의존하는데 다중의미를 지니고 있어서 문맥에 따라 다른 의미로 해석되는 언어표현이 많다. 반면에 서양의 아이들은 동사보다 명사를 더 빨리 배우고 서양의 언어는 대상에 초점을 두고 주어에 매우 집착하는 행위자 중심적 언어표현이 많다.

6) 논리를 중시하는 서양과 경험을 중시하는 동양

동양인들은 오감에서 비롯되는 감각적 증거와 상식을 신뢰하여 스스로의 경험에 유배되는 주장은 수용하려고 하지 않는다. 형식논리와 개인적인 경험이 충돌하는 상황에서 동양인들은 형식논리를 덜 사용하는 것이다. 추론과정에서 형식논리를 사용하는지 경험적 지식에 의존하는지를 실험한 경우 한국인이 미국인보다 경험에 근거한 판단을 더 많이 하며 미국인들은 일상사건에서도 논리적 법칙을 적용하는 습관을 갖고 있는 것으로 연구되었다.

동양에서는 모순되는 주장들을 타협해 수용하는 사고를 주로 한다. 모순된 두 방식 모두에서 진리를 발견하고자 하는 사고방식이다. 이는 동양이 조화와 타협을 중시하는 풍토를 가진 것과 연관시켜 볼 수 있다. 반면에 서양에서는 모순을 수용하기보다 모순을 완전히 제거하기 위한 노력을 강조했다. 모순에 대한 입장차이는 추론과정과 해결방식에서도 차이를 초래한다.

동양인들은 타협에 의한 해결책과 종합적인 주장을 선호하며 두 개의 모순된 주장을 자연스럽게 모두 수용하는 경향이 있다. 또한 스스로의 선택을 정당화해야 할 때에는 명백한 원리에 의존하기보다는 절충점 혹은 중도적 입장을 추구한다. 비모순의 원리에 충실한 미국인들에게는 좀처럼 나타나지 않는 현상이다. 그러나 모순에 혐오를 느끼는 미국인들의 반응은 때로 불필요하게 극단적 판단을 내리게 만든다. 이러한 경향성은 동서양 철학자가 염려하는 서양의 극단적인 논리주의의 병폐라고 할 수 있다.

7) 기타차이

의학에서 서양은 분석적 전통으로 문제를 일으키는 신체부분을 찾아내어 고치는 것이 특징이다. 고대 그리스 때부터 몸을 각 부위별로 해부하기 시작해서 해부학이 매우 발달했다. 반면, 동양은 해부나 수술보다는 몸 안에 존재하는 기들의 균형을 강조하며 질병은 약초와 같은 자연산 치료제를 이용해서 치유해야 한다고 믿는다.

미국에는 변호사가 상대적으로 일본보다 많은데, 미국에서는 개인주의적 성향으로 개인 간의 갈등이 법적 대결로 해결되지만 일본과 같은 집합주의적 사회에서는 중재와 같은 비법적 대응으로 해결한다. 서양에서는 정의의 실현을 원칙으로 법적 해결을 시도할 때 선과 악은 분명히 구분되나, 동양에서는 갈등해결 목적은 승자와 패자를 결정짓는 것이 아니라 쌍방 간에 적대감을 해소하는 것이기 때문에 타협이 선호된다.

인권문제를 바라보는 시각에서도 서양인들은 개인과 국가 간에 개인은 독립적인 존재로서 다른 사람들과 그리고 국가와 사회적 계약을 맺으며, 그 계약에는 개인의 권리 · 자유 그리고 의무가 포함된다고 믿는다. 그러나 동양인들은 국가를 개인들의 단순한 집합이 아닌 하나의 거대한 유기체로 생각하기 때문에 한 개인의 고유한 권리라는 개념은 그들에게서는 자연스럽지 못하며 그보다는 부분-전체, 개인-사회라는 관계적 측면에서의 권리를 중시한다.

4. 경제발전에서의 시사점

니스벳은 동서양의 사고습관에서 차이가 있지만 어느 것이 우월하다고 판단해서는 안 되며 상호 보완적이라고 한다. 그렇다면 어느 습관도 장단점이 될 수 있다는 의미일 것이다. 상황에 따라 장점이 될 수도 있고 단점이 될 수도 있을 것이다. 이 점은 시기별로 동서양 경제성장에서도 강점과 약점으로 작용했을 것이다. 고대에서 중세까지 동양이 상대적으로 선진국이었다면 그 원인은 동양인들의 사고습관이 중요하게 작용했을 것이고 근대 이후 서양의 성장 또한 사고습관과도 무관치 않을 것이다. 사고습관은 인지구조, 신념체계, 가치관 등과 밀접한 관련이 있고 제도의 형성 및 변동에서도 중요하게 작용했을 것이다. 제도가 경제성장 및 경제발전에서 중요한 것은 이미 충분히 논의되었다. 따라서 사고습관과 경제성장 및 경제발전에도 중요하게 작용했을 것이다. 이를 시기별로 확인해 보자.

1) 고대, 중세에서 동양의 경제발전요인과 근대 이후 쇠퇴요인

(1) 권력집중의 정치체제

국가성립 이전인 무정부상태에서는 국가성립 이후의 시기에 비해 경제적으로는 비효율적이었다.[01] 국가성립 이후에는 공식적 제도가 출현하게 되고 개인의 재산권 보호 및 계약의 실현에 효율적이어서 국가는 경제발전에 크게 기여하였다고 볼 수 있다.

초기 고대국가의 경우 대체로 강력한 국가권력을 구축하였다. 절대왕권을 뒷받침하기 위해 통치구조가 잘 완비하고, 법률을 정비하면서 사회질서의 안정을 꾀하였다. 이성과 논리가 지배하는 현대 민주사회와는 달리 힘과 무력이 지배하던 시대에는 국가 내에 단 한 명에게 권력을 몰아주는 사회시스템이 경제적 측면에서 효율적이었다.[02] 잦은 전쟁으로 인한 막대한 인적 · 물적자원의 희생을 최소화시키는 사회시스템이었을 것이다. 이 당시 왕에 대한 충성을 강조하고 합리화하기 위한 논리를 만들었던 사상가는 경제학적 안목도 겸비하였을 것이라고 추측된다(강두석, 2009).

이 시기에 권력집중의 정치체제를 구축하기에는 상대적으로 중국이 그리스에 비해 유리한 생태환경 및 사회적 환경을 갖추고 있었다. 니스벳은 다음과 같이 중국과

01 무정부상태에서의 비효율성에 대한 게임이론적 분석에 대해서는 유동운(2011) 참조.
02 폭력독점의 경제적 효율성과 폭력독점의 진화과정에 대한 설명 및 관련 문헌에 대해서는 유동운(2011) 참조.

그리스의 차이를 설명한다.

> 중국의 자연환경은 대체로 평탄한 육지, 낮은 산들, 항해가 가능한 강들로 이루어져 있어서 농경에 적합하였고, 중앙집권적 권력구조에 유리했다. 농경민들에게 중요한 것은 서로 간의 화목한 생활이었다. 특히 쌀농사의 경우에는 공동작업이 필수적이기 때문에 더욱 그러했다. 사람들 간의 화목은 관개공사의 경우에 특별히 더 중요하다. 관개공사가 절실히 필요했던 지역 중 하나가 바로 중국 북부의 황허 골짜기 지역이었다. 관개공사는 이웃과의 화목뿐만 아니라 정치적으로는 중앙집권적 권력구조를 유도하게 되는데, 중국도 예외는 아니었다. 소작농들은 자신들의 이웃과 화목하게 지내야 했고, 자기 부락의 연장자들이나 권력자들의 지배를 받아야 했다. 그리고 지역의 권력자들은 다시 왕의 지배하에 있었다. 이처럼 중국인들은 그들의 생태환경으로 인해 매우 복잡한 사회적 제약 속에 살게 되었다고 한다.
>
> 그러나 그리스의 자연환경은 중국과는 대조적이었다. 그리스는 해안까지 연결되는 산으로 이루어진 나라이기 때문에 농업보다는 사냥, 수렵, 목축, 그리고 무역에 적합했다. 이런 일들은 농업에 비해 다른 사람들과의 협동을 덜 필요로 한다. 실제로 무역을 제외하고는 굳이 안정적인 공동체가 필요 없었다고 할 수 있다. 따라서 고대 그리스인들은 고대 중국인들과는 달리 모든 희생을 감수하면서까지 남들과의 화목을 유지할 필요가 없었고, 따라서 보다 더 많은 영역에서 자율권을 행사할 수 있었으며, 시장이나 공회에서 자유롭게 논쟁하는 습관도 기를 수 있었다. 따라서 동시대의 어떤 문화보다도 개인의 자유, 개성, 객관적인 사고를 강조했고 독특한 정치형태, 즉 도시국가 형태의 정치구조를 구축하였다(최인철, 2004 : 190 ; Nisbett, 2003 : 34).

부분보다는 전체, 조화라는 종합주의(holism)는 전체통합원리에 대한 이론을 발달시켰고, 도를 중시하고, 관계나 맥락을 중시한 중국의 사고습관은 사회질서 유지와 사회평화에 기여하였을 것이다. 예를 들면 유교 · 불교 · 도교는 인간에게 자비(慈悲), 인의예지(仁義禮智) 등을 강조하며 조화를 강조하여 사상적 통합이 쉬워 사회전체질서 유지에는 크게 기여한 것으로 판단된다. 특히 유교나 불교는 왕에 대한 충성을 강조하고 합리화하는 사상으로서 권력집중 및 사회질서 유지에 크게 기여하였을 것이다.

(2) 실용주의

중국은 유교의 실용주의(pragmatism)적 성향으로 실생활에 필요한 발명품을 많이 개발하였다. 니스벳은 다음과 같이 설명한다.

고대 중국인들은 고대 그리스인들에 비해 자연세계 그 자체에 대한 호기심은 약한 편이었지만 실용정신은 뛰어났다. 그 결과 그리스인들보다 훨씬 앞서 잉크(ink), 자기(磁器, porcelain), 관개 장치(irrigation system), 자기나침반(magnetic compass), 손수레(wheelbarrow), 파스칼삼각자(pascal triangle), 지진계(seismograph), 면역기술(immunization techniques), 지도제작기법(cartography) 등을 처음으로 또는 독자적으로 개발했다. 중국인들이 이런 것들을 일상적으로 사용하고 있을 때 그리스인들은 그중 어느 것도 가지고 있지 않았다. 중국인들이 기술분야에서 그러한 업적을 이룰 수 있었던 이유에 대하여 철학자이자 중국연구가인 도널드 먼로(Donald Munro)의 주장을 다음과 같이 인용한다. "유교적 사고에서는 구체적인 행위와 관련되지 않은, 즉 실용적이지 않은 순수한 의미에서의 앎이란 것은 없었다(최인철, 2004 : 34; Nisbett, 2003 : 7)."

(3) 근대 이후 쇠퇴원인

앞서 중국은 유교사상의 실용주의 영향으로 많은 발명품을 서양보다 먼저 개발한 것을 고대와 중세까지 중국의 성장요인으로 지적하였다. 동양은 중세까지 과학기술의 발전이나 농업의 생산력 등 경제면에서 서양보다 선진국이었다. 그러나 근대에 들어오면서 서구는 경제력에서 동양을 추월하기 시작하여 근현대에 와서는 선진국의 대부분은 서양의 국가들이다. 이와 같이 동서양 빈부역전현상에 대해 아담 스미스와 좌승희 · 조성봉(2004)은 법치의 차이로 설명한다.

중국이 근대 이후 발전을 못한 이유에 대해 아담 스미스(Smith, 1776)는 13세기에서 18세기 중국은 사법정책의 집행에서 공정성과 일관성을 상실한 결과, 성장잠재력을 잃고 정체되고 말았다고 지적한다. 부적절한 사법제도 운영의 경제적 효과는 실물부문에서 성장의 원천으로 작용하는 자본의 양이 축소되고, 금융거래에서 이자율 상승으로 인해 경제성과를 저해하였다고 설명한다.

좌승희 · 조성봉(2004)은 다음과 같이 지적한다. 동양은 과학기술의 발달에도 불구하고 이것이 국가의 생산력을 높이는 방향으로 상업화되지 못하고 사장되는 경우가 많았던 것이 상례이다. 여기에는 절대군주에 의한 통치하에서, 사농공상의 유교적 직업윤리사상이 상업발전을 저해한 데 그 원인이 있겠으나 보다 직접적으로는 동양 사회가 법치의 전통을 이뤄내지 못한 것이 원인이라 할 것이다. 또한 경제적 성과를 위한 법치의 중요성과 아시아 국가들의 부패문제 등을 다음과 같이 소개하였다. 아시아의 경제위기는 법의 지배가 제대로 작동하지 못하는 국가에서 발생했다는 점에서 법치의 정착 여부와 경제적 효율성의 연관성에 대해 많은 관심을 갖도록 하는 계기를 만들었다. 전통적으로 아시아 지역에서는 법치의 중요성이 강조되지 않았으며, 법 · 제도에 의한 지배보다는 사람을 통한 지배를 선호해 왔다.[03]

이와 같은 법치의 미비와 부패관행은 중국인들의 사고방식과도 무관치 않다. 앞서 동양의 경우, 부분보다는 전체, 조화라는 종합주의(holism)는 전체통합원리에 대한 이론을 발달시켰고, 도를 중시하고 사회질서 유지를 중요시한 것은 사회평화에 기여하였을 것이라고 소개했다. 그러나 종합주의, 중도주의적 사고방식과 상대방 관점을 이해하려 하고 상호 양보하는 관습은 오히려 법치에는 불리한 사고방식일 것이다. 특히 동양의 음양이론이나 양 극단을 모두 수용하거나 모순된 것들을 모두 의미 있는 것으로 여기는 사고방식은 선악이나 정당함과 부당함을 철저히 가려 악을 반드시 타파하고 부당함을 꼭 제거해야 할 필요성을 덜 느끼게 만드는 요인인 것이다. 법치를 위해서는 문제점을 가려내어 철저히 제거하는 사고방식이 필요한 것이지만 동양인들의 사고방식은 그러지 못한 경향이 있다.

또한 세상을 안정적으로 보는 서양인들은 보편적인 규칙에 대한 집착이 강하지만 동양인들은 세상이 변화가능하다고 생각하여 모든 사람에게 똑같은 규칙을 적용하는 것은 비정하다고 생각한다. 이러한 동양인의 성향은 법의 성격으로 일반성을 갖춘 법을 적용하기 어렵다. 일반성이란 특정의 알려진 사례나 특정의 알려진 인간에게만 적용되어서는 안 되고, 오히려 그것은 알려져 있지 않은 무수히 많은 사례들과 인간들에게 적용될 수 있어야 한다는 것이다. 이상과 같이 법치를 실현하기 어려운 점들은 니스벳이 다음과 같이 설명하는 동양인의 성향을 통해서도 확인된다.

---

03 그러나 사람을 통한 지배, 즉 인치(人治)는 여러 가지 한계점을 가지고 있다. 첫째, 사람이 관리할 수 있는 능력이 제한되어 있다는 점이다. 사회와 경제가 발달함에 따라 전문분야와 특화된 분야가 다양화되면서 현대 사회나 경제는 이제 인치가 가능한 영역을 벗어나고 있다. 둘째, 인치는 지배의 투명성과 일관성, 공정성 그리고 무엇보다도 예측가능성을 보장할 수 없다는 점이다. 지배하는 사람에 따라 결과가 달라질 수 있으며 때와 장소와 지배대상에 따라 지배의 내용이 달라질 수 있기 때문이다. 이러한 제약들로 인해 인치는 복잡한 현대적 시장경제를 규율하는 장치로서 적합하지 못하며, 법치에 비해 더 높은 거래비용을 초래하는 것으로 인식되고 있다. 특히 경제활동을 규정하는 각종의 계약과 같은 법제도가 특정인과 집단에 편향되게 적용된다거나 상황에 따라 재량적으로 해석된다면 이러한 법규를 따르는 데는 많은 거래비용이 초래될 것이며 또한 이를 제대로 지키고 따를 구성원은 많지 않을 것이다.

동양인들은 타협에 의한 해결책과 종합적인 주장을 선호하며 상충되는 것처럼 보이는 두 개의 모순된 주장을 자연스럽게 모두 수용하는 경향이 있는 듯하다. 또한 스스로의 선택을 정당화해야 할 때에는, 명백한 원리에 의존하기보다는 절충점 혹은 중도적 입장을 추구한다. 비모순의 원리에 충실한 미국인에게서는 좀처럼 나타나지 않는 현상이다(최인철, 2004 : 176; Nisbett, 2003 : 184).

서양인들은 보편주의와 같은 추상적인 규칙을 모든 사람에게 적용하기를 원하기 때문에 어떤 특수한 상황 때문에 규칙을 저버리는 행위는 부도덕한 것으로 여기는 반면, 동양인들의 눈에는 모든 사람에게 똑같은 규칙을 적용하는 것이 지나치게 고지식하고 때로는 비정하게까지 보인다(최인철, 2004 : 68; Nisbett, 2003 : 64).

(4) 중화사상

심리적인 측면에서 중국의 오만, 즉, 중화세계를 자처하며 외래문화를 경시한 것 또한 중국의 발전을 가로막는 중요한 이유가 될 수 있을 것이다. 개인의 높은 이상과 목표는 개인발전에 기여하는 측면이 있지만 때로는 실패의 원인이 되기도 한다. 국가도 마찬가지일 것이다. 중국인들의 높은 이상이 고대 이후 세계최고의 국가를 만든 측면이 있을 것이지만 근대 이후 중국의 발전을 가로막는 이유가 될 수도 있을 것이다. 중국인들의 자만에 대해서도 니스벳은 다음과 같이 잘 지적하고 있다.

15세기에 발생한 한 사건으로, 중국에서 대환관(大宦官, Grand Eunuch) 항해단이 조직되었는데, 이 항해단은 글자 그대로 수백 척의 배에 보석과 각종 기이한 것들을 싣고 아시아 일대, 중동, 그리고 서아프리카까지 항해했다. 이들의 주목적은 중국이 다른 나라보다 모든 면에서 더 뛰어나다는 점을 과시하는 것이었다. 그들은 방문하는 각 나라에서 생산되는 물건이나 지식 자체에는 큰 관심을 보이지 않았다. 심지어는 서아프리카 주민들이 그들을 환영하면서 기린을 보여주었더니 처음 보는 신기한 동물임에도 불구하고 별로 놀라워하지 않았다. 그리고 그 동물 이름이 기린이라고 부르면서 위대한 황제가 태어나면 그것을 알리는 전조로 으레 그런 동물이 나타난다며 그리 대수롭지 않게 반응했다고 한다. 새로운 풍물에 특별히 호기심을 보이지 않은 것은 고대 중국인들의 특징 중 하나였다. 세상의 중심을 뜻하는 중국이라는 이름에서도 알 수 있듯이, 중국인들은 외국인이 전해 주는 이야기에는 별관심이 없었다(최인철, 2004 : 196; Nisbett, 2003 : 40).

2) 근대 이후 서양의 발전요인

노스(North, 1981)는 "산업혁명을 가능하게 했던 기술이나 지식을 결정하는 것은 무엇인가?"라는 질문을 던지면서 신기술개발의 유인을 제공하는 개인 재산권의 발달을 핵심요소로 제시하였고, 근대 이후 기술개발과 사적 수익률을 높이는 재산권이나 법의 발전을 중요시하였다.

근대 시민혁명 이후 민주주의가 발전하면서 국가권력이 3권으로 분리되고 국가권력의 남용은 견제되며 다양한 개인의 자유와 권리가 보장된 이후, 산업혁명(industrial revolution)으로 유례없는 고도성장이 가능하게 되었다. 따라서 산업혁명 이전에 인간의 자유와 여러 가지 권리를 모든 개인이 향유하기 위한 정치 · 사회제도의 변동에 주목해야 한다. 이러한 제도의 변동은 개인 경제활동의 유인을 제공한 것이다(강두석, 2009).

그렇다면 서양의 민주주의 도래요인과 과학기술의 발달요인의 측면에서 동양보다 유리한 사고습관을 찾아낸다면 경제발전의 요인으로서 사고습관의 중요성을 입증한다고 볼 수 있을 것이다. 또한 오늘날 선·후진국의 중요한 차이는 법의 지배사회인지와 시장경제의 발달여부가 중요한 점이며, 이는 근대 이후 서양의 성장요인이기도 할 것이다. 따라서 네 가지 관점, 민주주의 도래, 과학기술 발달, 법치의 실현, 시장경제에 유리한 심리적 요인, 사고방식들을 찾아보기로 한다.

(1) 민주주의 도래요인

고대 그리스는 개인의 자율성에 대해서 강한 인식을 지니고 있었고 개개인을 모두 나름대로의 개성을 지닌 독특한 존재들로 파악했다. 이런 점은 인권의 개념을 발달시켰다고 볼 수 있고, 공개적인 논쟁이 자유롭게 이뤄졌다고 하는데 이러한 특징은 민주주의 도래에도 유리한 사회적 환경이었을 것이다. 니스벳은 고대 그리스인의 성향을 다음과 같이 설명한다.

그리스인들은 자신의 삶을 스스로 통제할 수 있다는 확신이 유독 강했다. 그 시대의 다른 문화권에서는 왕의 한마디가 곧 법이었고 왕에 대항하는 것은 곧 죽음을 의미했다. 그러한 사회에서 시민들이 자유롭게 여행을 한다는 것은 상상 속에서나 가능한 일이었다. 통치자의 입장에서도 개인에게 그러한 자유를 허용하는 것은 매우 위협적인 일이었으므로 허락하지 않았던 것이다.

이처럼 그리스인들은 다른 문화권에서는 찾아보기 힘든 개인의 자율성에 대한 신념을 가지고 있었다. 즉, 자신의 삶은 스스로 주관하는 것이므로 자신이 원하는 대로 자유롭게 행동할 수 있다는 확신을 가지고 있었다. 이러한 생각은 행복에 대한 그들의 정의에서도 뚜렷이 나타난다. 그리스인들이 정의하는 행복이란 "아무런 제약이 없는 상태에서 자신의 능력을 최대한 발휘하여 탁월성을 추구하는 것"이었다.

개인의 자율성에 대한 그리스인들의 강한 신념은 개인 정체성에 대한 강한 인식 때문에 가능한 것이었다. 그들은 인간을 독톡한 특성과 목표를 가진 상호 개별적인 존재로 파악했다. 이 점은 기원전 8세기 작가인 호메로스(Homeros)의 작품 속에서도 분명하게 나타난다. 「오디세이아(Odyssey)」, 「일리아스(Ilias)」에 등장하는 신이나 인간들은 모두 나름대로 개성을 지닌 독톡한 존재들이었던 것이다.

개인의 자율성을 중시했던 고대 그리스 문화는 자연스레 논쟁의 문화를 꽃피웠다. 호메로스는 남자의 능력을 평가하는 근거로 전사로서의 전투능력과 논쟁자로서의 논쟁능력을 들었다. 고대 그리스에서는 일개 평민일지라도 왕의 의견에 반기를 들고 왕과 논쟁을 벌일 수 있었고, 설득을 통하여 군중을 자신의 편으로 만들 수 있었다. 논쟁은 저자거리에서도, 의회에서도 벌어졌으며 심지어는 위계질서가 엄격한 군대 내에서도 일어났다. 다른 문화권에서와는 달리 그리스에서는 국가의 중대사에서부터 매우 사소한 문제에 이르기까지 많은 일들이 공개적인 논쟁을 통하여 결정되었다. 사정이 이러하니, 고대 그리스에서는 독재가 그다지 많이 발생하지 않았고 설사 독재자가 득세하더라도 곧 과두정치나 민주주의(기원전 5세기)로 대체된 것은 그리 놀라운 일이 아니다. 실제로 드레루스(Drerus)라는 도시에서는 시장의 임기가 끝난 뒤 10년이 지나기까지는 다시 시장이 될 수 없도록 하여 독재의 길을 원천적으로 봉쇄하였다(최인철, 2004 : 28; Nisbett, 2003 : 3).

민주주의가 도래한 요인 중 서양인들은 개개인을 모두 나름대로의 개성을 지닌 독특한 존재들로 파악했다는 점이 중요한데, 이러한 개인주의는 개인의 자유와 권리를 존중하는 문화를 형성하기에는 유리한 심리적 성향이다. 이러한 성향은 국가관에서도 동양과 뚜렷한 차이를 보인다. 니스벳은 동서양의 국가관의 차이를 다음과 같이 설명한다.

서양인들은 개인과 국가 간에는 오직 하나의 바람직한 관계가 존재한다고 믿는다. 즉, 개인은 독립적인 존재로서 다른 사람들과 그리고 국가와 사회적 계약을 맺으며, 그 계약에는 개인의 권리,

> 자유, 그리고 의무가 포함된다고 믿는다. 그러나 동양인들은 국가를 개개인의 단순한 집합이 아닌 하나의 거대한 유기체로 생각하기 때문에 한 개인의 고유한 권리라는 개념은 그들에게는 자연스럽지 못하며 그보다는 부분–전체, 개인–사회라는 관계적 측면에서의 권리가 훨씬 더 의미가 있다(최인철, 2004 : 211; Nisbett, 2003 : 198).

이러한 개인의 권리를 중시한 서양은 개인권리를 침해하는 절대권력에 대항하는 이데올로기로서 국민주권사상이 도래하기가 쉬웠을 것이다. 그리고 이러한 점은 무명의 시민들이 큰 힘이 되어 근대시민혁명을 성공시켜 절대군주제를 대신하는 민주주의를 태동하는 원천이 된 것으로 봐야 할 것이다.

(2) 과학기술 발달요인

서양인들의 감각에 의지하지 않는 논리적인 접근, 단순한 접근, 분석적 사고, 범주화, 논쟁 등에 더 집착하는 경향은 학문발달 및 과학발전에 유리한 사고습관이라고 할 수 있을 것이다. 니스벳은 여러 군데에서 과학발달요인을 다음과 같이 설명하고 있다.

> 그리스인들은 자연계라는 개념을 발견하였고 자연계와 인간계를 구분한 결과는 과학의 탄생을 불러왔지만 이와 달리 중국인들은 우주를 하나의 장으로 보았고 인간계와는 독립적인 실체로서 자연계라는 개념을 갖지 못했기 때문에 과학을 일찍 발전시키지 못했다고 한다(최인철, 2004 : 46; Nisbett, 2003 : 21).

> 그리스인들은 세상을 단순화하고 어떤 사물의 추상적인 속성에 의거하여 그 사물의 행동을 설명하려는 과오를 범하기는 했지만 여러 개체들을 범주화하여 공통의 규칙을 부여해야 한다는 점은 잘 이해하고 있었다. 그리스인들의 범주에 대한 집착은 과학의 발전과 이후의 지적 발전에 큰 도움을 주었다(최인철, 2004 : 49; Nisbett, 2003 : 24).

> 서양인들은 지나치게 단순한 모델을 가지고 세상을 파악하는 약점은 있지만 적어도 과학의 영역에서는 매우 유용한 시각이다. 왜냐하면 단순한 모델은 검정이 쉽고, 따라서 개선가능성이 그 만큼 커지기 때문이다. 아리스토텔레스의 물리학 이론은 검증을 통해 대부분이 오류임이 밝혀졌다. 아리스토텔레스의 이론은 검증이 가능한 단순한 형태였기 때문에 이후의 검증과정을 통하여 올바른 물리학 원리들이 확립되는 토대가 되었다. 반면 중국인들은 거리가 멀리 떨어진 곳으로도

힘이 전달될 수 있다는 원리를 서양인들보다 먼저 이해해 놓고도 그것을 증명하지 못했다. 오히려 그것을 증명한 이들은 서양인이었다. 서양인들은 서로 인접해 있는 물체들 사이에서만 마치 당구공들처럼 접촉에 의해 힘이 전달될 수 있다는 단순한 모델을 검증하는 과정에서 떨어진 물체 사이에서 작용하는 힘의 원리를 알아냈던 것이다(최인철, 2004 : 130; Nisbett, 2003 : 134).

니스벳은 노벨상 수상자의 수에서 서양의 압도적 우위를 미국과 일본 등을 비교하며 논쟁문화의 차이에서 찾는다.

미국은 1990년대에 들어서만 44명의 노벨상 수상자를 배출했지만 일본은 겨우 1명만 배출했다. 일본의 과학예산이 미국 과학예산의 절반에 달한다는 사실을 생각할 때, 이 차이는 가히 충격적이다. 서독은 일본 과학예산의 절반밖에 책정되지 않았음에도 불구하고 같은 시기에 5명의 노벨상 수상자가 나왔다. 서독보다도 과학예산을 훨씬 적게 지출하는 프랑스조차 3명의 노벨상 수상자를 배출했다. 일본의 이러한 초라한 성적에 대해 혹자는 연장자를 존중하는 유교전통을 그 원인으로 본다. 젊고 유능한 학자보다는 실력은 없으나 나이든 학자를 지원하는 사회풍토를 지적한 말이다. 그러나 일본 내 상당수의 과학자들은 논쟁과 지적 토론의 부재를 원인으로 생각하고 있다. 일본에서는 동료들끼리 서로 비판하고 심사하는 것을 무례하게 생각하며, 논쟁과 지적 토론이 과학발전에 핵심적인 역할을 한다는 인식이 부족하다(최인철, 2004 : 206; Nisbett, 2003 : 195).

(3) 법치실현요인

법치주의가 확립되기 위해서는 대체로 왕의 절대권을 제약하고 개인의 자유와 인권을 확립하는 과정으로서 민주주의가 선행되어야 한다. 앞에서 설명한 민주주의를 배경으로 하여 서양인들의 보편적인 규칙에 대한 집착은 법치실현에 유리한 사고습관으로 판단된다. 니스벳은 서양인들의 보편적인 규칙에의 집착을 다음과 같이 설명한다.

서양인들은 보편주의적 행동규범에 익숙하고 동양인들은 특수주의적 행동규범, 즉 그때그때의 상황을 고려해야 하고 다른 사람에게는 각각 다른 규범을 적용해야 한다고 생각한다. 따라서 서양인들은 어떤 특수한 상황 때문에 규칙을 저버리는 행위는 부도덕한 것으로 여긴다. 그러나 동양인들은 모든 사람들에게 똑같은 규칙을 적용해야 된다는 것이 지나치게 고지식하고 때로는 비정하게 보인다(최인철, 2004 : 68; Nisbett, 2003 : 65).

> 서양인들의 보편적인 규칙에 대한 집착은 개인과 개인, 조직과 조직 사이의 계약에서도 드러난다. 계약에서 서양인은 한번 이루어진 협상은 중간에 바꿀 수 없다고 믿는다. 동양인들은 미래 상황에 따라 바뀔 수도 있다고 믿는다. 따라서 동양인과 서양인이 함께 일할 때나 동양인과 서양인의 계약에서는 갈등을 야기하기가 쉽다(최인철, 2004 : 69; Nisbett, 2003 : 65).

서양에서는 정의의 실현을 원칙으로 하여 법적 해결을 시도할 때 선과 악은 분명히 구분되나, 동양에서는 갈등해결 목적은 승자와 패자를 결정짓는 것이 아니라 쌍방 간에 적대감을 해소하는 것이기 때문에 타협이 선호된다. 이러한 차이는 법치의 실현 외에 부패문화를 추방하는 데에도 서양이 유리한 심리적 성향을 가졌다고 볼 수 있을 것이다. 니스벳은 법률에서의 차이를 다음과 같이 설명한다.

> 변호사와 엔지니어에 대한 상대적 선호도에서 미국인들은 일본인보다 41배 정도 변호사를 더 선호한다. 미국에 변호사가 많은 이유가 있다. 미국과 같은 개인주의적인 사회에서는 개인 간의 갈등이 법적 대결로 해결되지만, 일본과 같은 집합주의적인 사회에서는 중재와 같은 비법적 대응으로 해결한다. 서양에서는 정의의 실현을 원칙으로 하며, 법적 해결을 시도할 때 선과 악은 분명히 구분되며 반드시 승자와 패자가 존재한다는 점을 기본전제로 한다. 그러나 동양에서의 갈등해결 목적은 승자와 패자를 결정짓는 것이 아니라 쌍방 간의 적대감을 해소하는 것이다. 따라서 타협이 선호된다. 서양인들은 보편적인 정의의 원칙에 입각하여 자신의 입장을 주장하고 판사나 배심원들이 공평무사한 결정을 내리도록 기대하는 반면, 동양인들은 상황논리를 중시하는 것이 현명한 갈등해결이라고 생각한다(최인철, 2004 : 204; Nisbett, 2003 : 193).

(4) 시장경제 발달요인

앞에서 동양과 서양의 서로 다른 자기개념을 소개하였다. 동양에서의 개인은 항상 어떤 구체적인 맥락 속에 있는 존재로 인간의 행위나 속성은 사회적 상황의 관련성 속에서 파악된다. 이와 달리 서양에서는 개인을 맥락에서 떼어내 개인 자체를 파악하였다. 이러한 자기개념의 차이는 서양인들은 자신의 독특성을 과대평가하고 동양인들은 보편적인 것을 추구한다는 특성의 차이도 만들었다. 서양인들은 자존감을 추구하고 동양인들은 자기비판을 통해 자기향상을 추구한다. 서양인들은 남의 눈에 띄고 싶어하나 동양인들은 늘 남들 정도만 되고 싶어하는 것이다.

이와 같이 동양인은 주위사람과 평균을 지향하는 성향이 있는 반면, 서양인들은 자신을 과대평가하고 남의 눈에 띄기를 좋아하는 성향은 시장경제 발달에서 서양인들이 유리한 심리적 성향을 가진 것으로 판단할 수 있을 것이다. 시장경제가 발달하려면 기존의 것보다 새로운 것이 계속 창출되어야 한다. 계속적인 혁신이 필요한 것이다. 동양인들같이 남들 정도만 되고 싶어하는 것보다 서양인들처럼 자신의 독특성을 과대평가하고, 자존감을 추구하고, 남의 눈에 띄고 싶어하는 성향이 시장경제의 발달에는 유리한 사고습관일 것이다.

노스(North, 1991, 1990a)는 중세 유럽의 상업혁명을 가능하게 한 것은 차별 없는 교환(impersonal trade)을 가능하게 한 제도와 조직의 발달이었다고 한다.[04] 차별 없는 교환은 외부집단이나 이민족들과의 교환을 의미하기도 하는데, 자신의 외부집단에 대하여 거리감을 두는 동양인들보다는 내집단원이나 외집단원을 크게 구분하지 않는 서양인들의 정서는 차별 없는 교환을 실현하기 쉬웠을 것이다.[05] 외부집단에 대한 동서양의 차이에 대해 니스벳은 다음과 같이 설명한다.

> 동양인들은 자신들이 속한 내집단에 대해서는 강한 애정을 보이지만, 외부집단이나 그저 아는 사이인 사람들에게는 상당한 거리를 둔다. 그들은 자신이 내집단의 다른 구성원들과 매우 유사하다고 생각하고, 그들을 외집단의 구성원보다 훨씬 더 신뢰한다. 그러나 서양인들은 자신과 내집단 사이에도 일정한 거리를 두고 싶어하며, 내집단원이나 외집단원을 크게 구분하지 않는 보편주의적 행동원리를 따른다고 한다(최인철, 2004 : 55; Nisbett, 2003 : 51).

서양인들의 전체보다는 개별적인 것에 대한 집착은 전문화의 문화를 만들어 내는

---

04 North(1990a)의 설명은 소규모 생산, 단거리 무역, 낮은 전문화를 특징으로 하는 차별 있는 교환(개인적 교환, personal exchange)에서 대규모, 복잡화, 기회주의로 특징되는 차별 없는 교환(비개인적 교환, impersonal exchange)으로 발달함에 따라 교역으로부터 오는 이득을 포착하기 위해서는 차별 없는 거래를 필요로 하는데 인간의 기회주의적인 성향으로 말미암아 거래당사자 사이에 지속적인 협력을 유지할 수가 없는 딜레마에 빠진다. 그래서 협력적인 해결책이 마련되도록 하는 제도를 탄생시키는 일이야말로 경제성과를 이루는 데 주요한 역할을 떠맡게 된다.

05 North(1991, 1990a)는 차별 없는 교환을 실현시킨 이탈리아 제노아(Genoes)인들과 차별 없는 교환을 실현시키지 못한 중동지역의 마그리브인(Maghribi)들의 신념체계의 차이로 설명한다. 가령, 11~12세기 지중해에서는 제노아(Genoes)인의 개인주의적인 신념체계와 마그리브인(Maghribi)의 집단주의적인 신념체계로 대립하고 있었는데 후자의 집단주의의 신념체계를 가진 마그리브인들은 역내에만 의존하는 교역망을 발전시켰다. 이러한 신념체계는 비교적 소규모의 동질적인 그룹 간에는 효력을 발휘하였으나 시장이 확대되면서 지역 간의 교역이 늘어나게 되자 다양한 종족 간의 거래에 필요한 차별 없는 교환을 이루어 내는 데에는 적합하지 못했다. 그 반면 제노아의 상인들은 양자 간에 계약이 이행되도록 하는 체계를 개발하여 합의사항을 감시하고 이행시키는 공식적인 법적 · 정치적 조직을 만들었는데 이것이야말로 보다 복잡한 형태의 교역과 거래가 가능해지도록 하는 제도 및 경제조직의 성과였다(North, 1990a, 1991; 유동운, 1999).

데에도 유리한 사고습관으로 볼 수 있을 것이다. 서양은 학문과 산업분야의 전문화로 오늘날의 발전을 이루었고 동양은 그러한 서양을 많이 배우고 있다. 니스벳은 미국의 전문화를 다음과 같이 소개한다.

> 포드 자동차회사의 헨리 포드는 소위 일관 작업열(assembly line)이라는 것을 도입했고, 노동자들은 자신의 위치에서 주어진 부품을 반복해서 조립하기만 하면 되었다. 18세기 후반과 19세기에 서양은, 특히 미국은 제조업분야에 자동화를 도입하기 시작했다. 구식총에서 가구에 이르는 모든 제조품들이 가장 기본적이고 표준적인 단위로 분해되고 그러한 부분들을 만들고 조립하는 데에 가장 효율적인 동작들이 분석되었다. 그 결과, 이전에 전문 기술자가 몇 달이나 걸려서 만든 제품을 이제는 몇 시간 내로 생산할 수 있게 되었다. 시간도 하나의 분해가능한 실체가 되었다. 예를 들면, 브레이크 볼트에 3분, 스파크플러그 조립에 2분 30초 등과 같은 분석이 가능해진 것이다(최인철, 2004 : 84 ; Nisbett, 2003 : 82).

5. 소 결

동서양의 자연환경 · 사회환경 등에서의 차이, 형이상학적인 신념 그리고 자기개념 등에서의 차이는 그들의 사고과정, 사고습관 등에서 차이를 가져왔다. 동양의 집합주의적이고 상호 의존적인 특성은 세상을 보다 넓게 종합적으로 보는 시각, 어떤 사건은 수없이 많은 요인들이 복합적으로 관련되어 있는 것으로 본다. 서양의 개인주의적이고 독립적인 특성은 개별사물을 전체맥락에서 떼어내어 분석하고 사물들을 다스리는 공통의 규칙을 발견할 수 있으며, 사물의 변화를 통제할 수 있다는 사고방식을 가지게 되었다. 이러한 차이들은 가치, 선호, 문화, 철학 등에서의 차이를 만들어 내었다. 그러나 동양과 서양의 다양한 차이는 어느 것이 우월한 것은 아니라는 점은 시사하는 바가 크다고 할 수 있다. 각각의 장단점이 있는 것이다. 이 장에서는 동서양의 사고습관의 차이가 시기별로 경제적 성과에 미친 영향을 살펴보았다.

오늘날 현대에는 교통 · 통신의 발달, 인터넷의 발달 등으로 문화의 교류가 활발한 편이고 교육과 문화적인 요인 등으로 인구의 이동도 활발한 편이다. 어느 특정사고방식이 특정지역에서 계속 작용하는 경향은 적어졌다고 할 수 있다. 그러나 대체로 동양이 서구의 정치, 문화, 산업, 교육 등을 배우며 서구화되어 가면서 세계적으로 정치는 민주주의로 교육과 산업은 분업과 전문화를 지향하고 있다.

그러나 최근 전문화의 모순 또한 문제로 제기되고 있고, 퓨전문화 · 융합기술 등이 발전하고 있다. 향후 전문화가 강점으로 계속 작용할지는 장담하기 어려울 것이다. 전문인 양성이 필요하지만 총체적인 관점의 인재도 함께 양성해야 한다. 예를 들면, 한국에서 신제도경제학을 연구하는 학자가 많지 않은 것도 전문인 위주의 교육시스템이 중요한 원인일 수 있다. 경제를 좌우하는 중요요인으로 제도는 인간의 심리, 문화, 법, 경제 등 다양한 요인의 이해가 필요하다. 총체적인 관점에서 사회 및 자연현상을 바라보는 관점도 필요할 것이다. 전문인 양성을 위한 교육시스템을 탈피하여 다양한 관점을 소유하는 인재를 양성하기 위한 교육시스템의 도입도 필요할 것이다.

핵심용어

사고습관, 도(tao), 종합주의, 자기개념, 보편적인 규칙, 전체와 부분, 동양의 상황론, 서양의 본성론, 논리를 중시하는 서양, 경험을 중시하는 동양, 중화사상, 중앙집권정치체제, 시장경제, 민주주의, 과학

확인문제

1. 인간의 사고습관을 결정하는 요인들에 대해 설명하라.
2. 동양과 서양의 사고습관의 차이의 기원에 대해 설명하라.
3. 동양의 도와 서양의 삼단논법에 기인하는 사고습관의 차이는?
4. 동서양의 자기개념의 차이는?
5. 전체를 보는 동양과 부분을 보는 서양의 사고습관에서의 차이는?

6. 동양은 상황론, 서양은 본성론을 중시하는 데 기인하는 사고습관에서의 차이는?

7. 고대와 중세까지 상대적으로 서양에 비해 중국이 선진국이었던 원인은?

8. 근대 이후 중국이 정체한 원인과 그 원인과 관련되는 사고습관을 설명하라.

9. 근대 이후 서양이 발전한 원인과 그 원인과 관련되는 사고습관을 설명하라.

참 고 문 헌

강두석(2014a), “인간본성, 거래비용과 제도,” 한국경제학회, 공동학술대회, 한국제도경제학회.

______(2014b), “동서양의 사고 습관의 차이와 경제발전에서의 시사점,” 한국경제학회, 공동학술대회, 한국비교경제학회.

______(2014c), “제도론자로서의 아담 스미스,” 한국사회경제학회, 춘계학술대회 발표논문.

______(2012), “한국경제발전을 위한 정치, 경제, 사회의 제도개선에 관한 연구,” 부산대학교 박사학위논문.

______(2011), “기술결정 요인으로서의 제도,” 한국경제학회, 공동학술대회, 한국제도경제학회.

______(2009), “경제사에서 경제성장과 쇠퇴의 원인,” 한국경제학회, 공동학술대회, 한국제도경제학회.

강두석 · 김영덕(2010), “거래비용과 경제성장,” 한국경제학회, 공동학술대회, 한국제도경제학회.

강성화(2006), “프로테스탄티즘의 윤리와 자본주의 정신,” 서울대학교 철학사상연구소, 『철학사상』, 별책 제7권 제18호.

강정모 · 함선미(2012), “한국형 공생발전과 정신자본: 홍익인간사상,” 『제도와 경제』, 제6권 제2호.

곽윤직(2003), 『물권법』, 박영사.

교육과학기술부(2008), 2008년 기술수준 평가 보고서-90개 중점기술.

권영성(1999), 『헌법학원론』, 법문사.

길인성(1994), “신제도학파 경제사의 성과와 한계: 더글러스 노스를 중심으로,” 『사회비평』, 제11호, pp.65-91.

김광수(2007), “스미스와 노스의 경제사이론체계: 비교연구,” 『경제학연구』, 제55집 제2호, pp.61-90.

______(2003), “정치영역과 경제발전 간의 상관관계 : 아담 스미스를 중심으로,” 『경제학연구』, 제51집 제4호, pp.191-221.

김균 · 박순성(1997), “하이에크 자유주의의 폐쇄성과 내적균열-민경국 《진화냐 창조냐》에 대한 비판적 서평-,” 『사회비평』, 제17호.

김기홍(2006), 『디지털경제론』, 법문사.

김무홍(2006), “경제학의 위기와 신제도경제학,” 한국방송통신대학교 논문집 제41집.

김상조(2006), "고도성장의 종식과 새로운 성장모형의 모색," 한국산업사회학회, 『경제와 사회』, 제69호, pp.40-70.

김상준(2004), "부르이외, 콜만, 퍼트남의 사회적 자본 개념비판," 『한국사회학』, 제38집 제6호, pp.63-97.

김일중(2011), "재산권의 법경제학," 『법경제학 이론과 응용』, 해남.

______(1995), 『규제와 재산권』, 자유기업센터.

김재현(1996), "하버마스 사상의 형성과 발전," 『하버마스의 사상』, 나남.

김적교(1999), "시장경제의 윤리적 기초," 『국제경제연구』, 제5권 제2호, pp.127-137.

김형기(2006), "한국사회의 지속가능한 진보를 위한 대안적 발전모델," 『한국경제 제3의 길』, 한울아카데미.

김형만(1996), 경총임금연구센터, 『임금연구』, 15, pp.118-125.

문소상 · 이종건(2004), "성장잠재력 변동요인의 동태적 분석과 시사점," 지식산업사, 『한국경제의 새로운 성장전략』, pp.220-262.

민경국(2002), "문화, 비공식제도 그리고 제도의 경쟁," 한국경제연구원, 『제도연구』, 제4호, pp.67-100.

______(1997), 『하이에크이야기』, 자유기업원.

______(1996), 『진화냐 창조냐』, 한국경제연구원.

박세일(2006), 『대한민국 선진화 전략』, 21세기북스.

______(2000), 『법경제학』, 박영사.

______(1989), "아담스미스의 도덕철학체계," 민음사, 『아담스미스 연구』, pp.29-62.

박세일 · 민경국(2009), 『도덕감정론』(번역본), 비봉출판사.

박순성(2002), "애덤 스미스의 정치경제학, 단순체계 또는 복잡체계-국부론에 대한 제도주의적 해석을 중심으로," 한국경제학사학회, 『경제학의 역사와 사상』, 제5권, pp.121-153.

______(2000), "애덤 스미스의 윤리학과 경제학," 『경제학연구』, 제48집 제3호, pp.113-137.

______(1994), "스미스의 자유주의의 경제, 정치, 도덕-시장경제질서와 절제된 자유주의," 『사회비평』, 제12호, pp.28-48.

송현호(1998), 『신제도이론』, 민음사.

______(1993), "애덤 스미스의 사회적 설명원리: 제도적개체론," 서울대학교 경제연구소, 『경제논집』, 제32권 제4호, pp.309-330.

______(1992), 『경제학방법론』, 비봉출판사.

양동욱 · 홍승제 · 이주경 · 임철재 · 문소상(2004), "우리경제의 장기 성장기반 확충을 위한 과제," 지식산업사, 『한국경제의 새로운 성장전략』, pp.160-217.

양현봉 · 주현 · 조영삼(1998), "한국벤처기업의 특성분석 및 육성방안," 『벤처 경영 연구』, 창간호, pp.129-153.

유동운(2011), "국가 정치경제제도의 진화배경: 정치적 갈등기술의 독점화와 경제적 생산기술의 전문화," 한국제도경제학회, 『제도와 경제』, 제5권 제1호, pp.5-39.

______(2010a), “경제발전에서 제도의 역할,” 한국경제발전학회, 『경제발전연구』, 제16권 제2호, pp.1-20.

______(2010b), “경제성장 결정요인: 경제적 자유,” 『자유와 시장』, 제2권 제1호, pp.1-37.

______(2005), 『시장경제문화론』, 선학사.

______(2000), 『경제진화론』, 선학사.

______(1999), 『신제도주의 경제학』, 선학사.

윤영자 · 최영순(2002), 『경제사개설』, 한국방통대출판부.

이장우 · 장수덕(1999), “미국 4개 대학의 창업교육 현황과 특징,” 『벤처 경영 연구』, 제2권 제2호, pp.57-90.

이종원 · 김영세(2000), 『부패의 경제』, 해남.

이주선(2006), 『한국경제위기의 뿌리, 담합구조』, 굿인포메이션.

임배근(2012), “제도주의 경제학의 접근방법과 한계점,” 『제도와 경제』, 제6권 제2호, pp.97-121.

임석진 외 22인(2009), 『철학사전』, 중원문화.

전운성(2006), 『세계의 토지제도와 농업』, 한울아카데미.

정갑영(2005), 『카론의 동전 한 닢(정갑영의 신국부론)』, 삼성경제연구소.

좌승희(2006), 『신국부론-차별화와 발전의 경제학』, 굿인포메이션.

좌승희 · 이상헌(2002), “제도개혁과 경제발전,” 한국경제연구원, 제도연구시리즈 1, 『제도와 경제발전』, pp.12-44.

좌승희 · 조성봉(2004), 『법치경제 개혁의길』, 한국경제연구원, 연구보고서.

최　광(2010), 『지배권력과 경제번영』(번역서), 나남.

최배근(2002), 『디지털시대, 다시 쓰는 경제학』, 한울아카데미.

최인철(2004), 『생각의 지도(*The Geography of Thought*)』(번역판), 김영사.

최정달(2000), “한국의 경제위기와 기업윤리,” 『산업경제』, 제11집, pp.19-36.

최태욱 외 13인(2007), 『한국형 개방전략-한미 FTA와 대안적 발전모델』, 창비.

하연섭(2003), 『제도분석』, 다산출판사.

한상완 · 이철선 · 이주량(2007), “사교육, 노후 불안의 주된 원인-사교육 실태조사 및 시장규모 추정,” 현대경제연구원, 한국경제주평, 07-15, 통권 246호.

한성안(2010), “진화경제학의 유토피아로서 ‘에브토피아’,” 한국사회경제학회, 『사회경제평론』, 제34호, pp.207-244.

______(2008), “참여정부의 국가균형발전정책에 대한 진화경제학적 고찰,” 한국사회경제학회, 『사회경제평론』, 제30호, pp.217-329.

______(2005), “사회적 자본, 경제성장, 혁신,” 한국경제학회, 『경제학연구』, 제53집 제1호, pp.5-32.

______(2000), “진화경제학의 국가특수성 논의와 정책적 시사점,” 한국경제학회, 『경제학연구』, 제48집 제4호, pp.261-290.

한영춘(1992), "맹자의 사단설에 관한 행태론적 분석-마슬로우의 욕구단계론과의 비교-,"『한국행정사학지』, 제1권 제1호, pp.29-51.

홍기빈(2006), 『투자자-국가직접소송제』, 녹색평론사.

홍순영 · 장재철 · 권순우 · 김용기 · 손민중 · 양준호 · 전영재 · 최인철(2006), 『한국경제의 20년의 재조명』, 삼성경제연구소.

황재홍(2011), "불확실성과 합리성 그리고 정부개입: 케인즈와 하이에크,"『경제학연구』, 제59집 제4호, pp.147-167.

友野典男(도모노 노리모)(2007), 『행동경제학』, 지형출판사.

岡崎哲二(오카자키 데쓰지)(2005), 『제도와 조직의 경제사』, 한울아카데미.

鹽野谷祐一(시오노야 유이치)(2002), 『경제와 윤리』, 필맥.

Abramobitz, M.(1986), "Catching up, Foreign Ahead, and Falling Behind," *Journal of Economic History*, 46(2), pp.385-407.

Acemoglu, D., S. Johnson & J. Robinson(2004), "Institutions as the Fundamental Cause of Long-Run Growth," in Aghion, P. and S. Durlauf(eds.), *Handbook of Economic Growth*, Elsevier.

Adelman, Irma(1998), "The Genesis of the Current Global Economic System," *The Globalization of the World Economy*, edited by Amnon Levy-Livemore, Cheltenham, UK, Northhampton, MA, USA: Edward Elga.

Agassi, Joseph(1960), "Methodological Individualism," *British Journal of Sociology*, 11(3), pp.244-270.

Aghion, Philippe & Jean Tirole(1997), "Formal and Real Authority in Organizations," *The Journal of Political Economy*, 105(1), pp.1-29.

Aghion, P. & P. Howitt(1998), *Endogenenous Growth Theory*, Cambridge, MA: MIT Press.

____________________(1992), "A Model of Growth through Creative Destruction," *Econometrica*, 60(2), pp.323-351.

Akcay, S.(2006), "Corruption and Human Development," *Cato Journal*, 26(1), pp.29-48.

Akian, Marianne, Agnès Sulem & Michael I. Taksar(2001), "Dynamic Optimization of Long-Term Growth Rate for a Portfolio with Transaction Costs and Logarithmic Utility," *Mathematical Finance*, 11(2), pp.153-189.

Alchian, Armen A.(1950), "Uncertainty, Evolution and Economic Theory," *Journal of Political Economy* 58(3), pp.211-221.

Alchian, Armen A. & Harold Demsetz(1972), "Production, Information Costs, and Economic Organization," *American Economic Review*, 62(5), pp.777-795.

Anderson, T. L. & Peter J. Hill(1975), "The Evolution of Property Right : A Study of the American West," *Journal of Law and Economics*, 18(1), pp.163-179.

Argandona, A.(2004), "Economic Ethics and Institutional Change," *Journal of Business Ethics*, 53(1-2), pp.191-201.

Arrow, K. J.(1972), "Gifts and Exchanges," *Philosophy and Affairs*, 1(4), pp.343-362.

__________(1971), "Political and Economic Evaluation of Social Effects of Externalities," in M. Intriligator(ed.), *Frontiers of Quantitative Economics*, Amsterdam: North Holland, pp.3-24.

__________(1969), "The Organization of Economic Activity," *The Analysis and Evaluation of Public Expenditure: The PPB System*, Joint Economic Committee, pp.59-73.

__________(1951), *Social Choice and Individual Values*, Wiley, New York.

Arthur, B.(1989), "Increasing Returns, Competing Technologies and Lock-in by Historical Small Events," *The Economic Journal*, 99(394), pp.116-131.

Bardhan, P.(1997), "Corruption and Development : A Review of Issues," *Journal of Economic Literature*, 35(1), pp.1320-1346.

Barro, R. J.(1997), *Determinants of Economic Growth A Cross-Country Empirical Study*, The MIT Press.

Barro, R. J. & Anthony M. Santomero(1976), "Output and Employment in a Macro Model with Discrete Transaction Costs," *Journal of Monetary Economics*, 2(3), pp.297-310.

Barzel, Yoram(2002), *A Theory of the State*, Cambridge University Press.

____________(1989), *Economic Analysis of Property Rights*, Cambridge University Press.

____________(1982), "Measurement Cost and the Organization of Markets," *Journal of Law and Economics*, 25(1), pp.27-48.

____________(1974), "A Theory of Rationing by Waiting," *Journal of Law and Economics*, 17(1), pp.73-95.

Bebbington, A. & Thomas Perreault(1999), "Social Capital, Development and Access to Resources in Highland Ecuador," *Economic Geography*, 75(4), pp.395-418.

Bencivenga, V. R., Bruce D. Smith, & Ross M. Starr(1995), "Transactions Costs, Technological Choice, and Endogenous Growth," *Journal of Economic Theory*, 67(1), pp.153-177.

Berle, A. A. & G. C. Means(1932), *The Modern Corporation and Private Property*, revised ed., Harcourt, Brace & World CO.

Beugelsdijk, S.(2006), "A Note on the Theory and Measurement of Trust in Explaining Differences in Economic Growth," *Cambridge Journal of Economics*, 30(3), pp.371-

387.

Bogt, H. J.(2003), "A Transaction Cost Approach to the Autonomization of Government Organizations: A Political Transaction Cost Framework Confronted with Six Cases," *European Journal of Law and Economics*, 16(2), pp.149-186.

Braithwaite, V. & M. Levi(1998), *Trust and Governance*, New York: Russell Sage Foundation.

Buchanan, J.(1995), *Ethics and Economic Progress*, Oklahoma University Press.

__________(1993), "Property As a Guarantor of Liberty," Shaftesbury Papers, Edward Elgar.

__________(1991), *The Economics and Ethics of Constitutional Order*, Michigan University Press.

Bush, Paul D.(1988), "The Theory of Institutional Change," in Marc R. Tool, ed., *Evolutionary Economics*, 1, New York: M. E. Sharpe, pp.37-66.

Cameron, Rondo & Larry Neal(2002), *A Concise Economic History of the World: From Paleolithic Times to the Present*, Oxford University Press.

Carroll, M. C. & J. R. Stanfield(2003), "Social Capital, Karl Polanyi, and America Social Institutional Economics," *Journal of Economic Issues*, 37(2), pp.397-404.

Cheung, Steven(1974), "A Theory of Price Control," *Journal of Law and Economics*, 17(1), pp.53-71.

Clark, Charles M. A.(2006), "Christian Morals and the Competitive System Revisited," *Journal of Economic Issues*, 40(2), pp.261-275.

Coase, Ronald(1960), "The Problem of Social Costs," *Journal of Law and Economics*, 3(October 1960), pp.1-44.

___________(1937), "The Nature of The Firm," *Economica*, November 1937, pp.386-495.

Coase, R. H.(1984), "The New Institutional Economics," *Journal of Institutional and Theoretical Economics*, 140, pp.229-231.

Colombatto, E. & J. Macey(1999), "Information and Transaction Costs as the Determinants of Tolerable Growth Levels," *Journal of Institutional and Theoretical Economic*, 155, pp.617-642.

Dahlman, C. J.(1979), "The Problem of Externality," *Journal of Lae and Economics*, 22(1), pp.141-162.

Dahlstrom, R. & A. Nygaard(1999), "An Empirical Investigation of Ex Post Transaction Costs in Franchised Distribution," *Journal of Marketing Research*, 36(2), pp.160-170.

Danziger, K.(1985). "Origins of the Psychological Experiment as a Social Institution," *American Psychologist*, 40(2), pp.133-140.

David, Paul A.(1985), "Clio and the Economics of QWERTY," *American Economic Review*, 75(2), pp.332-337.

Davis, L. E. & Douglass C. North(1971), *Institutional Change and American Economic Growth*, Cambridge University Press.

Dawson, J. W.(1998), "Institutions, Investment, and Growth: New Cross-Country and Panel Data Evidence," *Economic Inquiry*, 36(4), pp.603-619.

Demsetz, Harold(1967), "Toward a Theory of Property Rights," *American Economic Review*, 57(2), pp.347-359.

De Roover, F. E.(1945), "Early Examples of Ma-rine Insurance," *Journal of Economic History*, 5(2), pp.172-200.

Dosi, G.(1988), "The Nature of the Innovation Process," pp.221-238 in Giovanni Dosi, Christopher Freeman, Richard Nelson, Gerald Silverberg and Luc L. Soete(eds), *Technological Change and Economic Theory*, Frances Pinter, London.

Dosi, G. & L. Orsenigo(1988), "Coordination and Transformation: an Overview of Structures, Behaviours and Change in Evolutionary Environments," in Dosi, G. *et al.*(eds.), *Technical Change and Economic Theory*, London, Pinter.

Dyer, J. H. & W. Chu(2003), "The Role of Trustworthiness in Reducing Transaction Costs and Improving Performance: Empirical Evidence from the United States, Japan, and Korea," *Organization Science*, 14(1), pp.57-68.

Eggertsson, Thrainn(1990), *Economic Behavior and Institutions*, Cambridge University Press.

Ehrlich, I. & F. T. Lui(1999), "Bureaucratic Corruption and Endogenous Economic Growth," *Journal of Political Economy*, 107, pp.270-293.

Fama, E. F. & M. C. Jensen(1985), "Organizational Forms and Investment Decisions," *Journal of Financial Economics*, 14(1), pp.101-119.

Frank, R. H., T. D. Gilovich & D. T. Regan(1993), "Does Studying Economics Inhibit Cooperation?," *Journal of Economic Perspectives*, 7(2), pp.159-171.

Fukuyama, F.(1995), *Trust: The Social Virtues and the Creation of Prosperity*, London: Penguin Books.

Furubotn, E. G.(1991), "General Equilibrium Model, Transaction Costs, and Theoretical Economics," *Journal of Institutional and Theoretical Economics*, 147(4), pp.662-686.

Furubotn, E. G. & Rudolf Richter(2005), *Institutions and Economic Theory*, Michigan University Press.

Furubotn, E. G. & S. Pejovich(1972), "Property Rights and Economic Theory : A Survey of Recent Literature," *Journal of Economic Literature*, 10(4), pp.1137-1162.

Garicano, L. & S. N. Kaplan(2001), "The Effect of Business-to-Business e-Commerceon

Transaction Cost," *The Journal of Industrial Economics*, 49(4), pp.463-486.

Gennotte, Gerard & Alan Jung(1992), "Investment Strategies under Transaction Costs: The Finite Horizon Case," *Management Science*, 40(3), pp.385-404.

Gibson, C. C. & T. Koontz(1998), "When 'Community' Is Not Enough: Institutions and Values in Community-Based Forest Management in Southern Indiana," *Human Ecology*, 26(4), pp.621-647.

Goldsmith, R. W.(1969), *Financial Structure and Development*, Yale University Press.

Gompers, P. & Josh Lerner(1999), *Venture Capital Cycle*, MIT Press.

Gordon, W. C. & John Adams(1989), *Economics as Social Science: An Evolutionary Approach*, The Riverdale Company.

Grief, Avner(1994). "Cultural Beliefs and the Organization of Society: A Historical and Theoretical Reflection on Collectivist and Individualist Societies," *The Journal of Political Economy*, 102(October 5), pp.912-950.

Grossman, G. M. & E. Helpman(1991), *Innovation and Growth in the Global Economy*, Cambridge, MA: MIT Press.

Grossman, Sanford J. & Oliver D. Hart(1986). "The Costs and Benefits of Ownership: A Theory of Vertical and Lateral Integration," *Journal of Political Economy*, 94(4), pp.691-719.

Gruchy, Allan G.(1987), *The Reconstruction of Economics: An Analysis of the Fundamentals of Institutional Economics*, Westport, CT: Greenwood Press.

Gwartney, J. D., Randall G. Holcombe & Robert A. Lawson(2006), "Institutions and the Impact of Investment on Growth," *Kyklos*, 59(2), pp.255-273.

Gyimah-Brempong, K. & Samaria Munoz de Camacho(2006), "Corruption, Growth, and Income Distribution: Are there Regional Differences?," *Economics of Governance*, 7(3), pp.245-269.

Hamlin, A. P.(1986), *Ethics, Economics and the State*, St. Martin's Press.

Hardin, G.(1968), "The Tragedy of the Commons," *Science* 162(3859), pp.1243-1248.

Hayek, F. A.(1982), *Law, Legislation, and Liberty*, Vol. 1~3, London: Routledge and Kegan Paul, Paperback Edition.

___________(1979), *Law, Legislation and Liberty*, Vol.III, *The Political Order of a Free People*, University of Chicago Press.

___________(1976), *Law, Legislation and Liberty*, Vol.II, *The Mirage of Social Justice*, University of Chicago Press.

___________(1973), *Law, Legislation and Liberty*, Vol.I, *Rules and Order*, University of Chicago Press.

___________(1960), *The Constitution of Liberty*, University of Chicago Press.

____________(1952), *The Sensory Order: An Inquiry into the Foundations of Theoretical Psychology*, University of Chicago Press.

____________(1944), *The Road to Serfdom*, University of Chicago Press.

Heiner, Ronald, A.(1983), "The Origin of Predictable Behavior," *American Economic Review*, 73(4), pp.560-595.

Heller, W. P. & Karl Shell(1974), "On Optimal Taxation with Costly Administration," *American Economic Review*, 64(2), pp.338-345.

Hennart, J. F.(1987), "Transaction Costs and the Multinational Enterprise: The Case of Tin," *Business and Economic History*, Vol.16, Board of Trustees of the University of Illinois. Library of Congress Catalog No.87-72645.

Hodgson, Geoffrey M.(2006), "What Are Institutions?," *Journal of Economic Issues*, 40(1), March, pp.1-25.

Holmstrom, B. & Paul Milgrom(1991), "Multi-Task Principal-Agent Problems: Incentive Contracts, Asset Ownership and Job Design," *Journal of Law, Economics and Organization*, 7(Special Issue), pp.24-52.

Hutchison, Terence W.(1976), "Adam Smith and the Wealth of Nations," *Journal of Law and Economics*, 19(3), pp.507-528.

Irwin, D. A. & R. S. Kroszner(1997), "Interests, Institutions, and Ideology in the Republican Conversion to Trade Liberalization, 1934-1945," *NBER Working Paper* No. W6112.

Iyer, S., Michael Kitson & Bernard Toh(2005), "Social Capital, Economic Growth and Regional Development," *Regional Studies*, 39(8), pp.1015-1040.

Jensen, Hans E.(1987). "The Theory of Human Nature," *Journal of Economic Issues*, 21(3), pp.1039-1073.

Jensen, M. C. & W. H. Meckling(1976), "Theory of the Firm: Managerial Behavior, Agency Costs and Ownerships Structure," *Journal of Financial Economics*, 3(4), pp.305-360.

Jepson, W.(2006), "Producing a Modern Agricultural Frontier: Firms and Cooperatives in Eastern Mato Grosso, Brazil," *Economic Geography*, 82(3), Academic Research Library, pp.289-316.

Johnson, B(1992), "Institutional Learning," in Lundvall, B. -Å.(ed.), *National Innovation Systems: Towards a Theory of Innovation and Interactive Learning*, Pinter Publishers, London.

Kadokura, Takashi(2007), "The Underground Economy Around the World," *The Japanese Economy*, 34(2), pp.88-110.

Kahneman, D. & A. Tversky(1972), "Subjective Probability: A Judgement of

Representativeness," *Cognitive Psychology*, 3(3), pp.430-454.

Kaldaru, H. & Eve Parts(2005), *The Effect of Macro-Level Social Capital on Sustainable Economic Development*, Tartu University Press.

Keim, D. B. & A. M. Madhavan(1997), "Transactions Costs and Investment Style: Aninter-Exchange Analysis of Institutional Equity Trades," *Journal of Financial Economics*, 46(3), pp.265-292.

Keynes, J. M.(1936), *The General Theory of Employment, Interest, and Money*, New York, Harcourt.

King, R. G. & R. Levine(1993), "Finance, Entrepreneurship, and Growth : Theory and Evidence," *Journal of Monetary Economics*, 32(3), pp.513-542.

Knack, S.(2002), "Social Capital and the Quality of Government: Evidence From the U. S. States," *American Journal of Political Science*, 46(4), pp.772-785.

________(1992), "Civic Norms, Social Sanctions, and Voter Turnout," *Rationality and Society*, 4(2), pp.133-156.

Knack, S. & P. Keefer(1997), "Does Social Capital Have an Economic Payoff? A Cross-Country Investigation," *Quarterly Journal of Economics*, 112(4), pp.1251-1288.

Kormendi, R. C. & P. G. Meguire(1985), "Macroeconomic Determinants of Growth : Cross-Country Evidence," *Journal of Monetary Economics*, 16(2), pp.141-163.

Kuznets, S.(1973), "Modern Economic Growth: Finding and Reflections," *American Economic Review*, 63(3), pp.247-258.

Lahno, B.(1995), "Trust, Reputation, and Exit in Exchange Relationships," *Journal of Conflict Resolution*, 39(3), pp.495-510.

Lee, S. H. & K. K. Oh(2007), "Corruption in Asia: Pervasiveness and Arbitrariness," *Asia Pacific J Manage*, 24(1), pp.97-114.

Leightner, J. E.(2003), "Equality and Growth in Asia," *Journal of Economic Issues*, 37(2), pp.381-388.

Levine, R. & Sara Zervos(1998), "Stock Markets, Banks, and Economic Growth," *American Economic Review*, 88(3), pp.537-558.

Little, I.(2002), *Ethics, Economics, and Politics: Principles of Public Policy*, Oxford University Press.

Lloyd, W.(1977), "On the Check to Population," in Hardin, G. and J. Baden(eds.), *Managing the Commons*, San Francisco: Freeman.

Londregan, J. B.(2000), *Legislative Institutions and Ideology in Chile(Political Economy of Institutions and Decisions)*, Cambridge University Press.

Lundvall, B.(1992), *National Innovation Systems: Towards a Theory of Innovation and Interactive Learning*, London, Pinter Publishers.

___________(1985), *Product Innovation and User-ProducerInteraction*, Aalborg University Press.

Magnusson, L. & Jan Ottosson(1996), "Transaction Costs and Institutional Change," *Transaction Cost Economics and Beyond*, Recent Economic Thought Series, 48, pp.351-364.

Marglin, S.(1974), "What Do Bosses Do? The Origins and Function of Hierarchy in Capitalist Production," *Review of Radical Political Economics*, 6(2), pp.60-112.

Marmor, T. R., K. G. H. Okma & S. R. Latham(2002), "National Values, Institutions and Health Policies: What Do They Imply for Medicare Reform?," Commission on the Future of Health Care in Canada, Discussion Paper No.5.

Marwell, G. & R. Ames(1981), "Economists Free Ride, Does Anyone Else?," *Journal of Public Economics*, 15, pp.295-310.

Mauro, P.(1995), "Corruption and Growth," *The Quarterly Journal of Economics*, 110(3), pp.681-712.

McCann, P. & D. Shefer(2004), "Location, Agglomeration and Infrastructure," *Paper in Regional Science*, 83(1), pp.177-196.

Meyer, R. E., Kerstin Sahlin, Marc J. Ventresca & Peter Walgenbach(2009), *Institutions and Ideology*, Emerald Group Publishing Limited.

Mo, Pak Hung(2001), "Corruption and Economic Growth," *Journal of Comparative Economics*, 29(1), pp.66-79.

Mols, N. P.(2000), "Dual Channels of Distribution: a Transaction Cost Analysis and Propositions," *The International Review of Retail, Distribution and Consumer Research*, 10(3), pp.227-246.

Mossetto, G.(1994), "Cultural Institutions and Value Formation on the Art Market: A Rent-Seeking Approach," *Public Choice*, 81(1-2), pp.125-135.

Murphy, K. M., Andrei Shleifer & Robert W. Vishny(1993), "Why is Rent-Seeking So Costly to Growth?," *American Economic Review*, 83(may), pp.409-414.

Neale, Walter C.(1990), "American Institutionalism," Unpublished Monograph.

Nelson, R. R.(2005), *Technology, Institutions, and Economic Growth*, Harvard University Press.

Nelson, R. R. & B. N. Sampat(2001), "Making Sense of Institutions as A Factor Shaping Economic Performance," *Journal of Economic Behavior and Organization*, 44(1), pp.31-54.

Nelson, R. R. & Sidney G. Winter(1982), *An Evolutionary Theory of Economic Change*, Belknap Press.

Nisbett, Richard E.(2003), *The Geography of Thought*, Brockman, Inc.

Nishiguchi, Toshihiro(1994), *Strategic Industrial Sourcing*, Oxford University Press, NewYork.

North, Douglass C.(2005), *Understanding the Process of Economic Change*, Princeton University Press.

________________(1994a), "Economic Performance through Time," *American Economic Review*, American Economic Association, 84(3), pp.359-368.

________________(1994b), "Transaction Costs Through Time," Economic History 9411006, Economics Working Paper Archive at WUSTL.

________________(1993), "Five Propositions about Institutional Change," Economic History 9309001, Economics Working Paper Archive at WUSTL.

________________(1992), "Institution and Economic Theory," *The American Economists*, 36(1), pp.3-6.

________________(1991), "Institutions," *Journal of Economic Perspectives*, 5(1), Winter, pp.97-112.

________________(1990a), *Institution, Institutional Change and Economic Performance*, Cambridge University Press.

________________(1990b), "A Transaction Cost Theory of Politics," *Journal of Theoretical Politics*, 2(4), pp.355-367.

________________(1987), "Institutions, Economic Growth and Freedom: An Historical Introduction," in *Freedom, Democracy, and Economic Welfare*, M. Walker(ed.), The Fraser Institute.

________________(1981), *Structure and Change in Economic History*, W. W. Norton & Company, Inc.

North, Douglass C. & Barry Weingast(1989), "Constitutions and Commitment: The Evolution of Institutions Governing Public Choice in Seventeenth Century England," *The Journal of Economic History*, 49(4), pp.803-832.

North, Douglass C. & Robert Paul Thomas(1977), "The First Economic Revolution," *Economic History Review*, 30(2), pp.229-241.

________________________________(1973), *The Rise of the Western World*, Cambridge University Press.

OECD(2004), *The Economic Impact of IT*.

______(2003), *ICT and Economic Growth*.

Ogburn, William F.(1964), *William F. Ogburn: On Culture and Social Change*, Otis Dudley Duncan, ed. Chicago: Phoenix Books; University of Chicago Press.

Olsen, Mancur(2000), *Power and Prosperity-Outgrowing Communist and Capitalist Dictatorships*, Perseus Books Group.

Ostrom, Elinor(1990), *Governing the Commons*, Cambridge University Press.

Parks, R. W.(1974), "The Demand and Supply of Durable Goods and Durability," *American Economic Review*, 64(1), pp.37-55.

Pellegrini, L. & R. Gerlagh(2004), "Corruption's Effect on Growth and its Transmission Channels," *Kyklos*, 57(3), pp.429-456.

Peltzman, Sam(1976), "Toward a More General Theory of Regulation," *Journal of Law and Economics*, University of Chicago Press, 19(2), pp.211-240.

Posner, R. A.(2003), *Economic Analysis of Law*, 6rd ed, Aspen Publishers.

Pryor, F. L.(1994), "Growth Deceleration and Transaction Costs: A Note," *Journal of Economic Behavior & Organization*, 25(1), pp.121-133.

Putnam, Robert D.(1993), *Making Democracy Work Civic Traditions in Modern Italy*, Princeton University Press.

Qizilbash, M.(2001), "Corruption and Human Development: A Conceptual Discussion," *Oxford Development Studies*, 29(3), pp.265-278.

Rao, P. K.(2003), *The Economics of Transaction Costs*, Palgrave Macmillan.

Reynolds, J.(1983), "The Spread of Economic Growth to the Third World: 1850-1980," *Journal of Economic Literature*, 21(3), pp.941-980.

Rodrik, D.(1999), *The New Global Economy and Developing Countries: Making Openness Work*, Overseas Development Council.

Romar, David(2001), *Advanced Macroeconomics*, McGraw-Hill.

Romer, P. M.(1990), "Endogenous Technological Change," *Journal of Political Economy*, 98(October, Part 2), pp.71-102.

____________(1986), "Increasing Returns and Long Run Growth," *Journal of Political Economy*, 94(October), pp.1002-1037.

Rosenberg, Nathan(1960), "Some Institutional Aspects of the Wealth of Nations," *The Journal of Political Economy*, 68(6), pp.557-570.

Rothstein, B.(2003), "Social Capital, Economic Growth and Quality of Government: The Causal Mechanism," *New Political Economy*, 8(1), pp.49-71.

Rupasingha, A., Stephan J. Goetz & David Freshwater(2000), "Social Capital and Economic Growth: A County-Level Analysis," *Journal of Agricultural and Applied Economics*, 32(3), pp.565-572.

Ruttan, Vernon W.(2006), "Social Science Knowledge and Induced Institutional Innovation: An Institutional Design Perspective," *Journal of Institutional Economics*, 2(3), pp.249-272.

__________________(1988), "Cultural Endowments and Economic Development: What Can We Learn from Anthropology?," *Economic Development and Cultural Change*

36(3), pp.247-271.

Sako, Mari(1991), "The Role of 'trust' in Japanese Buyer-Supplier Relationships," *Ricerche Economiche*, 45(2-3), pp.449-474.

Samuels, W. J.(1976), "The Political Economy of Adam Smith," *Ethics*, 87(April), pp.189-207.

____________(1973), "Adam Smith and the Economy as a System of Power," *Review of Social Economy*, 31(2), pp.123-137.

Schmoller, G. von(1900), *Grundriss der Allgemeinen Volkswirthschaftslehre*, Munich and Leipzig : Duncker & Humblot.

Schumpeter, Joseph Alois(1954), *History of Economic Analysis*, Oxford University Press.

______________________(1934), *The Theory of Economic Development*, Harvard University Press, Cambridge, MA.

Seligman, A. B.(1997), *The Problem of Trust*, Princeton University Press.

Seligson, M. A.(2002), "The Impact of Corruption on Regime Legitimacy A Comparative Study of Four Latin American Countries," *The Journal of Politics*, 64(2), pp.408-433.

Seyffert, R.(1966), *Wege und Kosten der Distribution der Industriell Gefertigten Konsumwaren*, Cologne and Opladen : Westdeutscher.

Shepsle, Kenneth A.(1983), "Institutional Equilibrium and Equilbrium Institutions," Working paper No.82, St. Louis : Center for the Study of American Business, Washington Univ.

Shionoya, Yuichi(2002), *Economy & Morality*, Tokyo University Press.

Simon, H. A.(1957), *Administative Behavior : A Study of Decision-Making Processes in Administrative Organization*, New York MacMillan.

Smilor, R. W., D. V. Gibson & G. B. Dietrich(1990), "University Spin-Out Companies: Technology Start-Ups from UT-Austin," *Journal of Business Venturing*, 5(1), pp.63-76.

Smith, Adam(1978), *Lectures on Jurisprudence*, edited by Meek, R. L., D. D. Raphael and P. G. Stein, Clarendon Press.

___________(1776), *An Inquiry into the Nature and Causes of the Wealth of Nations*, Campbell, R. H. and A. S. Skinner(eds.), Clarendon Press.

___________(1759), *The Theory of Moral Sentiments*, Raphael, D. D. and A. L. Mact(eds.), Clarendon Press.

Sobel, Irving(1979), "Adam Smith: What Kind of Institutionalist Was He?" *Journal of Economic Issues*, 13(2), pp. 347-368.

Sobel, J.(2002), "Can We Trust Social Capital?," *Journal of Economic Literature*, 40(March), pp.139-154.

Soderbaum, Peter(1993), "Values, Markets, and Environmental Policy: An Actor-Network Approach," *Journal of Economic Issues*, 27(2), pp.387-408.

Stanfield, James Ronald(2006), "From OIE and NIE toward EE," *Journal of Economic Issues*, 40(2), pp.249-259.

____________________(1999), "The Scope, Method, and Significance of Original Institutional Economics," *Journal of Economic Issues*, 33(2), pp.231-255.

Starr, R. M.(2003), "Monetary General Equilibrium with Transaction Costs," *Journal of Mathematical Economics*, 39(3-4), pp.335-354.

Stasavage, D.(2002), "Private Investment and Political Institutions," *Economics and Politics*, 14(1), pp.41-63.

Stern, N.(1991), "Public Policy and the Economics of Development," *European Economic Review*, 35(2-3), pp.241-271.

Svedberg, Peter(1982), "Multinational Enterprise Investment and Import Substitution in Latin America," *Australian Economic Papers*, 21(39), pp.321-331.

Tarullo, D. K.(2000), "Norms and Institutions in Global Competition Policy," *The American Journal of International Law*, 94(3), pp.478-504.

Taylor, Sir Edward Burnett(1958), *Primitive Culture*, New York, Harper.

Teece, D. J.(1988), "Technological Change and the Nature of the Firm," in Dosi, G., C. Freeman, R. Nelson, G. Silverberg and L. Soete(eds), *Technical Change and Economic Theory*, Pinter: London, pp. 256-281.

Tirole, J.(1999), "Incomplete Contracts: Where Do We Stand?" *Econometrica*, 67(4), pp.741-781.

Tullock, Gordon(1971), "The Paradox of Revolution," *Public Choice*, 11(1), pp.89-99.

Ulph, A. M. & D. T. Ulph(1975), "Transaction Costs in General Equilibrium Theory−A Survey," *Economica*, 42(168), pp.355-372.

Uslaner, E.(2003), *Political Parties and Social Capital*, Political Parties or Social Capital, in Katz, R. S. and W. F. Crotty(eds.), Handbook of Political Parties, Sage, Forthcoming.

Uzzi, B.(1997), "Social Structure and Competition in Interfirm Networks: The Paradox of Embeddedness," *Admin. Sci. Quar*, 42(1), pp.35-67.

Vayanos, D.(1998), "Transaction Costs and Asset Prices: A Dynamic Equilibrium Model," *The Review of Financial Studies*, 11(1), pp.1-58.

Waller, William T.(1982), "The Evolution of the Veblenian Dichotomy: Veblen, Hamilton, Ayres, and Foster," *Journal of Economic Issues*, 16(3), pp. 757-771.

Wallis, John Joseph & Douglass C. North(1986), "Measuring the Transaction Sector in American Economy, 1870-1970," *Long-term Factors in American Economic Growth*, pp.95-161, Chicago University Press.

Watts, R. and J. Zimmerman(1983), "Agency Problems, Auditing, and the Theory of the Firm: Some Evidence," *Journal of Law and Economics*, 26(3), pp.613-633.

Witt, U.(1986), "Evolution and Stability of Cooperation without Enforceable Contracts," *Kyklos*, 39(2), pp.245-266.

Williamson, O. E.(1985), *The Economic Institutions of Capitalism*, Free Press.

______________(1981), "The Modern Corporation: Origin, Evolution, Attributes," *Journal of Economic Literature*, 19(4), pp.1537-1568.

______________(1975), *Markets and Hierarchies: Analysis and Antitrust Implications*, Macmillan.

______________(1971), "The Vertical Integration of Production: Market Failure Considerations," *American Economic Review*, 61(2), pp.112-123.

Zabel, E.(1973), "Consumer Choice, Portfolio Decisions, and Transaction Costs," *Econometrica*, 41(2), pp.321-335.

Zak, P. J.(2008), *Moral Markets: The Critical Role of Values in the Economy*, Princeton University Press.

Zak, P. J. & S. Knack(2001), "Trust and Growth," *Economic Journal*, 111(470), pp.295-321.

찾아보기

[인명 찾아보기]

■ 저자 약력

강두석

부산대 자연과학대학 물리학과(학사)
한국방통대 경제학과(학사)
부산대 상과대학 경제학과 대학원(박사)
현 부산대 경제학과 재직

책에 대한 문의는 다음 블로그를 이용해 주시기 바랍니다.
다음 블로그 : 강두석 선생님 경제학교실
http://blog.daum.net/kds300008/57 신제도경제학원론 질문실

신제도경제학원론

2014년 5월 20일 제1판 1쇄 인쇄
2014년 5월 26일 제1판 1쇄 발행

저 자 강 두 석
발행인 강 희 일 · 박 은 자

발행처 **다 산 출 판 사**

서울특별시 마포구 용강동 494 – 85
등 록 1979. 6. 5. 제3 – 86 호(윤)
전 화 (717) 3661~2, (718) 1751~2
FAX (716) 9945
조 판 민 하 디 지 탈 아 트

정가 25,000원 파본은 바꾸어 드립니다.

http://www.dasanbooks.co.kr
ISBN 978-89-7110-450-7 93320